AtV

NICHOLAS CLAPP ist ein renommierter Dokumentarfilmer. Er hat zahlreiche Lehraufträge an amerikanischen Universitäten und lebt mit seiner Frau und seinen Kindern in Kalifornien. Sein nächstes Buch über die Königin von Saba ist beim Verlag Rütten & Loening in Vorbereitung.

Die sagenumwobene arabische Stadt Ubar wird im Koran als »unvergleichlich« gepriesen. Sie wurde vor langer Zeit – ähnlich wie Sodom und Gomorrha in der Bibel – von einem zornigen Gott zerstört, weil ihre Bewohner in Sünde lebten.

Die Geschichte ihrer Zerstörung, in alten Dokumenten geschildert und immer wieder nacherzählt, mischte sich im Lauf der Zeit mit Mythen und Legenden. Spurlos in der Wüste Rub' al-Khali, dem »leeren Viertel«, verschwunden, kannte man Ubar lange Zeit als das »Atlantis der Wüste«. Und während unzählige Menschen in allen Jahrhunderten immer wieder vergeblich nach Ubar suchten, mehrten sich allmählich die skeptischen Stimmen, die behaupteten, die Stadt habe es nie gegeben.

Von ihrer Existenz überzeugt, betrieb der Dokumentarfilmer Nicholas Clapp jahrelang ein intensives Quellenstudium und unternahm dann mehrere Expeditionen in die Rub' al-Khali, die größte Sandwüste der Erde. Nach etlichen fehlgeschlagenen Anläufen, Irrwegen und nach monatelangem Graben fand er die Überreste einer bedeutenden Ansiedlung. Diese Stadt, von Mauern umgeben, war vor 4000 Jahren das blühende Zentrum des lebhaft florierenden Weihrauchhandels gewesen. Es war die Stadt Ubar.

Mit viel Humor erzählt der Autor von seiner besessenen Suche und von den Strapazen der Entdeckung und Ausgrabung.

NICHOLAS CLAPP

DIE STADT DER DÜFTE

AUF DER SUCHE NACH DEM ATLANTIS DER WÜSTE

Aus dem Englischen
von Andrea Voss

Aufbau Taschenbuch Verlag

Die Originalausgabe
The Road to Ubar. Finding the Atlantis of the Sands
erschien 1998 bei Houghton Mifflin, Boston, New York.

ISBN 3-7466-1707-3

1. Auflage 2001
Aufbau Taschenbuch Verlag GmbH, Berlin

Umschlaggestaltung Preuße & Hülpüsch Grafik Design
Druck Ebner Ulm
Printed in Germany

www.aufbau-taschenbuch.de

Für Kay, Cristina, Jenny und Wil

Inhalt

Dritter Teil

Aufstieg und Untergang der Stadt Ubar

Prolog

Boston, Massachusetts, Februar 1797 ... Als der Wagen schließlich vor der Buchhandlung Ecke Proctor's Lane anhielt, war es bereits dunkel, und es schneite. Wil, der junge Besitzer, hatte draußen gestanden, fröstelnd mit den Füßen aufgestampft, alle paar Minuten den Schnee von seinen Brillengläsern gewischt und voller Ungeduld das Eintreffen seiner Bücher erwartet. Er hatte sie in New Hampshire drucken lassen. Nun half er beim Ausladen und konnte es kaum erwarten, das erste Exemplar in Augenschein zu nehmen. Das Buch war klein und kompakt. In der Einleitung berichtete Wils Freund Cooper von seiner Reise zum Kontinent und wie er in einem Landgasthof eine französische Ausgabe von *Arabian Nights Entertainments* entdeckte. »Als ich das Buch zu Ende gelesen hatte«, schrieb Cooper, »durchfuhr mich der Gedanke, daß man diese Geschichten mit einem Garten vergleichen könnte, der einst in üppiger Vielfalt geblüht hatte und nun brachliegt, verwahrlost und vergessen. Der durchschnittliche Beobachter sieht nur noch Unkraut und Dornengestrüpp, während das geschulte Auge des erfahrenen Gärtners heute noch wunderschöne, duftende Blumen zu entdecken vermag.«[1]

Wil durchschritt aufgeregt seine winzigen Geschäftsräume und blätterte dabei in der ersten amerikanischen Übersetzung der Geschichten. Er wußte, daß er sich auf ein gewagtes Unterfangen eingelassen hatte. Erst kürzlich hatte Hochwürden Jonathan Edwards die Bibel und Kommentare zur Heiligen Schrift zur einzig lesenswerten Lektüre erklärt. Phantastische Geschichten, befand er, seien die Machwerke von Sündern. Gott sei darüber erzürnt und werde sie hart bestrafen. »Gott wird dich wie eine Spinne in die Höllengrube werfen, dich verabscheuen und furchtbar zornig sein.«[2]

Wil glaubte allerdings, in jüngster Zeit beim Publikum einen Meinungswandel beobachtet zu haben. Man war der düsteren Wolke des Puritanismus überdrüssig geworden, und der Buchhändler war überzeugt, daß die Zeit reif war, die »wunderschönen, duftenden Blumen« von *Arabian Nights Entertainments* unter die Leute zu bringen. Er hatte listigerweise den Titel umgeändert in *The Oriental Moralist*, in der Hoffnung, daß niemandem bei der Lektüre dieser Geschichten von bösen Zauberern, geflügelten Pferden, heimlichen Liebenden und Geisterstädten auffallen würde, daß nirgendwo von Moral die Rede war.

Eine der Geschichten im *Oriental Moralist* hieß »The Petrified City« (»Die versteinerte Stadt«). Die Erzählerin war eine unternehmungslustige Frau namens Zobeide aus Bagdad. Gemeinsam mit ihren beiden Schwestern, die ihr auf unangenehme Weise zusetzten, begab sie sich auf Reisen:

»Als wir lossegelten, wehte eine kräftige Brise, die uns bald den Persischen Golf passieren ließ. Am zwölften Tag sahen wir Land. Es handelte sich um einen sehr hohen Berg, zu dessen Füßen wir eine riesige Stadt erblickten …

Mir fehlte die Geduld, darauf zu warten, daß meine Schwestern sich ankleideten, um mich zu begleiten. Ich ließ mich alleine mit einem Boot an Land bringen und begab mich auf direktem Wege zum Stadttor. Dort sah ich Wachposten in großer Anzahl. Einige von ihnen saßen, andere standen herum mit Stöcken in den Händen, und alle hatten sie derart bedrohliche Mienen, daß ich mich vor ihnen fürchtete. Da ich aber feststellte, daß sie in völliger Reglosigkeit verharrten – noch nicht einmal die Augen bewegten sich –, faßte ich mir ein Herz und trat näher, nur um festzustellen, daß sie allesamt versteinert waren.«[3]

Obwohl sie sich fürchtet, will Zobeide der Sache unbedingt auf den Grund gehen. Im märchenhaften Palast entdeckt sie »unermeßliche Reichtümer, Diamanten, so groß wie Straußeneier«. Und sie begegnet dem einzigen Überlebenden, einem Mann, der zu Allah betet und folgendes zu berichten weiß: »Es war vor ungefähr drei Jahren, daß plötzlich in der ganzen Stadt eine Stimme wie Donnerhall ertönte, die niemand hätte überhören können. Deutlich vernehmbar sprach sie: ›Ihr Einwohner, schwört der Götzenverehrung ab und dient dem einzigen Gott, der Gnade kennt.‹«

Die Ermahnung wurde, wie es scheint, drei Jahre lang wiederholt, bis dem ›einzigen Gott, der Gnade kennt,‹ dieselbige offensichtlich abhanden kam, so daß er eines Morgens früh um vier die gesamte Stadtbevölkerung zu Stein werden ließ, mit Ausnahme des Burschen, der zu Allah betete und der nun gemeinsam mit Zobeide und ihren Schwestern die Stadt verließ. An diesem Punkt nimmt die Handlung eine erstaunliche Wende. Auf hoher See werden Zobeide und ihr neuer Freund von den eifersüchtigen Schwestern über Bord geworfen. Er ertrinkt, sie überlebt. Ein vorüberziehender Drache bestraft die Schwestern für ihren Verrat, indem er sie in schwarze Hunde verwandelt. Wieder in Bagdad angekommen, verbringt Zobeide ihre Zeit damit, ihre Reichtümer zu genießen (denn sie hat unterwegs einige Souvenirs mitgenommen) und ihre schwarzen Hunde zu disziplinieren. »Seit jener Zeit«, gesteht sie, »habe ich sie jeden Abend verprügelt, wenn auch schweren Herzens.«

Die Welt der »versteinerten Stadt« hatte im puritanischen, trostlosen Neuengland keinen Platz. Ehe Wil *The Oriental Moralist* veröffentlichte, befaßte man sich kaum mit Arabien. Im Geographieunterricht lernte man bestenfalls, daß »die Araber ein ungebildetes, barbarisches und unzivilisiertes Volk sind. Die Küstenbewohner sind Piraten und die im Binnenland Räuber.«[4] »The Petrified City« hingegen zeigt in Zobeides Gestalt eine kluge, sinnliche, mutige und bemerkenswert eigenständige Frau. Aus ihrer Perspektive nehmen wir gleichsam mit eigenen Augen und Ohren eine fremde, exotische Welt wahr, erkunden die Weisheit des Orients, erleben seltsame, wundersame Dinge.

Zugleich handelt es sich bei Zobeides Geschichte um den allerersten in Amerika veröffentlichten Bericht über eine Stadt, die im Verlauf der Erzählung immer wieder verschwindet, um wie von Zauberhand beschworen erneut aufzutauchen. In den meisten Geschichten befindet sich die Stadt in Arabien, manchmal an der Küste, aber zumeist auf einer heißen, ausgedörrten Ebene von riesigen Ausmaßen, die der Reisende erst dann erreicht, wenn er ein unwegsames Gebirgsmassiv überquert hat. Sofern die Stadt überhaupt namentlich genannt wird, heißt sie Iram. Iram aber ist identisch mit dem sagenumwobenen Land und der Stadt Ubar.

Ubar, Stätte unermeßlicher Reichtümer, die wegen der Sündhaftigkeit ihrer Bewohner plötzlich und auf dramatische Weise von Allah ausgelöscht wurde.

In jenem Winter des Jahres 1797 konnte sich der aufstrebende Verleger Wil Clap etwas darauf einbilden, daß seine Publikation »The Petrified City« zu den »wunderschönsten und duftendsten Blumen« gehören würde, die Neuengland kannte. Bedauerlicherweise wurde ihm seine Mühe nicht gedankt; *The Oriental Moralist* wurde nur einmal gedruckt, und das in sehr niedriger Auflage. Eine Zeitlang hielt sich Wil über Wasser, indem er religiöse Traktate sowie die Lebenserinnerungen seiner puritanischen Vorfahren veröffentlichte, aber schließlich sah er sich gezwungen, seinen Laden aufzugeben. Er zog in den Westen, dann in den Süden der Vereinigten Staaten, immer auf der Suche nach lohnenderen Geschäften. Auf der Reise nach New Orleans verstarb er im Alter von achtundvierzig Jahren. Die Todesursache ist nicht bekannt.

Wil hat in guter Absicht gehandelt, und sein Beitrag, der niemals angemessen gewürdigt wurde, ist dennoch bemerkenswert. So erscheint es mir angebracht, das vorliegende Buch jenem Ahnen zu widmen, den ich niemals kennengelernt habe: William T. Clap. *The Oriental Moralist* hat die Tür zu einer Welt voller Wunder geöffnet. Fast zweihundert Jahre später sollte ich zusammen mit meiner Frau Kay und unseren abenteuerlustigen Begleitern das Glück haben, auf Zobeides

Spuren in das ferne Land der *Arabian Nights Entertainments* zu reisen und Ubar, die versteinerte Stadt, zu suchen.

März 1997

Hinweis: Auf dieser Reise zu unbekannten Orten mit unbekannten Bewohnern der Vergangenheit wie der Gegenwart mag es sich für den Leser als hilfreich erweisen, die historischen Daten auf Seite 333 und das Verzeichnis der Menschen und Orte auf Seite 335 zu Rate zu ziehen.

ERSTER TEIL

Der Mythos

1.
Einhörner

Im Luftraum über dem Iran, Dezember 1980 ... Der kleine Frachttransporter flog hinein in die sternenübersäte, aber mondfinstere Nacht.

»Ihr habt da oben nichts zu suchen«, krächzte eine Stimme über Funk. »Bei uns ist Krieg. Verstanden? Ja?"

Während sich der Pilot am Funkgerät zu schaffen machte, versuchte der Kopilot, sich an den verstreuten Lichtern unten am Boden zu orientieren. Handelte es sich um Südjordanien oder um Saudi-Arabien? Weder noch. Wie es schien, hatte sich die Maschine in den Iran verirrt, wo derzeit ein heftiger Krieg gegen den Irak tobte.

»Okay, okay, kapiert«, antwortete der Pilot über Funk. Mit einem Seufzer wandte er sich an den Kopiloten. »Fliegen wir also Richtung Westen und sondieren die Lage.« Er hielt kurz inne und fügte hinzu: »Versuchen wir's zumindest.«

Während das Flugzeug eine Kurve beschrieb, prüfte der Bordtechniker, der dicht hinter dem Kopiloten saß, seine Instrumente. Das Ölleck schien behoben zu sein, und die Triebwerke würden schon nicht überhitzen, wenn man nicht allzu schnell flog.

Die Reise hatte vor zwei Tagen begonnen, inmitten eines Wintersturms, der den Wild Animal Park von San Diego in einen matschigen Sumpf verwandelte. Man hatte drei prächtige, seltene Tiere, arabische Oryx-Antilopen mit schwarzweißer Zeichnung und langen, schlanken Hörnern, durch den strömenden Regen geduldig auf eine Art Rutsche gelockt und von dort aus in große Holzkisten verfrachtet, um sie in ihre Heimat zu bringen.

Früher gab es in Arabien riesige Herden freilebender

Oryx-Antilopen. Zu Beginn dieses Jahrhunderts begann jedoch die Beduinenbevölkerung der Halbinsel ihre alten Steinschloßgewehre gegen präzise, tödliche Martini-Henrys einzutauschen. Von einer einzigen Oryx-Antilope konnte man einen Monat lang die ganze Familie ernähren, außerdem war die Jagd ein reizvoller Anlaß, Reitkunst und Treffsicherheit unter Beweis zu stellen. Später beteiligten sich auch die arabischen Ölscheichs an der Jagd, nicht etwa auf den Rücken feuriger Araberhengste, sondern hinter dem Steuer schwerer Militärfahrzeuge, ausgestattet mit hochkalibrigen Maschinengewehren. Oft schlachteten sie an einem Nachmittag an die sechzig Tiere ab, nicht aus Notwendigkeit, sondern allein zu ihrem Vergnügen, bis die Oryx-Antilopen irgendwann ausgerottet waren. Anfang der siebziger Jahre gab es in freier Wildbahn keine arabischen Oryx-Antilopen mehr.

Zum Glück hatten einige Umweltorganisationen rechtzeitig begriffen, daß das Tier vom Aussterben bedroht war, und entsprechend innovative Maßnahmen ergriffen, um den Fortbestand dieser Art in der Gefangenschaft zu sichern. Zoologische Gärten, die Oryx-Antilopen besaßen, tauschten diese für die Zucht untereinander aus und schufen auf diese Weise eine genetisch intakte »Weltherde«. Bis 1980 hatte man in Gefangenschaft genug Tiere nachgezüchtet, um einige in die Freiheit zurückbringen zu können.

Auf ihrer Heimreise hatten die Oryx-Antilopen aus San Diego ausreichend Gesellschaft. Dave Malone, ein junger Tierpfleger, war mit von der Partie sowie das Dokumentarfilmer-Team, zu dem ich selbst zählte, außerdem meine Frau Kay, der Kameramann Bert Van Munster und der Tonmeister George Goen. Sobald die Oryx-Antilopen in ihren Kisten verstaut waren, standen wir unter Zeitdruck. Es wäre nicht ratsam gewesen, die Container zu öffnen, um die Tiere zu füttern oder zu tränken; immerhin hatten sie extrem spitze Hörner. Folglich mußten sie auf dem schnellsten Wege nach Arabien gebracht werden.

Die Autobahn, die in nördlicher Richtung nach Los Angeles führte, war streckenweise überschwemmt, und der Verkehr staute sich. Der tierparkeigene LKW war keine Minute zu früh bei Air France Cargo. Wir gingen an Bord des Frachtfliegers und begaben uns zusammen mit unseren Oryx-Antilopen in Richtung Paris, wo wir in einen anderen Flieger umstiegen, dessen Besatzung normalerweise für British Midlands arbeitete. Nach Einbruch der Dunkelheit kam er irgendwo über der östlichen Türkei vom Kurs ab – ein entschuldbarer Fehler, da keiner außer dem Piloten jemals diese Strecke geflogen war, und auch das lag bereits zehn Jahre zurück.

Jetzt saß ich auf dem Klappsitz hinter dem Piloten, nur daß dieser nicht an seinem Platz war, sondern mit den Kollegen auf allen vieren auf dem Boden des Cockpit kauerte und Landkarten studierte. Als ich in die Nacht hinausschaute, glaubte ich, ein Blinken auszumachen.

»Kann es sein«, fragte ich, »daß wir hier oben Besuch kriegen, daß sich irgend etwas auf uns zubewegt?«

»Eher unwahrscheinlich in dieser Höhe«, lautete die Antwort.

»Sind Sie sicher?«

»Ehrlich gesagt, nein.«

Der Pilot stand auf, guckte aus dem Fenster und konnte nichts sehen. Da er merkte, daß sich seine Augen noch nicht an die Dunkelheit gewöhnt hatten, schaltete er die Landescheinwerfer an. Die Reaktion ließ nicht lange auf sich warten: Ein anderes Paar Landescheinwerfer erleuchtete den Himmel. Im Benzinnebel, der auch in dieser Höhe über Arabien hängt, verschwammen die Strahlen. Die beiden Flugzeuge bewegten sich dicht aneinander vorbei. Dave, der im Laderaum gewesen war, um nach den Oryx-Antilopen zu sehen, steckte den Kopf ins Cockpit und fragte: »Alles klar bei euch?« – »Alles bestens«, erwiderte der Pilot.

Und er hatte recht. Wenige Minuten später entdeckte der Kopilot die Flammen, an denen man die Transarabien-Pipeline erkennt. Indem wir ihr folgten, näherten wir uns so weit unserem Ziel, daß wir nur noch eine Stunde zu fliegen hatten, bis wir Masqat, die Hauptstadt des Sultanats Oman erreichten, dessen Oberhaupt, Seine Majestät Sultan Qaboos ibn Said, am Schicksal der Oryx-Antilope so regen Anteil genommen hatte, daß er ein Programm ins Leben rief, um das Tier in seine natürliche Umwelt zu reintegrieren.

Um drei Uhr morgens bogen wir kurz vor dem silbrig schimmernden Arabischen Meer nach rechts ab und hielten Kurs auf ein Areal, das der Pilot mit an Sicherheit grenzender Wahrscheinlichkeit als den Seeb-Flughafen der Stadt Masqat identifiziert hatte. Nach der Landung hatten wir gerade noch Zeit für ein kurzes Nickerchen, ehe aus dem Hangar drei kastenförmige Flugobjekte auftauchten und uns entgegenschwirrten. Es handelte sich um sogenannte Skyvans, kleine, in Irland konstruierte Militärflugzeuge, mit denen man ein kleineres Fahrzeug – oder auch eine Oryx-Antilope in einer Kiste – an fast jeden beliebigen Ort transportieren kann. Der zuständige Pilot hieß Muldoon und stammte wie sein Flugzeug aus Irland. Er überwachte den Verladevorgang mit einer Munterkeit, die mir in Anbetracht der frühen Stunde unangebracht erschien. Muldoon gehörte zu den Söldnern der jüngst geschaffenen Luftwaffe des Sultanats Oman. Er betonte, daß er ein *guter* Söldner sei, der sinnvolle Aufträge wie etwa Luftbrücken, Rettungsflüge und ähnliche nichtmilitärische Aktionen ausführe.

Wir stiegen also in Muldoons Flieger. Er machte klar zum Start und gab tüchtig Gas. Obwohl wir die Antilopen sowie etliche riesige Kanister mit Treibstoff für den Rückflug geladen hatten, waren wir im Nu in der Luft. Um an Höhe zu gewinnen, kreisten wir eine Weile über dem Meer. Bei Sonnenaufgang flogen wir in Richtung Jebel Akdar, jenem rauhen Bergmassiv, bekannt als »das grüne Gebirge«, das steil vor der Küste des Sultanats Oman liegt. Zunächst war die Vegetation auf winzige Wein- und Maisterrassen beschränkt, aber nachdem wir ein längliches, gewundenes Tal passiert hatten, überflogen wir zahllose Palmenhaine.

Kay, die neben mir saß, drückte ihre Nase am Fenster platt

und sah sich die Landschaft an. Weder sie noch ich waren jemals weiter östlich gewesen als Europa, geschweige denn, daß wir in einem kleinen, söldnergesteuerten Flieger in eine Wüste geflogen wären, die man in kaum einem Atlas findet. Kay hatte kein Problem damit – sie war einfach nur begeistert. Dafür hadert sie oft mit den kleinen Widrigkeiten des Alltags. Da sie aus den Südstaaten stammt, empfindet sie es als Katastrophe, wenn der neue dunkelblaue Rock nicht zu den dunkelblauen Schuhen paßt oder, schlimmer noch, wenn ihre Haare aussehen »wie ein Mop, nichts mehr zu retten«. Dramatische Ereignisse wie der Überfall eines durchgeknallten, mit einem Messer bewaffneten Teenagers oder die Drohung eines internationalen Drogenhändlers, sie »kaltzumachen«, können ihr wiederum nichts anhaben. Unsere Ausflüge als Dokumentarfilmer bedeuten für sie eine willkommene Unterbrechung ihrer Alltagsroutine als Bewährungshelferin an der »Front« im Dienste der US-Regierung.

Ich werde nie vergessen, wie sie eines Tages mit Blutergüssen übersät nach Hause kam. »Mama, was ist denn mit dir passiert?« fragte unsere älteste Tochter Cristina. »Ach, wir hatten wieder Aikido-Training beim FBI«, erwiderte sie nonchalant. »Heute morgen ging es darum, wie man den Bösen die Flucht erschwert, indem man, äh, ihre Kniescheiben bearbeitet.«

Kay, immer gutgelaunt und überaus kompetent, ist in der Fremde die ideale Gefährtin. Wir öffneten also unsere Sicherheitsgurte, standen auf und drückten uns an den Containern der Antilopen vorbei ins Cockpit, um uns ein Bild von der Lage zu machen. »Der Weg ins Landesinnere«, sagte Muldoon, der gute Söldner, während unsere drei Skyvans einen maroden Wachturm überflogen und durch einen engen Bergpaß navigierten.

Unter uns lag nun eine gigantische Steinwüste, in der kleine Dörfer aus Lehmhütten zu sehen waren. Diese ließen wir allerdings bald hinter uns. Es war nur noch eine einzige Siedlung zu erkennen, die isoliert inmitten eines Palmenhains schlummerte. »Adams Oase«, meinte Muldoon und mutmaßte, daß dies der Ort sei, wo »er und seine Gattin die rote Karte gekriegt haben«.

Nach der Oase kam nichts mehr. Das Landesinnere Omans verschmolz desolat und gesichtslos mit dem fernen Horizont. Wir tuckerten etwa eine Stunde weiter durch den Himmel. Der Skyvan war nicht der schnellste, und wir konnten nicht höher als 1500 Meter fliegen, da die Maschine über keinen Druckausgleich verfügte. Jetzt konnte man von weitem rote Sanddünen erkennen, die sich uns wie die Finger einer riesigen Hand entgegenreckten. »Ist das der Rub' al-Khali?« fragte ich. Der Begriff bedeutet auf Arabisch »Leeres Viertel«, und ich habe ihn bestimmt völlig falsch ausgesprochen.

»Wie man's nimmt«, erwiderte Muldoon. »Niemand weiß genau, wo er anfängt.«

Beim sogenannten Leeren Viertel handelt es sich um Arabiens größte Sandwüste, genauer gesagt um die größte der Welt. Wo die Dünen an den Horizont grenzten, glaubten Kay und ich weitere Dünen zu erkennen, die sich aufgrund des Hitzeflimmerns rhythmisch zu bewegen schienen. Kurz darauf waren die Dünen nicht mehr zu sehen; wir hatten sie bereits hinter uns gelassen. Mit zusammengekniffenen Augen

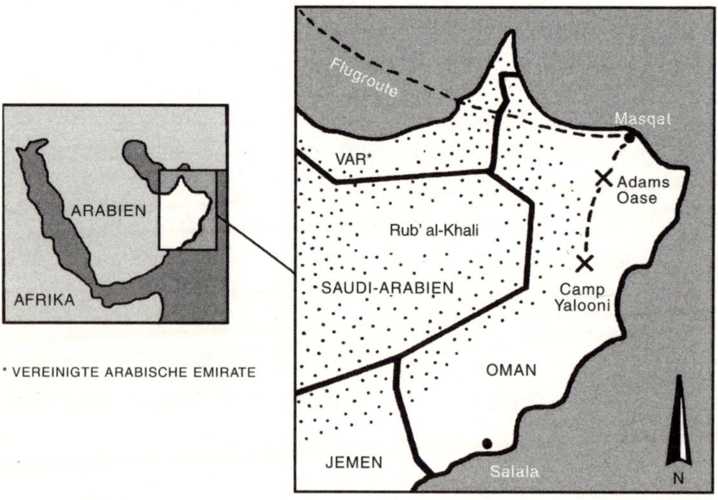

Die Heimat der Oryx-Antilope

begann Muldoon den Landeanflug auf Camp Yalooni, wo es keine Straßen gibt, die nächste Quelle etwa hundert Kilometer entfernt liegt und die Vegetation eher spärlich ausfällt, kurzum, ein verlassener Ort fernab jeglicher Zivilisation, wo wir getrost unsere Antilopen aussetzen konnten. Die diffusen Punkte, die wir aus der Luft gesehen hatten, erwiesen sich als Ansammlung kleiner Fertighäuser, vor denen ein Wassertransporter geparkt war. Keine Spur von einer Landebahn. Muldoon kreiste über dem Areal, drosselte die Geschwindigkeit und ließ die Maschine gen Boden sacken. Rumpelnd und knirschend setzten wir auf den steinigen Boden auf.

Inzwischen hatten die Antilopen knapp sechzig Stunden in ihren Kisten verbracht.

Wir gingen von Bord und wurden von Mark und Susan Stanley-Price in Empfang genommen, den sympatischen Biologen, die das Camp Yalooni leiten. Hinter ihnen kam ein Trupp Beduinen durch die Wüste herbeigeeilt. Sie riefen etwas und fuchtelten dabei mit ihren Gewehren. Da sie zum Stamme der Harari gehörten, waren sie in lange Gewänder gehüllt und trugen Turbane. An ihren Gürteln baumelten bedrohlich anmutende krumme Säbel, und an Schulterriemen trugen sie – der letzte Schrei – Walkie-Talkies der Firma Motorola. Es waren die Wildhüter, die sich um die Oryx-Antilopen kümmern sollten.

Mark Stanley-Price hievte zusammen mit einem der Beduinen den ersten Container aus der Maschine. Sie trugen ihn ein paar Meter weiter zu einem eingezäunten Gehege, das die Tiere beherbergen sollte, bis man sie in die Freiheit der Wüste entließ. David Malone kletterte auf die Kiste, öffnete den Riegel, wartete auf Marks Zeichen und zog die Schiebetür hoch. Die Antilope kam aus der Kiste geschossen, begleitet von unserem Applaus. Allmählich verlangsamte sie ihr Tempo und trabte im Kreis herum. Offensichtlich hatte sie die Reise unbeschadet überstanden. Die Beduinen stimmten einen Stammesgesang an, und anschließend wurden die beiden anderen Antilopen derselben Prozedur unterzogen.

Uns zu Ehren – vermuten wir zumindest – bereiteten die Harari eines ihrer traditionellen Mahle zu. Man nehme dafür ein ganzes Schaf, weide es (mehr oder weniger sorgfältig) aus, füge eine Portion Reis hinzu, lasse das Ganze garen und würze es mit einer halben Kiste extrascharfer Tacosauce. Seitdem ich wußte, daß meine Arabienreise genehmigt war, hatte ich voller Grauen einer ganz bestimmten Situation entgegengeblickt. Ich hatte nämlich irgendwo gelesen, daß man hierzulande seinen Ehrengästen die Augäpfel des Schafs zu kredenzen pflegt. Kay hatte sich bereits einen Plan zurechtgelegt, mit dem sie selbst fein aus dem Schneider war. Sie wollte schamhaft die Lider senken und Worte flüstern, die außerhalb Arabiens niemals über ihre Lippen gekommen wären: »Ihr seid zu gütig, aber ich bin dieser Auszeichnung nicht würdig. Ich bin doch nur eine Frau.« Und dann würden mir wahrscheinlich gleich alle beiden Augäpfel zuteil werden. Prima. Ob ihre Konsistenz wohl eher glibberig und schleimig war? Oder gar knusprig?

Wie groß war meine Erleichterung, als ich feststellen durfte, daß den Harari dieser Brauch unbekannt war. Sie begaben sich zwanglos zu Tisch, und die gefürchteten Augäpfel waren alsbald in irgendwelchen hungrigen Mündern verschwunden. Die Beduinen sind schnelle Esser. Angeblich liegt es daran, daß sie immer mit Überfällen aus dem Hinterhalt rechnen müssen, aber ich vermute, daß es ihnen ebenso darum geht, die Filetstücke zu ergattern. Wer zimperlich ist, muß sich eben mit den Knorpeln begnügen.

Nach dem Festmahl waren die Beduinen ausgesprochen gut gelaunt. Sie zückten ihre Säbel und improvisierten einen wilden Tanz, der, wie es schien, darauf abzielte, den Tierpfleger Dave in Angst und Schrecken zu versetzen. Er machte gute Miene, aber etwas nervös wurde er doch, als die Säbel fast seine Nase streiften. »Warum gerade ich?« fragte er. »Ich bin doch aus New York.«

»Die sind heute halt ein bißchen aufgedreht«, bemerkte Mark Stanley-Price.

»Das Eintreffen der Antilopen ist für sie eine große Sache«, fügte ich hinzu.

»Die Antilopen? Nein, nein. Ach was. Diese Burschen haben heute morgen ihre Rivalen überfallen, den Stamm, der etwas weiter im Landesinnern wohnt. Sie haben ihre wichtigste Quelle mit Dynamit in die Luft gejagt, sagte man mir.«

»Ach so ...«, sagte ich, und dabei ging mir der Gedanke durch den Kopf, daß zwar der Umweltschutz keine allzu große Rolle im Wertesystem der Harari spielen mochte, sie aber die Oryx-Antilopen, die wir in ihre Obhut gegeben hatten, bestimmt bis aufs Messer verteidigen würden, sollte es jemandem einfallen, sich an ihnen zu vergreifen.

Spätnachmittags, als der farblose Sand Camp Yaloonis golden zu schimmern begann, ging ich mit Kay zum Antilopengehege. Dort sahen wir, wie Mythen entstehen, in diesem Fall der Mythos des Einhorns.

Obwohl auch in persischen Sagen und Bibelchroniken von Einhörnern die Rede ist, erlebten sie ihre eigentliche Blütezeit im mittelalterliche Europa. Es gibt die Theorie, daß ein einsamer Reisender in Arabien auf eine Oryx-Antilope traf, die er nur von der Seite sah, so daß das eine Horn das andere verdeckte und die Illusion eines wundersamen, einhörnigen Wesens entstand. Zurück in der Heimat, verzauberte er seine Freunde und zuletzt ganz Europa mit seiner Mär. Dies aber erscheint mir eher unwahrscheinlich, denn selbst wenn man eine Oryx-Antilope nur aus der Ferne betrachtet, wird man sehen, wie sie den Kopf bewegt und die Sicht auf ihre beiden langen, gewundenen Hörner freigibt. Ich halte es für viel wahrscheinlicher, daß ein einzelnes Horn (ohne seinen Träger) irgendwie nach Europa gelangte und daß man sich das dazugehörige pferdeartige Wesen hinzuträumte.

Wie auch immer. Jedenfalls scheint die arabische Oryx-Antilope für das Einhorn Pate gestanden zu haben. In einem mittelalterlichen Buch der Fabelwesen wird es folgendermaßen beschrieben: »Es trägt mitten auf der Stirn ein einzelnes Horn, und es gibt keinen Jäger, der es zur Strecke bringen könnte … Es ist sehr flink – kein Fürst, kein Herrscher, kein König, kein Tyrann vermag, es einzuholen; Satan selbst könnte es nicht aufhalten.« Allein eine schöne Jungfrau konnte sich dem Einhorn ungehindert nähern und es sprechen hören: »Hör', was ich dir zu sagen habe, denn ich bin sanft und ohne Hochmut.«[5]

Zwei der Antilopen grasten friedlich vor sich hin, während sich die Silhouette der dritten gegen den abendroten Himmel abzeichnete. Die Tiere sahen zart und ätherisch aus, viel zu zerbrechlich, um in diesem rauhen Land überleben zu können. Dabei sind sie, so anmutig sie uns auch erscheinen, unglaublich zäh und widerstandsfähig. Die sechzig Stunden Gefangenschaft in den Containern hatten ihnen nichts anhaben können. Sie kommen tagelang, notfalls auch ein Leben lang, ohne Wasser aus. Ihr Wasserhaushalt speichert die Feuchtigkeit aus der mageren Pflanzenkost, die die Wüste zu bieten hat. Wie durch ein Wunder überlebt die Oryx-Antilope unbeschadet die glühend heißen Tage und die eisig kalten Nächte in diesen Breiten. Man kann sich kaum vorstellen, daß die leblose Wüste auch nur einer Maus oder einem Vogel genügend Nahrung spendet – und dennoch …

Hier ist die Wiege des Einhorns.

2.
Die Wüste ihrer Sehnsucht

»Die Odyssee der Oryx-Antilope« wurde als Folge innerhalb der Reihe *Außergewöhnliche Tiere* im Fernsehen ausgestrahlt und erfreute sich großer Beliebtheit. Bert, George und ich arbeiteten inzwischen an einem neuen Auftrag, einer Serie über Haustiere, die sich mal als mehr, mal als weniger erbaulich erwies. Unter anderem befaßten wir uns mit Bart, dem Kodiakbären, und Buster, dem Wunder-Hund. »Das Wunder an diesem Hund«, bemerkte unser Kameramann Bert, als sich der Hund wieder einmal weigerte, das Hochseil zu betreten, »ist eigentlich, daß er nichts kann oder zu nichts Lust hat.« Aber nach vielem guten Zureden entschloß sich Bart dann doch, übers Seil zu wanken, durch einen brennenden Reifen zu springen und sich vom Malibu Pier ins Wasser zu stürzen und somit seine Qualifikation als Rettungsschwimmer unter Beweis zu stellen.

Kay und ich mußten während der nächsten Monate oft an Arabien denken. Wir pflegten damals regelmäßig im El Coyote Spanish Cafe zu Abend zu essen, wo es hervorragende Margeritas gibt sowie mütterliche Kellnerinnen mit Turmfrisuren und fuchsienroten Reifröcken, unter denen eine Wäschemangel Platz gehabt hätte. Unsere Unterhaltung bei Tisch hörte sich etwa folgendermaßen an:

»Sollen wir nicht mal zur Abwechslung die Nr. 6 probieren?«

»Kannst du ja machen. Ich bleibe lieber bei der Nr. 1. Schön, die ganzen Stammgäste zu sehen.« (Als wir hereinkamen, waren wir Ricardo Montalban begegnet, und am Tisch gegenüber saßen die Zwillinge, zwei elegant gekleidete ältere Herren, die jeden Abend hier speisten.) Dann sagte einer von uns, völlig aus dem Zusammenhang: »Wie mag es den Antilopen wohl gehen?«

Wir unterhielten uns also über die Antilopen und über ihre Wärter, das Ehepaar Stanley-Price. Nachdem uns wieder eingefallen war, wieviel Ungeziefer es in Camp Yalooni gab, zog Kay am nächsten Tag los, kaufte eine Dose Insektenspray der Firma Cutter und gab sie in die Post. Als wir ein, zwei Wochen später wieder einmal im El Coyote saßen, philosophierten wir über den bemerkenswerten Umstand, daß Oryx-Antilopen im Landesinnern Omans überleben konnten, und fragten uns daraufhin, welche Wunder die Wüste Arabiens sonst noch bereithalten mochte. Sollte man sich vielleicht in die Rub' al-Khali vorwagen?

»Wenn wir wieder hinfahren wollen, brauchen wir einen triftigen Grund«, sagte Kay. Also besorgten wir uns Literatur über die Flora und Fauna, die Bodenbeschaffenheit und die topographische Erschließung Saudi-Arabiens. Nicht weit von dem Studio, in dem wir die Serie *Außergewöhnliche Tiere* nachbearbeiteten, entdeckte ich die Buchhandlung Hyman and Sons, die auf Ägyptologie spezialisiert war und auch ein paar Bücher über Arabien anzubieten hatte. Ich fand ziemlich bald heraus, daß wir zu den wenigen gehörten, denen das Glück beschieden gewesen war, überhaupt ins Landesinnere vorzudringen und die Wüste Rub' al-Khali mit eigenen Augen zu erblicken.

Jahrhundertelang war Arabien eine Art Terra incognita gewesen, ein mittelalterlich anmutendes Land, das von Forschungsreisenden aus der westlichen Hemisphäre gemieden wurde. Man wußte nicht viel darüber, und das wenige, das man erfuhr, wirkte abschreckend. Im 15. Jahrhundert charakterisierte ein gewisser Sir John Mandeville die arabischen Beduinen als »niederes Volk, grausam und von einer bösartigen Gesinnung«. Ein Bericht aus dem Jahre 1612 erklärt ferner, daß »sich die Bewohner dem Diebstahl, der Vergewaltigung und dem Raubüberfall verschrieben haben; sie verabscheuen den Fortschritt und die Zivilisation. Sie sind größtenteils rebellisch und aufrührerisch, weisen eine dunkle Hautfarbe auf, sind uralten Stammesbräuchen verhaftet und tragen Adelstitel, mit denen sie mächtig prahlen.«[6] Anfang des 19. Jahrhunderts gab es allerdings eine Reihe Abenteurer, die sich nach Arabien wagten. Sie vertuschten ihre Herkunft, indem sie sich in die landesübliche Tracht hüllten und weitschweifige Erklärungen für ihre Anwesenheit erfanden. Wir wissen zwar nicht, wie sich der Schweizer Theologe Ulrich Seetzen tarnte, wohl aber, daß es nicht funktionierte. Im Verlauf seiner Reise im Jahre 1806 lauerten ihm erzürnte Beduinen auf und ermordeten ihn. Vermutlich galt ihr Mißtrauen seinem Interesse an ihren uralten Ruinen. Um ein ähnliches Schicksal zu vermeiden, färbte sein Landsmann Johann Burckhardt Gesicht und Hände mit dem Saft der Bethelnuß dunkel ein und behauptete, ein durchreisender Arzt aus Indien zu sein. Als er allerdings den Mund aufmachte, wurden die Beduinen stutzig, so seltsam klang der Akzent, mit dem er Arabisch sprach. Sie bräuchten sich nicht zu wundern, erklärte Burckhardt aalglatt in kehligem Deutsch. Vielleicht wisse der Beduine nicht, daß dies die Sprache sei, der sich der gläubige Moslem in Indien bediene? Berichten zufolge gelang es ihm, seine Tarnung aufrechtzuerhalten, bis er in Kairo eintraf, nachdem er die verlorene Stadt Petra wiederentdeckt und sogar das verbotene Mekka betreten hatte. In Kairo fand er sein Ende. Man weiß nicht, ob er vergiftet oder geköpft wurde. Vielleicht ist er auch an einer ansteckenden Krankheit gestorben, die er sich während seiner Arabienreise zugezogen hat. An dieser Stelle scheiden sich die Geister.

Anderen gelang es, trotz aller Widrigkeiten zu überleben, um ihre Geschichte selbst zu erzählen. In seinem 1837 erschienenen Reisebericht *Incidents of Travel in Egypt, Arabia Petraea and the Holy Land* erzählt der Amerikaner John Lloyd Stephens auf äußerst amüsante Weise von Widrigkeiten, die er mit Sicherheit nicht als amüsant empfand, als er ihnen begegnete, und zwar von den Nachteilen seiner abenteuerlichen Verkleidung, bestehend aus einem prachtvollen Turban, einem langen roten Seidengewand und gelben türkischen Seidenpantoffeln mit gebogenen Spitzen. Als er sich genötigt sah, vor einer Horde wütender Beduinen zu Fuß über steiniges Gelände zu fliehen, erwies sich dieser Aufzug als im höchsten Maße hinderlich. Er »raste den Berg hinunter in einem Tempo, das mir alleine die Angst verlieh. Wenn ich die Wahl hatte, zu rennen oder zu springen, zog ich immer den Sprung vor.«[7]

Ich bewundere Stephens zutiefst. Stellen Sie sich doch nur mal einen New Yorker Rechtsanwalt vor, der aufgrund seiner schwachen Gesundheit von seinem Arzt auf eine Erholungsreise geschickt wird und der sich als Urlaubsort ausgerechnet die Sinai-Halbinsel aussucht mit den weiten Sandstrecken, die noch nie zuvor ein Amerikaner betreten hat! Es stimme zwar, schrieb Stephens in seinen Bericht, daß die arabischen Wüstenbewohner gelegentlichen Raubüberfällen nicht abgeneigt seien, aber andererseits wüßten sie Poesie zu schätzen und besäßen eine ritterliche Ader, die sie unter Umständen sogar dazu verleite, ihre Wasserration mit ihrem ärgsten Feind zu teilen. Sie seien der Überzeugung (so Stephens weiter), daß alle Mitmenschen wie sie selbst Gäste des Herrn in der Wildnis seien und daß man ihnen Gottes Geschenke in Gestalt von Nahrung und Schutz gegen die Elemente nicht verwehren dürfe.

Aus diesem und anderen Berichten geht hervor, daß die Araber der Wüste zwar ein hitziges Temperament haben, aber gegenüber Anhängern westlicher Glaubensrichtungen toleranter eingestellt sind, als man zunächst vermuten würde. Was sie erzürnte, war wohl eher die Täuschungsabsicht als die Andersgläubigkeit der Besucher. Als der Engländer Gifford Palgrave quer durch Arabien reiste, gab er sich als »jüdischer Jesuit«[8] aus, und sein Landsmann Charles Doughty wurde nicht müde, seinen arabischen Gastgebern ihren Mangel an christlicher Nächstenliebe vorzuhalten. Diese bestätigten den Vorwurf, indem sie ihn mit schöner Regelmäßigkeit ins Gefängnis steckten, aber immerhin erlaubten sie es ihm, die nördlichen Bereiche der Rub' al-Khali zu bereisen.

Eines Samstagmorgens fuhr ich zur Buchhandlung Hyman and Sons, in der Hoffnung, ein Exemplar von Doughtys Meisterwerk *Travels in Arabia Deserta* (1868) zu ergattern. Das Türglöckchen bimmelte, als ich eintrat. Zwischen dem Bücherchaos, das sich in den Regalen auftürmte und stapelweise die Tische wie den Fußboden bedeckte, war ich der einzige Kunde. Einen der Tische hatte man abgeräumt, und auf diesem standen ein mit Milch gefüllter Krug, mehrere Gläser und ein Teller mit Keksen. Die Tür zum Hinterzimmer wurde geöffnet.

»Na los – irgend jemand muß sie ja essen.« Es war Virginia. Ich hatte weder Hyman noch seine Söhne je zu Gesicht bekommen, aber die Geschäftsführerin Dr. Virginia Blackburn hatte ich kennen- und achten gelernt. Sie war damals Ende sechzig und wirkte ehrfurchtgebietend, ja furchterregend in ihrer Schroffheit.

»Charles Doughty«, sagte ich, »*Travels in Arabia Deserta.* Haben Sie das zufällig am Lager?«

»Nein«, erwiderte Virginia.

»Na, dann könnten Sie vielleicht ...« setzte ich an. Ich wollte anfragen, ob man das Buch antiquarisch suchen könne.

»Nein«, meinte Virginia erneut und sah mich über den Rand ihrer Nickelbrille an. »Es wird Ihnen nicht gefallen. Überhaupt nicht.« Dann begab sie sich, ohne einen Augenblick zu zögern, an der Kasse vorbei quer durch den Laden zu einem Regal, streifte kurz mit dem Finger die Bücherreihe entlang und holte ein Buch mit einem abgegriffenen blauen Einband hervor. »Das müssen Sie lesen.«

»Naja, ich wollte ja eigentlich ...«

»Ein Angeber. Dermaßen von sich eingenommen, lassen Sie es sich gesagt sein«, lautete Virginias recht hartes Urteil über den armen Doughty. »Der hat versucht, die englische Sprache umzumodeln, sie so höfisch zu gestalten wie das klassische Arabisch.« Wie um einen Gegensatz aufzuzeigen, hielt sie mir den blauen Band hin. Auf dem Einband war eine inzwischen verblaßte, in Gold geprägte Gestalt auf einem Kamel zu erkennen. Der Titel lautete *Arabia Felix*. »Lesen Sie lieber das hier.«

»Tja, ich weiß ja nicht, aber meinetwegen ...« Da ich von den Keksen genascht hatte, erschien es mir unhöflich, zu gehen, ohne etwas gekauft zu haben.

»Gut. Es wird Ihnen gefallen. Er hatte rote Haare, genau wie Sie«, bemerkte Virginia. Sie meinte damit den Verfasser des Buches, einen gewissen Bertram Thomas.

Bertram Thomas erwies sich bald als erstaunlicher, hartnäckiger, außerordentlich sympathischer Bursche. Wäre er nicht so herzerfrischend bescheiden gewesen, würde er heute unter den Forschungsreisenden, die einst Arabien erkundeten, als einer der größten gelten. Über das Leben, das er führte, bevor er Ende der zwanziger Jahre nach Arabia Felix fuhr, verliert er kein Wort. (»Arabia Felix« bedeutet im übrigen »Das glückliche Arabien« und war die Bezeichnung, die die alten Römer für den Süden Arabiens geprägt hatten.) Dort wurde Thomas eine Stelle als Wesir, sprich Finanzberater beim Sultan von Masqat und Oman angeboten. Die Arbeitsbedingungen waren hart, denn im kleinen Küstenort Masqat herrscht fast das ganze Jahr eine Hitze wie nirgendwo sonst auf der Welt. Anders als in der Wüste im Landesinnern kommt es hier auch nachts zu keinem Temperaturrückgang. Um zwei Uhr morgens beträgt die Temperatur bereits fünfzig Grad Celsius und die Luftfeuchtigkeit unerträgliche 100 Prozent.

Thomas verbrachte die Tage damit, so gut es eben ging die Finanzen eines Hofstaates bzw. eines Landes zu verwalten, dessen einzige Einkommensquellen die Ausfuhr von Brennholz, verfaulten Sardinen (als Düngemittel) und Sklaven waren. Jeden Abend wurden bei Sonnenuntergang eine Kanone abgefeuert und die Tore der von Mauern umgebenen mittelalterlichen Stadt zur Nacht verschlossen. Bis zum Tagesanbruch mußten nun alle zu Hause bleiben, bis auf die wenigen Auserwählten, die der Sultan mit einer Erkennungslaterne ausgestattet hatte. Zu diesen gehörte auch Thomas, da er das

Amt des Wesirs bekleidete. Nachts konnte er also nach Herzenslust durch die schlafende Stadt flanieren. Er konnte die Stadtmauern aus gebranntem Ton erklimmen und von dort aus gen Norden schauen. Hinter dem fernen Küstengebirge schien der Mond von Masqat, wie Thomas wußte, auch auf die Dünen der Rub' al-Khali. Eigentlich war sie der Grund, daß Thomas hierher gekommen war. Er hatte sich schon seit langer Zeit insgeheim danach gesehnt, als erster Europäer die Wüste nicht nur zu betreten, sondern auch zu durchqueren, obwohl T.E. Lawrence (»Lawrence von Arabien«) verkündet hatte, daß dies »nur mit einem Luftschiff zu bewerkstelligen« sei.[9]

Thomas hat sich während seines Aufenthalts in Masqat äußerlich stark verändert. Auf einem Foto aus der Anfangszeit sehen wir ihn vor der zerbröckelnden Fassade eines Hauseingangs, seiner Umgebung unangemessen mit Wollanzug und Filzhut angetan. Bald aber sollte der Hut einem kecken Turban weichen und der nüchterne Anzug durch fließende Gewänder ersetzt werden. Zudem ließ sich Thomas einen Bart wachsen und führte einen Kameltreiberstab mit sich. Indessen gelang es ihm, gelegentlich die Stadt Masqat zu verlassen und herumzureisen. Er verstand sich ausnehmend gut mit den Beduinen, denen er unterwegs begegnete. Zusammen mit ihnen ritt er auf einem Kamel bis an den Rand der Rub' al-Khali und konnte sich mit eigenen Augen vom Wahrheitsgehalt des beduinischen Sprichworts überzeugen: »Wo es kein Wasser gibt, da fängt das Leere Viertel an, wo kein Mensch hingeht.«

Zurück am Hof des Sultans stellte man Thomas eine Frage:

»Warum seid Ihr nicht verheiratet, Wesir?« löcherte mich ein verständnisloser Araber.

Ich ließ mich über die Schwierigkeiten aus, die einem Christen begegnen, namentlich wenn er im Osten seinen Dienst tut, und verwies auf den tröstlichen Gemeinplatz, daß es doch für einen Mann nie zu spät sei.

»Ah!« rief der Sultan, der in meine geheimen Wünsche eingeweiht war. »Sehr richtig. *Insha'Allah*, ich werde dir eines Tages helfen, die zu heiraten, die dir am Herzen liegt – *Rub' al-Khali. Insha'Allah!*

»Eine wahre Jungfrau«, sprach sein Privatsekretär Khan Bahadur.

»*Amin!*« murmelte ich vor mich hin. »So sei es.«[10]

Aber zu Thomas' wachsendem Leidwesen zögerte der Sultan, seinen Wesir in die Wüste des Nordens ziehen zu lassen. Zudem gab es nun einen Rivalen, der Thomas zuvorzukommen drohte. In Riyadh im Königreich Saudi-Arabien hielt sich ein gewisser Harry St. John Philby bereit, die Rub' al-Khali in umgekehrter Richtung, also von Norden nach Süden, zu durchqueren.[11] Philby war ein extravaganter Arabien-Experte, der noch bis vor kurzem im Dienste des Auswärtigen Amtes in Transjordanien tätig gewesen war. Auch Thomas hatte vor einigen Jahren dort gearbeitet; Philby war sein Vorgesetzter und zugleich derjenige gewesen, der ihm geraten hatte, die Stelle in Masqat/Oman anzunehmen, da Masqat die »geeignetste Ausgangsposition [sei], um das Leere Viertel zu durchqueren.« Es drängt sich der Verdacht der Doppelzüngigkeit auf: Hat Philby Thomas diesen Rat aus reiner Herzensgüte gegeben, oder sah er darin eine Möglichkeit, sich seinen Rivalen vom Hals zu schaffen, indem er ihn in die Arme eines besitzergreifenden, paranoiden Sultans trieb, damit er allein den Ruhm beanspruchen konnte?

Die Rivalität wurde dadurch verstärkt, daß sowohl Thomas als auch Philby die seltsame Vision der Rub' Al-Khali als lockender, verschleierter Jungfrau hegten. Thomas nannte die Wüste »die Wüste meiner Sehnsucht«, und Philby bezeichnete die Rub' al-Khali als »die Braut meiner ständigen Sehnsucht.«[12] Nun, es gab also zwei Verehrer, aber es konnte nur einen »Ehemann« geben.

An einem Oktoberabend im Jahre 1930 schlich sich Bertram Thomas ohne das Wissen seines Sultans aus Masqat davon. Er rechnete damit, daß »morgen die Kunde meines Verschwindens den ganzen Basar in Aufruhr versetzen und man mit orientalischer Erfindungsgabe eine ganze Reihe schrecklicher Strafen für mich erdenken wird.«[13] Er ruderte hinaus aufs Meer, um an Bord eines vorüberziehenden Öltankers zu gehen, und »ehe vier Glocken erklungen waren«, befand er sich auf dem Seeweg nach Salala, einer Stadt im Süden Omans. Dort würde er seine Expedition organisieren und die entsprechenden Führer finden.

Thomas gefiel es gut in Salala. Dort herrschte eine fröhliche, afrikanisch anmutende Atmosphäre. Besonders belustigend fand er den ungewöhnlichen Lebenswandel der ortsansässigen schwarzen Sklaven. Ihre arabischen Herren lebten grimmig und grüblerisch vor sich hin, ständig besorgt um die Schande, die über ihr Haus kommen würde, sollten ihre verschleierten, vom Leben abgeschotteten Frauen und Töchter auf die schiefe Bahn geraten. Die Haussklaven hingegen genossen eine sorglose Freiheit, die sich ihre Herren noch nicht einmal zu erträumen vermochten. Am 10. Dezember 1930 sangen und tanzten sie auf den schmutzigen Straßen Salalas und verabschiedeten auf diese Weise Thomas, der sich zusammen mit fünfzehn Kamelen und einer dubiosen Truppe Beduinen zweifelhafter Moral gen Norden begab. Der *Wali* (Bürgermeister) von Salala hatte Thomas gewarnt: »Wenn es überhaupt etwas gibt, was sie besser können als lügen, dann ist es stehlen.«

Hoch oben im nördlichen Riyadh erfuhr Harry Philby, daß er – zumindest in diesem Jahr – nicht die Erlaubnis bekommen werde, südlich durch die Rub' al-Khali zu reisen. Er könne, wenn er wolle, im kommenden Jahr ein erneutes Gesuch an König 'Abdul 'Aziz ibn Sa'ud richten.

Beim Überqueren des Dofar-Gebirges, das sich hinter Salala abrupt erhebt, legte Thomas ein ausgeprägtes Gespür für geographische und ethnographische Details an den Tag. In *Arabia Felix* erwähnt er, daß sich die Bergstämme mittels einer seltsamen, nichtarabischen Sprache verständigten und sich als Abkömmlinge des sagenumwobenen Stammes der »Leute von 'Ad« betrachteten. Er wohnte Blutopfern bei sowie

Teufelsaustreibungen, die mit Hilfe von Weihrauch und Feuer durchgeführt wurden. Indessen verfolgte er seine Route mit einer Akkuratesse, die um so beachtlicher erscheint, wenn man bedenkt, daß er sich nur insgeheim seiner Orientierungshilfen bedienen konnte, »um nicht der Magic oder schlimmerem bezichtigt zu werden.«[14]

Hinter den Bergen lag eine »unfruchtbare Ebene, von der Sonne ausgetrocknet und voller flimmernder Luftspiegelungen,« vollkommen desolat, bis auf die Oryx-Antilopen, die gelegentlich in Erscheinung traten, frei und ungezähmt. Nach fünf Tagen ohne Wasser erreichte man Shisur, eine ehemalige Wasserstelle und Standort der verlassenen »Rauhen Festung«, eine der letzten Spuren der Zivilisation am Rande der Wüste. Am nächsten Tag konnte Thomas bereits einen Blick auf die »Wüste seiner Sehnsucht« werfen. Die kleine Gruppe begab sich allerdings nicht direkt in die Rub' al-Khali, sondern suchte entlang ihrer südlichen Grenze zunächst nach einem der dort gelegenen Brunnen. Schließlich brauchte man genügend Wasser, um die Wüstenwanderung zu überstehen.

Der siebte Tag ohne Wasser fing wie alle anderen an. Thomas schrieb folgende Notiz:

Am Morgen kamen wir nur langsam voran. Wir wurden gebremst durch die Kälte, den Hunger sowie durch die Tatsache, daß wir eine Vielzahl an Sandbergen umgehen mußten. Daß die Kamele trödelten, hielt unsere Karawane noch weiter auf. Nach einer Stunde gelangten wir an den Rand einer großflächigen Tiefebene …

Plötzlich zeigten die Araber, stets kindlich darauf bedacht, mich auf alles hinzuweisen, was mich eventuell interessieren könnte, auf den Boden. »Schau mal, Sahib«, riefen sie. »Hier ist die Straße nach Ubar.«

»Ubar?« fragte ich verwundert zurück.

»Unsere Väter haben uns von der wunderbaren Stadt Ubar erzählt, die es früher gab, einer Stadt mit einer reichen Schatzkammer, mit Dattelpflanzungen und einer Festung aus rotem Silber (Gold?). Sie liegt heute unter den Dünen in der Ramlat Shu'ait begraben. Es ist eine Reise von mehreren Tagen in nördliche Richtung.«

Während meiner vorherigen Besuche hatten mir bereits andere Araber von Ubar, dem Atlantis der Wüste, berichtet, aber niemand hatte mir sagen können, wo sich die Stadt befand. Ich hatte schon nicht mehr daran gedacht, als mir meine Reisegefährten diese Kunde zuriefen und auf die in den Boden gleichsam eingravierten Spuren am Rande der Wüste zeigten. Ihr Querschnitt betrug knapp einhundert Meter in einem Winkel von etwa 325 Grad, Breitengrad 18° 45'N, Längengrad 52°'30'O.[15]

Auf der bemerkenswert akkuraten Arabienkarte, die Thomas für die National Geographic Society erstellte, zeichnete er auch die Straße nach Ubar ein.

Ihre Entdeckung war unerwartet und so aufregend, daß Thomas nur mühsam der Versuchung widerstand, den Spuren zu folgen, die zu der sagenumwobenen Stadt führten. Er wußte jedoch, daß die Wasserrationen nicht für einen solchen Umweg ausreichten und daß er damit seinen Traum der Wüstendurchquerung gefährden würde. Also ließ Thomas die Straße nach Ubar links liegen und stürzte sich in die Rub' al-Khali, die er allerdings bald nicht mehr als zauberhafte Braut, sondern als »hungrige Leere, wo der Tod wohnt« empfand. Er verspürte eine enorme Erleichterung, als er, genau fünfundneunzig Tage, nachdem er Salala und das Arabische Meer

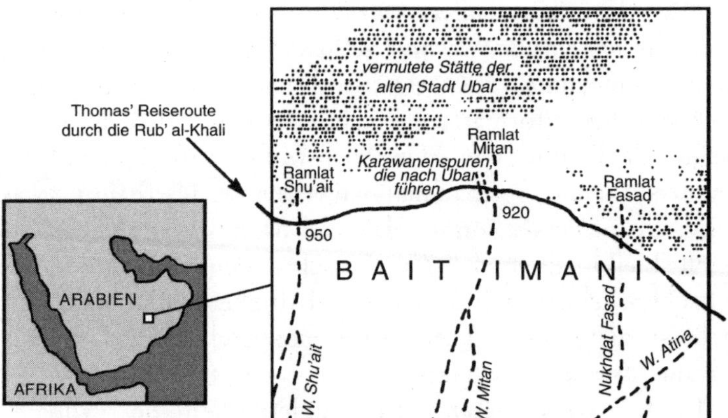

Ausschnitt aus der von Bertram Thomas gezeichneten Arabienkarte

hinter sich gelassen hatte, aus der Ferne die Stadt Doha und den Persischen Golf erkennen konnte. Er hatte es geschafft! Die Rub' al-Khali war besiegt.

In Riyadh begab es sich indessen, daß Harry Philby über die Absage derart empört und enttäuscht war, daß er sich eine Woche lang weigerte, seine Wohnung zu verlassen. Als er sich dann schließlich wieder hervorwagte, machte er keinen Hehl daraus, daß er sich von seinem Freund und Schützling verraten fühlte. Er brachte seine Kränkung zum Ausdruck, indem er die folgende Strophe aus einem arabischen Gedicht zitierte: »Ich war's, der ihn in die Kunst des Bogenschießens einweihte / Als aber seine Hand kräftig geworden, richtete er den Pfeil gegen mich.«[16]

Von allen, bis auf den schmollenden Philby, wurde Thomas' Leistung angemessen gewürdigt. T.E. Lawrence bezeichnete sie als »die großartigste Sache in der Arabien-Forschung«. Er schrieb: »Bertram Thomas hat soeben das Leere Viertel, jene große Wüste im Süden Arabiens, durchquert. Sie war der einzige Fleck Erde, der noch nicht bereist worden war, und ihre Erschließung markiert das Ende der Epoche der Forschungsreisen.«[17]

Ob er wohl recht hatte? Zwar hatte Thomas die Wüste durchquert, aber gründlich erforscht hatte er sie beim besten Willen nicht. Schon allein sein Reisebericht ließ etwas offen und mir keine Ruhe. Was war mit jenem geheimnisvollen Weg, jener Straße, die zu der verlorenen Wüstenstadt führte? Zugegeben, seine Informationen stammten von den Beduinen in seiner Begleitung, von denen man wußte, daß sie es mit der Wahrheit nicht so genau nahmen. »Wenn es überhaupt etwas gibt, was sie besser können als lügen, dann ist es stehlen.« Tatsache bleibt jedoch, daß Thomas selbst, den wir als guten Beobachter kennen und dessen Wahrhaftigkeit nicht anzuzweifeln ist, die Straße mit eigenen Augen gesehen hat. Und jede Straße führt irgendwo hin.

Fünfzig Jahre später, auf der anderen Seite des Erdballs, saßen Kay und ich mal wieder im El Coyote, aßen die Nr. 1

und die Nr. 6 und suchten einen Vorwand, um nach Arabien zurückzukehren. Ob Bertram Thomas wohl noch einmal dort hingefahren war? Oder hatte sich vielleicht jemand anderes auf die Suche nach der Stadt Ubar begeben?

Ja, da hatte es wohl so einige gegeben. Ich ging erneut zu Hyman and Sons und lungerte in der wissenschaftlichen Bibliothek der UCLA (University of California/Los Angeles) herum, wo ich beim Herumstöbern in den Karteien DS 200-250 erfuhr, daß Thomas' Reisebericht die Stadt Ubar zum beliebtesten Zielort der zeitgenössischen Arabien-Forschung gemacht hatte. Sowohl renommierte Experten als auch leichtfertige Abenteurer und der eine oder andere ausgekochte Scharlatan hatten es sich zur Aufgabe gemacht, die verlorene Stadt wiederzuentdecken. Was Bertram Thomas betrifft, so ist er nie nach Arabien zurückgekehrt, wenngleich es ein scheinbares Indiz gibt, daß er sich einmal in Mekka aufgehalten hat. Es handelt sich hierbei um ein Foto aus seiner Hinterlassenschaft, die sich in Cambridge beim Institut für Orientalistik befindet. Der Schnappschuß zeigt Thomas vor einem Gebäude, an dessen Fassade ein Schild mit der Aufschrift »Mecca Post Office« zu sehen ist. Warum aber, fragte ich mich, war das Schild in englischer, nicht in arabischer Sprache gehalten? Und was war das, was man hinter Thomas durch das Fenster des Postamtes nur mit Hilfe einer Lupe erkennen konnte? Ich las die Buchstaben *Coll... Colliers*, also, in den dreißiger Jahren eine beliebte amerikanische Zeitschrift. Thomas war nämlich nicht in der heiligen arabischen Stadt Mekka gewesen, sondern im gleichnamigen Ort im Südosten Kaliforniens, einem verschlafenen, abgelegenen Bauerndorf, wo er im Verlauf der Vortragsreise zu seinem Buch *Arabia Felix* einen Zwischenstop eingelegt hatte.

Mittlerweile hatte man in Arabien Harry Philby endlich – und für seine Zwecke zu spät – die Genehmigung erteilt, die Rub' al-Khali zu bereisen. Er nahm die Gelegenheit wahr, weil er die Chance witterte, es seinem Rivalen, der einst sein Schützling gewesen war, doch noch heimzuzahlen, indem *er* die Stadt Ubar entdeckte. Er fühlte sich seiner Sache sehr sicher.

Einige Jahre zuvor, während einer der seltenen Regenzeiten, hatten sich einige am nördlichen Rand der Rub' al-Khali lebende Beduinen mit ihren Herden bis in die Wüste vorgewagt und eher zufällig Wabar, wie man Ubar auch nannte, entdeckt. Sie willigten ein, Philby zu den Ruinen der Stadt zu führen, die so reich gewesen war, daß man ihren Berichten zufolge heute noch Perlen im Sand verstreut finden konnte. Überdies wußten sie von einem großen, aus Gußeisen gefertigten Kamel zu berichten, das sie aus den Dünen halb herausragend gefunden hatten.

Im März des Jahres 1932 begab sich Philby von Riyadh aus gen Süden in die Rub' al-Khali. Für den Augenblick hatte er seinen Groll gegen Thomas vergessen und war, wie auch die ihn begleitenden Beduinen, in Hochstimmung. Die Araber sangen folgendes Lied:

> Werde der Worte 'Ads, [des ersten Königs Ubars] des Königs Kin'Ads Sohn gewahr:
> Schau, meine Stadt mit ihrer Burg – Aubar [Ubar]!
> Gar neunzig Pferde hielt ich mir in jenen Tagen,
> Der Beute, groß wie klein, erfolgreich nachzujagen.
>
> Üppig gewandete Eunuchen, neunzig an der Zahl
> Waren mir stets zu Diensten, was ich auch befahl;
> Geschmeidig in den Hüften, üppig in der Brust
> Erfüllten neunzig Konkubinen mich mit süßer Lust.
>
> Nun ist die Pracht vorbei und nimmermehr wird sie neu auferstehen
> Vorbei, vorbei – ich werde, was mir einst gehörte, niemals wiedersehen![18]

Am neunzehnten Tag seiner Reise stockte Philby am späten Nachmittag jäh der Atem. Vor sich sah er inmitten der Wüste die Ruinen von Wabar, das Gemäuer geschwärzt von den Bränden, die diese Stadt einst vernichtet hatten. Der Beduine, der ihn begleitete, stimmte einen Jubelgesang an und dachte dabei an die Reichtümer, die ihm winkten. Philby dachte eher an den Ruhm, der ihm nun gewiß zu sein schien, und trieb sein Kamel über die Dünen voran.

Seine Hoffnung wurde jedoch jäh enttäuscht und dieses Mal für immer. Statt vor den Ruinen Wabars stand er vor einem runden Krater: »Kein Werk von Menschenhand, sondern von unserem Herrgott selbst erschaffen.« – »Ich wußte nicht, ob ich lachen oder weinen sollte, aber dieser Anblick, der für mich das Ende jahrelang gehegter Träume bedeutete, berührte mich auf seltsame Weise. Das also war Wabar! Ein Vulkan in der Wüste! Darauf also basierte die Geschichte der Stadt, die als Strafe für die Sünden ihres Herrschers von einer Feuersbrunst zerstört wurde.«

Ganz als ob ihm der sagenumwobene Herrscher Wabars diese Niederlage absichtlich eingebrockt hätte, zeterte Philby vor sich hin: »Er hat mit seinen Pferden und Eunuchen und Konkubinen in diesem irdischen Paradies solch ein sündiges Leben geführt, daß der Wind aus dem Westen Gottes Zorn mit sich brachte und die Stätte seines wollüstigen Vergnügens in Schutt und Asche legte!«

Was aber war mit den Perlen, die hier angeblich am Boden verstreut herumlagen? Philby sah zu, wie die Beduinen »nach Schätzen gruben und kleine, glänzende, schwarze Kügelchen zutage förderten, die sie für die Perlen der Konkubinen 'Ads hielten, die geschwärzt waren von den Flammen, die ihnen wie ihrem Gebieter den Tod gebracht hatten«. Tatsächlich handelte es sich um wertlose Kügelchen aus Kristallglas.

Und was war mit dem großen gußeisernen Kamel? Die Beduinen suchten die Stätte ab, aber die Figur war nirgendwo zu finden. Schließlich gaben sie zu, daß sie diese nie mit eigenen Augen gesehen, sondern nur aus den überlieferten Berichten ihrer Ahnen davon gehört hatten. Später erfuhr Philby, daß sich das große eiserne Kamel im Keller des Britischen

Museums befand. Im Frühjahr 1863 hatte ein in der Rub' al-Khali lebender Beduinenstamm während eines Gewitters einen Meteoriten vom Himmel fallen sehen, ein großes Fragment geborgen, das in seinen Umrissen einem Kamel glich, und dieses davongetragen. Wie das Fragment schließlich im Britischen Museum landete, bleibt ein Rätsel. Jedenfalls hat das Kamel dort seinen »Stall« gefunden.

Philby hat bei alledem überhaupt nicht gemerkt, daß seine Entdeckung von größtem wissenschaftlichen Interesse war. Was er für einen Vulkankrater hielt, war in Wirklichkeit das Einschlagloch jenes Meteoriten – ein bedeutsamer geologischer Fund. Zu jener Zeit hatte man weltweit erst vier oder fünf Gebilde dieser Art gefunden. Die Entdeckung des »Wabar-Kraters« (wie er heutzutage auf Landkarten bezeichnet wird) war für Harry St. John Philby ein schmaler Trost. An jenem glühendheißen Tag des Jahres 1932 waren inmitten der Wüste seine Träume zerschellt. Für den Rest seines Lebens hatte er für die Theorie, es könne einen solchen Ort wie Wabar oder Ubar tatsächlich geben, nur ein müdes Lächeln übrig.

Anders erging es T.E. Lawrence im fernen England. Lawrences Leben hatte eine seltsame Wende genommen. Er hatte seinen Namen in T.E. Shaw umgeändert und sich nach Dorset zurückgezogen, wo er in einem Landhäuschen namens Cloud Cottage lebte, Rhododendren züchtete und hoffte, unerkannt zu bleiben. Er wollte sich von seiner Rolle als Anführer der berühmten Araber-Revolte während des Ersten Weltkrieges distanzieren, denn er glaubte inzwischen, die Araber verraten zu haben. Einerseits beklagte er »die trügerische Rolle«, die er »im Osten gespielt« hatte, andererseits zog es ihn zurück nach Arabien. Die Rolle »mochte eine Täuschung gewesen sein oder auch eine Farce, aber niemand kann behaupten, daß ich nicht in der Lage war, sie zu spielen«.[19]

Falls er an den Schauplatz seiner Abenteuer zurückkehren sollte, so Lawrence, dann wahrscheinlich, um nach den archäologischen Ruinen in der Rub' al-Khali zu suchen. Schließlich hatte sein Freund Bertram Thomas den Beweis geliefert, daß die verbotene Strecke passierbar war, und glaubhaft belegt, daß im Herzen der Rub' al-Khali ein »Atlantis der Wüste« – Ubar – verborgen war. Lawrence vertraute einem Bekannten an: »Ich bin überzeugt, daß die Überreste einer antiken arabischen Kultur in dieser Wüste zu finden sind. Von den Arabern habe ich mir sagen lassen, daß die Ruinen der Burg des großen Königs 'Ad, Sohn des Kin'Ad, unweit von Wabar gesichtet wurden. An diesen Geschichten, die die Araber erzählen, ist immer etwas Wahres dran.«[20]

Lawrence war auf alle Fälle der wahrscheinlichste Kandidat, um die Suche nach Ubar fortzuführen. Nicht nur, daß er auf dem Gebiet der Arabistik über große Kenntnisse verfügte, sondern er hatte auch Archäologie studiert und bereits umfangreiche Feldstudien in Syrien betrieben. Arabische Überlieferungen aller Art konnte er instinktiv, nahezu telepathisch nachvollziehen. Der weißgewandete »al-Aurens« (»Lawrence«) mit seinem blonden Haarschopf war für die Araber selbst schon zu einer Art Sagengestalt geworden, und er wußte, man würde ihn herzlich empfangen, sollte er beschließen zurückzukehren.

Sann Lawrence am frühen Morgen des 2. April 1935 darüber nach, ob er seine arabischen Freunde und Mitstreiter verraten habe? Träumte er von Burgen in der Wüste? Oder genoß er einfach das Abenteuer, auf seinem Motorrad, einer schweren Morris durch die verlassenen Landstraßen Dorsets zu brausen? Jedenfalls begab es sich, daß zwei kleine Jungen vor ihm auf die Straße rannten, Lawrence beim Ausweichmanöver das Gleichgewicht verlor und mit seinem Motorrad verunglückte. Einige Tage lag er im Koma, dann starb er. Nie wieder würde in Arabien der Ruf ertönen: »al-Aurens! al-Aurens!«

Ein paar Jahre später brach wieder ein Weltkrieg aus, in dessen Verlauf der Arabien-Reisende Wilfred Thesiger von der britischen Auslandsvertretung ins südliche Arabien entsandt wurde, um in der Wüste die Brutstätten der Heuschreckenschwärme ausfindig zu machen, die in regelmäßigen Abständen von Arabien nach Afrika flogen und dort die Ernte verwüsteten. Thesiger fand genügend Zeit, um die Wüste in Oman zu erforschen und ein Buch darüber zu schreiben, ein ernstes, beziehungsreiches Werk mit dem Titel *Die Brunnen der Wüste*. Es beginnt mit der Zeile: »Wenn sich eine Wolke bildet und der Regen hinabfällt, überlebt der Mensch; wenn sich die Wolke auflöst, ohne daß es Regen gibt, so verendet der Mensch und das Tier.«

Allerdings räumte Thesiger bereitwillig ein, daß »von diesem grausamen Land ein Zauber ausgeht, der in moderaten Klimazonen seinesgleichen sucht.« Anfangs dachte er nicht an Ubar, wenn er von jenem Zauber sprach, sondern eher an die Entbehrungen, die er während der langen, qualvollen Fußmärsche mit den Beduinen erleiden mußte und die er seltsamerweise zu genießen schien. In *Die Brunnen der Wüste* ist von Ubar nur kurz die Rede, als Thema, das die Beduinen gerne am Lagerfeuer diskutieren.[21] Er erwähnt mit keinem Satz, daß er auf der Suche nach Ubar war, aber wenn man die Karte betrachtet, die er 1946 seinem Bericht an die National Geographic Society beilegte, erkennt man den wahren Sachverhalt. Die wichtigsten Reiserouten durch die Wüste sind durch gestrichelte Linien gekennzeichnet und künden von einer Reise, die Thesiger in seinem Bericht unterschlagen hat. Diese gestrichelten Linien führen nämlich durch das karge Terrain nördlich zum Breitengrad 18°45'N/Längengrad 52°30'O, und damit genau zu der Stelle, wo Bertram Thomas zwanzig Jahre zuvor die Straße nach Ubar entdeckt hatte. Thesiger wagte sich, wie es scheint, nicht weiter vor, sondern kehrte auf demselben Weg zurück, auf dem er gekommen war. Hatte er seine Suche nach Ubar abbrechen müssen, weil ihm das Wasser ausging? Es sieht fast so aus.[22]

Während Thesiger mit seinen Beduinen fortfuhr, Dofar zu erkunden, begab sich noch jemand anderes auf die Suche nach Ubar. In jener finsteren Nacht im Jahre 1945, als noch nicht einmal der Mond schien, mag Thesiger am Lagerfeuer kauernd das Motorengeräusch eines über ihm durch den nächtlichen Himmel ziehenden Flugzeugs, einer Lodestar, vernommen haben. Von der britischen Luftwaffe entsandt, kam die Maschine aus Salala und befand sich auf dem Weg nach Masqat. Die Besatzung glaubte, auf Kurs entlang der arabischen Küste zu sein, und merkte nicht, daß sie sich aufgrund eines Navigationsfehlers ins Landesinnere bewegte und die Wüste überflog.

Beim ersten Sonnenstrahl schaute der Pilot nach unten, in der Erwartung, die dunklen Gewässer des Arabischen Meeres zu sehen, und erblickte statt dessen das Sandmeer Rub' al-Khali, das sich bis an den Horizont erstreckte. Die Besatzung brach in hektische Aktivität aus, bemüht, die Maschine wieder auf Kurs zu bringen und die Treibstoffreserven zu überprüfen. Sie wußten, daß während des Zweiten Weltkrieges schon so manche Maschine über der Wüste verschollen war. Die Wracks von zwei italienischen Fliegern, die versucht hatten, die Ölfelder im Osten Arabiens zu bombardieren, waren unten am Boden zu sehen und erzählten ihre eigene Geschichte.

Die Besatzung der Lodestar hatte Glück. Der Pilot orientierte sich an der Sonne und steuerte den britischen Luftwaffenstützpunkt im Emirat Sharjah an; der Treibstoff reichte gerade noch bis zur Landung. Auf dem Weg nach Sharjah sah die Besatzung unten in den Dünen eine Erhebung in Form einer runden Schüssel. Von oben konnte man innerhalb der Schüssel Mauern und Türme erkennen – eine verlorene Stadt! Die Männer markierten die Position der Ruine auf ihren Karten. Es würde nicht schwer sein, sie wiederzufinden, denn sie befand sich ganz in der Nähe des Palmenhains der bekannten Lihan-Oase.

Ein Flieger namens Raymond O'Shea, der am Luftwaffenstützpunkt Sharjah stationiert war, las den Bericht des Piloten und war von seiner Entdeckung fasziniert. Da ihm ein zweiwöchiger Urlaub bevorstand, nutzte er die Gelegenheit, um zusammen mit einigen Kamaraden einen LKW mit Allradantrieb zu requirieren und sich auf den Weg zu jener Stelle zu begeben, wo sich seiner Meinung nach »Qidan, die verlorene Stadt der Menschen von 'Ad«[23] befand. Ich wußte, daß die

»Menschen von 'Ad« identisch waren mit denen von Ubar, folglich konnte es sich, wenn von Qidan die Rede war, nur um Ubar handeln. Es paßte alles ins Bild: Qidan war genau dort, wo Harry St. John Philby seine herbe Enttäuschung erlebt hatte. Konnte es sein, daß er zu früh die Waffen gestreckt hatte?

Indem er, zuerst im LKW, dann mit Kamelen die Wüste durchquerte, fand O'Shea relativ mühelos nach Qidan. Er beschrieb die Stätte als äußerst eindrucksvoll. Nach seinen Angaben betrug die Dicke der Stadtmauer mehr als einen Meter, und im Innern befanden sich die Ruinen zahlreicher Häuser sowie zwei mehr als zehn Meter hohe Wachtürme, die noch gut erhalten waren. Da es schwer war, seinen Bericht über die verlorene Stadt zu überprüfen, wäre O'Shea um ein Haar von der National Geographic Society als neuer Held gefeiert worden, wäre ihm nicht ein entscheidender Fehler unterlaufen. Er fügte seinem Bericht, der den Titel *The Sand Kings of Oman* trug, ein Foto bei, das angeblich die Ruinen von Qidan darstellte.

Archäologen, die das Foto prüften, erkannten, daß das Gemäuer, das man darauf sah, zwar verwittert, aber keineswegs antiken Ursprungs war. James Morris, einem Reiseschriftsteller, der Masqat und Oman kannte, erschien die Stätte überaus vertraut. Er hatte sie so manches Mal passiert. »Mir wurde mit Schrecken bewußt«, schreibt Morris, »daß die Fotografie, die laut Herrn O'Shea die legendäre Stadt darstellte und die ich eingangs voller Hochachtung und Interesse studiert hatte, unbestreitbar die allgemein bekannte Zufahrtsstraße nach Masqat zeigt. Die großspurige Unverschämtheit der Iren hat schon fast etwas Orientalisches.«[24]

Fairerweise muß man dazusagen, daß O'Sheas Geschichte ein Körnchen Wahrheit enthielt. Möglicherweise hat er sich von seiner eigenen Euphorie dazu hinreißen lassen, das Foto von Masqat mit der Legende »Qidan« zu versehen. Es wäre durchaus denkbar, daß es sich bei seinem geheimnisvollen Ruinenfund tatsächlich um eine Wüstenfestung handelte, die im 18. Jahrhundert oder noch früher errichtet worden war.[25]

Wenige Jahre nach Ende des Zweiten Weltkrieges gab eine Debatte über ein paar Fässer flüssiges Latex erneut Anlaß zu einem gewagten Versuch, Ubar zu entdecken. Die Expedition wurde geleitet von einem gewissen Wendell Phillips, einem jungen Amerikaner, der eigentlich nach Arabien gekommen war, um Ma'rib auszugraben, eine Stätte im Jemen, wo nach Phillips Meinung die Königin von Saba residiert und geherrscht hatte. Phillips gab eine recht imposante Figur ab. Zu seiner Ausstattung gehörte ein traditionelles kariertes »Palästinensertuch«, das er sich um den Kopf zu wickeln pflegte, eine Fliegerbrille, ein 45er Colt mit Perlengriff und handgefertigtem Lederhalfter sowie Cowboystiefel. Er ließ sich von der Presse bereitwillig »Phillips von Arabien« nennen. Obwohl er erst Mitte zwanzig und akademisch nicht gerade überqualifiziert war (er hatte einen B. A. in Paläontologie von der Universität Berkeley), gelang es ihm, namhafte Experten zusammenzutrommeln, um sich mit ihrer Unterstützung über die antiken Schätze im Süden Arabiens herzumachen.

In Ma'rib begann das Team damit, den Sand abzutragen, der aus der Rub' al-Khali herübergeweht war und Mahram Bilqis, den berühmten Mondtempel der Königin von Saba, fast vollständig verschüttet hatte.[26] Sie entdeckten fast auf Anhieb fein ziselierte Inschriften. Der Epigraphologe, ein jesuitischer Gelehrter namens Albert Jamme, »trampelte fast über uns drüber, um in ihre Nähe zu kommen und sie zu entziffern«.[27] Außer sich vor Begeisterung, begab sich Pater Jamme daran, die Inschriften in Latex zu gießen und die Abdrücke abzuziehen, dreidimensionale Reproduktionen der elegant geschwungenen Buchstaben des sabäischen Alphabets.

Der Scheich der Region, der Arbeiter gestellt hatte, um die Ausgrabungsarbeiten zu unterstützen, kam ins Grübeln. Warum nur war der Priester derart begeistert? Er schloß haarscharf, daß es etwas mit Schätzen zu tun haben müsse, denn was sonst könnte einen Menschen derart glücklich machen? Da es die Latexabdrücke des frommen Jesuiten waren, die soviel Freude auslösten, forderte der Scheich fortan von jedem Abdruck ein Duplikat.

Der Besitz der Abdrücke bescherte dem Scheich allerdings weder Glück noch Reichtum. Irgendwann war er es leid, die unleserlichen Buchstaben anzustarren, und begann, sich mit dem Material selbst zu befassen. Obwohl er sich dies nicht so recht erklären konnte, stand nun für ihn fest, daß Latex etwas Wertvolles war, und er fand es nur recht und billig, daß man ihm von den in Fässern abgefüllten Latex einen gehörigen Anteil abtrat. Phillips weigerte sich zu teilen, und der Scheich wurde schrecklich böse. Die Lage verschärfte sich zusehends. Ein verzweifeltes Telegramm aus Ma'rib hat folgenden Wortlaut: »JAMME IST INZWISCHEN SO GUT WIE VERHAFTET STOP QADI ZEID INAN VERLANGT VON JAMME LATEXABDRÜCKE DER INSCHRIFTEN STOP ALLE ARCHAEOLOGISCHEN FUNDSTÜCKE BESCHLAGNAHMT STOP GOUVERNEUR HAT SCHLUESSELGEWALT STOP BEFUERCHTEN DASS SITUATION WEITER ESKALIERT STOP« Obwohl Pater Jamme hartnäckig verkündete, daß ihm seine Latexabdrücke »mehr bedeuteten als das eigenen Leben«, sah Phillips' Team keinen anderen Ausweg, als seine sieben Sachen zusammenzupacken und zu fliehen.

Nachdem er sich auf dem Seeweg aus dem Jemen abgesetzt hatte, hätte sich Phillips auf den Heimweg machen können, aber er zog es vor, entlang der Küste des Arabischen Meeres nach Dofar zu schippern, um sich dort in neue Unternehmungen zu stürzen, unter anderem in die Suche nach der Stadt Ubar. Hinter dem Steuer eines Geländewagens, den er sich vom Wali von Dofar ausgeborgt hatte, fuhr Phillips in die Rub' al-Khali. Er überholte einen einsamen Beduinen, den er nach dem Weg fragte. »Als ich nachfragte, ob er wisse, wo Ubar sei, brüllte er mir ins Ohr: ›*Faqat ash-shaitan ya'rif*,‹ was soviel heißt wie ›Das weiß nur der Teufel.‹ Ich erwiderte, ›*wallahi sahih* (Bei Gott, du hast recht.)‹«[28]

Phillips überlegte sich, daß der Beduine in der Tat recht haben könnte, denn er konnte beim besten Willen nirgendwo eine Spur der großen Straße entdecken, die Bertram Thomas beschrieben hatte. Da das Benzin allmählich knapp wurde, trat er mit seinem Team den Rückzug an. Zum Glück wählte man dafür eine andere Strecke.

Voller Bedauern kehrten wir um. Südlich der großen Dünen begaben wir uns gen Osten. Plötzlich rief Charlie aus: »Dort sind die Spuren!« Nicht etwa mein ortsansässiger Führer, sondern Charlie aus Kalifornien hatte die parallellaufenden Spuren gesichtet, die sich tief in den harten Boden eingegraben hatten und mit glänzenden Kieselsteinen bedeckt waren.[29] Ich zählte vierundachtzig Spuren, die nebeneinander den Boden durchzogen. Allem Anschein nach waren sie sehr alt. Sie stammten offenbar aus einer Zeit, da zahllose Karawanen diese inzwischen unbewohnte Gegend durchquert hatten.

Es sollten allerdings zweieinhalb Jahre vergehen, ehe Phillips den Karawanenspuren folgen konnte. Im Jahre 1955 kehrte er mit einer ganzen Armada von Power Wagons der Firma Dodge zurück und fuhr damit etwa fünfzehn Kilometer die Straße entlang. Mal verlor sich die Spur im Sand, dann tauchte sie unvermittelt wieder auf. Zu guter Letzt blieben die Power Wagons im Sand stecken; die Spuren hatten die Expedition in ein unwegsames Niemandsland geführt, wo die Sanddünen an die zweihundert Meter in die Höhe ragten. Mit mehr als einem Hauch Melodramatik berichtete Phillips: »Ich wußte, daß wir das Ende unseres Weges erreicht hatten, denn es gibt kein Hindernis, das so unüberwindlich ist wie die unermeßlichen Wogen der Wüste, die sich wie ein riesiges Meer in grausamer und göttlicher Herrlichkeit erstrecken, soweit das Auge reicht.«

In Wahrheit glaubte Phillips noch lange nicht, »am Ende seines Weges« zu sein, wenn man der Aussage seines arabischen Führers Glauben schenken darf. Dieser weiß zu berichten, daß sich Phillips aus keinem ersichtlichen Grund auf eine der roten Dünen versteifte, von der er behauptete, Ubar liege darunter begraben. »Hier ist Ubar!« rief er aus und feuerte mit seinem Colt in die Luft.[30]

Zurück in den Vereinigten Staaten, veröffentlichte Phillips seinen Reisebericht und kam im Ölgeschäft zu einem beachtlichen Vermögen.[31] Allerdings war er, seinem dreisten und selbstsicheren Auftreten zum Trotz, schon seit längerem nicht mehr bei guter Gesundheit gewesen und verstarb bereits im Alter von zweiundvierzig Jahren.

Was für eine Geschichte! Die Suche nach Ubar atmet den Duft von *Tausendundeiner Nacht* mit all den miteinander verflochtenen Geschichten, die von Gelehrten wie von Schurken erzählen. Sollte es Ubar überhaupt geben, so schlummerte die Stadt noch heute im Verborgenen, eine Geisterstadt, die man nur erreichen konnte, wenn man jenen Spuren folgte, die sich früher oder später im Sand verloren.

Eine Stadt der Träume – oder sollte ich eher sagen der Tagträume? Jedenfalls passierte es mir zu jener Zeit immer häufiger, daß ich mit dem Auto durch Los Angeles fuhr und plötzlich nicht mehr wußte, wo ich mich befand, weil sich meine Gedanken mal wieder in die Wüste gestohlen hatten. Ich dachte viel darüber nach, mit welchem Transportmittel man am besten die Dünen überqueren könnte. Vielleicht waren Kamele ja doch die geeignetsten Vehikel? Oder sollte man lieber Fahrzeuge besorgen, die eigens dafür ausgerüstet sind? Ich bestellte bei Johnnies Speed and Chrome einen Katalog. Das Unternehmen ist auf wüstentaugliche Buggies spezialisiert, die bei einem Gefälle von 45 Grad auf einer Sanddüne eine automatische Vollbremsung machen können. Danach kann man erneut Gas geben und weiterfahren. Das Geheimnis liegt in den Rädern: Sie sind riesengroß und verfügen nur über einen sehr geringen Reifendruck. Wenn man von so einem Wagen überfahren wird, trägt man noch nicht einmal blaue Flecken davon. Dann fiel mir aber ein, daß solche Ballonreifen kaum die Strecken der Rub' al-Khali überstehen würden, deren Boden mit spitzen Steinen bedeckt ist. Außerdem würde der feine rote Sand im Nu die Vergaser blockieren. Und dennoch …

Wir hatten uns also für diese Wagen entschieden. Schön und gut. Wir hatten mehrere Reifenwechsel hinter uns – mal die harten, mal die weichen – mehr als ein Dutzend Mal. Jetzt waren wir über die Stelle hinaus, an der Wendell Phillips umgekehrt war. Die Dünen waren riesig, aber wir fuhren erstaunlich mühelos über sie drüber. Dann kam plötzlich ein starker Wind auf; es bahnte sich ein Sandsturm an …

Wo war ich bloß? Natürlich in Los Angeles, aber wo genau? Erst als ich in den Rückspiegel spähte, sah ich Denny's. Dort hätte ich eigentlich rechts abbiegen sollen.

Ubar … Der Sandsturm war nun vorüber. Die Spuren der Straße nach Ubar hatten wir verloren und nicht die geringste Ahnung, wo wir uns befanden. In der Hoffnung, unseren Weg wiederzufinden, begaben wir uns in nordwestliche Richtung. Dabei fuhren wir an einem kleinen Felsen vorbei, der hier inmitten der Wüste irgendwie deplaziert schien. Wir legten den Rückwärtsgang ein und fuhren näher an den Felsen heran. Als wir ihn umdrehten, entdeckten wir auf seiner Unterseite eine antike Inschrift. Vor uns lagen ähnliche Steine sowie eine rote Düne. Wir nahmen sie durch unsere Ferngläser in Augenschein und sahen aus dem Sand Fragmente von Mauerwerk hervorlugen. Als wir uns dem Gebilde näherten, merkten wir, daß es zu einer aus sauber gehauenen Steinen bestehenden Anlage gehörte, die zum Teil im Sand verschüttet war. Wir entfernten sorgfältig einige der Steinblöcke und standen am Eingang eines langen, düsteren Tunnels. Zwar war auch dieser stellenweise verschüttet, aber wir konnten ihn dennoch passieren, bis tief ins Innere der Düne. Die Lichtkegel unserer Taschenlampen trafen auf Inschriften an den Wänden. Mit Hilfe des altarabischen Wörterbuches, das ich bei Hyman and Sons gekauft hatte, begannen wir, die elegant ziselierten Buchstaben zu entziffern …

Träumen hat noch niemandem geschadet.

3.
Arabia Felix

Der Zauber des fernen Arabien steigt ihm zu Kopf
Und raubt ihm den Verstand

Diese Zeilen aus einem Gedicht von Walter de la Mare gingen mir nicht mehr aus dem Sinn.[32] Außerdem wurde mir klar, daß ich selbst als Amateur mehr zu der Suche nach Ubar beitragen konnte, als nur in den Tag hineinzuträumen. Obwohl es meinen Vorgängern nicht an Mut gemangelt hatte, schien keiner von ihnen seine Hausaufgaben gemacht zu haben. Niemand hatte sich die Zeit genommen – oder vielleicht hatte es keine Gelegenheit dazu gegeben –, die Geschichten zu hinterfragen, die die Beduinen aus der Rub' al-Khali sich am Lagerfeuer erzählten.[33]

In Anbetracht Kays und meiner derzeitigen Situation (keine Kontakte, bescheidene Finanzen) waren diese »Hausaufgaben« so ziemlich das einzige, was ich persönlich zu der Suche nach der verlorenen Stadt beitragen konnte. Anlaufstellen gab es mehr als genug: Allein in der wissenschaftlichen Bibliothek der UCLA gab es mehr als 60 000 Bücher über islamische Länder, Sitten und Bräuche. Zwar konnte ich mich nicht in die Wüste im fernen Arabien begeben, um nach Ubar zu suchen, aber ich konnte sehr wohl die alten und neuen Dokumente zu diesem Thema erforschen. Ich konnte der Frage nachgehen, ob es Ubar wirklich gab oder ob es sich um eine Fata Morgana handelte, eine Stadt, die es nie in der Realität, sondern immer nur in Märchen und Mythen gegeben hatte.

Zunächst einmal wollte ich herausfinden, ob Ubar auf irgendeiner Landkarte eingezeichnet war. Solange ich denken kann, bin ich von Landkarten fasziniert. Schon als Kind bereiste ich sie in meiner Phantasie, besuchte auf diesem Wege ferne Inseln und barg vergrabene Schätze. Jetzt, da ich zumindest dem Alter nach erwachsen war, nahm ich mir vor, zuerst die Karten neueren Datums zu studieren und mich anschließend mit den wunderbaren alten zu befassen, die mit dem Holzschnitt, auf denen die Legende »Arabia Felix« prangte.

Um die Expeditionen nachzuvollziehen, die zwischen den dreißiger und fünfziger Jahren stattfanden, hatte ich mir bereits aus England Navigationskarten bestellt, die besten, die es damals in den frühen achtziger Jahren zu kaufen gab. Sie waren für den Luftverkehr gedacht, und bedeutsame Ruinen wurden durch drei Punkte dargestellt. Ich hielt es immerhin für möglich, daß irgendein Pilot Ubar gesichtet und eingezeichnet hatte, ohne daß es jemandem aufgefallen war, aber dem war nicht so. Obwohl es laut Karte im Bereich Omans allerhand Ruinen aus dem Mittelalter oder einer noch früheren Epoche gab, waren in der Nähe der Koordinaten, wo Bertram Thomas die Straße nach Ubar entdeckt hatte, keine Punkte zu sehen. In dieser Region gab es rein gar nichts. Auf der Karte waren noch nicht einmal Konturen oder Schattierungen eingezeichnet. Es gab nur eine Legende, die besagte, daß »die maximale Bodenhöhe wahrscheinlich nicht mehr als 550 Meter beträgt«. Also war selbst jetzt in den achtziger Jahren dieser Bereich noch nicht kartographisch erfaßt worden.[34]

Die gähnende Leere ließ sich bis ins 16. Jahrhundert zurückverfolgen. Endlose Wüstenstrecken wurden lapidar als »große Sandfläche« oder »deserts très arides« abgetan. Zwar waren auf diesen alten Karten eine Reihe antiker Städte eingezeichnet, nicht aber Ubar. Die einzige Ausnahme bildete der 1872 von einem gewissen Hochwürden William Smith verfaßte *Atlas of Ancient Geography*. Hier war auf einer verblüffend detailgetreuen Arabienkarte das Wort »Wabar« vermerkt. Das machte mir Mut, weil es immerhin bewies, daß die legendäre Stadt Ubar nicht bloß das Produkt zeitgenössischer beduinischer Erzählkunst war.

Als ich in der Zeit noch weiter zurückging und Karten aus dem Mittelalter studierte, konnte ich mein Glück kaum fassen. Vor mir lag eine Karte, die mehr versprach, als ich je zu träumen gewagt hätte. Zuerst sah ich nur das Faksimile, ließ mir aber von der British Library, wo das Original aufbewahrt wird, vergrößerte Ausschnitte als Dias zusenden. Auf der Psalter-Karte, einer Weltkarte, die circa 1225 erstellt wurde und einen Durchmesser von weniger als acht Zentimetern aufweist, sind klitzekleine Dreiecke zu sehen, welche die vierundachzig wichtigsten Städte der Welt symbolisieren. Unter ihnen befand sich auch Ubar! Welch eine Stadt muß das gewesen sein, dachte ich. Obwohl die Stadt Ubar auf der Psalter-Karte nicht namentlich genannt wurde, befand sich an der Stelle, wo die Straße nach Ubar im Süden Arabiens entdeckt worden war, folgende Legende:

Diese Schriftzüge bedeuten *are liberi n colime er culis* (in ziemlich miserablem Latein, wie ich mir habe sagen lassen) und heißen soviel wie »der Altar des Liber und die Säulen des Herkules«. In der klassischen Mythologie markieren die Säulen des Herkules das Ende der bekannten Welt, und »Liber« (oft auch abgewandelt in »Vater Liber«) war ein anderer Name für Dionysos, Gott des Weines und der Weinernte sowie Schutzpatron der Zecher und der orgiastischen Ausschweifung.

Was aber hatten diese beiden Monumente, der Altar und die Säulen, in Arabien zu suchen, geschweige denn in Ubar? Sowohl Dionysos als auch Herkules waren doch schließlich griechische Götter gewesen. Und wenn ich mich recht erinnerte, befanden sich die Säulen des Herkules an der Straße von Gibraltar. Indem ich mich intensiv mit Literatur über das klassische Altertum befaßte, begann ich mir einen möglichen Reim darauf zu machen.

Betrachten wir zunächst einmal Dionysos. Der Historiker Diodorus Siculus informiert uns, daß dieser Gott auf dem Nysa, einem »glücklichen Berg« in Arabia Felix das Licht der Welt erblickt hat. Daher überrascht es nicht weiter, daß ihn die Araber als einen der Ihren betrachteten, insbesondere die Bewohner einer Stadt, die für ihren ausschweifenden Lebenswandel bekannt war. Daß die alten Araber von Dionysos fasziniert waren, bestätigt sich in der Aussage des griechischen Historikers Herodot: »Ihre Haarschnitte, kreisförmig frisiert, mit ausrasierter Schläfenpartie, sind, wie sie selbst sagen, dem Vorbild Dionysos' nachempfunden.«

Was die Säulen des Herkules betrifft, so scheint es, daß es in der antiken Sagenwelt mehr als ein einziges Paar gegeben hat. Aus einer Chronik über die Siegeszüge Alexanders des Großen geht hervor, daß dieser die Säulen des Herkules erblickte, nachdem er fünfundneunzig Tage lang die Straße nach Babylon entlangmarschiert war, was in etwa dem Zeitraum entspricht, den ein Wanderer brauchen würde, um die arabischen Säulen des Herkules zu erreichen, die auf der Psalter-Karte eingezeichnet sind. (Alexander, stets auf der Suche nach Schätzen, ließ übrigens die Säulen durchbohren, um festzustellen, ob sie hohl oder aus massivem Gold waren.)

Als ich diese Stelle las, war es schon spätabends gegen Ende eines langen Arbeitstages. Ich schloß für ein paar Momente die Augen.

Die große rote Düne abzutragen erwies sich als einfacher, als wir zunächst gedacht hatten. Langsam, aber sicher förderten wir viele Gebäude zutage. Die meisten waren Ruinen, aber es gab auch ein Bauwerk, das bemerkenswert gut erhalten war. Es handelte sich um einen Tempel. Zwei kolossale freistehende Säulen, dem Halbgott Herkules gewidmet, befanden sich rechts und links des Eingangs. Wie in der Chronik Alexanders des Großen beschrieben, betrug ihre Höhe umgerechnet etwa zwölf Ellen.

Voller Hoffnung traten wir zwischen den Säulen in den Tem-

pel. Es dauerte einige Minuten, bis sich unsere Augen an die Dunkelheit im Innern gewöhnt hatten. Wir wechselten kaum ein Wort und bewegten uns behutsam vorwärts. Wir erschraken fast, als wir plötzlich der Gestalt des Gottes Dionysos gewahr wurden, der eine Prozession torkelnder Zecher hinter sich herführte. Die Figuren befanden sich auf einem Fries, der den steinernen Altar säumte. Sie sahen aus, als hätte sie die Zeit im Augenblick ihres Treibens für die Ewigkeit gebannt. Wir waren voller Ehrfurcht. Genau an diesem Ort hatte vor 2300 Jahren der mazedonische Herrscher und Eroberer Alexander der Große die Denkmäler entdeckt, die man einst Herkules und Dionysos gesetzt hatte.

Zu meinem Leidwesen fiel aber meine Theorie in sich zusammen, als ich Alexander den Großen einbeziehen wollte. Ich erfuhr, daß zwar die Eroberungen des mazedonischen Helden durchaus stattgefunden haben, aber darüber hinaus zu den wildesten Phantastereien aller Zeiten Anlaß boten, nämlich zu den sogenannten Alexander-Büchern, die angeblich auf den Aufzeichnungen eines seiner Generäle basierten. Diese Geschichten waren bis ins Mittelalter weit verbreitet und wurden gerne gelesen. Es gab armenische und äthiopische Alexander-Bücher sowie eine indonesische und sogar eine isländische Fassung. Es waren die Vorläufer von *Gullivers Reisen* und den Comicheften mit den Superhelden, die wir heute kennen. Hier begegnete Alexander der Große auf seinen Reisen Amazonen, Nixen und Menschen, die sich von Gerüchen ernährten; er bestaunte Flöhe, so groß wie Schildkröten, und Hummer von den Ausmaßen eines Schiffes. Er flog in einer Luftmaschine, die von Greifen in die Lüfte gehoben wurde, und tauchte in einem aus Ziegenleder gefertigten U-Boot auf den Grund des Persischen Golfs.

Daher ist davon auszugehen, daß es sich bei dem Urheber der Psalter-Karte um irgendeinen Mönch handelte, dessen Phantasie ausgeprägter war als sein Verständnis der Rechtschreibung und der abends auf seiner Strohmatte in Alexander-Büchern zu schmökern pflegte. Zudem stellte sich heraus, daß die Legende *are liberi n colime er culis* nicht nur falsch buchstabiert, sondern auch an der falschen Stelle eingetragen war. Während sie sich in den Alexander-Büchern in Indien befinden, sind sie laut der Karte in Arabien. Dafür gibt es eine Erklärung. Auf der Psalter-Karte wird Indien zweigeteilt durch eine Mauer, die Alexander errichten ließ, um die angriffslustigen Horden der Riesen Gog und Magog daran zu hindern, in die Welt hinauszuschwärmen. Die Beschreibung dieses Tatbestandes nimmt auf der Karte so viel Raum in Anspruch, daß man die übrigen Alexander-Geschichten, darunter auch seine Entdeckung der Säulen und des Altars, nach Arabien verlagern mußte, wo noch schön viel Platz war, wo aber der Mazedonier niemals gewesen ist, noch nicht einmal in der Legende.[35]

Natürlich war ich frustriert, als ich einsehen mußte, daß *are liberi n colime er culis* nichts mit Ubar zu tun hatte. Schließlich hatte ich mehrere Wochen damit verbracht, die verheißungsvolle Legende zu entziffern, zu erkennen, daß sie unsinnig war, und hatte dann auch noch rekonstruiert, wie sie zustande gekommen war. Allerdings muß ich zugeben, daß mir dieser Exkurs Spaß gemacht hat. Die Alexander-Bücher sind gut geschrieben und ausgesprochen unterhaltsam. In der armenischen Fassung zum Beispiel, die als Ich-Erzählung konzipiert ist, durchquert Alexander, nur von den Sternen geleitet, eine Wüste, die alles andere als ausgestorben ist:

Die Bewohner dieser Region berichteten von wilden Menschen und Bestien, die dort leben … Diese Menschen waren vierundzwanzig Ellen groß, hatten lange Hälse und Hände und Finger wie Sägen …

Wir kamen an einen Ort, wo kopflose Menschen lebten. Sie hatten überhaupt keine Köpfe; ihre Augen und Münder befanden sich auf der Brust, aber sie sprachen mit der Zunge wie alle anderen Menschen auch. Dann erschien uns, um etwa neun und zehn Uhr, ein Mensch, der so behaart war wie ein Ziegenbock. Ich erwog, ihn einzufangen, da er uns aggresiv und dreist anbellte. Und ich schickte eine nackte Frau zu ihm, in der Hoffnung, daß die Fleischeslust ihn gefügig machen könnte. Statt dessen schleppte er die Frau mit sich fort und fraß sie auf.[36]

Auf bizarre Weise erwiesen sich die Alexander-Bücher als recht lehrreich, da sie mir Einblicke in die Struktur von Mythen verschafften. Ich hatte gelernt, daß Mythen »hieratisch« oder »teleodidaktisch« sind, und hatte mit diesen kryptischen Konstrukten nie viel anfangen können. Hier war der Mythos nicht theoretisch-abgehobenen, sondern manifestierte sich als lebhaftes, freches Wesen mit Scherenhänden, das sich begeistert auf die Wahrheit stürzt und diese gründlich zerfleddert. Dennoch bleiben ein paar Körnchen übrig. Es gab wirklich einen Alexander, und er erlebte tatsächlich große Abenteuer. In den Alexander-Büchern wird nicht nur fabuliert; einige Menschen, Orte und Ereignisse werden durchaus wirklichkeitsgetreu wiedergegeben.

Ich konnte jetzt auch verstehen, warum einige Mythen über die Jahrhunderte hinweg nicht totzukriegen sind, und zwar wegen ihres hohen Unterhaltungswerts. Sie bieten Action und Abenteuer, ihnen haftet die Aura des Geheimnisvollen und Wunderbaren an, und zu guter Letzt erzählen sie von den Stärken und Schwächen der menschlichen Natur und vom Sinn des Lebens. Als Alexander, auf Eroberungen versessen und vom Gedanken beseelt, die Unsterblichkeit zu erlangen, seinem Ziel zustrebt, fliegen zwei Vögel mit Menschengesichtern herbei und fragen ihn auf Griechisch: »Warum durchstreifst du die Erde auf der Suche nach der Heimat der Götter? Du wirst deinen Fuß niemals auf die gesegnete Himmelsinsel setzen können. Warum willst du unbedingt in den Himmel steigen, obwohl du weißt, daß es nicht in deiner Macht liegt?«[37] Diese Vögel hatten gesunden Menschenverstand und waren nicht bereit, Alexanders im Jahre 329 v. Chr. geäußerten Behauptung, er sei ein Gott, Glauben zu schenken. So mächtig er auch war, zwitscherten die beiden ihm zu, war er doch nur ein Sterblicher.

Auf den Spuren des sagenumwobenen Alexander war ich

von der wissenschaftlichen Bibliothek der UCLA in die Huntington-Bibliothek in San Marino nahe Pasadena gepilgert, wo man mir großzügig (und wohl eher aus einer Laune heraus) die Privilegien eines seriösen Wissenschaftlers einräumte. Die Huntington-Bibliothek ist ein riesiges Gebäude aus Marmor, das von den Figuren ernst dreinblickender griechischer Götter bewacht wird. Sie befindet sich auf einem ausgedehnten, großartig angelegten Gelände und beherbergt eine wissenschaftliche Sammlung, bestehend aus zwei Millionen Büchern und sechs Millionen Manuskripten. Die Huntington-Bibliothek ist in erster Linie für ihre Sammlung literarischer und historischer Schriften aus Großbritannien berühmt, daher war ich erstaunt über das umfangreiche Angebot an Lesematerial über Arabien. Es gab seltene und wunderschöne alte Ausgaben von *Tausendundeiner Nacht*, die komplette Hinterlassenschaft des Forschungsreisenden, Linguisten und Historikers Sir Richard Burton und – für mich besonders interessant – eine Menge Erstausgaben und Urschriften der Karten des Claudius Ptolemäus.

Ende des 15. Jahrhunderts hatten sich die europäischen Buchdrucker gegenseitig darin überboten, Ptolemäus' Weltatlas mit den Holzschnitten zu veröffentlichen. Er erschien 1477 in Bologna, 1478 in Rom, 1482 in Ulm … Diese Kosmographien, wie man sie damals nannte, waren äußerst eindrucksvoll. Die Ausgaben, die ich in der Huntington-Bibliothek fand, waren in Leder gebunden, handkoloriert und oft mit Blattgold verziert. Blätterte ich durch ihre pergamentenen Seiten, so stieg mir der Geruch der Vergangenheit in die Nase, muffig und geheimnisvoll. Auf Ptolemäus' Arabienkarte, *Tabla Sexta Asiae*, waren Hunderte von historisch bedeutsamen Stätten und geographischen Merkmalen korrekt eingezeichnet.

Dennoch erwies es sich als Herausforderung, die Kosmographien zu deuten. Ehe ich begriffen hatte, was genau sie darstellten, wie und wann sie entstanden waren, verging eine ganze Weile. Ihr Ursprung war ein ganz anderer, als ich auf

Anhieb vermutet hätte. Obwohl man sie im 15. Jahrhundert zusammengefaßt und veröffentlicht hatte, waren sie keineswegs Produkte der Renaissance, einer Epoche, mit der man Wissensdurst und Erweiterung des Horizonts assoziiert. Ptolemäus war nämlich Grieche und lebte circa 110 bis 170 n. Chr. in Ägypten. Folglich waren die während der Renaissance erschienenen Karten nichts weiter als Neuauflagen von Werken, die etwa dreizehn Jahrhunderte zuvor in der Bibliotheca Alexandrina entstanden waren, der Großen Bibliothek in Alexandria, wo Ptolemäus als Aufseher arbeitete.

Um 150 n. Chr. begann er das Projekt, die Welt, so wie man sie bis dato kannte, zu kartographieren. Er bezog sich auf die circa 750 000 Manuskripte, die die Bibliothek beherbergte, darunter eine beachtliche Anzahl sogenannte »Periplusse« (wörtlich übersetzt: »Rundreisen«), von griechischen Kaufleuten gezeichnete Karten der von ihnen navigierten Küstenlinien. Dieselben Kaufleute hatten auch Schilderungen des arabischen Binnenlandes mitgebracht, die sie allerdings nicht selbst erstellt, sondern von arabischen Stammesleuten übernommen hatten. Jene Informanten pflegten Reisen per Kamel in »Stadien« zu messen, wobei jedes Stadion einer Tagesreise bzw. fünfzig bis sechzig Kilometern entsprach. Aus diesen Daten versuchte Ptolemäus die Lage der Städte und Dörfer im Binnenland zu bestimmen.

Dabei stellte sich Ptolemäus die Erde nicht nur als Kugel vor, sondern erfand sogar die Längen- und Breitengrade, um jeder Lage die entsprechenden Koordinaten zuordnen zu können. Die arabische Stadt Medina (die damals noch Yathrib bzw. Lathrippa hieß) befand sich beispielsweise auf der Koordinate 71° X 23° und Saba Regio (Das Königreich Saba) auf der Koordinate 73° X 16°.[38] Der ursprüngliche ptolemäische Atlas, einschließlich der darin enthaltenen Arabienkarte, war ein wahres Weltwunder. Ein derart vollständiges, detailliertes und akkurates Werk hatte es zuvor noch nie gegeben. Daher ist es jammerschade, daß auf Befehl des römischen Kaisers Theodosius im Jahre 391 n. Chr. der von religiösem Fanatismus infizierte Mob die Alexandrinische Bibliothek in Brand steckte, wobei auch der Atlas verbrannte.

Immerhin haben einige Fragmente die Katastrophe überlebt. Mindestens eine Ausgabe seiner Koordinatentafel wurde gerettet und über die Jahrhunderte hinweg weitergereicht, bis sie im 15. Jahrhundert von europäischen Kartographen aufgegriffen wurde. Sie verwendeten sie, um Ptolemäus' Karten zu rekonstruieren, die Küstenlinien, Berge, Flüsse, Königreiche dort zu lokalisieren, wo der Grieche sie ursprünglich eingezeichnet hatte. Die Städte und Dörfer wurden nun als kleine Schlößchen dargestellt oder durch Punkte symbolisiert. Oft wurde dafür Goldfarbe verwendet. So gelang es ihnen, die Welt, wie man sie zu Ptolemäus' Zeiten, als das Christentum noch in den Kinderschuhen steckte, gekannt hatte, recht gelungen darzustellen.

Wenn Ubar überhaupt irgendwo eingezeichnet war, dann auf Ptolemäus' Arabienkarte, dachte ich. Und siehe da: Auf den meisten Karten war ungefähr an der Stelle, wo Bertram Thomas die Spuren der Straße entdeckt hatte, die Stammesbezeichnung »Iobaritae« (»Ubariten« auf lateinisch) zu lesen. Aus den Karten ging allerdings nicht hervor, daß sich der Stamm der Ubariten hier *niedergelassen* hatte, sondern ledig-

Ptolemäus' Arabienkarte (vereinfacht)

lich, daß er diese karge Gegend durchstreift hatte. Kein Schlößchen war an dieser Stelle eingezeichnet, auch kein Punkt, also schien es keine Stadt gegeben zu haben. Ich sah mir auch die Karten an, die vor Ptolemäus' Zeiten erstellt wurden, aber diese erwiesen sich als ausgesprochen primitiv und waren zumeist ohnehin nur auf einzelne Gebiete bezogen.

Wochenlang schien es keinen Ausweg aus diesem Dilemma zu geben. Um das Konzept der ptolemäischen Karten besser zu begreifen – und als verzweifelter Versuch, aus dem Nichts etwas Sichtbares zu schaffen –, begab ich mich Schritt für Schritt daran, selbst eine Karte zu zeichnen, der ich eine Koordinatentafel zugrunde legte, welche 1482 in Ulm gedruckt worden war. Ich zeichnete die Lagen von fast vierhundert Städten und Sehenswürdigkeiten ein, wie es auch die Kartographen der Renaissance getan hatten. Das Projekt beschäftigte mich mehrere Abende lang; es war, wie wenn man ein Puzzle zusammensetzt. Ich entdeckte dabei nichts Neues. Ein, zwei Tage, nachdem ich die Karte vollendet hatte, begann einer der Orte, die ich eingetragen hatte, jedoch in meinem Kopf herumzuspuken und mir keine Ruhe zu lassen. Es handelte sich um Omanum Emporium, den »Marktplatz Omans«, der im Westen Arabiens auf der Koordinate 77° X 19° erschien. Wenn ich mich recht erinnerte, befand sich das alte Oman aber im *Osten* Arabiens, wie auch das heutige Sultanat. Was also hatte der »Marktplatz Omans« fern der Heimat zu suchen?

Sobald ich es wieder in die Huntington-Bibliothek schaffte, kämpfte ich mich noch einmal verbissen durch sämtliche Exemplare der ptolemäischen Kosmographie, die die Sammlung zu bieten hatte, ohne aber dabei den geringsten Hinweis zu finden. Da die Bände sehr schwer waren und aufgrund ihres Seltenheitswertes in den Tresorräumen der Bibliothek aufbewahrt wurden, hatten die Bibliothekare ihre liebe Mühe, sie hin- und herzuschleppen. Heute taten sie mir besonders leid, da ich sie ganz umsonst bemüht hatte. Es war fast siebzehn

Uhr, kurz vor Feierabend. Nach kurzem Zögern begab ich mich nochmal in den Lesesaal, wo man bereits die Lichter ausgeschaltet hatte, so daß nur die letzten Strahlen der Abendsonne die Eichentäfelung der Wände und Regale beleuchtete. Unter einem Regal lag, wie ich plötzlich bemerkte, noch ein Exemplar des ptolemäischen Atlas herum. Ich hatte mich nur flüchtig damit befaßt und es dann vergessen. Es handelte sich nicht um eine Originalausgabe, sondern um einen in den dreißiger Jahren erschienenen Nachdruck des Ebner-Manuskripts, das sich im Original in der New York Public Libraray befindet.

Das 1460 handgefertigte Ebner-Manuskript war ein typisches Beispiel der Buchkunst des 15. Jahrhunderts. Daß es älter war als alle anderen Atlanten, die ich hier in der Huntington-Bibliothek studiert hatte, fiel mir erst jetzt auf. Ich blätterte, bis ich die Arabienkarte fand. Omanum Emporium befand sich wie immer ungefähr bei 78° X 20°. Ich suchte im Atlas die Koordinatentafel und stellte fest, daß Omanum Emporium hier bei 87°40' X 19°75' eingetragen war. Da stimmte doch etwas nicht! *Warum nur war der Längengrad auf der Koordinatentafel bei 87° angegeben und auf der Karte bei 78°?*

Die Tür öffnete sich, einer der Wachleute steckte seinen Kopf herein und sah mich an. Ich war der einzige, der sich noch im großen, dunklen Leseraum aufhielt. »Einen Moment noch«, sagte ich, »ich komme gleich zum Schluß.« Ich schlug noch schnell im Ebner-Manuskript die Arabienkarte auf, um zu sehen, wo genau die Koordinaten 87°40' X 19°75' lokalisiert waren. Es war, wie ich feststellte, Ostarabien, und zwar genau die Stelle, wo »Iobaritae« stand. In der Heimat der Ubariten hatte es also doch eine Siedlung gegeben! Es muß sogar eine ziemlich große gewesen sein, denn unter den etwa ein Dutzend Städten, die Ptolemäus als bedeutend betrachtete und mit einem Sternchen kennzeichnete oder durch größere Schrifttypen hervorhob, befand sich unweigerlich Omanum Emporium.

Wie es im Kloster Ebner um 1460 zu so einem gravierenden

Irrtum kommen konnte, werden wir nie erfahren. Ich nehme aber an, die Sache hat sich wie folgt zugetragen: Der betreffende Schreiber hatte Ptolemäus' Liste der Koordinaten korrekt übernommen und der Arabienkarte, die er zeichnete, zugrunde gelegt. Er zeichnete die Küstenlinie ein, fügte nach und nach Berge und Flüsse, Städte und Dörfer hinzu. Als er gerade Omanum Emporium eintragen wollte, ging ihm die Tinte aus. Vielleicht mußte er auch eine neue Kerze holen oder die Hauskatze verscheuchen. Jedenfalls ist ihm irgendwie das Pergament verrutscht, und als er neu ansetzte, wurde aus dem Längengrad 87° auf der Karte 78°. Dieser kleine Fehler ließ Omanum Emporium gen Westen wandern. Offensichtlich hat man bei der Erstellung der Karten, die man in späteren Zeiten in Bologna, Rom und Ulm gezeichnet hat, den Fehler einfach übernommen.

Als ich an diesem Nachmittag nach Hause fuhr, wußte ich kaum, auf welcher Autobahn ich mich überhaupt befand. War »Omanum Emporium« mit Ubar identisch? In der antiken Welt pflegte man ein und demselben Ort verschiedene Namen zu geben, wie man es auch im Verlauf der neueren Geschichte tat, als man Niew Amsterdam in Manhatten, Gotham oder »Big Apple« umtaufte. Irritierend fand ich es aber doch, daß Omanum Emporium als »Marktplatz Omans« mitten in der Wüste liegen sollte. Handelsplätze lagen doch üblicherweise am Meer.

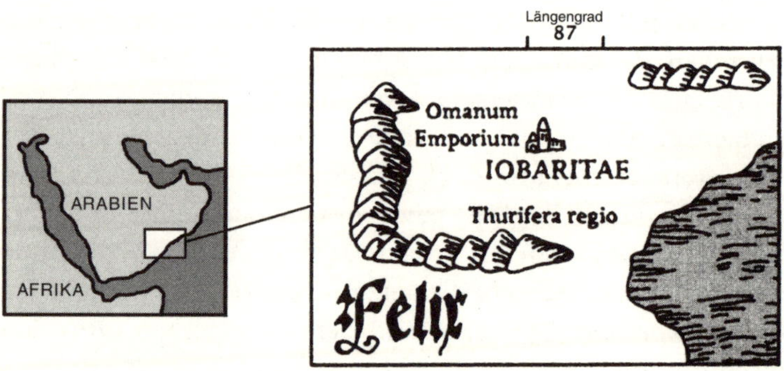

Ausschnitt aus Ptolemäus' Arabienkarte (korrigierte Fassung)

Die Antwort fand ich, als ich erneut die Huntington-Bibliothek aufsuchte und Ptolemäus' Karte konsultierte. Direkt neben der Stelle, wo ich Omanum Emporium relokalisiert hatte, befand sich »Thurifera Regio«, das Land des Weihrauchs. In der antiken Welt bestand ein hoher Bedarf an Weihrauch: Man verwendete ihn in den Tempeln wie auch in den Privathaushalten. Ich hatte irgendwo gelesen, daß er aus dem Harz eines in der Wüste wachsenden Baumes gewonnen wurde. Das Endprodukt wurde in die fernen Länder am Mittelmeer exportiert und dort wie Gold gehandelt.

Omanum Emporium – Ubar – spielte höchstwahrscheinlich eine wichtige Rolle bei der Weihrauchernte und dem anschließenden Vertrieb. Wenn ich herausbekam, auf welchen Wegen der Handel vonstatten gegangen war, dann würde sich das Rätsel um die Bedeutung dieser Stadt, die Geschichte ihrer Entstehung und ihres Niedergangs aufklären lassen.

Iobaritae ... Omanum Emporium ... Thurifera Regio ... diese drei auf Ptolemäus' Karte eingetragenen Namen standen meiner Meinung nach für einen Stamm, eine Stadt, einen Wirtschaftszweig. Es faszinierte mich, daß auf Ptolemäus' Karte ausgerechnet Omanum Emporium die einzige bedeutende Lokalität war, über deren weiteres Schicksal man nichts wußte. Von daher, dachte ich, wäre es nicht weiter verwunderlich, wenn Omanum Emporium tatsächlich identisch wäre mit der verlorenen Stadt Ubar.

Bevor die Tore der Huntington geschlossen wurden, blieb mir noch Zeit für einen Spaziergang durch meinen Lieblingsgarten, wo die Kakteen wuchsen. Obwohl es Winter war, trieben die silbrigen Cholla-Kakteen rote und gelbe Blüten. Während ich mich an ihrem Anblick erfreute, ließ ich meine Reise durch die alten und neuen Landkarten Arabiens im Geiste Revue passieren. Der Mann mit den Sägenhänden und der bellende Ziegenmensch hatten mich unversehrt vorüberziehen lassen, und ich hatte Gelegenheit bekommen, die Werke des Claudius Ptolemäus, des ersten bedeutenden Kartographen, voller Ehrfurcht zu bestaunen.

Ich dachte an die Huntington-Bibliothek und konnte plötzlich nachvollziehen, daß die Gelehrten Ubar nie große Beachtung geschenkt haben: Aus dem einfachen und guten Grunde, weil die Stadt auf Ptolemäus' Karte nicht zu finden war. Dabei hatte es sie – wenn auch unter einem anderen Namen und am falschen Ort – die ganze Zeit gegeben.

4.
Der Flug der *Challenger*

Die geographische Lage und den Zweck der Stadt Ubar hatte ich nun, zumindest theoretisch, in einen sinnvollen Kontext einordnen können. In einer abgelegenen Gegend im Arabien der Antike hatte man Weihrauch geerntet und über die alte Straße in die Karawanserei Ubar transportiert, die Claudius Ptolemäus als »Marktplatz Omans« kannte. Dort wurde der Weihrauch auf Kamele verladen, um die lange, mühevolle Reise durch die Rub' al-Khali anzutreten und auf den großen Märkten in Petra, Alexandria, Jerusalem, Damaskus und Rom verkauft zu werden.

Was aber die Praxis betraf, so wußte ich noch nicht, wie man die Suche nach Ubar konkret angehen sollte. Ptolemäus' Arabienkarte war zwar bestens dafür geeignet, die ungefähre Lage zu bestimmen, aber sie war bei weitem nicht akkurat genug, als daß man mit ihrer Hilfe gezielt zu diesem Ort hätte hinfinden können.[39] Ubar befand sich irgendwo inmitten einer zweihundert mal fünfhundert Kilometer großen Sandfläche, irgendwo in den Kiesebenen oder den Dünen, die über zehntausend Quadratkilometer abdeckten.

Vor nicht allzulanger Zeit hatte die *Los Angeles Times* einen Artikel über ein Radarsystem gebracht, das aus der Luft die Ruinen einer Maya-Siedlung inmitten des dichten Dschungels lokalisiert hatte. Ein ähnlich konstruiertes Radarsystem, so der Artikel, sollte bald in eine Raumfähre installiert werden. Ich konnte mir vorstellen, obwohl es zunächst abwegig erschien, daß man mit dieser Raumfähre nach Ubar suchen könnte. Immerhin konnte es nichts schaden, nachzufragen. Also holte ich eines Donnerstags im Jahre 1983 tief Luft, bevor ich die Auskunft von Pasadena anrief, um die Nummer des Raumforschungszentrums der NASA (Jet Propulsion Laboratory) zu erfragen. Man gab mir gleich die Durchwahl.

»JPL-NASA, guten Morgen. Was kann ich für Sie tun?«

»Ich ... ich würde gerne mit jemandem über die Möglichkeit sprechen, mit einer Raumfähre eine verlorene Stadt aufzuspüren«, sagte ich und versuchte dabei so zu klingen, als sei dies eine reine Routinefrage – nicht sehr überzeugend.

»Tja ...«

Es entstand eine Pause. »Eine verlorene Stadt in Arabien«, platzte ich heraus, als ob dieser Zusatz meine Frage weniger absurd erscheinen ließe.

»Ich verbinde Sie mal mit Dr. Blom«, sagte die Stimme hastig und stellte mich durch.

Es klingelte. Wer ist wohl dieser Dr. Blom? fragte ich mich. Vielleicht der Ansprechpartner für solche, die von Atlantis träumen, zum Mittelpunkt der Erde reisen oder Sichtungen fliegender Untertassen melden wollen?

»Ron Blom«, meldete sich eine freundliche Stimme.

Als ich Dr. Blom erklärte, wer ich bin, erwähnte ich unter anderem, daß ich für die National Geographic Society und für die Disney-Studios arbeitete, in der Hoffnung, daß mich diese Eckdaten seriöser erscheinen lassen würden. Ich denke, ich hatte einen Stein im Brett, als ich (nicht ganz unwissend!) von den Parametern sprach, die man zur Berechnung der Flugbahn einer Raumfähre benötigt. »Können wir uns weiter unterhalten?« fragte ich.

»Es spricht nichts dagegen«, erwiderte Dr. Blom. Er schlug vor, daß wir uns noch am selben Tag zum Mittagessen verabredeten, vorausgesetzt, ich schaffte es, bis 11.30 Uhr im JPL zu sein. Naturwissenschaftler essen früh am Tag.

Das Raumforschungszentrum lag nicht weit von der Huntington-Bibliothek entfernt, ebenfalls inmitten eines beschaulichen, grünen Geländes, und auch hier wimmelte es von emsigen Forschern. Zu jener Zeit arbeiteten dort mehr als zehntausend Leute an irgendwelchen NASA-Projekten. Während man in der Huntington den Geheimissen der Vergangenheit nachspürt, blickt man am JPL in die Zukunft und untersucht die Entdeckungen, die durch die bemannte und die unbemannte Raumfahrt gemacht werden.

In Ron Blom erkannte ich auf Anhieb den seriösen Naturwissenschaftler. Er hatte an der California Technical University Geologie studiert, trug einen Bart und bevorzugte offenbar karierte Hemden und Pullunder. Bei alledem wirkte er irgendwie geistesabwesend, als sei er tief in Gedanken. In der Kantine des JPL gab er mir Gelegenheit, das Verhalten von Weltraumforschern an der Salatbar zu beobachten, wo man für $ 2,25 soviel mitnehmen durfte, wie man in der kleinen Styroporschüssel unterbringen konnte. Zuerst errichteten sie solide Fundamente aus Bohnen, Kirschtomaten, roter Beete usw. Darauf wurden dann aus Eisbergsalat und Spinat, rundherum abgestützt von Stangensellerie und Karottenstiften, filigrane Konstrukte geschaffen, Wunder der Statik, die immer weiter in die Höhe wuchsen und dennoch nicht umzukippen drohten. Als ich mich zur Kasse begab, kam ich an zwei Naturwissenschaftlern vorbei, die soeben die Viskosität der verschiedenen Salatsoßen (in diesem Fall Kräutersoße und Kalifornisches Ranch-Dressing) diskutierten.

»Das geht auf mich, Dr. Blom«, sagte ich. Eine freundliche Geste, dachte ich, die gut ankommt, und das wäre sie bestimmt auch gewesen, wenn ich nicht unmittelbar darauf festgestellt hätte, daß meine Brieftasche leer war. Auf meiner übereilten Fahrt zum JPL hatte ich vergessen, am Geldautomaten anzuhalten. Jetzt stahl ich Dr. Blom mit meinen hirnrissigen Vorschlägen nicht nur die Zeit, sondern zwang ihn auch noch dazu, die Zeche zu zahlen. Ich versuchte, so gut ich konnte, die Situation zu retten.

»Tausend Dank. Wie blöd von mir ... Aber was halten Sie davon, wenn ich mich revanchiere und Sie zum Mittagessen einlade, sobald wir in Oman ankommen, um Ubar zu suchen?«

Ich konnte mein Versprechen halten – allerdings erst sieben Jahre später. In der Zwischenzeit sollte sich Ron als unentbehrliche Stütze des Ubar-Projekts erweisen. Wir verbrachten den größten Teil dieses ersten gemeinsamen Nachmittags damit, in seinem Büro zu plaudern. Ein Zettel, den er an die Wand über seinen Computer geklebt hatte, beruhigte mich dabei: »LOS TRAU DICH – SEI BLÖD!«

Zuallererst sahen wir uns gemeinsam meine Navigationskarte J-7 an, auf der ich die Stellen markiert hatte, wo einst Bertram Thomas und Claudius Ptolemäus die mögliche Lage Ubars eingezeichnet hatten. Ron staunte, daß es heutzutage noch einen »weißen Fleck« gab, eine Region, die noch unerforscht und kartographisch nicht erfaßt war. Er erklärte mir das System, mittels dessen es uns gelingen könnte, Ubar zu finden.

In achtzehn Monaten sollte eine Raumfähre, ausgerüstet mit dem Radar-Bild-System SIR-B (Shuttle Imaging Radar B) losgeschickt werden, um ausgewählte Gebiete bildlich zu erfassen. Das Gerät funktionierte, indem es Mikrowellen aussendete und deren Resonanzen aufzeichnete. Der Radar konnte sogar durch dichte Bewölkung, Blattwerk und Sand »hindurchsehen« und somit natürliche wie vom Menschen geschaffene Phänomene zutage bringen, die der Welt bisher verborgen geblieben waren. Er konnte das Unsichtbare sichtbar, die Vergangenheit der Gegenwart als Bild zugänglich machen.

Das Vorläufermodell, SIR-A, hatte man 1981 an Bord der Raumfähre *Columbia* in die Atmosphäre geschossen. Ron war der Leiter dieses Projekts gewesen und berichtete gerne von den ersten Bildern, die man bei dieser Gelegenheit aus dem Himmel über Afrika aufgenommen hatte. Sie waren von der vollkommen planen Sandwüste im Norden des Sudan, der Selima-Wüste.

»Unser erster Gedanke war, daß jemand den Film falsch eingeordnet hatte und daß diese Bilder eine ganz andere Landschaft zeigten«, erinnerte sich Ron. »Die Radarbilder entsprachen nämlich überhaupt nicht unserer Vorstellung der einheitlichen Topographie der Selima-Wüste.«

Es war jedoch der richtige Film. Was auf den Bildern zu sehen war, war nicht etwa die Sandschicht, welche die Bodenoberfläche bedeckte, sondern das, was unter ihr begraben lag. Der Radar hatte durch den Sand geschaut, als wäre er überhaupt nicht vorhanden, und die darunter verborgene Landschaft zutage gefördert. Sie war mit Flußbetten durchzogen, die jetzt natürlich ausgetrocknet waren, aber einst die Wassermassen geleitet hatten, die in Form von Monsunregen niedergeprasselt waren. Vor uns lag der Schnappschuß einer verschütteten Landschaft, die Hunderttausende von Jahren zurückdatierte.

Rons Team war nach Ägypten und in den Sudan gereist, um das, was die Radarbilder zeigten, stellenweise auszugraben. Zunächst ermittelten sie, wo genau in dieser einheitlichen Landschaft zwei konvergierende Flußbetten begraben lagen, und schlugen dort ihre Zelte auf. Als sie die Sandschichten abgetragen hatten, kamen tatsächlich die Flußbetten zutage sowie zahlreiche Relikte aus der Steinzeit.

»Angenommen, Ubar ist auch verschüttet. Wieviel würde der Radar erfassen können?«

»Eine ganze Menge, wenn die Stätte nicht zu tief begraben liegt.«

»Was heißt das genau?«

»Eineinhalb bis zwei Meter wären kein Problem. Theoretisch kann der Radar bis zu fünf Meter Sand durchdringen, vorausgesetzt, dieser ist sehr trocken.«

»Ja, und was würden wir auf dem Bild erkennen? Mauern? Häuser?«

»Es muß schon etwas ziemlich Großes sein, damit man es identifizieren kann. Aber klar, Gebilde ab dreißig Metern Durchmesser sieht man schon. Eine größere Auflösung schafft der SIR-B nicht, das entspricht bei ihm in etwa einem Pixel.«

Ich nickte, obwohl ich keine Ahnung hatte, was ein Pixel sein sollte.

Während er mich zurück zum Ausgang des Forschungszentrums begleitete, versprach mir Ron, ein Treffen mit Charles

Elachi zu arrangieren, der nicht nur Vorsitzender der Geologischen Radarbild-Abteilung des JPL, sondern auch Leiter des gesamten SIR-B-Projekts der NASA war.

Bereits eine Woche später saßen wir in Charles' Büro. Es war schon ein wenig einschüchternd, diesem Großmeister der Naturwissenschaften zu begegnen. Mit sechsunddreißig hatte er bereits in Kosmogeologie, Quantenphysik und Elektrotechnik promoviert. Außerdem war er im Libanon aufgewachsen und wußte nur zu gut, daß es im Mittleren Osten häufig vorkommt, daß man Dichtung und Wahrheit miteinander vermischt. Ich räumte ein, daß dies auch bei Ubar der Fall sei, fügte aber hinzu, daß ich Bertram Thomas und Claudius Ptolemäus für seriöse Quellen halte.

»Okay«, meinte Charles, »und wie sieht es mit Ihnen aus? Sind Sie davon überzeugt, daß es diesen Ort, Ubar, wirklich gibt?«

Jetzt mußte ich die Karten auf den Tisch legen. »Wenn ich ganz ehrlich sein soll«, erwiderte ich, »bin ich mir nicht sicher.«

»Das ist eine vernünftige Antwort«, sagte Charles sofort. »Darum geht es ja schließlich in der Naturwissenschaft, herauszufinden, ob es etwas wirklich gibt. Habe ich recht, Ron?« Als Ron zustimmend nickte, fuhr er fort: »Aber angenommen, wir lassen uns auf diese Sache ein und suchen tatsächlich mit unserer Raumfähre die Stadt Ubar, dann geschieht das ganz inoffiziell, verstehen Sie? Sie sind schließlich nicht gerade …«

»Eine wissenschaftliche Institution«, ergänzte ich.

»Das ist nicht abwertend gemeint«, sagte Ron. »Es ist eben …«

»Um Himmels willen, so habe ich es auch nicht verstanden«, versicherte ich ihnen. »Ich bin ja überrascht, daß Sie es überhaupt in Erwägung ziehen, sich auf mein Anliegen einzulassen.«

Ron fragte Charles: »Was meinst du, sollen wir Ubar einfach zum Gelegenheitsziel erklären? Vorausgesetzt, natürlich, es ergeben sich keine anderen Probleme?«

»Ja, so könnten wir es durchaus machen«, meinte Charles. Damit war das Treffen beendet.

Als ich mit Ron durch die endlosen Korridore des JPL wanderte, wußte ich nicht so recht, was nun das Fazit unseres Treffens war. So, wie ich es verstanden hatte, hing mein Projekt davon ab, ob sich die Flugbahn der Raumfähre an irgendeiner Stelle mit der Straße nach Ubar schnitt.

»Ist eben das passiert, was ich denke?« fragte ich Ron. Er lächelte mir zu und brummte zustimmend.

Einige Wochen später erhielt ich Post vom JPL. In einer braunen Versandtasche befand sich eine per EDV erstellte Arabienkarte, auf der zwei parallel verlaufende Linien eingezeichnet waren, deren Abstand etwa achtzig Kilometer betrug. Sie verliefen schräg über die Halbinsel. Es waren die Routen der beiden geplanten Flüge der Raumfähre über das Gebiet, in dem sich Ubar befand. An der Karte klebte ein Post-It von Ron mit den schlichten Worten: »Ich dachte, dies könnte Sie interessieren.«

Monate darauf verfolgte ich gespannt die Reise der *Challenger*.

Freitag, 5. Oktober 1984 ... Morgens um 7.03 Uhr wird der dunkle Himmel Floridas von einem hellen Lichtstrahl durchdrungen. Eine riesige Rauchwolke breitet sich über die Sümpfe von Cape Kennedy aus. Die Raumfähre *Challenger* donnert gen Himmel, durchdringt die Wolkenschicht und begibt sich auf ihre Flugbahn. Es ist ein perfekter Start, der sechste der *Challenger*. Eine Zeitung schreibt, sie sei nun »eine ausgereifte Raumfähre«.

Samstag ... Beim Einsatz der Raumfähre ergeben sich einige Probleme, unter anderem, daß die KU-Antenne, die für die Datenübermittlung zwischen dem SIR-B-Radar und dem Ortungs- und Datenübertragungs-Satelliten (Tracking and Data Relay Satellite, kurz TDRS genannt), der wiederum die Informationen zur Bodenstation senden soll, außer Kontrolle geraten ist und wild ausschlägt. In Houston teilt man der Presse mit, daß die SIR-B voraussichtlich nur 20% der geplanten

Ziele anvisieren könne und daß man nun absolute Prioritäten setzen müsse. Adieu, Ubar. Flugleiter John Cox kommentiert den Verlauf der Dinge mit den Worten: »Murphy holt einen immer wieder ein«, womit er natürlich auf den Entdecker des berühmten Gesetzes anspielt, welches besagt, daß alles schiefgeht, was überhaupt schiefgehen *kann*.

Sonntag ... Man schöpft neue Hoffnung, als die Astronautin Kathryn Sullivan als erste Amerikaner*in* den Weltraum betritt. Zusammen mit dem Astronauten David Leetsma richtet und fixiert sie die Antenne, so daß diese aufhört, wie ein Betrunkener hin- und herzuschwanken. Nun kann man die wichtigsten Informationen abrufen, indem man die *Challenger* in Richtung TDRS-Satellit manövriert, eine Art Weltraumversion von »Der Schwanz wedelt mit dem Hund«, oder, wie Charles Elachi die Technik erklärt, »das Haus dreht, um so die Fernsehantenne auszurichten und einen besseren Empfang zu kriegen«.[40]

Obwohl einer der Lotsen verkündet, man sei nun »wieder im Geschäft«, kommt es im Antennensystem der SIR-B erneut zu technischen Pannen. Dieses Mal legt sich die Hauptantenne, die über zehn Meter mißt, auf die Ladefläche und bewegt sich keinen Millimeter mehr. Sally Ride ist nicht bereit, sich damit abzufinden, und fährt den mechanischen Arm aus, um die Antenne zu verlagern. Tatsächlich erwacht diese zu neuem Leben, aber kurz darauf gibt es einen Kurzschluß, der die Radarbilder verfälscht und nicht zu reparieren ist.

Dienstag ... Die Lage ist noch immer präkär.

Mittwoch ... dito.

Donnerstag ... Bei ihrer 96. Umrundung der Erde überfliegt die *Challenger* die Gegend um Ubar, wahrscheinlich ohne brauchbare Daten zu sammeln.

Freitag ... Die 112. Umrundung führt die Raumfähre wieder an Ubar vorbei, dieses Mal auf einer Route, die fünfzig Kilometer westlich des Kurses liegt, dem sie am Vortag gefolgt war. Sechs Stunden später gelingt es Captain Robert Crippen, dem Orkan Josephine auszuweichen und die *Challenger* sicher zu landen.

Bei einer Pressekonferenz gibt die NASA bekannt, daß der Radar SIR-B schätzungsweise 40% seines Pensums geschafft hat. Charles Elachi räumt ein, er sei »ein wenig enttäuscht«, äußert aber seine Zuversicht, daß sich SIR eines Tages erneut auf Reisen begeben wird. In der darauffolgenden Woche berichtet die Zeitschrift *Time*: »Der Zeitverlust sowie die Probleme mit den Antennen haben dazu geführt, daß man einige wissenschaftliche Projekte abschreiben mußte, darunter auch die geplanten Aufnahmen der Gegend um Oman, wo man die Ruinen einer verlorenen Stadt der Antike vermutet. Dazu Charles Elachi mit einem Achselzucken: ›Die verlorene Stadt muß jetzt eben noch ein, zwei Jahre verloren bleiben.‹«[41]

Ron Blom, Kay und ich waren ebenso enttäuscht wie Charles. Wir konnten, wie er uns mitteilte, bestenfalls darauf hoffen, daß es innerhalb der nächsten drei oder vier Jahre zu einem neuen Erkundungsflug kommen würde. (Tatsächlich sollten ganze zehn Jahre vergehen, ehe der Radar SIR-C in den Weltraum geschickt wurde.)

So fuhr Ron damit fort, anhand von Radaraufnahmen aus dem Weltraum die geologischen Formationen der Wüste im Westen der Vereinigten Staaten zu untersuchen, während Kay weiterhin im Auftrag der Regierung als Bewährungshelferin arbeitete und ich Dokumentarfilme fürs Fernsehen drehte. Und dennoch – wann immer ich ein paar Stunden Zeit hatte, begab ich mich voller Wehmut in die Huntington oder, wahlweise, in die wissenschaftliche Bibliothek der UCLA. Ich untersuchte die Rolle Ubars für den Weihrauchhandel Arabiens; vielleicht hatte dieser ja sogar dort seinen Ursprung? Von den Bewohnern Ubars konnte ich mir jedoch kein Bild machen, noch weniger davon, was wohl aus ihnen geworden war.

Immerhin war ich inzwischen auf einer neuen Spur. Bei meiner Suche nach Ubar waren mir häufig Hinweise auf eine weitere verlorene arabische Stadt untergekommen, die in der

Literatur als »Irem« oder auch »Iram« bezeichnet wurde. Im Koran steht: »Hast du nicht gehört, wie Allah mit den 'Ad verfuhr, den Bewohnern der Säulenstadt Iram, die im ganzen Lande ihresgleichen sucht?«[42]

Die Legenden über Ubar und Iram hatten, wie ich feststellte, auffallend viele Gemeinsamkeiten, für meinen Geschmack eigentlich schon *zu* viele. Beide Städte wurden als Strafe für die Sünden ihrer Bewohner von einem erzürnten Allah vernichtet. Ihre Entstehung und ihr Niedergang vollzog sich innerhalb desselben Zeitraums. Überdies befanden sie sich im selben Gebiet, und zwar in dem Bereich der Rub' al-Khali, den man als die Wüste al-Ahqaf kennt.[43] Am verdächtigsten erschien mir aber die Tatsache, daß sie vom selben Volksstamm gegründet wurden, von jenen geheimnisvollen »Leuten von 'Ad«. War »Iram« am Ende nur ein anderer Name für Ubar? Wohl schon, dachte ich.

Ich stellte erfreut fest, daß es über Iram weitaus mehr Literatur gab als über Ubar. Ein Hinweis auf den Ort und seine Bewohner ergibt sich möglicherweise aus der Bedeutung der Namen »Iram« und »'Ad«.[44] Der semitische Wortstamm des ersteren bezeichnet einen Haufen Steine, den man als Wegweiser errichtet hat, während der zweite wahrscheinlich gleichbedeutend ist mit »Gad«, jenem Gott des Wohlstands, der einst von allen semitischen Völkern verehrt wurde. Fügt man also die beiden Begriffe zusammen, ergibt sich daraus das Bild einer Stadt, die innerhalb eines unbekannten Landes als Wegweiser diente, deren Volk sich dem Ziel widmete, Reichtümer anzusammeln, um in Wohlstand zu leben.

Das war natürlich reine Spekulation, aber immerhin wurden in der vorislamischen Dichtung, die das Leben im alten Arabien bildhaft spiegelt, die Bewohner Irams und Ubars wiederkehrend als weltlich ausgerichtetes Volk beschrieben, das es sich gutgehen ließ. Ein Dichter befaßte sich mit der Fragestellung, wie es wohl sein möge, »dem Stamme 'Ad aus Iram anzugehören«:

Gebratenes Fleisch, die Glut des feurigen Weines,
Der Ausritt auf schnellen, trittsicheren Kamelen,
Der Anblick weißhäutiger Frauen, statuenhaft
In kostbare, üppige, goldgesäumte Gewänder gehüllt;
Ein reiches Volk, so voller Zuversicht und ohne Furcht.[45]

Aus den erhaltenen Fragmenten weiterer Gedichte geht hervor, daß die Leute von 'Ad und sogar ihre Kamele garstig und durchtrieben waren. Auf der Suche nach einer Metapher, die das ultimative Böse beschreibt, verfällt ein Poet auf folgende Formulierung: »Übel geartet, böser noch als Ahmar aus 'Ad.« Ein anderer schildert die Folgen eines Krieges mit den Worten: »Er [der Krieg] gebar Verzweiflung und Zerstörung, ausgewachsene Monster, entstellt und verderbt wie das graubraune Kamel der 'Ad.«[46]

Bezeichnenderweise ist in der vorislamischen Dichtung, die bis 500 n. Chr. zurückdatiert – oder vielleicht noch weiter – von den Leuten von 'Ad immer in der Vergangenheitsform die Rede. Sie sind, wie es scheint, aus Arabien verschwunden und offenbar sogar von der Erdoberfläche. Was aber ist aus ihnen und ihrer Stadt geworden? Der Prophet Mohammed wußte es. Als er um 640/650 in Mekka predigte, verkündete er unter anderem: »Überheblich und rechtlos waren die Leute von 'Ad. ›Wer könnte mächtiger sein als wir?‹ pflegten sie zu fragen. Sahen sie nicht ein, daß Allah, der sie geschaffen hatte, mächtiger war als sie? Und dennoch verleugneten sie unsere Offenbarungen. So begab es sich, daß wir einige schreckliche Tage lang einen heulenden Sturm auf sie hetzten, um sie von der Strafe kosten zu lassen, die sie im Diesseits ereilen kann. Schlimmer noch wird aber jene Strafe sein, die sie im Jenseits erwartet.«[47]

Lesen wir Mohammeds Verkündungen im Koran, so stellen wir fest, daß er wiederkehrend von der Vernichtung Irams durch »einen Orkan, der eine qualvolle Heimsuchung mit sich bringt« spricht, einem Ereignis, das die Leute von 'Ad auf urplötzliche und dramatische Weise auslöscht: »Als der Morgen kam, waren nur noch ihre zerstörten Behausungen zu sehen. Das ist der Lohn der Abtrünnigen.«

In den Schilderungen des dramatischen Untergangs der Stadt Iram spielen zwei Figuren eine wichtige Rolle: der weltlich ausgerichtete König Shaddad und der Prophet Hud, der die Leute von 'Ad warnt, daß es mit ihnen böse enden wird, wenn sie ihren lasterhaften Lebenswandel nicht ändern. Leider erfahren wir ansonsten wenig über die beiden Personen und über das weitere Schicksal der Stadt Iram. Im Koran werden die Geschichten nämlich nicht vollständig und chronologisch erzählt, sondern es werden einzelne Aspekte und Episoden wiederholt hervorgehoben, um einen moralischen Standpunkt zu unterstreichen. Im Falle der 'Ad lautet die Botschaft: »Ihr habt in eurem irdischen Leben eure wertvollen Geschenke verpraßt und dem Genuß gefrönt. Euch wird heute eine schmachvolle Strafe zuteil, denn ihr habt euch dem Stolz und dem Ungehorsam hingegeben und Böses getan ... Diene niemandem außer Allah. Hüte dich vor der Strafe, die dich eines schicksalhaften Tages ereilen wird.«

Im Koran hat Mohammed den Leuten von 'Ad nachdrücklich seine Mißbilligung ausgesprochen und damit sämtlichen islamischen Historikern, Geographen, Reisenden und Geschichtenerzählern Tür und Tor geöffnet, die Stadt Iram und ihre Bewohner niederzumachen. Die gerechte Strafe, die dem Sünder zuteil wird, bietet hervorragenden Stoff für Geschichten, und Anfang des Mittelalters war der Aufstieg und Niedergang der Stadt Iram bereits in vielen verschiedenen Fassungen erzählt und wiedererzählt worden. Man hatte den Faden aufgenommen, in den Stoff von *Tausendundeine Nacht* mit eingewoben und mit allerhand Zierstickerei versehen, sprich: Ereignisse, Details und Charaktere hinzugefügt. Einige von ihnen entspringen mit Sicherheit der Phantasie des jeweiligen Autors, während andere vielleicht tatsächlich auf alten Dokumenten oder mündlichen Überlieferungen beruhen.

Als spätabendliches Projekt stellte ich mir die Aufgabe, eine Art Ahnentafel der Akteure im Drama um Ubar zu erstellen.

Während im Koran nur König Shaddad und der Prophet Hud erwähnt werden, kam ich auf insgesamt dreißig interagierende Mitspieler, darunter die Vorgänger Shaddads, die bis zu Noah zurückreichten, der Weise Luqman ibn 'Ad, zwei Tänzerinnen, die man als die »zwei Heuschrecken« kannte, und eine Frau namens Mahdad, das erste Opfer der Zerstörung Ubars. Meine Ahnentafel beinhaltete sogar die »Nisnasen«, seltsame, affenartige Kreaturen, die angeblich die Ruinen Irams/Ubars besiedelten, nachdem die Stadt von göttlicher Hand vernichtet worden war. Sie stammten alle von einem gemeinsamen Vorfahren ab, einem gewissen al-Nisnas ibn (Sohn des) Omain ibn Aalik ibn Yelmah ibn Lawez ibn Sam.

So war ich bei meiner Suche nach Ubar inzwischen darauf verfallen, Familienstammbäume von irgendwelchen einäugigen, einarmigen und einbeinigen Wesen zu zeichnen!

Ich war mir durchaus der Tatsache bewußt, daß man einem tückischen, unsicheren Pfad folgt, wenn man sich auf Mythen einläßt. Aber dem Mythos von Iram/Ubar mußte man immerhin lassen, daß er sich lange gehalten hatte. Zwar erfreute sich die Geschichte zwischen 1100 und 1200 n. Chr. ihrer größten Beliebtheit, aber auch, als die Europäer anfingen, die Arabische Halbinsel zu besuchen, war der Mythos noch ein wesentlicher Bestandteil des arabischen Kulturguts. Anfang des 19. Jahrhunderts schrieb Johann Burckhardt folgendes über die Region al-Ahqaf: »In der arabischen Mythologie war dieses desolate Gebiet einst ein irdisches Paradies, bewohnt von einem Riesengeschlecht. Es wurde für seine Gotteslästerung bestraft, indem es unter einer Sintflut aus Sand begraben wurde.« Im Jahre 1860 schrieb Oberst L. Du Couret nach seiner Wanderung durch Arabien die uralte Geschichte nieder, die davon erzählt, wie die Leute von 'Ad Huds Warnung ignorierten und sich »weiterhin einer Götzenverehrung der verderbtesten Art überließen«.[48]

Konnte eine derart differenzierte und facettenreiche Geschichte, die sich noch dazu als so langlebig erwiesen hatte, tatsächlich ohne wahren Hintergrund sein? In Anbetracht der sorglos hinzugedichteten Nisnasen und ähnlichen Fiktionen war das durchaus denkbar. Allerdings geht man im allgemeinen davon aus, daß dem Mythos meistens ein Ort, eine Person, ein Ereignis zugrunde liegt, das so real ist wie einst die eigene Heimatstadt, der bekannte König oder Prophet, das verheerende Desaster, von dem alle gesprochen haben.

Spät im Frühjahr 1985 rief ich Ron Blom im JPL an. Auch wenn das SIR-Projekt auf unabsehbare Zeit auf Eis gelegt war, dachte ich, die Verbindung zwischen Iram und Ubar würde ihn sicherlich interessieren. Schließlich war es eine neue Fährte. Es war davon auszugehen, daß es die Stadt tatsächlich gegeben hatte, und zwar seit Beginn der arabischen Geschichtsschreibung. Zudem ließ sie sich nun innerhalb der Region al-Ahqaf lokalisieren, und es war anzunehmen, daß der Zeitpunkt ihres schrecklichen Niedergangs zwischen der Erstellung der ptolemäischen Karte und den ersten Hinweisen in der arabischen Literatur (150–350 n. Chr.) anzusiedeln war.

»Komisch, daß du dich gerade jetzt meldest«, meinte Ron. »Ich habe nämlich etwas für dich. Vielleicht willst du ja mal vorbeischauen.« Ich fuhr Ende der Woche hin. Der Zettel mit den Worten »LOS TRAU DICH – SEI BLÖD!« schmückte noch immer seine Wand. Schon passiert, dachte ich, als ich Ron meinen skizzenhaften, recht seltsam anmutenden Ubar-Stammbaum zeigte. Im Gegenzug griff er zu einem braunen Versandumschlag, sagte gestikulierend, »den Flur entlang«, und führte mich in einen düsteren Raum ohne Fenster. Nachdem er den Leuchtkasten eingeschaltet hatte, holte er mit unbewegter Miene eine schwarz-weiße Folie aus seinem Umschlag hervor.

»Auf dieser hier sieht man nicht allzuviel. Die Übertragungsquote war ganz schlecht, ungefähr bei zwei Prozent. Diese Linie scheint eine Pipeline darzustellen …«

Er legte eine zweite Folie auf den Projektor, direkt unter die erste. »Hier ist die Auflösung schon besser«, sagte er. »Siehst du die Dünen da?«

Was ich vor allen Dingen sah, war die gedruckte Legende

auf der Folie: »JPL DATEN 96.1.« Vor uns lagen also die Ergebnisse des *Challenger*-Fluges über Arabien! Ron erklärte schmunzelnd, daß diese Bilder offiziell nicht existierten. Irgendwie waren sie im Verlauf jenes chaotischen Radarfluges entstanden und über den TDRS-Satelliten im Goddard Raumforschungszentrum in Maryland gelandet und schließlich im JPL.

»Wie findest du das hier? Da scheint sich der Radar wieder eingekriegt zu haben.«

Auf dem Bild waren die Ausläufer der Rub' al-Khali zu sehen, wo das wogende Sandmeer in eine Kiesebene übergeht, eindeutig das Zentrum des Gebiets, wo wir Ubar vermuteten. Der Radar hatte durch den Sand, sogar durch kleinere Dünen hindurchgeschaut und eine Landschaft entdeckt, die Tausende von Jahren alt war und in der es Flüsse und Seen gegeben hatte, eine arabische Savanne, vielleicht sogar einen Garten Eden, aber keinesfalls eine Wüste.[49] Ron wies mich auf ein besonders großes Seenbecken hin, dessen längster Rand mindestens zwanzig Kilometer maß, soviel wie das Ufer des Salton-Sees in Kalifornien. An diesem See hatten die Menschen der Vorzeit einst ihre Lager aufgeschlagen, gejagt und wahrscheinlich auch geangelt. Hier hatte die Zivilisation genügend Kraft schöpfen können, um weiter fortzubestehen, auch als das Gebiet zur Wüste verkümmerte und der See verschwand.

Wir ermittelten die Stelle, wo Bertram Thomas die Straße nach Ubar entdeckt hatte und dann schweren Herzens umgekehrt war. Sie befand sich in der Mitte des länglichen Seenbeckens. Wir suchten die Straße mit der Lupe, konnten sie aber nicht entdecken. Ich mußte an eine Zeile aus *Pu der Bär* denken: »Je mehr sie suchten, desto mehr war sie nicht da.«

Ron seufzte. »Tja«, sagte er. »Damit war wohl zu rechnen. Auf diesen Radarbildern findet man selten das, wonach man sucht.« Dann aber fügte er hinzu: »Aber dafür entdeckt man etwas anderes, das einem weiterhilft – oder auch nicht.«

Während er die Radaraufnahmen aus allen Winkeln betrachtete, erklärte mir Ron die Philosophie, die man als das

Zen der Weltraumfotografie bezeichnen könnte. Man muß sich zuallererst von vorgefaßten Meinungen freimachen. Dann beginnt man, nach Unstimmigkeiten Ausschau zu halten. Sucht man nach Zivilisationsspuren, muß man sich an geometrische Formen, sprich: gerade verlaufende Linien, rechte Winkel etc. halten, diese aber wohlgemerkt mit Vorsicht genießen, da die Natur die Angewohnheit hat, Formationen zu bilden, bei denen man schwören könnte, es handle sich um Straßen, Mauern oder Leitungen. Vor allen Dingen muß man offen und unvoreingenommen bleiben.

Ron wies mich auf einige helle Flecken hin, Stellen, wo der Radar »Hot Spots« ausgemacht hatte. Stellen, also, wo der Radar »Verlagerungen im Erdreich« registriert hatte, die, wie Ron mir erklärte, oft auf Werke von Menschenhand zurückzuführen sind. »Das sind die Stellen, die wir uns ansehen sollten«, meinte er. »Sofern wir jemals die Gelegenheit dazu bekommen.« Er deutete auf einen besonders auffälligen »Hot Spot«. »Hier, zum Beispiel, haben wir einen Hügel. Aber warum ist er bloß so hell?«

Er sammelte die Folien ein und drückte sie mir in die Hand. »Sieh sie dir mal an. Vielleicht findest du ja was.«

Zu Hause angekommen, brütete ich stundenlang über den Bildern, untersuchte sie Millimeter für Millimeter, bis ich schließlich südlich des großen Seenbeckens die Umrisse einer Stadt zu erkennen glaubte. Ich fotografierte dieses verdächtige Detail mit einer Makrolinse und machte eine starke Vergrößerung, auf der ich jedes Körnchen (jedes digitale Pixel) einzeln erkennen konnte. Und siehe da, es zeichnete sich deutlich eine durchgehende Linie ab – eine Mauer? –, die ein circa zweieinhalb Quadratkilometer großes Areal umfaßte.

Ich eilte hoffnungsfroh ins JPL, nur um mir von Ron sagen zu lassen, es handle sich lediglich um ein sogenanntes Artefakt. Auf Radarbildern entstehen, wie er mir erklärte, oft willkürliche geometrische Formen, Artefakte genannt, die mit der eigentlichen Landschaft nicht das Geringste zu tun haben. Diese Artefakte, gab er mir als Trost zu bedenken, hätten schon so manchen seriösen Naturwissenschaftler auf den Holzweg geführt.

Während Artefakte dem Archäologen die Vergangenheit erschließen, sind sie für den Weltraumforscher nichts weiter als sinnlose Kritzeleien.

Wir verabredeten uns mit Charles Elachi, um die Aufnahmen der SIR-B noch einmal gemeinsam durchzugehen. Die

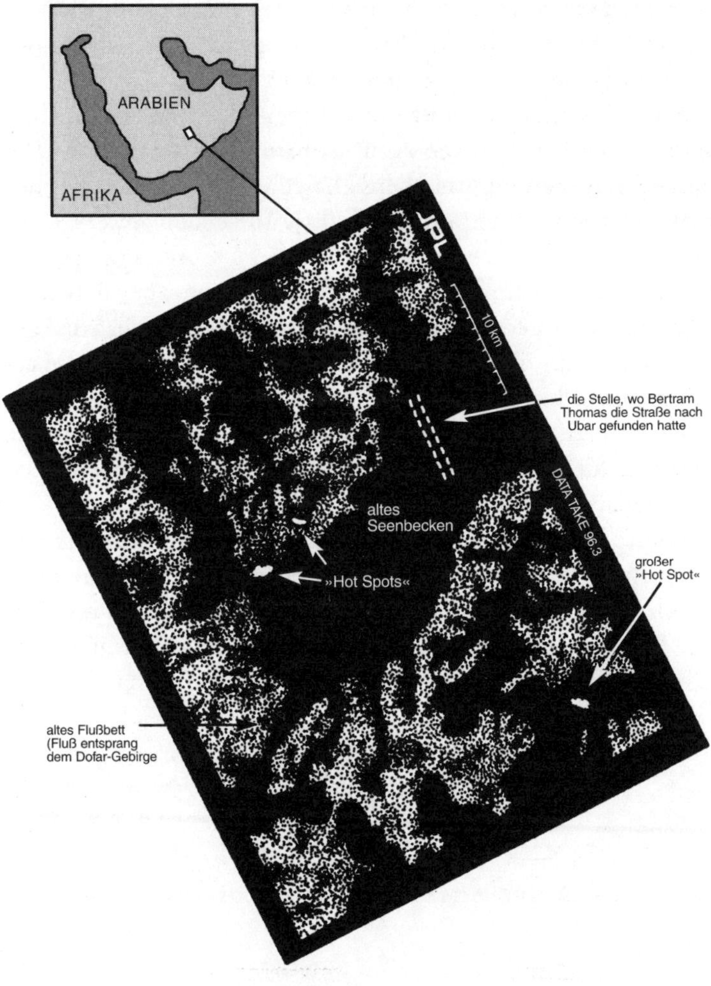

Radarbild von der Gegend um die Straße nach Ubar

Straße nach Ubar war nirgendwo zu erkennen. Immerhin boten uns die Bilder aber einen guten Überblick über das fragliche Gebiet und mindestens einen vielversprechenden »Hot Spot«. Wir hatten gerade genug gefunden, um neugierig zu werden. Ron schlug vor, daß wir uns das Back-up-Material des Satelliten besorgen sollten, da dieses in Farbe und detaillierter sein würde als die Radaraufnahmen der SIR-B. Charles stimmte zu, warnte mich allerdings, daß dies ein langwieriges Unterfangen sei, da das JPL mit dringenden Aufträgen der NASA derzeit regelrecht zugeschüttet sei.

Zum Abschied erzählte ich Ron und Charles von dem südarabischen Gelehrten Abu Mohammad al-Hamdani (895 bis 945), der zeit seines Lebens Berichte über versunkene Kulturen sammelte und veröffentlichte. In seinem *Achten Buch al-Iklil* zählt er »Iram, die Stadt Shaddad ibn 'Ads« zu den verlorenen Schatzkammern Arabiens und prophezeit, daß Iram »eines Tages von Ameisen ausgegraben wird ... Dies wird geschehen, wenn die Despoten verschwunden sind und die tyrannischen Pharaonen nicht länger herrschen.«[50]

»Naja«, sagte Charles nachdenklich, »Pharaonen gibt es wirklich nicht mehr. Aber was ist mit den Despoten? Das könnte da unten noch eine Weile dauern.«

Ich zog es vor, ein weiteres Zitat in Zusammenhang mit Ubar lieber für mich zu behalten. Es handelte sich um einen Fluch, den ich in der *Weltgeschichte des Rashid al-Din* aus dem 13. Jahrhundert gelesen hatte und der lautet: »Wer jemals Ubar findet und betritt, wird vor Angst den Verstand verlieren.«[51]

5.
Die Suche geht weiter

In den frühen Morgenstunden des 28. Januar 1986 kam es in der Raumfähre *Challenger* nur dreiundsiebzig Sekunden nach dem Start zu einer plötzlichen Brandexplosion. Sechs Astronauten kamen ums Leben wie auch die High-school-Lehrerin Christa McAuliffe aus New Hampshire, die aus dem Weltraum Unterricht erteilen sollte. Als wir die Nachricht erfuhren, waren wir entsetzt und traurig und konnten den schrecklichen Vorfall kaum fassen. Kay und ich sprachen selten mit unseren Freunden vom JPL über das, was geschehen war, aber wir waren einer Meinung, daß wir es dem Andenken der Besatzung schuldig waren, unsere Suche nach Ubar jetzt erst recht fortzusetzen. So oder so würde es uns gelingen, nach Oman zu reisen und durch die Wüste zu wandern, die auf den Radarbildern des *Challenger*-Fluges von 1984 festgehalten war.

Kay und ich waren uns einig, daß es an der Zeit war, eine geologische Expedition zu organisieren und sich von professionellen Archäologen fundierten Rat zu holen. Also flog ich, etwa einen Monat nach dem Absturz der *Challenger*, nach Montreal, um mich mit Sir Ranulph Fiennes, genannt Ran, zu treffen. Er machte gerade einen Zwischenstop auf seiner Reise in die Antarktis, wo er sich auf ein weiteres polares Abenteuer einlassen wollte.

Zwar hatte er den Titel eines Baronets geerbt, aber das Leben des Ran Fiennes hatte wenig mit Five O'Clock Tea zu tun. Während seiner Militärzeit hatte er bereits eine vielversprechende Laufbahn bei der Sonderdivision der Luftwaffe (SAS) eingeschlagen, als es ihm und seinen Kameraden eines Nachts einfiel, sich in voller Tarnung zum Film-Set der

Produktion von *Dr. Doolittle* zu schleichen und die maßgeblichen Kulissen mit Dynamit in die Luft zu sprengen, weil sie es nicht korrekt fanden, wie die Produzenten der Bevölkerung von Castle Combe, einem pittoresken Ort nahe der Kaserne, zusetzten.

So verabschiedete sich Ran vom Militär und widmete sich fortan dem professionellen Abenteuer. Er fuhr mit einem Hovercraft den Oberlauf des Nils entlang, navigierte mit einem Floß durch das unheilvolle Headless Valley in British Columbia und leitete in den Jahren 1978 bis 1981 eine ausgedehnte Expedition: eine Weltumseglung entlang des Nullmeridians, wobei man sowohl den Nord- als auch den Südpol passierte. Wie es ein Londoner Taxifahrer Kay und mir gegenüber formulierte: »Ran Fiennes ... dieser Bursche würde alles tun, um sich vor ehrlicher Arbeit zu drücken.«

Ich hatte an dem Dokumentarfilm *To the Ends of the Earth* mitgearbeitet und Ran dabei als außerordentlich sympathischen, wenn auch gelegentlich aufbrausenden Zeitgenossen kennengelernt. Zwar war er hauptsächlich für seine Polarexpeditionen bekannt, aber ich wußte, daß er sich auch in Oman bestens auskannte, da er dort während seiner Militärzeit zeitweise als Anführer einer inoffiziellen Spähtruppe stationiert gewesen war. Er war also vertraut mit Land und Leuten, zudem sprach er Arabisch und hatte bereits von Ubar gehört. In seinem Buch *Where Soldiers Fear to Tread* schrieb er:

> Am Lagerfeuer erzählen sich die Beduinen von solchen Orten, aber keiner von ihnen weiß, wo sich die antiken Stätten befinden. Von ihren Ahnen wurden Geschichten über sogenannte Yetis tradiert, die sich zwar schnell und anmutig bewegten, aber einen scheußlichen Anblick boten, da sie nur je einen Arm und ein Bein besaßen, die ihnen aus dem Brustkorb wuchsen. Ihre Heimat war der Mittelpunkt der Wüste, jener geheimnisvolle Ort, den kein Beduine jemals erblickt hat und wo sich die verlorene Stadt Ubar befindet.[52]

Ran war von meinen Forschungsergebnissen fasziniert, ebenso von der Aussicht, mit Unterstützung des JPL weitere Radarbilder von Ubar zu bekommen. Wir erwogen, gemeinsam eine Expedition zu organisieren. Ich würde dabei den Part übernehmen, die begonnenen Recherchen fortzuführen und in Kooperation mit dem JPL weiter darauf hinzuarbeiten, Ubar zu lokalisieren, während er den Segen des omanischen Sultans Qaboos ibn Said, den er persönlich kannte, einholen und anschließend den logistischen Teil der Expedition planen und leiten würde. Die Sache hatte allerdings einen Haken. Ran war erst dann bereit loszulegen, nachdem ich die Finanzierung des Projekts gesichert hatte, die sich nach seiner Schätzung auf mindestens 35000 US-Dollar belief, wenn nicht sogar noch mehr.

Ran schulterte seinen Eispickel und begab sich in arktische Gefilde, während ich mich – nicht ohne eine gewisse Portion Unbehagen – auf eine Rundreise zu den an der amerikanischen Ostküste ansässigen Arabienexperten begab. Mein Unbehagen lag darin begründet, daß meine Absicht, eine Ausgrabungsstätte allein unter Berufung auf historische Indizien zu suchen, in archäologischen Fachkreisen als eher dubios betrachtet werden würde. Diese Skepsis ist wiederum darauf zurückzuführen, daß in der Vergangenheit eine beachtliche Anzahl Gelehrter ein ganzes Jahrhundert damit zubrachten, nur von der Bibel geleitet durch den Mittleren Osten zu streifen, um die Schauplätze biblischer Offenbarungen, Schlachten u.ä. zu suchen. Obwohl viel Geld und Glaube investiert wurde, erwies sich diese Taktik als eher unergiebig. Tatsächlich führte sie zu einem derartigen Mischmasch aus Spekulation und falschen Funden, daß die Archäologen der Gegenwart dazu neigen, historischen Indizien zu mißtrauen oder sie sogar völlig zu ignorieren, und sich statt dessen auf die Daten konzentrieren, die sie durch methodische, leidenschaftslose Vermessungen ermittelt haben.

Mag sein, daß die Archäologen, denen ich begegnete, insgeheim die alte, romantische, wenn auch nicht sehr effektive

Art, eine Ausgrabungsstätte zu suchen, bevorzugten. Vielleicht wollten sie sich auch nur einem Amateur gegenüber tolerant zeigen. Jedenfalls waren sie begeistert von meiner Idee, eine Ubar-Expedition ins Leben zu rufen. An der Brown University traf ich die Professoren Ernst Frerichs und Jacob Neusner, die mir bestätigten, daß die Historiker Arabien zu Unrecht vernachlässigt hatten und daß Ubar – wenn es den Ort tatsächlich gab – für die Archäologie des Mittleren Ostens von großer Bedeutung sein würde. Gordon Newby, Experte für frühe arabische Schriften an der University of North Carolina, war mit Iram/Ubar bereits recht vertraut. Besonders fasziniert war er von dem Propheten Hud, dessen Name als »Er von den Juden« übersetzt werden kann. Er überlegte, ob Hud wohl ein einsamer israelischer Wanderer war, ein Rufer in der Wüste, der vor der arabischen Götzenverehrung warnte.

In Washington verbrachte ich einen erbaulichen Nachmittag mit dem Archäologen Gus Van Beek vom Smithonian Institute. Außerdem besuchte ich Merilyn Phillips Hodgson, die Schwester des Forschungsreisenden Wendell Phillips, die sich seit dessen Tod der arabischen Archäologie widmete. Sie arrangierte ein Treffen zwischen mir und Pater Albert Jamme, jenem Spezialisten für Inschriften, der 1953 bei einem Beduinenscheich eine ebenso irrationale wie unersättliche Gier nach Latex wachgerufen und somit die Mitglieder der Expedition genötigt hatte, nach Oman weiterzuziehen, ein Umstand, der wiederum die Suche nach Ubar vorangetrieben hatte. Sie gab mir den Rat mit auf den Weg, es nicht persönlich zu nehmen, falls mich der Jesuitengelehrte vor die Tür setzen sollte.

Pater Jammes Büro befand sich im Dachgeschoß einer verwitterten viktorianischen Villa auf dem Campus der Katholischen Universität in Washington. Es war über und über vollgestopft mit geheimnisvollen Zeitschriften, Latexabdrücken und Karteikästen aus abgewetztem Eichenholz, deren Alphabet nicht etwa in Englisch, auch nicht in Jammes Muttersprache Französisch, sondern in Alt-Südarabisch verfaßt war. »A bis Ag« hieß hier zum Beispiel ከ-ገከ. Ich hatte schon gehört, daß Pater Jamme mit unerwünschten Besuchern nicht sehr zartfühlend verfuhr und daß er schon so manchen Gelehrten, der mit ihm konferieren wollte, unsanft seiner Wege geschickt und ihm die schmale Stiege hinab Schmähungen wie etwa »gefährliche Spekulationen« oder »unglaubliche Ignoranz« hinterhergebrüllt hatte. Daher war ich, nach den ersten bangen Minuten, erleichert, als ich die kommentierten Karten des Paters betrachten und sie mit den Radarbildern des JPL vergleichen durfte, die er übrigens äußerst interessant fand.

Aus irgendeinem unerfindlichen Grund hatten Mitglieder seines Ordens – angefangen mit Gifford Palgrave, der als »jüdischer Jesuit« um 1860 Arabien bereiste – eine lange Tradition in der Erforschung der Geheimnisse des Mittleren Ostens. Und Pater Jamme war der Überzeugung, daß Ubar das entscheidende Teil war, das noch fehlte, um das Puzzle zu vollenden.

»Die Straße!« rief er, ruhelos auf- und abschreitend. »Die Straße nach Ubar! Ja, das könnte durchaus sein! Eine Expedition? Jawohl! Sie würde durchaus Sinn ergeben, auch wenn sie uns nur beweisen sollte, daß es nichts zu finden gibt!« (Offenbar hielt er eine solche Expedition für einen Schuß ins Blaue, der eventuell ins Schwarze treffen könnte – ich nicht.)

Pater Jamme ließ sich über die Bedeutung der noch zu erschließenden Handelsrouten des alten Arabien aus. Er wies darauf hin, daß das Gebiet hinter dem Küstengebirge Dofar noch immer weitgehend ein weißer Fleck auf der Landkarte des Archäologen sei und berief sich auf klassische Quellen, um mir zu erklären, daß der hochwertigste Weihrauch der Welt (der eine helle, semitransparente Konsistenz hatte) einst auf den seewärts gerichteten Hängen dieser Berge geerntet, an die Küste geschafft und von dort aus in alle Welt verschickt wurde.[53] Wenn man aber nachweisen könnte, daß der Weihrauch über Ubar auch direkt durch die Wüste transportiert worden war, würde dies ein neues und bisher ungeschriebenes Kapitel der Antike zutage treten lassen.

Nachdem ich nach Los Angeles zurückgekehrt war, blieben Pater Jamme und ich in Briefkontakt. In einem seiner Schreiben gab Pater Jamme der Hoffnung Ausdruck, daß ich, obwohl es bis dato keine Inschriften gab, die den Ort namentlich nannten, eines Tages das schlichte Symbol 𐩧𐩨𐩲, »Ubar«, entdecken würde. Ich sollte mich aber, mahnte er, bei allem was ich tat, vor »gefährlichen Spekulationen« hüten.

Indessen sorgten Kay und ich uns um die praktischen Aspekte unseres Vorhabens. Besorgt das Geld, hatte Ran Fiennes gesagt, dann mache ich mit. Ich war mir überaus bewußt, daß es nicht zu meinen Stärken gehört, Gelder aufzutreiben. Schließlich fiel mir George Hedges ein, ein Anwalt, mit dem ich bei der Durchführung eines interaktiven Videoprojektes zusammengearbeitet hatte. George, ein vielseitiger und begabter Bursche, war nicht nur fähig, Gelder aufzutreiben, sondern es machte ihm sogar Spaß. Er war überhaupt ein Tausendsassa. Da gab es den einen George, der sich als beredter Anwalt einsetzte, um Berufungen gegen Todesurteile einzulegen, auch wenn der Fall so gut wie aussichtslos war und keine finanziellen Vorteile bot. Dann gab es George, den ehemaligen Rocksänger (vormals Lush Pile von der Gruppe Lush Pile and the Car Pets) und schließlich George, den Hobby-Archäologen, der Ausgrabungen in Griechenland geleitet und an der University of Pennsylvania seinen Magister in Altgriechisch und Latein gemacht hatte.

George und ich kamen also überein, eine bescheidene Expedition nach Ubar aus der Taufe zu heben.

Auf der Suche nach Financiers ging George bei Vereinen, Museen und Stiftungen Klinken putzen. Mit der Zeit begegnete er den negativen Reaktionen zwar nicht gerade gleichgültig, aber mit einem gewissen Maß an Gelassenheit. Zu den nicht gerade aufbauenden Antworten gehörte die bürokratische Standardreaktion »Dafür sind wir nicht zuständig«, die jede Hoffnung zunichte machende Wendung »Sie hören von uns« sowie der »wohlmeinende« Ratschlag: »Ich habe eine Idee! Wenden Sie sich doch mal an die National Geographic Society!« Tatsächlich *sind* wir zu der National Geographic Society in Washington gefahren. Dort fand man unser Projekt zwar überaus interessant, befand es dann aber doch für »zu riskant,« nicht ganz zu Unrecht, denn wenn wir Glück hatten, würden wir die erste archäologische Expedition sein, die in ein Gebiet einreisen durfte, wo die Ortsansässigen seit mehreren Jahren schlimme Auseinandersetzungen mit dem omanischen Regenten Sultan Qaboos hatten, die mit von China gelieferten Maschinengewehren und Raketenwerfern ausgetragen wurden.

Während unseres Aufenthalts in Washington trafen wir uns mit Barry Zorthian, einem Freund von George, der einst im Auftrag des CIA einen führenden Posten in Vietnam bekleidet hatte und inzwischen, wie es schien, freiberuflich arbeitete, wenn man auch nicht genau wußte (was ja auch der Sinn der Übung war), für wen oder was er tätig war. Barry hatte ein echtes Faible für Archäologie und meinte, er könnte uns wahrscheinlich weiterhelfen, da er erst kürzlich Klienten aus dem Sultanat Oman beraten hatte.

In Kalifornien hatte Georges Sponsorensuche einen gewissen Graf Brando Crespi, Sprößling des französischen *Vogue*-Imperiums, auf den Plan gerufen. Wir verabredeten uns mit ihm bei Baci, einem angemessen trendigen Restaurant. Der Graf trug einen maßgeschneiderten eierschalfarbenen Leinenanzug, aber keine Socken, und sprach mit einem aristokratischen Lispeln.

»Ich lebe in Milano, habe aber *pieds-à-terre* in London und L. A.«, bemerkte er, bevor er sich dem Ober zuwandte, um die Herkunft der Steinpilze zu klären, die auf der Speisekarte standen.

»Hast du das mitgekriegt, Nick?« flüsterte George. »Überall *pieds-à-terre*. Der muß ja auf großem Fuß leben.«

Der Graf hegte, wie er uns anvertraute, schon seit geraumer Zeit ein großes Interesse an Archäologie – an *übersinnlicher*

Archäologie, wohlgemerkt. Tatsächlich hatte er erst kürzlich eine ausgiebige Suche nach dem Grabmal Alexanders des Großen ins Leben gerufen. Die von ihm engagierten Hellseher hatten lange und hart daran gearbeitet, die letzte Ruhestätte des mazedonischen Eroberers zu visualisieren, bis sie sich schließlich einig wurden, daß dieser unter der Großen Moschee in Alexandria begraben liegt, eine Anschauung, der E. M. Forster in seinem hervorragenden, 1947 erschienenen *Guidebook to Alexandria* ebenfalls Ausdruck verlieh (und von dem die Idee wahrscheinlich auch stammt.)

»Aber man kann nicht einfach in die Große Moschee gehen und anfangen, den Boden aufzureißen«, klagte der Graf.

»Nein, das geht wohl nicht«, stimmten wir ihm mitfühlend zu.

Also hatten der Graf und seine Leute keine andere Wahl gehabt, als ihr Alexandria-Projekt zu beenden und unverrichteter Dinge heimzukehren. Aber vielleicht, schlug der Graf vor, könnten uns seine Leute bei der Lokalisierung Ubars behilflich sein? Sie würden nichts weiter benötigen als eine Landkarte und vielleicht den einen oder anderen Tip, worauf sie ihr übersinnliches Augenmerk richten sollten.

»Was für Moscheen hatten sie, zum Beispiel?« fragte der Graf, in Gedanken offensichtlich noch ganz bei Moscheen.

»Eigentlich hatten sie damals überhaupt keine Moscheen«, erklärte George behutsam. »Nick, könntest du Graf Crespi eine Landkarte zuschicken?«

Ich schickte ihm nicht nur eine, sondern ein halbes Dutzend Karten, beliebige Fotokopien, auf denen die unterschiedlichsten Regionen Arabiens zu sehen waren. Nur eine davon hatte unser Suchgebiet zum Inhalt. Wir haben nie wieder etwas von Graf Crespi gehört. Immerhin hat er uns das Mittagessen spendiert.

Bei der Vorbereitung unseres Projekts war der Graf beileibe nicht der einzige, der uns mediale Unterstützung zukommen lassen wollte. Es meldete sich ein Bursche, der glaubte, Ubar an den Ufern eines vorsintflutlichen transarabischen Kanals lokalisiert zu haben, während ein anderer die Lage Ubars dank seines direkten Zugangs zur göttlichen Offenbarung zu kennen meinte. Ein dritter, der sich als »von der heiligen Geometrie geleiteter Wünschelrutengänger« vorstellte, bot uns die Dienste seines Geisterführers »Jorsch« an.

Das einzige, was uns jetzt noch fehlte, waren Botschaften aus dem All. Und sie kamen. Ihr Überbringer war Ron Blom, der mich aus dem JPL anrief. Ein Magnetband mit den digitalisierten Daten des Satelliten Landsat 5 »Thematic Mapper« (»Thematisch ausgerichteter Kartograph«), der unser Suchgebiet überflogen hatte, sei eingetroffen. Mit etwas Glück könne man, so Ron, innerhalb eines Monats mit der Entwicklung des Fotos rechnen.

»Darf ich einen Blick drauf werfen?« bettelte ich. »Nur mal kurz draufschauen?«

»Mal sehen, was sich machen läßt«, versprach der gutmütige Ron.

Schon am Nachmittag darauf schleuste Ron George Hedges und mich durch die Sicherheitskontrollen des JPL und führte uns ins Fotolabor. Den Kern des Labors bildete ein dunkler, gedämpfter Raum, in dem nicht nur der Fußboden, sondern auch die Wände mit Teppichboden bespannt waren. Er enthielt etwa ein Dutzend Arbeitsplätze, an denen Wissenschaftler vor großen Farbmonitoren saßen und durch Betätigung der Tastatur Digitalbänder durch den Computer passieren ließen, der sie in wunderschöne Bilder verwandelte, auf denen die Erde sowie ferne Planeten und Monde deutlich zu erkennen waren.

Nachdem wir uns an unserem Arbeitsplatz niedergelassen hatten, gesellten sich der Datentechniker Jan Hayada und Rons Kollege Bob Crippen zu uns. Bob war für seine Gabe bekannt, Bilder aus dem Weltraum zu dechiffrieren und dabei unvorhergesehene Daten zu ermitteln. Es war 15.15 Uhr, und wir hatten bis 16.00 Uhr Zeit, um zu sehen, was es zu sehen gab.

Bobs Finger huschten über die Tastatur, aber es passierte nichts. »Wir hängen am Terminal Data General«, erläuterte

Ron. »Offenbar arbeiten heute eine Menge Leute dran. Das verlangsamt die Sache.« Aber nach und nach erschienen eine Reihe gescannter Bilder in Cyan, Magenta und Gelb und setzten sich zu einem hochauflösenden Bild zusammen. Es war unser Suchgebiet im fernen Arabien.

»Das hier ist eine Landsat-Gebietsaufnahme«, erklärte Ron. »Durchmesser sechzig Kilometer, Falschfarben.«

»Bandbreiten drei, fünf und neun«, ergänzte Bob. »Original zuzüglich elf-mal-elf Filter. Linear. Standardkram.«

Ron nickte zustimmend. Aufgrund der Falschfarben waren die Kiesebenen auf dem Bild in unnatürlichen Blau- und Grüntönen zu sehen, während die Dünen in leuchtenden Beige-, Ocker- und Braunschattierungen erschienen. Wir sahen uns die Aufnahme genau an, ohne den geringsten Hinweis zu entdecken, der auf die Anwesenheit von irgend etwas von Menschenhand Erbautes hätte schließen lassen.

»Können wir uns das mal genauer anschauen? Das da?« fragte ich. Ich hatte oben links die Umrisse des Seenbeckens entdeckt, wo Bertram Thomas auf die »Straße nach Ubar« gestoßen war.

»Na klar«, sagte Bob. »Es dauert halt ein paar Minuten.« Er markierte mit dem Fadenkreuz-Cursor das Seenbecken und gab eine Reihe Befehle ein.

Wir warteten, bis ganz allmählich ein vergrößertes Bild auf dem Monitor erschien. Nun konnten wir Straßen sehen, nicht nur eine, sondern wirklich mehrere Straßen, die aus dem Osten kommend das Seenbecken durchkreuzten und sowohl nach Westen als auch nach Norden abzweigten.

»Phantastisch!« rief George aus.

»Gar nicht übel«, stimmte Ron schmunzelnd zu. Wir waren überglücklich. Dann aber fiel uns ein, daß es sich bei einigen dieser Straßen, wenn auch nicht unbedingt bei allen, um Spuren neueren Datums handeln mußte, hinterlassen von Ölsuchern, Militärpatrouillen und durchreisenden Beduinen im Zeitalter des Toyota.

»Naja, Bob ...« sagte Ron nachdenklich.

»Na, was ist?« fragte Bob.

»Laß uns das vergessen«, entgegnete Ron etwas grimmig.

»Wir könnten es doch noch besser sichtbar machen«, schlug Bob vor und kniff die Augen zusammen wie ein Revolverheld, dessen Waffe die elektronische Datenverarbeitung ist. »Ein Band durch das andere teilen oder so.«

Es folgte ein intensiver EDV-spezifischer Austausch, dem ich nur in groben Zügen folgen konnte. Ron ging offenbar

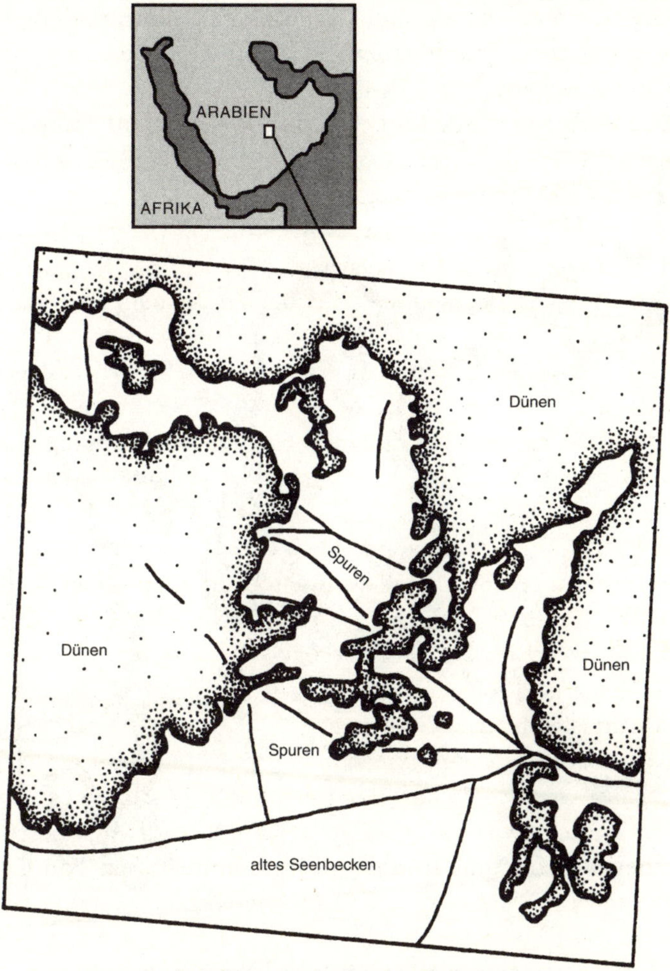

Ausschnitt aus der Landsat-Aufnahme

von der These aus, daß alte Spuren – von Tausenden Kamelhufen über Hunderte von Jahren in den Boden gestampft – komprimierter sind als die neueren Spuren moderner Fahrzeuge, die das Gebiet durchstreift hatten. Die Frage war nun, ob diese Kompression per Radar zu erfassen war.

»Hmm«, machte Bob. Zaghaft begann er, seine Tastatur zu betätigen. »Wir könnten auch nahe an das Infrarot rangehen und es sichtbar machen.« Ohne auf eine Antwort zu warten, tippte Bob nun wild drauflos. Er hielt inne, tippte noch mehr und lehnte sich dann in seinem Stuhl zurück.

»Hmm. Schauen wir mal.«

Die Zeiger der Wanduhr waren inzwischen auf 15.52 ge-

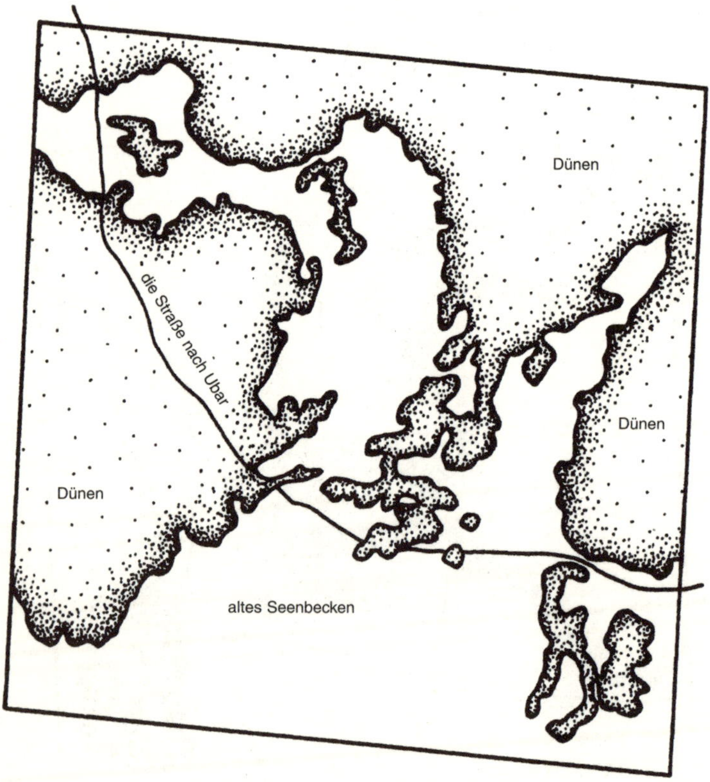

Ausschnitt aus der Landsat-Aufnahme nach der EDV-Überarbeitung

wandert. Erneut erschien ein Bild auf dem Monitor, dieses Mal in surrealen, psychedelischen Farben, und es geschah etwas sehr Merkwürdiges. Die Spuren, die das abgebildete Gebiet durchzogen, verblaßten, bis sie völlig verschwunden waren. Alle, bis auf eine.

»Sieh mal einer an«, meinte Bob. Auf seinem Monitor war nur noch eine dünne schwarze Linie zu sehen, die sich zum oberen Bildrand emporwölbte und in die Dünen der Rub' al-Khali führte.

Wie kleine Kinder zeichneten wir reihum die Linie mit unseren Fingerspitzen nach.

Da war sie – im fernen Arabien und zugleich hier vor unseren Augen – die Straße nach Ubar.

6.
Die Inschrift der Krähen

Den Weg zu planen, den wir bei unserer Expedition einschlagen wollten, dauerte nicht lange. Wir würden einfach jener Spur folgen, die sich auf der Satellitenaufnahme des JPL als dünne, schwarze Linie manifestierte. Irgendwo in ihrer Nähe würden wir Ubar finden, sofern es ein Ubar überhaupt gab.

Jesuitenpater Jamme, der Inschriftenexperte, schrieb uns einen begeisterten Brief, in dem er uns seinen Segen mit auf den Weg gab. »Sie haben nun vom JPL den Nachweis für eine alte Straße, die in das Land von Ubar führt. Damit haben Sie einen wunderbaren Ausgangspunkt, den Sie nur noch vor Ort ermitteln müssen. Völlig neue Bedingungen – welch eine Aussicht! Na dann!«

Nachdem das JPL unsere Satellitenbilder vergrößert hatte, ließ George eines davon rahmen und schickte es an Ran Fiennes. Dieser sollte es dem omanischen Sultan Qaboos ibn Said vorlegen, in der Hoffnung, daß er uns die Durchreisegenehmigung für seine Wüste erteilen würde. Ran wies uns allerdings darauf hin, daß wir es mit einem Land zu tun hatten, dessen Bewohner nicht gerade zu schnellen Entscheidungen neigten.

Ron Blom und ich verbrachten jeweils viele Stunden damit, unser Satellitenbild Millimeter um Millimeter zu überarbeiten, um den Verlauf der alten omanischen Weihrauchstraße Schritt für Schritt zu rekonstruieren. Wie es schien, wurde der Weihrauch, den man im Dofargebirge geerntet hatte, zunächst an zwei Sammelstellen gebracht, nämlich nach Hanun und nach Andhur, deren Ruinen bekannt sind. Von diesen beiden Städten aus führten zwei separate Routen gen Norden durch die Kiesebene und trafen sich an der Shisur-Quelle.[54] Von nun an führte eine einzige Straße in nordwestliche Richtung, wo sie sich nach und nach in der Rub' al-Khali verlor. Dort, wo die Dünen anfingen, vollzog die fragliche Linie auf unserem Satellitenbild jene 325-Grad-Krümmung, die Bertram Thomas bereits dokumentiert hatte. Je massiver die Dünen wurden, desto blasser wurde die Linie. Kurz vor jener Stelle, wo Bertram Thomas die Stadt Ubar vermutet hatte, war sie kaum mehr zu erkennen.

Es war anzunehmen, daß die Straße von hier aus weiterführte, aber über ihren Verlauf konnten wir nur spekulieren. Auf den Satellitenbildern sind nur geographische Merkmale erfaßt, deren Durchmesser mindestens dreißig Meter beträgt. Ron hielt das französische Satellitensystem SPOT (Système Probatoire d'Observation de la Terre) für geeigneter, da seine Aufnahmen über eine höhere Auflösung verfügten. Es erfaßte auf einem Bild kleinere Gebiete als Landsat, und statt Farbaufnahmen machte es nur Schwarzweißbilder, aber dafür konnte es Dinge sichtbar machen, deren Durchmesser weniger als zehn Meter betrug. Wir erstellten für das SPOT einen detaillierten Plan, nach dem es bei seinem Flug über Arabien seine Linsen, Prismen und Spiegel ausrichten und somit die Straße nach Ubar genauer erkunden sollte.

Zu diesem Zeitpunkt hatten wir uns alle darauf geeinigt,

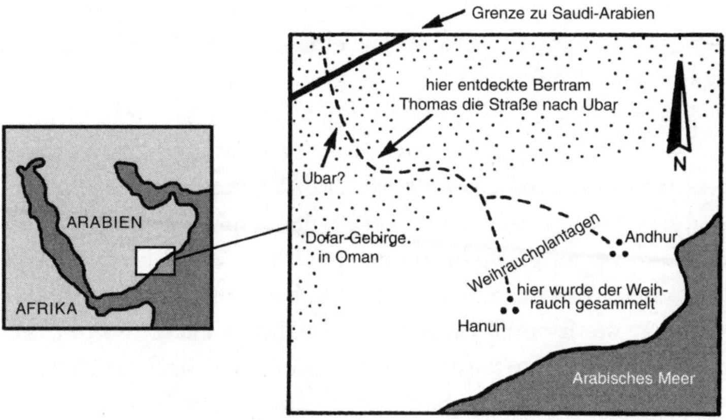

Wege der Weihrauchkarawanen durch Oman

einen qualifizierten und erfahrenen Archäologen für unsere Expedition zu rekrutieren. Nach Ubar zu suchen war das eine, aber falls wir fündig wurden, brauchten wir einen Profi, der die Ausgrabungsarbeiten überwachte. Der naheliegendste Kandidat war Dr. Juris Zarins, der über einen Zeitraum von zehn Jahren vor Ort eine Studie über die archäologisch relevanten Stätten Saudi-Arabiens durchgeführt und diese erst kürzlich zum Abschluß gebracht hatte. Dennoch zögerte ich, ihn anzurufen. Wenn ich an ihn dachte, stellte ich mir einen typischen Gelehrten vor, mit hängenden Schultern und langem Bart, der mindestens neun alte Sprachen beherrschte und abfällig bemerken würde: »Ubar! Ha! Zugegebenermaßen ein phantastisches Märchen, mehr aber auch nicht.«

Zu jener Zeit hielt Zarins einen Lehrstuhl an der Southwest Missouri State University inne. Als ich mich endlich dazu durchrang, ihn anzurufen, stellte ich zu meiner Freude und meinem Erstaunen fest, daß es sich bei meinem Gesprächspartner um einen ausgesprochen freundlichen und begeisterungsfähigen Zeitgenossen handelte, mit dem ich mich ausgiebig unterhalten konnte. Innerhalb einer Woche saßen George und ich im Flieger nach Springfield, Missouri, um unser Projekt mit Zarins zu besprechen.

Zarins entpuppte sich als großer Mann, und er trug keinen langen Gelehrtenbart, sondern einen Schnäuzer. Wir wurden schnell mit ihm warm.

»Werden Sie lieber Juris oder Juri genannt?« fragte George.

»Ja«, erwiderte Zarins mit unbewegter Miene. Dann grinste er breit und klopfte uns beide auf den Rücken.

Juris/Juri war in Litauen geboren, in einem deutschen Aussiedlerlager aufgewachsen und später mit seiner Familie in die Vereinigten Staaten ausgewandert, wo man sich im Mittleren Westen niederließ. Juris besuchte die High-school, spielte hervorragend Basketball, lernte fließend Englisch zu sprechen, entwickelte eine Vorliebe für dümmliche Wortspiele und begann, sich für Keilschrift zu interessieren.

»Ich glaube, ich entdeckte recht früh meine Leidenschaft. Mich interessierte der Ursprung der Dinge. Schon bevor ich aufs College ging, hatte ich einen Ferienjob bei der Ausgrabung des Forts von Lewis und Clark. Ratet mal, für welchen Teil ich zuständig war.«

»Die Küche? Den Friedhof?« fragten wir.

»Nein, das Scheißhaus. Ich habe es höchstpersönlich ausgegraben.«

Zusammen mit anderen Jungs vom Lande diente Juri als Infantrist in Vietnam. Im Rahmen des Ausbildungsprogramms für ehemalige GIs studierte er anschließend an der University of Chicago und promovierte in Archäologie. Es zog ihn in den Mittleren Osten zu all den antiken Schriften, Städten und Spuren versunkener Kulturen. Obwohl er sich seiner Wahlheimat, dem Mittleren Westen der Vereinigten Staaten, tief verbunden fühlte, war er in der rauhen, desolaten Wüste des Mittleren Ostens nicht minder heimisch.

Innerhalb weniger Stunden galt es als ausgemacht, daß sich Juri unserem Team anschließt. Er konnte sich ohne weiteres vorstellen, daß Ubar tatsächlich existierte. In der Yabrin-Oase am nördlichen Rand der Rub' al-Khali hatte er bereits gegraben und dort Scherben mesopotamischen Ursprungs gefunden. Er wußte zwar, daß die Mesopotamier Handelskolonien am Golf gehabt haben, fragte sich aber, was sie so weit ins Landesinnere verschlagen hatte.

»Es ergibt keinen Sinn«, sagte er, »es sei denn, Ubar hat wirklich existiert, und beide Orte fungierten als Durchgangsstationen für die Karawanen, die den Weihrauch transportiert haben.« Auf ihrem Weg in den Norden über Ubar hätten diese Karawanen von einer Wasserstelle zur nächsten durch die Rub' al-Khali zur Yabrin-Oase reisen können, um von hier aus Mesopotamien anzusteuern. Zarin bestätigte also indirekt durch seine Entdeckungen, daß die Straße nach Ubar im arabischen Weihrauchhandel eine wesentliche Rolle gespielt haben muß.

Im Juni 1987 hatte unser inzwischen siebenköpfiges Team sämtliche Genehmigungen beantragt, es waren weitere Weltraumfotos in Arbeit; nur das Geld fehlte noch. Also hatten wir noch Zeit, dem Mythos von Ubar weiter nachzugehen. Obwohl ich inzwischen mehr als zwanzig Aktenordner mit Notizen angesammelt hatte, sollten noch siebenundzwanzig hinzukommen, was ich damals allerdings noch nicht wußte. Je mehr ich las, desto mehr Quellen entdeckte ich, die es wiederum zu lesen galt, auf Englisch sowie – mit der Hilfe von Übersetzern – auf Deutsch, Französisch und Arabisch, und zwar sowohl modernes, mittelalterliches und ESA (Epigraphisches Südarabisch), das man nur aus den Inschriften der Antike kennt.

Der größte Schatz, den ein Archäologe ausgraben kann, ist Schrift. Während er sich schon mit gekritzelten Grafittis begnügt, freut er sich natürlich noch mehr über gravierte Inschriften. Der Süden Arabiens hat beides zu bieten, in üppiger Vielfalt, und dennoch existierten keinerlei Inschriften, wie Pa-

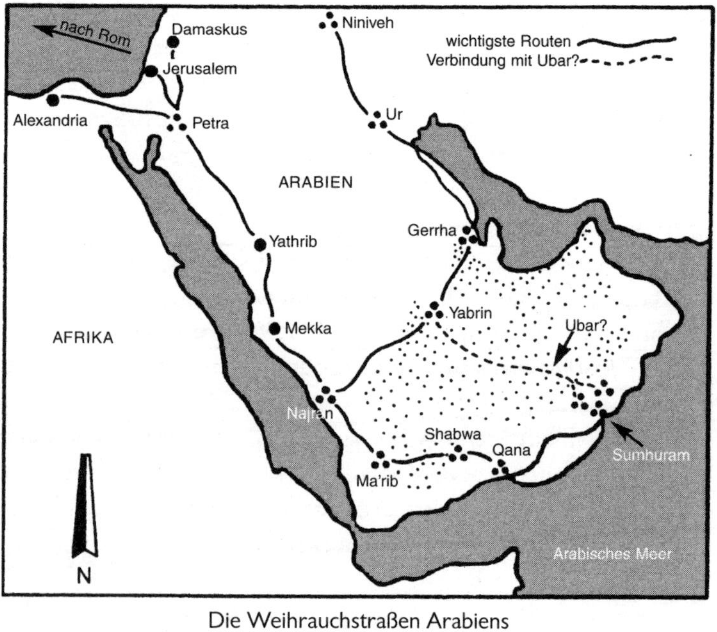

Die Weihrauchstraßen Arabiens

ter Jamme mir nachdrücklich versicherte, in denen Ubar oder die Leute von 'Ad erwähnt werden.

Nun entdeckte ich in einem obskuren Buch die Geschichte der *Palinuris*, eines britischen Suchschiffs, dessen Besatzung im Jahre 1824 eine Karte der südarabischen Küste erstellt hatte. Bei 54°30'O, 20°15'N hatte die *Palinuris* in einer geschützten Bucht angelegt. Auf dem weißen Sandstrand erhob sich ein spektakulärer schwarzer Vulkanhügel, der von dem hier beheimateten Beduinenstamm Husn al-Ghurab, die Festung der Krähen, genannt wurde. Leutnant Wellstead, der erste Offizier, erklomm den Hügel und fand auf seinem Gipfel eine eindrucksvolle, elegant gravierte Inschrift, die er gewissenhaft abschrieb und dem britischen Geistlichen Hochwürden Charles Foster zusandte, der sie als »schrecklich alte Inschrift« der 'Ad identifizierte. Als er sie übersetzte, stellte sich heraus, daß es sich um einen Bericht über den Aufstieg und Niedergang derer von 'Ad handelte. Der Prophet Hud, der die Katastrophe voraussagte, wird hier sogar namentlich genannt. Ein Teil des umfangreichen Textes liest sich wie folgt:

> Und wir jagten die Beute mit Stricken und Pfeilen,
> Wir holten den Fisch aus der Tiefe des Meers,
> Wir wurden regiert von gerechten Herrschern,
> Die streng gegen Täuschung und Arglist verfuhren.
> Aus dem Glauben des Hud wurde Recht abgeleitet,
> Und wir glaubten an Wunder, an Auferstehung,
> Daß der Odem des Herrn gar die Toten erweckt.
> Doch dann kamen die Jahre der Kargheit und Dürre,
> War das eine vorüber, so folgte das nächste,
> Und wandelten uns, wir wurden so, als ob niemals
> Die Ahnung des Guten uns je gestreift.
> Sie starben; kein Fuß und kein Huf blieb zurück.
> Denn so geht es dem, der Gott nicht dankt:
> Seine Fußspuren werden auf ewig getilgt.[55]

Welch eine wunderbar poetische Vision! Allerdings entbehrte sie jeglicher Logik, denn warum sollte ein Volk, das »dem Glauben des Hud« folgte und dessen Könige »gerechte Herrscher« waren, dazu verdammt werden, den Preis dessen, »der Gott nicht dankt,« zu zahlen? Und wie konnte ein Volk so gründlich ausgelöscht werden, daß »kein Fuß und kein Huf« zurückblieb, und dennoch aus heiterem Himmel wiederkehren, um die eigene Geschichte elegisch kundzutun?

Als unbeirrbarer Optimist wandte ich mich erneut an Pater Jamme, der mir dann auch postwendend eine neue Übersetzung der Inschrift schickte. Zwar gebe es die fragliche Inschrift tatsächlich, so teilte er mir mit, aber sie habe nicht das geringste zu tun mit fetten Jahren, Auferstehung oder dem Propheten Hud, sondern sei die antike Entsprechung der Plaketten, die unsere zeitgenössischen Politiker mit Vorliebe an den Fassaden öffentlicher Gebäude und an Denkmälern befestigen. Der Text beginnt *nicht* mit »Und wir jagten ...« sondern mit »SMYF' 'SW [ein Eigenname] und seine Söhne SRHB'L YKHL und M'DRKB Y'R [zwei weitere Eigennamen]« und zählt im folgenden die vierzig Namen der Mitglieder des Stadtrats auf, die für die Renovierung der Festung der Krähen, die circa 525 n. Chr. durchgeführt wurde, verantwortlich zeichneten.

Pater Jamme riet mir, »C. Fosters Übersetzung am besten zu vergessen, da ihr einziger Wert darin besteht, von minimaler historischer Bedeutung zu sein«, und schloß seinen Brief mit einem herzlichen »Mach's gut!« Soviel zu jener Inschrift, die Leutnant Wellstead entdeckte und Hochwürden Foster ins Englische übersetzte. Naja, immerhin war es ihm gelungen, eine Gedenktafel in einen geheimnisvollen Mythos umzuwandeln. Ich konnte mir genau vorstellen, wie Charles Foster in seinem viktorianischen Pfarrhaus mit dem undichten Dach hockte und an der Predigt arbeitete, die er seiner gelangweilten Gemeinde vortragen sollte, dabei aber insgeheim von einem fernen, sonnenbeschienenen Land träumte und von einem Volk, das in vergangenen Zeiten in Gottes Gnade lebte.

Was mich an Fosters Übersetzung angesprochen hatte, war die Tatsache, daß sie, wäre sie korrekt gewesen, zwischen Gestern und Heute eine Brücke geschlagen hätte. In der Überbrückung der Kluft, die uns von der fernen Vergangenheit trennt, liegt für mich der Reiz des Mythos. Indem man Fosters willkürliche Worte las, konnte man sich in die Lage der Menschen versetzen, die »mit Stricken und Pfeilen« ihre Beute jagten, »Jahre der Kargheit und Dürre« erlebten, »als ob sie niemals die Ahnung des Guten jemals gestreift.« So stark er auch von phantastischen Elementen durchdrungen ist, ermöglicht uns der Mythos, in das Leben antiker Völker einzutauchen, an ihren Gewürzen zu schnuppern, uns den Staub ihrer Städte aus den Augen zu reiben, ja, sogar ihre Träume zu träumen. Durchaus möglich, daß es Foster ähnlich erging und daß er sich dazu verleiten ließ, das, was er nicht erfahren konnte, selbst zu erdichten. Seine Geschichte sollte mir als Warnung dienen.

Indessen konnte ich mich nach wie vor des Gedankens nicht erwehren, daß die Mythen um Ubar ein Körnchen Wahrheit enthielten. Ich sagte mir, daß sie uns immerhin bereits die Lage und Beschaffenheit dieser Stadt erschlossen hatten. Es gab noch so manches Rätsel zu lösen, insbesondere, welcher Umstand dazu geführt haben mochte, daß die Legende um 1100 in Ägypten und Persien zu einer derart weiten Verbreitung gelangt war. Ich freute mich darauf, diesen Zeitraum zu erforschen, denn hier bestand die Aussicht, die Existenz Ubars zu belegen. Ebensogut konnte es allerdings sein, daß sich Ubar als Stadt entpuppte, die es nie gegeben hatte, ein reines Phantasieprodukt der Antike und des Mittelalters.

Ich sollte Gelegenheit bekommen, festzustellen, daß der Mythos von Ubar ungefähr so verläßlich war wie eine Fata Morgana in der Wüste. Immer wieder erschien in der Ferne eine unerwartete und verlockende Vision. Sobald ich mich ihr auch nur einen Schritt näherte, verschwand sie im Nichts, nur um erneut in Erscheinung zu treten, kaum daß ich mich entfernte.

Und sagt man nicht, daß eine Fata Morgana, trotz ihrer flimmernden, trügerischen Qualität das Abbild eines realen Phänomens sei, einer Oase, einer Siedlung, die sich hinter der Wölbung des Erdballs verbirgt?

7.
Der Bericht des Rawi

Lassen Sie uns nun auf den Spuren des Ubar-Mythos ins mittelalterliche Kairo reisen …

Blickt der Reisende von der Wüste aus auf die Türme und Kuppeln der Stadt, so sieht er sie umflort von jenem silbriggrauen Dunst, der von den Küchen der Paläste und Hütten in den Himmel steigt. Er passiert Bab al-Futah und findet sich in einem halbdunklen, überfüllten Labyrinth wieder. In den winzigen Verkaufsbuden sitzen die Händler, preisen ihre Gewürze, ihren Zimt, ihre Granatäpfel und Pistazien an und laden die Passanten zu Kostproben ein. Entlang der krummen Gasse finden wir die Ärzte, die Blutegel gegen unreines Blut und Pferdemark gegen Knochenbrüche verschreiben. Überall hängen Käfige mit zwitschernden Vögeln. Eine finstere Gasse, die so eng ist, daß zwei Menschen kaum aneinander vorbeikommen, führt zum Platz der Großen Moschee von ibn Tulan, wo sich zehntausend Seelen versammelt haben, um Allah zu preisen.

Im Schatten der Moschee, entlang der Mauern und zwischen den Säulen geben die *rawis*, die wandernden Geschichtenerzähler, Proben ihrer Kunst zum besten. Ihre Geschichten sind mal unflätig, mal romantisch, mal fromm und immer voller Spannung. Die Geschichte von Iram/Ubar gehört zu den beliebtesten und wird immer wieder gerne erzählt. Ein Rawi beginnt mit der Einleitung: »Würde ich euch von den Wundern und der Pracht der Stadt Iram berichten, so würdet ihr mich einen Lügner schimpfen und euch somit versündigen!«

Durch eine Aneinanderreihung glücklicher Umstände sind einige dieser Geschichten über Iram/Ubar der Nachwelt erhalten geblieben.[56] Die spannendste stammt von einem gewissen Mohammad Abdallah al-Kisai, über dessen Person wenig bekannt ist. Möglicherweise war er ein reisender Rawi, der irgendwann am Hofe des Abbasid-Paschas aufgenommen wurde und von nun an über genügend Zeit und Muße verfügte, um seine Geschichten schriftlich niederzulegen.

Im Jahre 1180 verweilen wir also in Kairo, um seinem Bericht zu lauschen. Er handelt vom Leben und Wirken der bekanntesten Figur Irams/Ubars und trägt infolgedessen den Titel …

Der Prophet Hud[57]

Wisset, daß 'Ad Sohn des Uz Sohn des Aram Sohn des Shem Sohn des Noah zwölf männliche Nachkommen zeugte und daß Gott ihnen Gaben verlieh, wie sie keinem anderen zuteil wurden.

I. Hud und die Götzenverehrer von 'Ad

Wahb ibn Munabbih [ein früherer Chronist] hat folgendes erzählt[58]: Der bedeutendste König von 'Ad, Khuljan, hatte drei Götzen. Sie hießen Sada, Hird und Haba[59]. Um ihnen zu dienen, setzte er für jeden Tag im Jahr einen anderen seiner Männer ein. Der edelste und beste unter ihnen war Khulud. Als Khulud das heiratsfähige Alter erreicht und sich noch keine Frau genommen hatte, fragte man ihn nach dem Grund. Khulud antwortete: »Weil ich im Traum sah, wie aus meinen Lenden eine weiße Kette aufstieg. Von ihr ging ein Leuchten aus, das dem Licht der Sonne glich. Eine Stimme sprach zu mir: ›Sieh genau hin, Khulud, denn wenn du diese Kette wieder aus deinen Lenden aufsteigen siehst, sollst du das Mädchen heiraten, das dir befohlen wurde.‹« Zunächst verstand er diese Botschaft nicht, aber eines Tages hörte er eine Stimme, welche sprach: »Khulud, heirate die Tochter unseres Onkels!«, und während er schlief, trat erneut die Kette aus seinen Lenden hervor[60].

Sobald er erwachte, suchte er seine Cousine auf, machte seinen Antrag und wurde mit ihr verheiratet. Als er mit ihr lag, empfing sie den Propheten Hud. Und alle Teiche und Flüsse, Vögel und Tiere, wild wie zahm, stimmten in den Jubel ein. Die Bäume der 'Ad wurden grün und trugen außerhalb der Zeit Früchte, alles durch den Segen, den die Empfängnis Huds mit sich brachte. Am Ende ihrer Schwangerschaft gebar Huds Mutter ihren Sohn an einem Freitag[61].

Eines Tages sah ihn seine Mutter beten und fragte: »Mein Sohn, zu wem betest du?[62]«

»Ich bete zu Gott«, erwiderte Hud, »der mich und die ganze Welt schuf.«

»Betest du nicht zu den Götzen?« fragte die Mutter.

»Diese Götzen vermögen weder zu nützen noch zu schaden«, antwortete er. »Noch können sie sehen und hören.«

»Mein Kind«, sprach sie, »bete weiter zu deinem Gott, denn als ich dich empfing, sah ich allerhand seltsame Dinge[63]. Als ich dich in einem Tal gebar, wurden verdorrte Äste grün und trugen Früchte. Als ich dich auf einen schwarzen Felsen legte, wurde dieser so weiß wie Schnee. Und als ich dich nach Hause trug, sah ich einen Mann, dessen Kopf in den Himmel ragte, während seine Füße die Weite des Erdbodens berührten. Er nahm dich aus meinen Armen und hob dich in den Himmel, aus dem Menschen mit weißen Gesichtern hervorschauten. Als sie dich mir wiedergaben, erstrahlte dein Haupt in einem hellen Glanz, und am Arm trugst du eine grüne Perle. Ich hörte, wie einer von ihnen sprach: ›Gott hat dich als Propheten geschaffen.‹ Also handle weiter so, wie es dir richtig erscheint.«

Kaab al-Ahbar [ein weiterer Chronist] berichtet[64]: Als Hud vier Jahre alt war[65], sprach der Herr zu ihm: »Ich habe dich, o Hud, als Propheten und als Boten für die Leute von 'Ad auserkoren. Also geh zu ihnen und fürchte dich nicht. Sag ihnen, daß es außer mir, der alleine waltet, keinen Gott gibt und daß du mein Diener und mein Bote bist.«

Hud suchte sein Volk an dessen großem Festtag auf, der in der Wüste Ramal-alij [frühere Bezeichnung der Rub' al-Khali] gefeiert wurde. Khuljan, ihr König, saß auf einem goldenen Thron. »*O mein Volk*«, sprach Hud, »*bete zu Gott; es gibt keine anderen Götter neben ihm.*« (7.65).[66] Nachdem er so gesprochen hatte, ließ er einen lauten Ruf erklingen. Von nahe und fern kamen die Löwen und die anderen wilden Tiere herbei und sprachen: »Wir stehen dir zu Diensten, o Hud. Befiehl über uns und fürchte dich nicht.«

Die Herzen der Menschen aber waren voller Furcht; ihre Gesichter wurden bleich, und sie erschauerten. Sie fragten: »Wie sieht dein Gott aus? Wie ist seine Gestalt beschaffen, wie groß ist er? Ist er aus Gold oder aus Silber?«

Hud beschrieb die Herrlichkeit Gottes. Als er zuende gesprochen hatte, fragte ihn der König: »Glaubst du, dein Gott sei mächtiger als wir in unserer großen Zahl und unseren vereinten Kräften? Oder weißt du nicht, daß bei uns an jedem Tag und in jeder Nacht eintausendundzweihundert Jungen und Mädchen geboren werden?«

Hud sprach: »*Und sehen sie nicht, daß Gott, der sie schuf, mächtiger sein muß als sie alle zusammen?*« (41.15)

Der erste, der an jenem Tag Hud Glauben schenkte, war ein gewisser Junada, dessen vierzig Cousins und Cousinen sich ebenfalls dem Glauben anschlossen. Die übrigen Leute aber wandten sich von Hud ab und verfluchten den Propheten. Er ließ sie dennoch lange Zeit gewähren, bis Gott die Leiber der Frauen unfruchtbar werden ließ, so daß keine von ihnen mehr einen Sohn oder eine Tochter gebar. Hud warnte sein Volk siebzig Jahre lang und rief es immer wieder auf, sich Gott zuzuwenden, aber es wollte nicht glauben.

Schließlich, fährt Kaab al-Ahbar fort, richtete Hud seinen Blick gen Himmel und sprach: »O Herr, ich bitte dich, sie mit Hungersnot und Dürre zu strafen, damit sie endlich glauben. Wenn nicht, so ersuche ich dich, sie durch eine Heimsuchung zu vernichten, wie es sie nie zuvor gegeben hat und niemals wieder geben wird.«

So geschah es, daß Gott den Regen versiegen und die Erde vertrocknen ließ, bis nichts Grünes mehr auf ihren Feldern wuchs und ihr Vieh verendete. Sie ertrugen dies geduldig, vier Jahre lang, bis sie voller Verzweiflung bereit waren zu glauben. Dann aber sprach König Khuljan zu seinen Untertanen: »Ihr dürft Huds Glauben nicht annehmen, auch wenn ihr Sand essen und Urin trinken müßt. Wenn uns diese Qualen geschickt wurden, um uns für unsere Sünden zu strafen, warum müssen die wilden Tiere und das Vieh, die frei von Sünde sind, ebenso leiden wie wir?«

Hud stand auf dem Gipfel eines Berges und rief: »O ihr Kinder von 'Ad, wenn ihr unserem Gott vertraut, so werde ich ihn bitten, euch den Himmel zu schicken, der den Regen über euch ergießt, und die Erde zu veranlassen, ihre Früchte hervorzubringen.«

II. Die Abordnung nach Mekka

Ibn Abbas [auch ein Chronist] erzählt, daß es zu jener Zeit üblich war, Heimsuchungen des Himmels und der irdischen Feinde zu begegnen, indem man weibliche Kamele mit Opfergaben belud und mit Juwelen schmückte, um auf ihrem Rücken zur heiligen Stätte Kaaba zu reiten und dort um Erlösung zu beten[67]. Entsprechend wählten die Leute von 'Ad aus ihrer Mitte siebzig edle Männer als Gesandte, darunter sieben Führer. Ihre Namen waren Qayl, Luqman, Jahlama, Ubayl, Marthid (der an Hud glaubte), Amr und Luqaym[68]. Als sie die Stadt verließen, hörten sie eine Stimme, die zu ihnen sprach: »Verzweiflung und Elend wird das Haus 'Ad erfahren! Ihr werdet sterben, denn ein wilder, vernichtender, eisiger Wirbelsturm wird auf euch herniederfahren.« Die Männer aber schenkten der Stimme keine Beachtung, sondern zogen unbeirrt von dannen.

Als die Abordnung die heilige Stätte betreten wollte, ließ sich abermals eine Stimme vernehmen. Sie sprach:

»Möge Gott die Abordnung aus 'Ad besiegen:
Sie kommt herbei und bittet um Regen;
Mag sie ihren Durst mit siedend heißem Wasser löschen!«

Der damalige König von Mekka hieß Muawiya ibn Bakr. Die Abgesandten suchte ihn auf und ließ sich einen Monat lang in seinem Palast nieder. Die Männer aßen und tranken und vergaßen darüber den Grund ihres Kommens. Muawiya wurde ihrer Anwesenheit leid, aber seine Ehre als Gastgeber verbot es ihm, den Besuchern die Tür zu weisen. Also rief er zwei Sklavinnen zu sich, die man als »die zwei Heuschrecken« kannte und die als Hofsängerinnen in seinen Diensten standen[69]. Er befahl ihnen: »Während sie essen und trinken, sollt ihr ihnen ein Lied singen, das in ihnen das Verlangen wachruft, für Regen zu beten!« Die beiden Mädchen sangen:

»Wehe euch! Wehe den Leuten von 'Ad!
Es gibt keine Hoffnung für Herren und Sklaven
Wegen des schrecklichen Durstes.
O betrunkene Abordnung – gedenke
Deines verdurstenden Stammes!«

Als sie dieses Lied hörten, badeten die Männer eiligst und streiften die Kleider über, die noch nicht vom Wein befleckt waren. Sie begaben sich umgehend zur heiligen Stätte, um dort ihre Gewänder auszubreiten. Es wurde ihnen jedoch kein Einlaß gewährt.

Einer der Männer sprach: »Sollen wir wirklich den Glauben unserer hochwohlgeborenen und verdienstvollen Ahnen verraten, um uns dem Glauben Huds anzuschließen?«

»O Herr«, rief Marthid (der Gläubige), »Du tust recht daran, jene zu strafen, die nicht glauben wollen!«

III. Die Rache Gottes

Gott befahl dem Wolkenengel, drei Wolken über ihnen auszubreiten, eine weiße, eine rote und eine schwarze. Als die Abgesandten auf der Rückreise von Mekka die Wolken sahen, jubilierten sie. Einem der Männer wurde befohlen: »O Qayl, wähle für dein Volk eine dieser Wolken aus!« Qayl entschied sich für die schwarze, nur um zu erfahren: »O Qayl, die schwarze Wolke, die du gewählt hast, steht für Asche und Blei. 'Ad wird an Hitze zugrunde gehen!«

Die Wolke wanderte von Wadi al-Mughith, bis sie über dem Land der 'Ad stand. Als die Menschen ihrer gewahr wurden, riefen sie: »Diese Wolke wird uns Regen bescheren!«

Gottes Engel Gabriel aber sprach: »O Wolke des Rauhen Windes, sei den Leuten von 'Ad ein Fluch und anderen ein Segen!«[70]

Am ersten Tag kam ein kalter, grauer Wind auf, der alles, was das Gesicht der Erde bedeckte, in Trümmer verwandelte. Am zweiten Tag folgte ein gelber Wind, der alles, was er berührte, mit sich riß und durch die Luft wirbelte. Am dritten Tag kam der rote Wind, der alles zerstörte. Und die Winde tobten weiter, acht elende Tage und schreckliche Nächte hindurch. Am achten Tag versammelten sich die Leute von 'Ad, um den Wind mit ihren Pfeilen zu beschießen. »Wir sind mächtiger als Ihr, Herr des Hud!« riefen sie.

Daraufhin stob der Wind in die Menge, fuhr in die Kleidung der Menschen, hob sie in die Luft und stürzte sie kopfüber hinab in den Tod. Er ergriff ihre Pfeile und stach ihnen die Spitze in den Hals. Derart verfuhr er weiter, bis nur noch der König übrigblieb, um zu bezeugen, welch ein Verderben sein Volk ereilt hatte. Dieser bot dem Wind seine

Brust und sprach: »Wehe diesem entsetzlichen Tag! Söhne und Throne sind vernichtet worden!«

Der Wind fuhr in seinen Mund und trat aus seinem Hinterteil wieder hinaus, und der König fiel tot um. Er zertrümmerte die Paläste und tötete die Frauen und Kinder, die sich im Innern aufhielten. Dann begab er sich zur heiligen Stätte, hob die Menschen hoch in die Luft und tötete sie, indem er sie kopfüber zu Boden fallen ließ. Gott hat gesagt: *Und als wir unsere Strafe ausführten, retteten wir durch unsere Gnade Hud und alle, die an ihn glaubten.* (11.58)

Hud begab sich mit seinen Getreuen in den Jemen, wo sie ihre Zelte aufschlugen. Sie blieben zwei ganze Jahre dort, bis Hud verstarb und im Hadramut begraben wurde.

Kaab al-Ahbar berichtet: Als Othman noch Kalif war, besuchte ich eines Tages die Moschee des Propheten[71]. Ein Mann trat ein und wurde von allen angestarrt, weil er so groß war.

»Ich komme vom Hadramut«, sprach er und erzählte von Huds Grabmal.

»In meiner Jugend reiste ich mit einigen anderen Knaben meines Stammes durch die sandige Wüste, bis wir zu einem hohen Berg kamen, in dessen Innern sich eine Höhle befand. Dort waren zwei riesige Felsen aufeinandergetürmt, und zwischen den beiden war ein Spalt, den nur ein sehr dünner Mann passieren konnte. Da ich der kleinste aus unserer Gruppe war, wurde ich vorgeschickt. Ich trat ein und sah vor mir einen Thron aus rotem Gold, auf dem ein Toter saß. Ich berührte ihn. Es war Hud. Als ich ihn betrachtete, sah ich, daß er große Augen hatte und daß seine Brauen zusammengewachsen waren. Er hatte eine breite Stirn, ein ovales Gesicht, zierliche Füße und einen langen Bart. Über seinem Kopf war ein Stein befestigt, der die Form einer Tafel hatte. Auf diesem standen in indischer Schrift drei Zeilen geschrieben. Die erste lautete: »Es gibt nur einen Gott. Mohammad ist Gottes Bote.« Die zweite Zeile lautete: »Ich bin Hud ibn Khulud ibn Saad ibn 'Ad, Gottes Apostel für den Stamm der 'Ad. Ich überbrachte ihnen eine Botschaft und wurde verleugnet. Gott hat sie mit dem Rauhen Wind vernichtet.«

Diese Geschichte, im Kairo des Mittelalters in einer schattigen Straße erzählt, erklärt, warum der Mythos um Ubar so viele Jahrhunderte überlebt hat. Es ist eine spannende Mär, von einem geschulten Geschichtenerzähler mitreißend wiedergegeben.

Bei meiner Suche nach Hinweisen auf Ubar war ich zunächst von den drei Wolken fasziniert, die der ernüchterten Säufer-Delegation zur Auswahl angeboten werden. Ich wußte, daß das Anbieten dreier Alternativen tief in der Tradition der Semiten verankert war; dieses Leitmotiv findet sich in der Bibel wieder sowie in Berichten über arabische Wahrsager. Warum aber waren die Farben der Wolken Weiß, Rot und Schwarz? Die Antwort kam mit einem Geistesblitz von Ron Blom, meinem Freund vom JPL.

»Weißt du, was mir dazu einfällt?« fragte er mich, als wir in der Kantine zu Mittag aßen. »Es hört sich an wie ein Vulkanausbruch. Zuerst sieht man eine weiße Dunstwolke, dann regnet es rotes Magma, und zuletzt fällt schwarze Asche vom Himmel, ›Asche und Blei‹, wie es in der alten Geschichte heißt. Aber ich kann mich in der Gegend um Ubar an keine Vulkane erinnern.«

Es gab auch keine. Noch war im Koran, wo der erste zusammenhängende Bericht über Iram/Ubar zu finden ist, von drei Wolken die Rede. Höchstwahrscheinlich wurde die Schilderung eines Vulkanausbruchs – vielleicht der des Vesuvs 79 oder 512 n. Chr. – in die Geschichte eingeflochten, um sie spannender zu gestalten und die Vernichtung der Stadt wirkungsvoll in Szene zu setzen.

Bei näherem Hinsehen stellte ich fest, daß die drei Wolken nicht das einzige fremde Element waren, das man in die Geschichte eingefügt hatte. Die Darstellung des Lebens des Propheten Hud, zum Beispiel, basierte weitgehend auf den Erfahrungen Mohammads, der sich zu einem viel späteren Zeitpunkt nach Mekka begab, um eine neue Religion zu predigen, und von seinem Stamm verleugnet wurde. Es wurde immer deutlicher, daß al-Kisais Geschichte, die auf den ersten

Blick so geradlinig erschien, einen Subtext von verschlüsselten Botschaften und Anspielungen in ihren Zeilen barg. Im Grunde genommen ist die Geschichte zwar äußerst spannend, aber wenig aufschlußreich, was die tatsächliche Stadt Ubar betrifft. Andererseits beinhaltet *Der Prophet Hud* Fakten, die in der Tat mit dem Aufstieg und Niedergang Ubars in Verbindung gebracht werden könnten, genauer gesagt mit den Ursprüngen dieser Stadt, ihrer Bevölkerung, ihrer Zerstörung und ihrer geographischen Lage.

URSPRÜNGE Al-Kisai leitet seine Geschichte ein, indem er einen Stammbaum zeichnet, wie es die arabischen Geschichtenerzähler zu tun pflegten, um ihre Geschichte authentischer erscheinen zu lassen. Mündlich überlieferte Stammbäume waren zudem wichtig, da es noch keine schriftlichen Dokumente gab, und das zu einer Zeit, da sich der einzelne sowie der Stamm, dem er angehörte, über seinen Rang in einer lange zurückdatierenden, ehrwürdigen Ahnenfolge definierte. Eher ungewöhnlich ist die Tatsache, daß die hier aufgezählte Ahnenfolge für arabische Verhältnisse recht knapp ausfällt: Zwischen Noah und der Blütezeit der Stadt Iram/Ubar liegen nicht mehr als sechs Generationen. Es läßt darauf schließen, daß es sich bei den Leuten von 'Ad um einen uralten Stamm handelte, vielleicht um den ältesten in ganz Arabien.

BEVÖLKERUNG Die Leute von 'Ad waren, wie es scheint, der Sünde recht zugetan, wenn auch die Art oder das Ausmaß ihrer Sündhaftigkeit nicht näher definiert wird. Auf alle Fälle waren sie an materiellen Gütern interessiert und verehrten mindestens drei Götzen. (Der Prophet Hud hat in seiner Predigt einige Mühe darauf verwendet, zu betonen, daß es nur *einen* Gott gibt.) Wer aber war dieser Hud?

In semitischen Überlieferungen (die sowohl die Juden als auch die Araber betreffen) haben Eigennamen häufig eine allegorische Bedeutung. Daoud oder David bedeutet beispielsweise »der Vielgeliebte« und Suleiman bzw. Salomon »der Mann des Friedens«. Ähnlich entstammt der Name »Hud« dem Wortstamm »HWD«, der soviel bedeutet wie »jüdisch sein«. Diese Wortverwandtschaft wird noch einmal im Koran deutlich, wo nicht nur der Prophet, sondern das gesamte jüdische Volk als »Hud« bezeichnet wird.

War Hud also ein Jude?

Es wäre durchaus möglich. Über die Juden in Arabien ist viel geschrieben worden; die meisten Texte befassen sich mit dem Zeitraum zwischen 300 und 525 n. Chr. In jener Epoche wurde das Königreich Himyar (im heutigen Jemen) von jüdischen Adligen und sogar von einem jüdischen König regiert. Man kann sich also ohne weiteres vorstellen, wie sich ein jüdischer Kaufmann – oder vielleicht ein Rabbiner – nach Ubar aufmachte, um den Glauben an die Allmacht eines einzigen Gottes zu predigen.

War Hud eine historisch verbürgte Gestalt? Wir werden es wohl nie erfahren. Er ist jedoch ohne Zweifel eine ehrfurchtgebietende *allegorische* Gestalt, ein früher Vertreter des Monotheismus. Der Monotheismus des Islam, der sich später in Arabien verbreitete, wurde, wie auch Mohammad betonte, ursprünglich von den Juden angeregt.

ZERSTÖRUNG Iram/Ubar wurde, wie wir wissen, von einer gewaltigen Katastrophe zerstört. Was aber ist damals wirklich geschehen? Die apokalyptischen Gleichnisse des Geschichtenerzählers sind nicht sehr schlüssig. Während zunächst von einem »eisigen Wirbelsturm« die Rede ist, spricht kurz darauf eine andere überirdische Stimme: »Mag sie [die Abordnung] ihren Durst mit siedend heißem Wasser löschen!« Als nächstes werden wir mit der Symbolik der drei vulkanischen Wolken konfrontiert, und der Rauhe Wind, der zu guter Letzt entfacht wird, ist zwar äußerst gewalttätig, aber nicht besonders überzeugend. Er erinnert allzu sehr an einen Tornado, ein eher alltägliches Phänomen im Süden Arabiens.

In anderen Fassungen mutiert der Wind zu einem mächtigen »Schrei Gottes«, der die Stadt vernichtet, und es gibt sogar eine Quelle, die den Niedergang folgendermaßen beschreibt: »Plötzlich tat sich die Erde auf und die Stadt Iram, in ein seltsames Zwielicht getaucht, sank langsam hinab, bis sie vom Erdboden verschluckt wurde. Alles, was blieb, war eine endlose Wüste aus ödem Flugsand, über die der Wind heulend und jammernd hinwegfegte.«[72]

Sollten wir Iram/Ubar jemals finden, so wäre es bestimmt interessant, nach Hinweisen zu suchen, die uns verrieten, wie (und ob überhaupt) die ehemalige Siedlung zerstört wurde.

GEOGRAPHISCHE LAGE Wadi al-Mughith wird in der Geschichte kurz erwähnt. Die Nennung dieses Namens erwies sich als wertvoller Hinweis auf die geographische Lage Ubars. Zunächst konnte ich nichts damit anfangen, zumal der Ort auf keiner Landkarte zu finden war, weder auf einer alten noch auf einer neuen. Rein zufällig stieß ich in einem Bericht des Geographen Ibn Sa'd aus dem 9. Jahrhundert auf den Namen »Wadi al-Mughith *in Sihr*.« Der Zusatz »in Sihr« weckte Assoziationen zu meinen früheren Recherchen. Er war nämlich auf einer Karte des arabischen Kartographen Mohammad al-Idrisi, der im 12. Jahrhundert in Sizilien gelebt hatte, eingezeichnet gewesen. Das fragliche Gebiet hieß »Die Gärten der Menschheit und der Seelenfreude«. Trotz des befremdlich anmutenden Titels handelt es sich bei dieser Karte um ein herausragendes Beispiel für jene außerordentliche arabische Gelehrsamkeit, die durch das Mittelalter hindurch ein flackerndes Flämmchen von Bildung und Wissen am Leben hielt. Al-Idrisi bezog sich bei der Erstellung der detaillierten Arabienkarte auf die Dokumentationen seiner Vorgänger sowie auf die Aufzeichnungen von Seefahrern und Kaufleuten. Die Gegend um Ubar wird hier als »Region der 'Ad und Ort von Sihr« bezeichnet.

Es ließ sich eine aufschlußreiche Querverbindung herstellen, indem man das in der Geschichte des Rawi erwähnte Wadi al-Mughith, das von einem anderen Autor mit dem Zusatz *in Sihr* präzisiert wird, mit einer anerkannten Arabienkarte des frühen Mittelalters in Verbindung brachte, wo jenes *Sihr* abermals namentlich genannt wird (siehe Grafik). Das schattierte Rechteck kennzeichnet das Gebiet, wo wir Ubar vorläufig lokalisiert hatten. Wie es schien, waren wir auf der richtigen Spur!

Mehrere anerkannte Koryphäen, Zeitgenossen des Geschichtenerzählers al-Kisai, lokalisierten Iram/Ubar und die Leute von 'Ad innerhalb desselben Gebietes. Der Historiker Nashwan ibn Sa'id al-Himyari (gestorben 1117) äußert sich wie folgt: »Ubar ist ... der Name des Landes im östlichen Jemen, das einst den Leuten von 'Ad gehörte. Heute ist es eine unwegsame Wüste, da die Wasserquellen ausgetrocknet sind. Man findet dort große Bauwerke, die der Wind im Sand begraben hat.« (Zu jener Zeit gehörte das heutige Oman noch zum östlichen Jemen.)[73]

Nashwan al-Himyari war überdies ein Poet, der die traurigen Folgen der Überheblichkeit in seinen Versen thematisierte. Er verfaßte diesen Nachruf auf Iram/Ubar und die Leute von 'Ad:

> Sie sind zu Staub geworden; man trampelt über sie hinweg,
> Wie sie es einst mit and'ren taten.

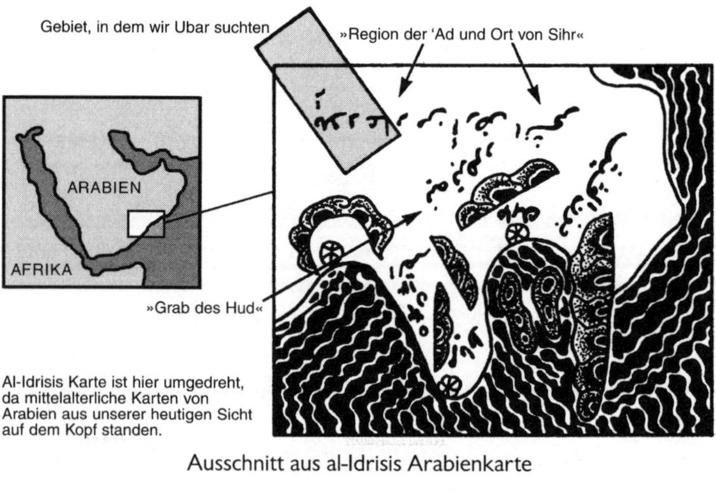

Ausschnitt aus al-Idrisis Arabienkarte

Nun ruhen die begraben in der Erde,
Die einst in Palästen hausten, aßen, tranken,
Von schönen Frauen stets umgeben waren.
Die Zeit beschert uns Glück und Mißgeschick,
Und ihre Kinder kosten mit der Freude immer schon den Schmerz.[74]

8.
Darf man etwas essen, das sprechen kann?

Ich hatte al-Kisais Geschichte des Propheten Hud analysiert, indem ich nach eingehender Betrachtung jene Komponenten eliminierte, die im Laufe vieler Jahre hinzugedichtet worden waren, in der vagen Hoffnung, es mögen genügend Fakten übrigbleiben, die sich tatsächlich auf den fraglichen Ort, den fraglichen Zeitraum bezogen. Dieselbe Methode ließ sich auch bei einer anderen Geschichte anwenden, nämlich bei der des im Jahre 1229 verstorbenen Geographen und Sklaven Jacut ibn 'Abdallah, dessen Vorname »der Rubin« bedeutet. Im Mittelalter war es bei den Arabern üblich, den Sklaven Namen zu geben, die ihre Herren an Blumen, Edelsteine oder andere Annehmlichkeiten erinnerten, damit sie sagen konnten: »Freude, bring mir die Datteln! Rubin, erzähl mir eine Geschichte!«

Der Sklave Jacut genoß das Vertrauen seines Herrn, eines reichen Kaufmanns aus Bagdad, der ihm gestattete, alleine zum Persischen Golf und noch weiter zu reisen, um den Wohlstand seines Herrn zu mehren. Irgendwann wurde er sogar beurlaubt, um sein *Mujam al-Buldam* (*Lexikon der Länder*) fertigzustellen, das ein umfangreiches Kapitel über »Die Stadt Wabar« (Ubar) enthalten sollte. Das Werk besteht überwiegend aus den Mythen und Märchen, die Jacut auf seinen Handelsreisen durch Oman gesammelt hatte. Besonders begeistert war er offenbar von den Nisnasen. Er schreibt: »Der Herr zerstörte dort alles [in Ubar] und verwandelte die Menschen in Nisnasen, affenartige Kreaturen, die wie Menschen aussehen. Die Männer und Frauen sahen lächerlich aus mit ihren halben Köpfen, halben Gesichtern, einem einzelnen Auge und nur einem Arm und einem Bein ... Mit diesem vollführten sie schnelle, hohe Sprünge. Gott ließ sie wie Kühe und Büffel Gras kauen.«[75]

Jacut gibt Anekdoten wieder, die von Begegnungen zwischen Beduinen und Nisnasen (den »Teufelsmenschen«) handeln. Es machte ihn betroffen, daß sich die Kreaturen auf Arabisch zu verständigen wußten. Wie er berichtet, bereitete dieser Umstand auch den Beduinen Sorge, die sich nichts dabei dachten, die Nisnasen wie jedes andere Lebewesen zu jagen und zu erlegen, bis auf die Tatsache, daß dieses die menschliche Sprache beherrschte. Durfte man, fragten sie sich, etwas essen, das sprechen kann?

Die Gelehrten aus Ost und West haben Jacuts Bericht über Ubar von jeher belächelt. Jemanden, der von Fabelwesen wie den Nisnasen derart fasziniert war, konnte man nicht ernst nehmen. Dabei bleibt uns, wenn wir die märchenhaften Elemente einmal beiseite lassen, eine umfassende geographische Beschreibung der Region. »Wabar ist ein riesiges Gebiet, mit einem Durchmesser von etwa 3000 *fersakh* (60 Kilometern) ... Das Land Wabar war einst sehr fruchtbar. Es gab viel Wasser, und die Bäume und Früchte gediehen. Die stetig anwachsende Bevölkerung kam zu Wohlstand und führte ein ausgesprochenes Luxusleben ... [Es gibt dort] eine große Quelle, genannt die Quelle von Wabar.«[76]

Das gibt uns eine ungefähre Vorstellung der realen Situation Ubars: In einer großen Oase, die von einer riesigen Quelle gespeist wurde, lebte einst ein Volk, das seine Einwohnerzahl und seinen Wohlstand kontinuierlich mehrte und irgendwann anfing, übermütig zu werden.

9.
Die Messing-Stadt

Die Geschichte der Stadt Ubar wurde während des Mittelalters so häufig wiedererzählt, daß sich der wahre Kern zunehmend mit phantastischen Elementen vermischte, bis die beiden nicht mehr zu unterscheiden waren. Dies wird besonders in den verschiedenen Fassungen deutlich, die wir in *Alf Laylah wah Layla* (*Tausendundeine Nacht*) vorfinden.

Tausendundeine Nacht wurde lange Zeit als Kopfgeburt eines übereifrigen Fantasten betrachtet. Als sich die Geschichten um die Jahrhundertwende in England zunehmender Beliebtheit zu erfreuen begannen, wurden sie von dem Essayisten Thomas Carlyle als »ungesunde Literatur« bezeichnet und aus seinem Haushalt verbannt. »Regelrechte Lügen«, entrüstete er sich, »selbst in den wildesten Phantasien können leblose Steine nicht morden.« Bereits im 10. Jahrhundert befand der Historiker Abu al-Hasan Ali al-Mas'udi die Geschichten aus *Tausendundeiner Nacht* für »vulgär und geschmacklos,« was ihn allerdings nicht daran hinderte, ihren Ursprung zurückzuverfolgen: »Die ersten, die Geschichten erfanden und in Büchern veröffentlichten, waren die Perser. Sie wurden von den Arabern übersetzt. Die Gelehrten schmückten sie aus und dichteten neue hinzu.«[77]

Die Möglichkeit, daß es die Geschichten aus *Tausendundeiner Nacht* bereits *vor* den Persern gab, wurde bis dato noch nicht eingehend recherchiert. Der Ethnologe Leo Frobenius und der Mythenforscher Joseph Campbell hegten beide den Verdacht, daß die Geschichten ursprünglich im arabischen Raum ersonnen wurden, und zwar im Hadramut-Tal, ganz in der Nähe unseres Suchgebiets, wo auch der Prophet Hud laut Überlieferung begraben liegt.[78] In Anbetracht dieser räumlichen Übereinstimmung sowie der Tatsache, daß die Leute von 'Ad wiederkehrend in den Geschichten aus *Tausendundeiner Nacht* herumgeistern, konnte ich mir vorstellen, daß dieses Werk so manchen wertvollen Hinweis enthielt.

Die Geschichte »Die Geschichte der Säulenstadt Iram und des Abdallah, Sohn des Abi Kilabah« ist recht kurz und bündig gehalten. Als Hinweis auf Ubar enthält sie eine interessante Schilderung der geographischen Lage: »Ein unbewohntes Gebiet, eine riesige, helle Ebene ohne Sandhügel und Berge, mit sprudelnden Quellen …« Und in Zusammenhang mit der Vernichtung Ubars durch göttliche Hand wird bemerkt: »Überdies löschte Allah die Straße aus, die in die Stadt führte«, womit allem Anschein nach genau die Straße gemeint war, die wir suchten.[79]

In weiteren Geschichten aus *Tausendundeiner Nacht* gewinnt der Mythos von Ubar mit jeder neuen Schilderung an Elan und Phantasiereichtum. »Die Geschichte der ältesten Dame« berichtet davon, wie ein Reisender im Mittelalter eine Stadt entdeckt, die stark an Ubar erinnert. Sie ist vollkommen intakt, denn sie wurde nicht in Schutt und Asche gelegt; sondern ihre Bewohner waren von einem erzürnten Allah »in Steine verwandelt worden … alle waren zu schwarzem Stein erstarrt; der Besucher sah nicht ein einziges bewohntes Haus, keine Feuerstelle. Der Anblick erfüllte uns mit Ehrfurcht … wir sagten zueinander: ›Ohne Zweifel liegt hier ein Geheimnis verborgen.‹«[80]

In dieser Fassung ist Iram/Ubar mit *maskooten*, versteinerten Menschen, bevölkert worden, von der Strafe Gottes ereilt. Es gibt die Theorie, daß die Idee des Maskooten geboren wurde, als einst ein abergläubischer Beduine in der Wüste im Norden Ägyptens die Reste antiker Statuen entdeckte.

In der Geschichte »Die Messing-Stadt« ist ebenfalls von Maskooten die Rede. Es handelt sich hier um die mit Abstand bizarrste Version des Ubar-Mythos. Es wird von den Abenteuern des Emir Musa und seiner Reisegefährten berichtet, der sich von der Küste ins Binnenland begab, um eine geheimnisumwitterte verlorene Stadt zu suchen. Der Weg durch die große Wüste wird ihnen von einem Reiter gewiesen, der ganz aus Messing ist, sowie von einem Dschinn, der bis zu den Achselhöhlen in einem glühendheißen Ofen steht. Die Reise ist »voller Schrecken, Wunder und seltsamer Dinge«. Als Emir Musa mit seiner kleinen Truppe einen Hügel erklimmt, geschieht folgendes:

Als sie auf dem Gipfel standen, sahen sie im Tal eine Stadt. Eine größere oder schönere haben Menschenaugen noch nie zuvor erblickt. Die Häuser und Villen ragten turmhoch empor, und die Paläste, Pavillons und Kuppeln leuchteten wunderbar hell ... und es flossen Ströme, die Blumen standen in voller Blüte, und die Früchte wuchsen üppig heran. Die Stadttore waren hermetisch verschlossen, aber im Inneren war es leer und still, ohne die Stimmen sprechender, lachender Bewohner. Die Eule schrie aus ihrem Nest, über den Plätzen kreisten die Vögel, und auf den breiten Straßen krächzten die Raben und betrauerten jammervoll jene, die hier einst zu Hause gewesen waren.[81]

Hinter den Mauern der Stadt lag ein Panorama des Todes, großartig und alptraumhaft zugleich. Auf den Straßen und in den Palästen hausten die gespenstischen untoten Maskooten. Auch die Königin von Saba hat ein kurzes Gastspiel in dieser Geschichte. Sie ruht auf einer juwelenbesetzten Couch und sieht aus »wie die strahlende Sonne; eine Schönere hat man nie geschaut«. Aber »sie ist ein Leichnam, mit äußerster Kunstfertigkeit präpariert. Nach ihrem Tode wurden ihr die Augäpfel entnommen, mit Quecksilber gefüllt und wieder in die Augenhöhlen eingesetzt. Deshalb leuchten sie so, und wenn ein Lüftchen die Wimpern streift, scheint sie zu blinzeln, und der Betrachter könnte glauben, sie schaue ihn an.«

Überall in dieser versteinerten Stadt finden sich steinerne Tafeln mit Inschriften, die uns »die Moral von der Geschicht'« ans Herz legen, etwa: »Die Freuden enormer Reichtümer – hier überall zu sehen – sind ohne Bestand, denn kurz ist das Leben und allmächtig der Tod.« Im Mittelalter beherrschte diese Vorstellung den islamischen Glauben. Über dem Grabmal des Sohnes von König Shaddad ibn 'Ad befindet sich eine Inschrift mit der Ermahnung: »Sei durch mein Beispiel gewarnt. Ich häufte Schätze an, mehr als alle anderen Könige dieser Welt, und glaubte, die Freude werde mich überleben. Dann aber ereilte mich unversehens der Zerstörer der Freude, der Entzweier der Gesellschaften, der Verwüster der Häuser und der Vernichter der Städte.« Der Todesengel also.

Wenn auch die »Moral« und die zentrale Handlung der Erzählung »Die Messing-Stadt« eher simpel sind, ist sie in ihrer Bildhaftigkeit dicht und facettenreich, besetzt mit Symbolen und Figuren aus den verschiedensten Epochen und Orten. Bei Emir Musa scheint es sich um eine Reinkarnation des alttestamentarischen Propheten Elias zu handeln. Außerdem begegnen wir neben der Königin von Saba auch Salomon und Alexander dem Großen. Die Geschichte mit Hunderten von versteckten Anspielungen und Zitaten, basiert auf mindestens acht bedeutsamen Quellen. Die Messing-Stadt scheint nicht nur von dem Mythos um Ubar, sondern auch von den Gerüchten über eine Stadt in Nordafrika oder Spanien inspiriert zu sein, die angeblich aus Kupfer und Messing gebaut war. Um all diese Gerüchte irgendwie in seiner Geschichte unterzubringen, zauberte der unbekannte Autor Ubar und seine Leute von 'Ad mir nichts, dir nichts nach Andalusien!

»Die Messing-Stadt« ist eine ultimativ surreale Vision, die uns immer weiter in jene sonnengetränkte und doch finstere Landschaft lockt, die auf uns wirkt »wie der Tagtraum auf den Träumer, die nächtlichen Visionen auf den Schlafenden, wie die Fata Morgana in der Wüste, die den Durstigen Wasser sehen läßt; Satan läßt sie selbst im Tode schön erscheinen«.

Die Geschichte endet, ohne uns mehr als einen blassen Schimmer der wahren Stadt Ubar offenbart zu haben. Sofern man die Entstehung von Mythen mit Trugbildern vergleichen kann, die ein fernes Phänomen spiegeln und doch verschleiern, so ist das Trugbild in diesem Fall letztendlich nahezu perfekt. Emir Musa verläßt zusammen mit seinen Gefährten die gruftartige Messing-Stadt und tritt den Heimweg zur Küste an, indem er sich wiederum in die Wüste begibt. An dieser Stelle wird nun mit einem einzigen Satz das Trugbild aufgehoben. Wir erfahren, wie sich die Reisegruppe »einem hohen Berg näherte, der dicht an der Küste lag und voller Höhlen war. In diesen hauste ein schwarzhäutiger Stamm, in Tierhäute gehüllt und mit Burnussen bekleidet, die ebenfalls aus Tierhäuten gefertigt waren. Sie sprachen einen unbekannten Dialekt.«

Diese Passage enthält eine völlig unerwartete Anhäufung von Hinweisen:

»... ein hoher Berg, der dicht an der Küste lag und voller Höhlen war ...« In ganz Arabien sind die Dofar-Berge im Süden Omans die einzigen, die sich in Küstennähe befinden und für ihre Höhlen bekannt sind.

»In diesen hauste ein ... Stamm ...« Die einzigen Höhlenbewohner dieser Region waren die Stämme in den Dofar-Bergen.

»... ein schwarzhäutiger Stamm ...« Die Bewohner des Dofar-Gebirges haben eine auffallend dunkle Hautfarbe.

»... in Tierhäute gehüllt und mit Burnussen bekleidet, die ebenfalls aus Tierhäuten gefertigt waren ...« Es muß sich hier um Kuhhäute handeln, und die einzige Gegend in Arabien, deren Bewohner seit 4000 Jahren von der Rinderzucht leben, sind die Dofar-Berge.

»Sie sprachen einen unbekannten Dialekt ...« Das Dofar-Gebirge ist die einzige Region innerhalb Arabiens, deren Sprache sich vom Arabischen unterscheidet. Die uralte Sprache, die man hier spricht, ist erst kürzlich erforscht worden.[82]

Waren es wirklich schlüssige Hinweise oder lediglich ein Konglomerat merkwürdiger Zufälle? Wie auch immer: Für mich stand fest, daß wir, sollten wir jemals das nötige Kleingeld zusammenkriegen, um unsere Suche nach Ubar durchzuführen, diese am Fuße der Dofar-Berge beginnen würden. Wir würden das Gebirge überqueren, wo der dunkelhäutige Stamm lebt, der von der Rinderzucht lebt, einen unbekannten Dialekt spricht und bis vor kurzem noch in Höhlen gelebt hat. Alles sprach dafür, daß dies der Weg war, den wir einschlagen mußten, um uns in die Wüste zu begeben, auf den Spuren von Bertram Thomas, Wendell Phillips – und, wie es schien, Emir Musa aus *Tausendundeiner Nacht*.

10.
Der singende Sand

Ende 1990 saß ich alleine im Büro und sortierte den Papierkram für einen Dokumentarfilm, den ich im Auftrag der Firma Occidental Petroleum gedreht hatte. Der Hauptsitz der Firma befand sich in Los Angeles. Als ich aus dem Fenster blickte, sah ich allerdings keine Hochhäuser aus Stahl und Glas, sondern die arabische Wüste. Ich fragte mich, ob Ubar wohl wirklich existierte oder nur ein Phantasieprodukt sei – etwa so real wie Reiter aus Messing, Dschinns, die in Öfen saßen, und Königinnen mit Augen aus Quecksilber.

Das Telefon klingelte. George Hedges war dran. »Yahya hat uns geschrieben«, meinte er. Seine Stimme war seltsam emotionslos. Er hatte etwas in petto.

Yahya. Wer mochte das sein? Noch so ein Mystiker wie der Graf, noch so ein Jorsch?

»Yahya«, wiederholte George. »Auf seinem Briefkopf steht, er sei bei der Oman National Bank. Sie wollen uns finanzieren.«

George berichtete, daß der ehemalige CIA-Agent, den wir in Washington getroffen hatten, dem Vorstandsvorsitzenden der Oman National Bank, Dr. Omar Zawawi, unser Projekt vorgestellt habe. Dr. Zawawi war Unternehmer, aber auch Arzt und Philanthrop, und ihm gefiel unsere Idee, nach Ubar zu suchen. Daher hatte er Yahya Abdullah beauftragt, sich mit uns in Verbindung zu setzen und uns zu einem kurzen Besuch nach Oman einzuladen. Dr. Zawawis Bank würde nicht nur die Reisekosten tragen, sondern uns bei der Suche nach weiteren Sponsoren helfen, die entweder Geld, Sachgüter oder Dienstleistungen für unsere Expedition zur Verfügung stellen würden. Bei dieser Gelegenheit könnten wir uns einen

Überblick verschaffen, was die potentiellen Probleme betraf, die es zu bewältigen galt, und gegebenenfalls sogar unserem Suchgebiet eine Stippvisite abstatten.

»Wie findest du das?« fragte George mit einem Seufzer, der aus tiefstem Herzen kam. »Endlich!«

Wir riefen Juri Zarins an, der von den Neuigkeiten begeistert war. Er war gerade dabei, den Weihrauchbedarf in den alten mesopotamischen Königreichen zu erforschen, der möglicherweise durch Warenlieferungen aus Ubar gedeckt wurde.

Auch mit Ran Fiennes setzten wir uns telefonisch in Verbindung. Er meinte, daß wir mit dem einflußreichen Dr. Zawawi im Rücken wahrscheinlich die Genehmigung bekommen würden, das Gebiet um Ubar zumindest kurz zu erkunden. Es gab allerdings einen Haken bei der Sache: Ran war soeben dabei, wieder in die Arktis aufzubrechen, dieses Mal, um zu Fuß, weder von Fahrzeugen noch von Schlittenhunden unterstützt, zum Nordpol zu wandern. Er konnte sich also frühestens im kommenden Sommer mit uns nach Ubar begeben. Wir einigten uns auf die letzten beiden Juli-Wochen. Was waren schließlich ein paar Monate, nachdem wir nun schon fast zehn Jahre gewartet hatten? Die Verzögerung gab uns immerhin noch Gelegenheit, die neuesten Bilder des französischen SPOT-Satelliten auszuwerten, die wir bereits seit einiger Zeit erwarteten.

Ron Blom und Charles Elachi vom JPL waren hocherfreut, daß die Expedition nun doch zustande kommen würde. »Eins kapiere ich aber nicht«, meinte Ron mürrisch.

»Was denn?« fragte ich.

»Was mit diesen Franzosen los ist.« Ron meinte, daß er sich die Verzögerung bei der Zustellung der Computer-Aufnahmen, die der SPOT-Satellit über unserem Suchgebiet erstellt hatte, nicht erklären könne. Schließlich, meinte er, sei der Scheck von der NASA recht großzügig gewesen. Ron rief bei SPOT an, um sich zu erkundigen, was schiefgegangen sei. Die Reaktion war das fernmündliche Äquivalent eines gereizten

Achselzuckens. Die Verzögerung, so erklärte man ihm, sei darauf zurückzuführen, daß der Satellit unser Suchgebiet zwei Mal überflogen habe, ohne brauchbare Aufnahmen machen zu können. Der Himmel sei zu bewölkt gewesen.

Eine Wolkendecke über der Rub' al-Khali? Wohl kaum, dachte Ron. Dann fiel ihm wieder ein, daß die Franzosen Bilder aus dem Weltraum mit Geräten zu scannen pflegten, deren Qualität aufgrund der schlechten Auflösung nicht sehr präzise war. »Vielleicht sind das ja gar keine Wolken, die ihr da seht,« meinte er. »Vielleicht sind die vermeintlichen Wolken in Wirklichkeit Dünen.«

Und so war es auch. Bereits vier Wochen später lagen uns Aufnahmen vor, die uns für die lange Wartezeit entschädigten. Es waren keine Farb-, sondern Schwarzweißaufnahmen, und ihre Auflösung betrug ein Dreifaches der Landsat-Bilder, die wir kannten. Die Straße nach Ubar war gestochen scharf zu erkennen, wie sie sich durch die Dünen der Rub' al-Khali schlängelte.

Während ich über den Bildern brütete und mir ausmalte, was uns wohl am Wegesrand begegnen würde, tuschelte Ron angeregt mit Bob Crippen. Ich schnappte ab und zu einen Wortfetzen auf, darunter Begriffe wie »Computer-Strecken-Markierungen« und »Pixelerfassung«.

»Das läßt sich alles noch verbessern«, verkündeten sie. Sie waren auf die Idee gekommen, die Daten der Landsataufnahmen per EDV mit denen des SPOT zu »mischen« und auf diese Weise ein Bild zu bekommen, das die Schärfe der Schwarzweißaufnahmen des SPOT mit der Farbenvielfalt der Landsat-Fotos verband. Eine technologische Höchstleistung, sofern realisierbar, denn es galt, zwei Bilder, die zu unterschiedlichen Zeitpunkten aus völlig verschiedenen Höhen und Winkeln entstanden waren, punktgenau deckungsgleich zu machen. 36000000 SPOT-Pixel galt es über 16262000 Landsat-Pixel zu legen.

Es funktionierte tatsächlich, und das Bild, das dabei herauskam, erwies sich als äußerst detailliert und absolut umwerfend. Wenn die Expedition wirklich zustand kam, würden wir reichlich Auswahl an Stellen haben, wo es sich lohnte, nach Ubar zu graben. Am vielversprechendsten erschien uns die Stelle, die wir mit »L« markierten. Unsere Straße nach Ubar führte zu einer klar definierten, L-förmigen Stelle, die etwa 400 X 400 Meter maß und von Menschenhand geschaffen schien. Möglicherweise handelte es sich um ein landwirtschaftliches Anbaugebiet oder sogar um die Ruinen einer befestigten Stadt. Jedenfalls war nirgendwo auf unseren Bildern eine vergleichbare Formation zu erkennen.

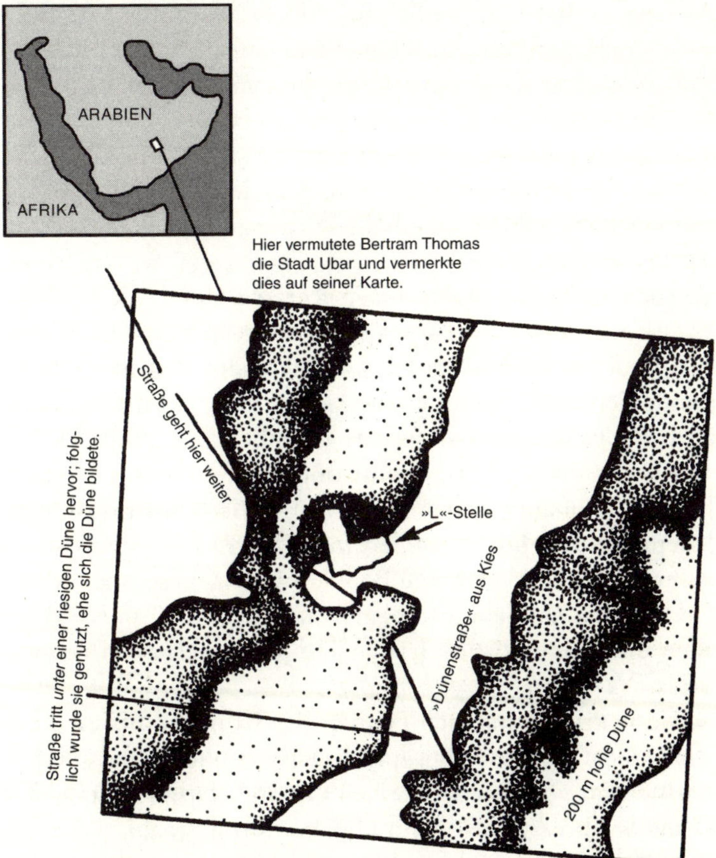

Die Straße nach Ubar; Bild zusammengesetzt aus den Satellitenaufnahmen des Landsat und des SPOT.

Anfang Mai berechnete ich die Koordinaten jener Stellen entlang der Straße nach Ubar, denen wir unsere besondere Aufmerksamkeit widmen wollten. Ich faxte Ran meine Liste, und er leitete sie an die Militärbehörden von Oman weiter. Immerhin bestand die Chance, daß man uns für unsere Erkundungsreise ein Militärflugzeug zur Verfügung stellen würde. Wir hatten wenigstens schon eine Flugroute vorzuweisen.

Ungefähr um diese Zeit geschah etwas sehr Merkwürdiges. Ich hatte unerwartet ein paar Tage Urlaub und beschloß, eine Auszeit zu nehmen, nicht nur vom Filmemachen, sondern auch vom Ubar-Projekt. Ich merkte nämlich, daß es in Besessenheit auszuarten drohte. Ich holte mein altes Raleigh-Rad aus der Garage und befreite es von Staub. Es war zwar schon dreißig Jahre alt und nach heutigen Maßstäben eine ziemliche Gurke, aber immerhin hatte es mich in den letzten Jahren auf meinen Soloausflügen durch die Wüstengebiete im Südwesten der Vereinigten Staaten zuverlässig unterstützt. Was lag näher, als aus gegebenem Anlaß einen Kurztrip durch die Mojave-Wüste und den Nationalpark Joshua Tree in meine Lieblingswüste, die Anza-Borrego zu unternehmen? Auf diese Weise konnte ich mir Bewegung verschaffen, saubere Luft einatmen und die Weite der Landschaft genießen. Als Reiselektüre würde ich mir ein paar Krimis mitnehmen. Meine Tochter Jennifer empfahl mir die Bücher der britischen Krimiautorin Josephine Tey. Ich entschied mich für *Der singende Sand*. Auf dem Einband war eine Forelle am Angelhaken zu sehen. Der Roman handelte offenbar von Angelsport und Verbrechen und spielte unter dem feucht-grauen Himmel Schottlands.

Die Lektüre entsprach meinen Erwartungen, bis zu jener Stelle, die ich zu lesen begann, als ich auf einem Sandsteinfelsen sitzend Rast machte, einen »Energy-Drink« trank und kleine Salzbrezeln aß (mein übliches Mittagsmahl, wenn ich mir selbst überlassen bin). Inspektor Hugh Grant von Scottland Yard war mit einem Mord im Nachtzug von London nach Aberdeen betraut. Das Opfer war, wie Grant nun erfährt, Pilot bei der Orient Commercial Airlines, einer Flugverkehrsgesellschaft, die Waren in den Süden Arabiens transportierte. Grant stellt die These auf, daß der Pilot eines Tages durch einen Orkan von seinem vorgeschriebenen Kurs abkam und aus der Luft etwas unglaublich Seltsames und Einmaliges erblickt und daß sein Tod mit diesem Erlebnis in Verbindung steht.

Ich radelte weiter durch die Nachmittagshitze und sinnierte über die Handlung. Welche Rolle spielte Arabien in diesem Roman, und was hatte der Pilot gesehen, das so bedeutsam war, daß man ihn dafür ermordete? Ich hielt an, trank noch einen »Energy-Drink« und las ein paar Seiten weiter. Inspektor Grant geht irgendwo in Schottland in die öffentliche Bibliothek, um sein Wissen über Arabien zu vertiefen. Dabei stößt er auf die Beschreibung eines Ortes namens Wabar. »Wabar, so schien es, war das Atlantis Arabiens. Die sagenumwobene Stadt Ad ibn Kin'Ads. Irgendwann zu einer Zeit, als legendäre und historische Wirklichkeit noch ein und dasselbe waren, war es als Strafe für seine Sünden durch Feuer zerstört worden. … Und nun lag Wabar, die Stadt der Legende, in Trümmern; bewacht von Wanderdünen, von steinernen Klippen, die beständig Ort und Form wechselten, und bewohnt war es von Affen und bösen Dschinnen.«[83]

Ubar! Ich setzte mich an den Straßenrand, um weiterzulesen. Nun tritt eine Figur auf, die stark an Harry St. John Philby und auch an Wilfred Thesiger erinnert. Einer der beiden scheint Josephine Tey ordentlich gegen den Strich gegangen zu sein, da jene Figur als zänkisch, verweichlicht und »krankhaft eitel« dargestellt wird. Hatte Harry oder auch Wilfred Josephine etwa einen Korb gegeben, so daß sie sich in ihrem Roman rächen wollte?

Während am Himmel die Sonne unterging, fragte ich mich, ob Ubar am Ende bereits entdeckt sei und die Autorin den Stoff als Romanvorlage verwendet habe. Zwar ist es nicht die Figur, die an Philby und Thesiger erinnert, die hier Ubar entdeckt, aber irgend jemandem scheint es gelungen zu sein. Inspektor Grant liest jedenfalls bei Kaffee und Gebäck die Londoner Tageszeitung *Clarion* und stolpert über die Schlagzeile: »SHANGRI-LA IST WIRKLICHKEIT. SENSATIONELLE ENTDECKUNG. EIN FUND, DER GESCHICHTE MACHEN WIRD« und die *Morning News* meldet »UNGLAUBLICHE MELDUNG AUS ARABIEN«.

Es war inzwischen dunkel und kalt geworden, und ich war über dreißig Kilometer vom nächsten Ort entfernt. Dennoch las ich beim Strahl meiner Taschenlampe verbissen weiter, um zu erfahren, wie die Geschichte ausging. Als schließlich der Mond über der Wüste aufging, durfte ich erleichtert feststellen, daß Inspektor Grant den Fall löst, Philby-Thesiger seiner gerechten Strafe zuführt und daß Ubar noch immer darauf wartete, entdeckt zu werden. Die Entdeckung der Stadt in Josephine Teys Roman war pure Fiktion. Immerhin hatte sie mich einen langen Nachmittag bis weit in den Abend hinein an der Nase herumgeführt.

Ich radelte weiter. Daß es kalt geworden war, erwies sich als Vorteil, denn bei niedrigen Temperaturen bleiben die Klapperschlangen in ihren Löchern, statt sich auf dem warmen Asphalt breitzumachen. Ich dachte weiter über den Roman *Der singende Sand* nach und fand ihn intelligent, hervorragend recherchiert und durchaus ermutigend. An irgendeiner Stelle bemerkt Inspektor Grant: »Keiner der Autoren [die er zu Rate zieht] machte Anstalten, die Legende in Frage zu stellen … Die Geschichte ist Bestandteil der arabischen Erzähltradition und wird immer in derselben Form wiedergegeben. Romantiker wie Rationalisten sind sich gleichermaßen einig, daß sie auf realen Gegebenheiten basiert … die aber vom Sand, von den Dschinns und von den Trugbildern sorgsam verschleiert werden.«

Vor mir lagen nun die Lichter der kleinen Ortschaft Borrego Springs, wo ich mich mit Kay und den Mädchen verabredet hatte. Am Wochenende hatten wir vor, durch die Ausläufer der Wüste zu wandern und mit den Rangern, die das Anza-Borrego-Gebiet bewachen, ein paar Cerveza Pacificas zu trinken. Einer von ihnen, der Naturforscher Mark Jorgensen, hatte einige Zeit in Arabien gelebt. Er riet uns: »Wenn ihr euch da draußen aufhaltet, seht zu, daß ihr Wasser, Wasser und nochmals Wasser trinkt, noch mehr als in unserer Wüste. Bloß nicht dran sparen. Der menschliche Organismus funktioniert reibungslos bis zu einer Außentemperatur von 54 Grad, vorausgesetzt, er bekommt genug Wasser.«

Sein Rat sollte sich als sehr nützlich erweisen.

ZWEITER TEIL

Die Expedition

11.
Die Erkundung des Suchgebietes

Der Nachtflug der Gulf Air aus London landete an einem Morgen im August des Jahres 1990 auf dem Rollfeld des Sultanats Oman. An Bord der Maschine war unser Team, bestehend aus mir und Kay, George Hedges, Ran Fiennes, Ron Blom und Juri Zarins. Als sich die Tür des Flugzeugs öffnete und den Blick auf Masqat freigab, fehlte uns buchstäblich der Durchblick, da unsere Brillengläser bei 100 Prozent Luftfeuchtigkeit und 49 Grad im Schatten sofort beschlugen.

Als wir wieder sehen konnten, aus dem Fenster eines klimatisierten Transportfahrzeugs, erkannten wir, daß Masqat in den zehn Jahren seit unserem letzten Besuch einen wahrhaften Boom erlebt hatte. Überall standen neue Gebäude, üppige Parkanlagen waren angelegt und außergewöhnliche öffentliche Denkmäler errichtet worden. Zu unserer Rechten ragte beispielsweise eine Hand von heroischen Dimensionen aus dem Gebüsch und hielt ein noch heroischer anmutendes Schwert gut fünfzehn Meter in die Höhe, und zu unserer Linken graste friedlich eine Herde übergroßer Oryx-Antilopen aus Fiberglas. Etwas weiter die Straße entlang stand ein riesiger Weihrauchbehälter, der tagsüber seinen Duft verströmte und nachts von einem Laserscheinwerfer angestrahlt wurde.

Diese Pracht war, wie wir später erfahren sollten, Seiner Majestät Sultan Qaboos ibn Said, dem absolutistischen Herrscher, zu verdanken, dessen Erfindungsgabe seiner Güte in nichts nachstand. Er war stolz auf die Traditionen seines Landes – so stolz, daß er kürzlich ein Edikt erlassen hatte, das den Bewohnern Omans die traditionelle Tracht vorschrieb und dafür sorgte, daß die Farben der Häuserfassaden der von ihm persönlich zusammengestellten (übrigens recht ansprechenden) Farbpalette entsprachen. Man kannte Seine Majestät keineswegs als Separatisten; er ehrte die westliche Tradition ebenso wie die östliche. Unter anderem liebte er Bach, beschäftigte einen palasteigenen Organisten (mit dazugehöriger Orgel) und hatte verfügt, daß die Radiosender vormittags nur klassische Musik spielen.

Der Sultan und sein Volk waren bei der Erschließung von Ölquellen zu beachtlichem Wohlstand gekommen. Offenbar hatte man die Erträge sinnvoll investiert: in erstklassige Straßen, Schulen, Krankenhäuser und sanitäre Anlagen (überall gab es trinkbares Wasser). Die Stimmung im Lande war allem Anschein nach friedvoll, wenn auch einiges darauf hinwies, daß durch den neuen Wohlstand die herrschenden Stammesfehden entschärft, aber keineswegs beigelegt waren, und auch die Glaubenskonflikte – unter anderem zwischen dem Islam und dem Christentum – schwelten weiterhin unter der Oberfläche. Vor unserer Ankunft hatte ein vom Sultan bestellter Minister auf diplomatische Weise Zweifel an unserer Absicht geäußert, als Christen nach Ubar zu suchen.

»Möglicherweise gibt es Menschen – zu denen ich mich natürlich nicht zähle –, die Einwände erheben könnten.«

»Wogegen?«

»Dagegen, daß Sie eine Stadt suchen, die im Koran erwähnt wird.«

»Verstehe ... Aber diese Leute aus Ubar – steht nicht im Koran, daß es böse Leute waren? Wissen Sie, verdorben?«

»Wohl wahr ...«

»Also kann Ubar keine heilige Stadt sein, eigentlich alles *andere* als eine heilige Stadt. Ubar ist ...«

»Eine Stadt der Sünde«, ergänzte der Minister. »Durchaus. Na bitte.«

Beide Parteien waren erleichtert, wenn ich auch das Gefühl nicht loswurde, daß wir den Minister mit unserer Argumentation nicht vollständig überzeugt hatten. Unser Team beschloß, auf alle Fälle so umsichtig wie möglich zu handeln, wenn es um Glaubensfragen ging, was unter anderem dazu führte, daß wir mehr als einmal scheinheilig an unserem Orangensaft nippten, während unsere omanischen Gastgeber Gin Tonics schlürften.

Wir verbrachten die erste Woche weitgehend damit, Verabredungen in Masqat einzuhalten, die Malik al-Hinai, ehemaliger Offizier der Palastwache und jetzt Mitarbeiter der Oman International Bank (unserer ersten Sponsorin) für uns getroffen hatte. Darüber hinaus sprachen wir bei Ministerien vor und bemühten uns um weitere potentielle Sponsoren. In dieser Kunst erwies sich der charmante, rhetorisch gewandte Sir Ranulph als wahrer Meister. Zu Beginn der Verhandlung gab er die für das Zustandekommen unserer Expedition erforderliche Summe von 35000 US-Dollar an, um sie im Verlauf des Gesprächs willkürlich auf 78000 zu erhöhen. Erhob die andere Seite an dieser Stelle keine Einwände, trieb Ran die Kosten weiter in die Höhe. »Was redet der denn da? Wie kommt er bloß darauf?« flüsterte mir George Hedges zu, als Ran inmitten einer Präsentation beiläufig bemerkte, 180000 Dollar würden wohl reichen, um uns durchzubringen.

Obwohl es uns gelang, einen bescheidenen Bargeldbetrag zusammenzubekommen, bestand unsere »Reisekasse« letztendlich weitgehend aus Sachspenden und Dienstleistungen von Firmen aus verschiedenen Ländern. Gulf Air spendierte uns die Flüge zwischen England und Oman, das al-Bustan Palace Hotel in Masqat bot uns kostenlos Unterkunft an, und als »offizielles Fahrzeug der Ubar-Expedition« wurde uns der Landrover Discovery zur Verfügung gestellt. Um Kontakt zur Außenwelt zu halten, bekamen wir französische Racal-Radios und IBM-Computer, um unsere Funde zu dokumentieren. Auch das Angebot der Firma Rowntree-Mackintosh, uns exklusiv mit Schokolade zu versorgen, nahmen wir dankbar an; der Kit-Kat-Schokoriegel wurde zum integralen Bestandteil unserer Expedition. Als ich eines Tages einen Wüsten-Imam um einen Gefallen bat, wurde mir von Ran die Antwort des religiösen Führers wie folgt übersetzt: »Er sagt, wir sollen ihm nur Kit-Kats geben, dann kriegen wir alles, was wir wollen.«

Als die Woche zu Ende ging, stand in Masqat alles zum besten. Wir flogen mit einer einmotorigen Beaver, die noch aus dem Zweiten Weltkrieg stammte, gen Süden, dieselbe Route, die ich mit Kay geflogen war, als wir die Oryx-Antilopen in ihre Heimat begleiteten, nur daß es jetzt darüber hinaus ging. Fast drei Stunden lang sahen wir unter uns die Wüste dahingleiten, bis wir in südwestliche Richtung abbogen, um die Dofar-Berge entlang der Küste – und eine dichte Wolkenmasse – anzusteuern. Dies ist der einzige Landstrich Arabiens, wo die mächtigen Monsunstürme aus Indien vom Meer aus landeinwärts ziehen und die Berge in feuchte Finsternis hüllen. Als die kleine Beaver in die Wolkenbank flog, konnten wir nichts mehr sehen. Irgendwo unter uns erfrischte der klamme Nebel die Bäume, die den Rohstoff für den hochwertigsten Weihrauch der Welt liefern.

Eine halbe Stunde später durchbrachen wir die niedrige Wolkendecke, um in der Hafenstadt Salala zu landen, und etwa eine halbe Stunde darauf wanderten wir bereits den Strand entlang – der Anfang einer Zeitreise, die uns, so hofften wir, dem Land und dem Alltag eines fernen Volkes näherbringen würde.

Sowohl bei dieser kurzen Erkundungsreise als auch bei der ausgiebigen Expedition, die folgen sollte, wollten wir uns an Ubar »heranpirschen,« indem wir zunächst so viele Informationen über den Weihrauchhandel und über die Leute von 'Ad sammelten, wie wir nur konnten. Erst dann wollten wir uns ausschließlich der verlorenen Sagenstadt widmen. Wir dachten uns etwas bei dieser Vorgehensweise: Sollte es uns *nicht* gelingen, Ubar zu finden, so hätten wir zumindest einige Resultate vorzuweisen, was die Geschichte dieser Region betraf, und würden unsere Sponsoren und die Omanis nicht auf der ganzen Linie enttäuschen.

Am Strand war es düster. Zur Jahreszeit des Monsuns ist das Arabische Meer sturmgepeitscht und finster. Die Palmen schwankten und schauderten im Wind. Wir näherten uns den Ruinen der Stadttore von Sumhuram, einer untergegangenen Stadt, die Wendell Phillips mit seinem Team in den fünfziger Jahren teilweise ausgegraben hatte. Die Stadt war auf einer Klippe gebaut, mit Blick auf eine geschützte Lagune, wo in vergangenen Zeiten die Schiffe angelegt hatten, um Weihrauch zu laden. Wir verteilten uns und erforschten die Schutzwälle, Wohnhäuser, Läden, Lagerhallen und den Tempel der Stadt Sumhuram. Unter anderem entdeckten wir eine kunstvoll gearbeitete Inschrift, die noch aus den Zeiten 'Ads stammte.

Pater Albert Jamme und die französische Inschriftenexpertin Jacqueline Pirenne hatten sich vor einigen Jahren mit dieser Inschrift befaßt. Es war eine Gedenktafel, die an die Gründung Sumhurams erinnerte. Der Name bedeutet »Der Plan ist groß«, oder, vielleicht treffender, »das große Projekt«. Der Text lautet:

'Asadum Tal'An, Sohn des Qawmum und Diener des Königs 'Il'ad Yalut,
Herrscher über Hadramut und über die Bewohner der Stadt Shabwa
Errichete nach Plänen die Stadt Sumhuram, wählte die Lage, ebnete den Boden ein,
Und regelte den Wasserfluß; aus jungfräulicher Erde wurde eine Stadt.
Die Planung und die Durchführung sind zurückzuführen

Auf die Initiative und das Geheiß des Meisters 'Abayata' Salhin,
Sohn des Dalamr'Alay und Kommandant der Truppen Hadramuts im Lande Sakalan.

Neben der eigentlichen Inschrift befanden sich drei Zeilen Graffiti, die irgend jemand in den Stein geritzt hatte. Die erste lautete: »Der Einäugige [war hier]«, die zweite »Aywar und Hudail sind nicht zufrieden« und die dritte »VERABSCHEUENSWERT!«[84] Was sollte das alles bedeuten? Wenn ich raten sollte, würde ich sagen, daß Aywar, Hudail und der Einäugige die Burschen waren, die die Steine schleppen und bearbeiten mußten, und daß es ihnen hier – verständlicherweise – nicht besonders gut gefiel, weil sie wahrscheinlich Zwangsarbeiter oder Sklaven waren.

Aus der Inschrift ging hervor, daß Sumhuram nicht von den Leuten von 'Ad, die Ubar gebaut hatten, errichtet worden war, sondern daß es sich bei dieser Stadt um einen Außenposten des Königreichs Hadramut handelte, dessen Hauptstadt Shabwa etwa achthundert Kilometer weiter westlich lag. Da Sumhuram »auf Geheiß des Meisters 'Abayata' Salhin« gebaut worden war, »Kommandant der Truppen Hadramuts«, diente das »große Projekt« höchstwahrscheinlich dem militärischen Zweck, den lukrativen Seehandel mit Weihrauch zu kontrollieren.

Während wir darüber sinnierten, ertönte plötzlich ein Ruf wie Donnerhall: »Kullu wahad fi haytan min shan aflan!« Es war Ran Fiennes, der in seinem besten Arabisch verkündete, es sei jetzt an der Zeit, ein Foto zu machen. Wir stellten uns also auf, und die Kamera erfaßte unseren gemischten, um nicht zu sagen zusammengewürfelten Haufen, bestehend aus mehreren Amateuren und einer Handvoll Experten, die noch nie zuvor zusammengearbeitet hatten. Ran war der einzige von uns, der diesen Teil Arabiens kannte. Dennoch einte uns unsere Begeisterung, selbst an diesem Ort, dessen Steine nichts über die Leute von 'Ad oder über ihre verlorenen Stadt Ubar verrieten.

Während der Selbstauslöser zu summen begann, fragte Ron Blom: »Wie sagt man wohl ›Cheese‹ auf Arabisch?«

»Ghumda!« erwiderte Jumma al-Mashayki, der zur Polizeieskorte aus Oman gehörte.

Also sagten wir alle »Ghumda!« als die Kamera klickte und das Blitzlicht aufleuchtete.

Das Halbdunkel der Monsunwolken ging in abendliche Finsternis über, aber wir konnten uns noch nicht entschließen, Sumhuram zu verlassen. Es gab uns Auftrieb, diese großartige Stätte zu bewundern, die mit ihren meisterhaften Bauwerken eindeutig das Werk eines hochkultivierten Volkes war, aber es war zugleich auch enttäuschend, daß sie nicht etwa von den Leuten von 'Ad, sondern von Kolonisten aus dem Königreich Hadramut errichtet worden war.

Wir richteten ein letztes Mal den Strahl unserer Taschenlampe auf die Inschrift und die begleitenden, abfälligen Graffiti-Kommentare. Erst jetzt offenbarte sich uns der Name »'Il'ad Yalut, König von Hadramut« als Hinweis auf den Zeitpunkt, da die Stadt erbaut wurde. Er wird nämlich (unter dem Namen König Eleazus) in einem Bericht eines griechischen Seefahrers erwähnt, der zwischen 40 und 70 n. Chr. verfaßt wurde. Also konnte Sumhuram nicht früher als circa 20 n. Chr. entstanden sein.

Allmählich dämmerte uns, daß wir auf etwas Bedeutsames gestoßen waren. Zwar gab es genügend Hinweise, daß der Handel mit Weihrauch Tausende von Jahren vor Christus begonnen hatte, aber Sumhuram war offenbar erst kurz *nach* Christus gebaut worden. *Wer hatte also vorher den Handel betrieben, den wertvollen Weihrauch aus dieser Region über all die Jahrhunderte exportiert?*

Wer, wenn nicht unsere Leute von 'Ad?

Wir verbrachten die nächsten Tage damit, die Küste nach Bauwerken abzusuchen, die von den 'Aditen stammen könnten. Wir besichtigten versunkene Städte, die ebensogut im fraglichen Zeitraum wie im 17. Jahrhundert von portugiesischen Seefahrern gegründet sein konnten. Juri erklärte, daß es schwer sei, den Zeitpunkt genauer zu definieren, ohne eine Ausgrabung vorzunehmen. Je nach Witterungsbedingungen und Wahl der Baumaterialien könne eine Stadt, die vor hundert Jahren gebaut wurde, so aussehen, als sei sie vor mehreren tausend Jahren entstanden, und umgekehrt könne eine tausend Jahre alte Stätte den Eindruck vermitteln, sie sei gestern noch bewohnt gewesen.

Schließlich beendeten wir unsere Besichtigungstour und machten uns auf den Weg zurück nach Salala. Es war später Nachmittag; die trüben Monsunwolken waren aufgebrochen und ließen ein wenig Sonne durch. Juri sah nach links und schien dort etwas zu entdecken.

»Wartet mal! Wartet mal! Da drüben!« rief er.

Ran, der am Steuer saß, murrte. »Jedes Mal, wenn du einen Stein siehst, müssen wir anhalten.«

»Nein, nein, das ist jetzt wirklich wichtig!« insistierte Juri.

Er hatte nämlich einen uralten Friedhof erspäht, bestehend aus Aberdutzenden von ummauerten Hügeln. Ran hielt seufzend an; wir stiegen alle aus und folgten Juri von einem Hügel zum nächsten.

»Nicht drauftreten«, wurde Ran von Juri gewarnt. »Da liegt was. Siehst du das?«

Er hob eine Tonscherbe auf und erklärte, es könne sich um eine Grabbeigabe handeln, die sich im Laufe der Jahrtausende aus dem Boden emporgearbeitet habe. »Polierte Ware, sieh mal einer an. Guck mal, halt mal in die Sonne. Irgendwie glänzt sie doch. Siehst du das? Die Leute, die dieses Tongefäß hergestellt haben, haben es mit einem kleinen Stöckchen gründlich poliert, damit es glänzt. Sie konnten eben kein edleres Geschirr herstellen, aber sie haben sich bemüht, getan, was sie konnten.«

Der Archäologe in Juri konnte anhand dieser einfachen Tonscherbe die Handschrift und die Arbeitsweise eines Töpfers der Antike erkennen. Eine solche Scherbe hatte er in Arabien noch nie gesehen. Er steckte sie ein, eilte an den Gräbern vorbei und erklomm einen Hügel, von dessen Kamm man ein

Sumpfgebiet überblicken konnte, das, wie wir später erfuhren, Khor Suli hieß. Er war sich nicht ganz sicher, meinte aber, Spuren einer alten Hafenanlage ausmachen zu können. Etwas weiter landauswärts sahen wir Gebilde, die George Hedges »Boote« taufte, steinumrandete Flächen, drei bis vier Meter lang, deren Umrisse stark an die der kleinen Boote erinnerten, die noch heute entlang der arabischen Küste in Gebrauch sind. Juri hielt es für möglich, daß man hier den Weihrauch ausgewogen und verpackt hatte, bevor man ihn in echte Boote verlud.

Die Stätte am Khor Suli war zweifellos älteren Datums als Sumhuram. Die Bauweise war primitiver, und es gab keine Inschriften. Die Töpferware war einzigartig, ebenso die Gräber und die »Boote«. Hier hatten keine Kolonisten, sondern Einheimische gelebt und gewirkt.

Etwa die Leute von 'Ad?

Am nächsten Tag sollten wir in die Wüste fliegen, um aus der Luft die Strecke zu erkunden. Wenn wir Glück hatten, würden wir unwiderlegbare Hinweise finden, daß die Leute von 'Ad in diesem Gebiet gelebt hatten. Natürlich war es ebensogut möglich, daß wir überhaupt nichts finden würden; dann mußten wir damit rechnen, daß die Suche nach Ubar beendet war.

Im frühmorgendlichen Nieselregen, der aus den bleiernen Wolken hinabfiel, kletterten wir an Bord eines mit Tarnfarben bemalten Huey-Helikopters, den uns die SOAF (Sultanate of Oman Air Force) zur Verfügung gestellt hatte. Es war recht eng in der Maschine – schließlich mußte sie neben unserem sechsköpfigen Team drei omanische Polizisten, den Piloten und den Kopiloten beherbergen, ganz zu schweigen von der Campingausrüstung, den Waffen und den Wasser- und Treibstoffreserven.

Nick Clark, der britische Pilot, der bei der SOAF unter Vertrag stand, betätigte eine Reihe Schalter und Hebel. »Zündung«, kündigte er an, und die Rotorblätter setzten sich träge in Bewegung. »Na gut, also zwei Minuten bis zum Start«, meinte Clark. Inzwischen surrten und summten sämtliche Rotorblätter. Während sie immer schneller kreisten, begann der große Hubschrauber zu wackeln und zu schaukeln, bis wir plötzlich merkten, daß wir vom Boden abgehoben hatten und dabei waren, in die etwa dreihundert Meter hohe Schicht der Monsunwolken einzutauchen. Als sich der Helikopter in die Schräge legte, um in nördliche Richtung abzubiegen, konnten wir durch den Nebel einen kurzen Blick auf die Bodencrew erhaschen, die uns winkte und anfeuerte.

Eine halbe Stunde später tauchten wir aus den Monsunwolken hervor und sahen unter uns in strahlendem Glanz die ausgedörrte, unberührte Wüste liegen. Weit und breit war keine Siedlung, keine Straße zu erkennen. Nick, der Pilot, schützte seine Augen mit einem abgedunkelten Kampfvisier und verkündete durchs Mikrofon: »Wir befinden uns in sechshundert Metern Höhe, auf euren Koordinaten 18°32' X 52°36'. Wir müßten in einer guten Stunde da sein.« Die Koordinaten standen für die Stelle, wo Bertram Thomas vor sechzig Jahren auf die »Straße nach Ubar« gestoßen war. Da wir schwer bepackt waren und einen entsprechend hohen Treibstoffverbrauch hatten, hatten wir beschlossen, unsere wichtigsten Stätten auf direkem Weg anzusteuern.

»Da drüben zu unserer Linken ist das Wadi Ghadun«, sagte Nick. Das riesenhafte trockene Flußbett wand sich in Serpentinen gen Norden und verlor sich im Sand der Rub' al-Khali. Ich dachte daran, welch eine großartige Transportstrecke dies einst gewesen sein mochte, und stellte mir vor, wie mit Weihrauch beladene Karawanen am Horizont verschwanden, vielleicht auf ihrem Weg nach Ubar. Aber es reichte nicht aus zu träumen; wir mußten unwiderlegbare Beweise finden, sonst würden wir als »bestenfalls irregeleitete« Spinner in die Annalen der Erforschung Ubars eingehen.

Ich hatte davon gehört, wie Menschen der »kalte Schweiß« ausbrach, und im Kino gesehen, wie es passierte. Humphrey Bogart zum Beispiel stand der kalte Schweiß auf der Stirn, wenn er in die Enge getrieben wurde und plötzlich merkte, daß er seine Automatik in der anderen Jacke vergessen hatte. In der Huey kauernd, erinnerte ich mich – oder glaubte mich zu erinnern – an eine Nahaufnahme von John Garfield, der seine beschädigte B-24-Maschine betend und bibbernd zurück auf britischen Boden führte. Ich konnte mir gut vorstellen, wie er sich gefühlt hatte. An diesem heutigen Tag *mußten* wir fündig werden, irgendwie, irgendwo. Ich ließ meinen Blick in unsere Runde schweifen. Gab es hier noch jemanden, dem bei diesem Ausflug mulmig wurde? Ran und George saßen gedankenverloren (da es unmöglich war, sich zu unterhalten) zwischen zwei Automatik-Gewehren; Kay sah lächelnd zu mir herüber, offensichtlich begeistert von ihrem ersten Flug mit einem Helikopter. Ron Blom, der schon oft über die Wüste geflogen war, schaute aus dem Fenster und verglich das Terrain mit der Landsat-Aufnahme, die er auf seinen Knien ausgebreitet hatte.

Nick, Ron und ich waren durch Kopfhörer miteinander verbunden. »Ron?« fragte ich, »siehst du was?«

»Bis jetzt noch nichts. Bis auf ein paar tolle geologische Formationen, natürlich. Und das da vorne sieht mir ganz nach einem Sandsturm aus.«

»Ich fürchte, ja«, stimmte Nick ihm zu.

Ich dachte laut vor mich hin: »Es fällt schwer, sich vorzustellen, daß hier draußen jemand gelebt haben soll, oder? Damals wie heute.« Ich hoffte, man würde mir widersprechen, aber Ron meinte: »Ja, stimmt.«

»Allerdings«, ergänzte Nick und fügte hinzu: »Wir nähern uns dem Ziel.«

In der Ferne konnten wir das alte, ausgetrocknete Seenbecken erkennen, das uns auf dem ersten Radarbild ins Auge gefallen war. Als wir in Vorbereitung auf die Landung an Höhe verloren, wurde der Helikopter von einer roten Sandwolke verschluckt, die die Rotorblätter aufgewirbelt hatten. »Keine Sorge«, meinte Nick und landete im Blindflug auf dem Wüstensand. Als sich die Sandwolke erhob, warnte er uns:

»Nehmt euch vor den Rotorblättern in acht, bleibt da, wo ich euch sehen kann. Ich will keinen im Rücken haben.«

Unseren Berechnungen zufolge waren wir mehr oder weniger an der Stelle, wo Thomas die knapp einhundert Meter breite Straße nach Ubar ausgemacht hatte. Was nun vor uns lag, war jedoch ein Seenbecken, das von den Spuren moderner Fahrzeuge kreuz und quer durchzogen war. Die Spuren waren zu schmal, als daß sie auf unserer Radaraufnahme sichtbar gewesen wären. Sie würden die Suche nach der von Thomas entdeckten Straße erheblich erschweren. Die Frage, wie sie entstanden waren, beantwortete sich von selbst, als drei Fahrzeuge am Horizont erschienen und sich in schnellem Tempo auf uns zubewegten.

Es handelte sich um die Landrover der Grenzpatrouille des omanischen Militärs – der Wüstenphantome, wie wir sie nannten. Sie waren mit Sand bedeckt und auf das nötigste reduziert. Sie waren weder mit Türen noch mit Windschutzscheiben ausgestattet, dafür aber mit den wichtigsten Utensilien: Halterungen für Wasser- und Treibstoffreserven, 45-kalibrigen Maschinengewehren auf der Beifahrerseite, und, als wichtigstem Requisit, drei Reserve-Autobatterien, die zwischen die Vordersitze gestopft worden waren. Dies war eben nicht der Ort, um liegenzubleiben, wenn der Motor sich nicht starten ließ. Bevor man ausstieg und seinen Weg zu Fuß fortsetzte, konnte man sich gleich hinlegen und sterben.

Da sich die Gesichter der Phantome hinter dunklen Schutzbrillen verbargen, die an die der afrikanischen Urwaldkämpfer erinnerten, und ihre Köpfe in sogenannte *shamags*, landesübliche Kopfbedeckungen aus Wolle, gehüllt waren, wußten wir nicht, wie sie aussahen. Weswegen sie patrouillierten, war uns ebenfalls ein Rätsel. Erst später erfuhren wir, daß sie auf der Jagd nach Rauschgiftschmugglern waren, die diese Strecke benutzten, um ihre Ware von der Küste im Norden Arabiens über Oman nach Saudi-Arabien zu transportieren. Die Patrouille hatte Anweisung, sie sofort zu erschießen; sollte es den Schmugglern gelingen, diesem Schicksal zu entgehen, würden sie auf dem Rückweg Farbfernseher mitbringen, um diese auf dem halblegalen Schwarzmarkt zu verkaufen.

Die Wüstenphantome boten uns bereitwillig an, bei der Suche nach der Straße nach Ubar behilflich zu sein. Wir lehnten dankend ab, da wir in Anbetracht der vielen irritierenden Autospuren beschlossen hatten, unsere Suche an einer anderen Stelle, die tiefer in der Rub' al-Khali lag und noch nicht so verwüstet war, fortzusetzen.

So plötzlich, wie sie erschienen waren, verschwanden die Landrover wieder in der Wüste, auf ihrem Weg zu unbekannten Zielen, während wir uns erneut in die Luft erhoben. Vor uns lagen nun die roten Dünen der Rub' al-Khali, nicht in Form einer massiven Sandformation, sondern in lange Reihen aufgegliedert, zwischen denen sich jeweils ein Stück Kiesebene befand, sogenannte »Dünenstraßen«, die von Autospuren zerfurcht waren. Als wir aber weiterflogen und die Höhe der Dünen bereits zwischen 80 und 120 Meter betrug, waren immer weniger Spuren zu erkennen.

»Noch zehn Kilometer bis zum Ziel«, verkündete Nick.

»Ron«, sagte ich, »siehst du das, was ich sehe, da im Norden?«

»Könnte unsere Straße sein. Schwer zu sagen, bei all dem Sand, der hier herumweht. Aber sie scheint auf jeden Fall breiter und diffuser zu sein als all die Autospuren, die wir bisher gesehen haben.«

»Heißt das, sie ist älter?«

»Kann ich nicht sagen«, antwortete Ron und kniff die Augen zusammen. »Ich kann sie nicht mehr sehen.«

Der aufgewirbelte Sand nahm uns die Sicht. Als wir wieder etwas erkennen konnten, war unten am Boden keine Straße mehr zu sehen. Und das, obwohl sie laut unserer präzisesten Landsat/SPOT-Aufnahme genau unter uns hätte liegen müssen. Sie war wie vom Erdboden verschwunden.

Nick unterbrach unsere Überlegungen, indem er ansagte: »Noch fünf Kilometer bis zum Ziel.« Dieses Ziel war die Stelle, wo sich auf der Radaraufnahme die Straße nach Ubar am deutlichsten gezeigt hatte und wo obendrein Bertram Thomas auf seiner detaillierten Arabienkarte die »vermutete Lage der antiken Stadt Ubar« notiert hatte.

»Vier Kilometer.« Vor uns lag nun eine massige rote Düne von über 200 Metern Höhe.

»Drei Kilometer.« Nick steuerte die Huey über die Düne in das angrenzende Tal.

»Zwei Kilometer bis zum Ziel.«

Und da lag sie, unberührt von neuen Spuren: unsere Straße nach Ubar. Sie trat gleichsam aus der Düne hervor, die hinter uns lag, zog sich gut einen Kilometer über eine Ebene zwischen den Dünen, um unter der nächsten Düne wieder zu verschwinden. Es mußte sich um eine sehr alte Straße handeln, die noch vor den riesigen Dünen entstanden war, unter denen sie nun begraben lag. Folglich mußte sie schon seit Tausenden von Jahren existieren.

»Noch ein Kilometer ...«

»Unsere Straße ... Kannst du direkt neben ihr landen?«

»Schon passiert ...«

Wir stürzten aus dem Helikopter und eilten, so schnell wir es bei siebenundvierzig Grad Außentemperatur wagten, über die Dünenstraße. Die Straße aber war nirgendwo zu sehen.

»Ihr habt sie gerade überquert«, rief Nick (und lachte sich zweifellos ins Fäustchen).

Er hatte recht. Es war unglaublich: Die Straße nach Ubar war aus dem Weltraum, über eine Entfernung von achthundert Kilometern deutlich zu erkennen, vom Boden aus jedoch nahezu unsichtbar. Es lag daran, daß das Radarbild nicht etwa die Farbe oder die Form des Bodens, sondern lediglich die Dichte, die Kompression erfaßt hatte, die durch das Gewicht unzähliger vorüberziehender Karawanen entstanden war. Nicks Anweisungen halfen uns, die Straße schließlich doch zu finden. Sie bestand aus endlosen Reihen schwer erkennbarer, aber ohne Zweifel vorhandener Spuren, die in nordwestliche Richtung führten.

Wir stiegen wieder in den Hubschrauber, um die kurze

Strecke zu jener Stelle zu fliegen, die wir auf unserer Weltraum-Aufnahme mit »L« markiert hatten und wo wir am ehesten die verlorene Stadt Ubar vermuteten. Noch ehe wir landeten, mußten wir erkennen, daß wir umsonst gehofft hatten. Was wir für die Umrisse einer ummauerten Siedlung gehalten hatten, erwies sich als das zugegebenermaßen ungewöhnlich geformte Becken eines ausgetrockneten Sees. Man behauptet, die Natur bilde keine rechten Winkel – von wegen! Das L-förmige Becken wies insgesamt sechs präzise, wunderbar ausgeprägte rechte Winkel auf, die samt und sonders von der Natur, nicht von Menschenhand geformt worden waren.

Als wir uns wieder in die Luft begaben, mußte ich erneut an den Ausdruck »bestenfalls irregeleitet« denken.

Aber immerhin war die Straße nach Ubar unten am Boden zu erkennen, so klar, daß wir ihr immer weiter durch diese Wüste folgen konnten, deren Oberfläche von keiner weiteren Spur gezeichnet war. Immer wieder verlor sich die alte Straße im Sand, tauchte aber ein, zwei Kilometer weiter wieder auf, um sich über die Kiesebene zu erstrecken. Konnte an irgendeiner Stelle, wo die Straße im Sand verschüttet war, auch Ubar begraben liegen? Aus der Luft ließ sich dies nicht überprüfen, aber am Boden würde man vermutlich verräterische Hinweise finden, daß in der Nähe eine Stadt gewesen war, vielleicht ein vermehrtes Auftreten von Tonscherben, Graffiti, die irgendwelche Kameltreiber in die kleinen Felsen am Wegesrand geritzt hatten, möglicherweise sogar Mauerfragmente.

»Ich sag's ja ungern, aber wenn es euch nichts ausmacht, sollten wir jetzt umgekehren«, meinte Nick. »Es ist heiß, wir haben viel Gewicht an Bord und nicht mehr allzuviel Benzin.«

Vor uns sahen wir Dünen, zu einem massiven Gebilde verdichtet, das die Karawanenspuren, die wir verfolgten, vollständig verschluckte, so daß wir die Stadt Ubar, selbst wenn sie nur ein kleines Stück weiter im Sand begraben lag, unmöglich finden konnten. Also wendeten wir mit unserem Helikopter und flogen zurück, dem Verlauf der Straße folgend.

Wir suchten nun nach den anderen auffälligen Merkmalen, die wir auf der Landsat-Aufnahme entdeckt hatten.

Wir überflogen nochmals die »L«-Stelle, die ja eine Pleite gewesen war. Als nächstes suchten wir den Fleck, der auf dem Weltraum-Foto in Infrarot erschienen war. Wir dachten, es könnte sich um eine unbekannte Oase handeln, mußten aber feststellen, daß die Ursache eine vorübergehende gewesen sein mußte – vielleicht kurzlebige Pflanzen, die in einer Regenpfütze zwischen den Dünen gewachsen waren –, jedenfalls war nichts davon zurückgeblieben. Kurz darauf bemerkte Nick: »Wir werden es nicht bis zurück schaffen – wir verbrauchen wahnsinnig viel Treibstoff.« Er zögerte kurz, schlug dann vor: »Am besten wäre es, wenn ihr alle aussteigt, damit die Maschine leichter wird. Dann müßte ich es bis zur nächsten Nottankstelle schaffen. Ich komme euch dann abholen. Okay?«

»Okay. Aber kannst du uns wenigstens an unserer nächsten Station absetzen, bei 18°32' X 52°31'?«

»Alles klar.«

Dies war ein weiterer »Hot Spot,« der auf dem Radarbild der SIR-B vielversprechend ausgesehen hatte. Bei der Landung stellte sich jedoch heraus, daß es sich wieder einmal um eine zwar ungewöhnliche, aber natürliche Formation handelte, und zwar um einen kleinen Kalksteinhügel, der zwischen den Dünen emporragte.

Nick setzte uns am Fuß des Hügels ab. »Ich darf den Motor nicht ausschalten, also fliege ich gleich weiter. Paßt auf euch auf. Wenn alles klappt, bis ich in ungefähr einer Stunde zurück.« In weniger als zwei Minuten war er wieder oben in der Luft, bald war die Huey nur noch als Punkt am Horizont zu erkennen und kurz darauf nicht mehr zu sehen.

Wir marschierten den Hügel hinauf und fanden dort ein einsames, feierlich wirkendes Beduinengrab vor. Wir maßen die Temperatur, die im Schatten und auf Augenhöhe fast fünfzig Grad betrug. Die Bodentemperatur war demzufolge mindestens siebzig Grad. Als nächstes überprüften wir unsere

Vorräte. Kay hatte zwar ein paar belegte Brote dabei, aber unsere Wasserreserven waren, wie wir jetzt erst merkten, größtenteils im Helikopter zurückgeblieben. Wir hatten nur noch ein paar Liter in unseren Rucksäcken, was unter normalen Umständen völlig ausreichend gewesen wäre, aber bei diesen Temperaturen bekam man alle fünf Minuten Durst.

Kay spannte den Regenschirm auf, den sie mitgebracht hatte. Wir hatten sie deswegen noch ausgelacht; jetzt schlenderten wir abwechseln zu ihr hinüber, vermeintlich, um sie nach der Uhrzeit zu fragen oder auf die Wüste hinunterzublicken. Die Hitze war so intensiv, daß man das Gefühl hatte, sie ziehe den Sauerstoff aus der Luft. »Ersticken durch Hitze.« Es schien der passende medizinische Begriff zu sein, aber wir wußten nicht, ob es so etwas wirklich gab.

Es war genau eine Stunde vergangen. Natürlich hielten alle jetzt in Richtung Ostsüdost Ausschau, wo Nicks Helikopter über den Dünen verschwunden war. Ich bin sicher, wir hatten alle denselben Gedanken: Wenn Nick es nun doch nicht bis zur Nottankstelle geschafft hat? Was ist, wenn ihm das Benzin ausgegangen ist oder er einen Maschinenschaden hat?

Inzwischen waren zwei Stunden vergangen, seit Nick uns zurückgelassen hatte. Wir schwiegen vor uns hin und lauschten. In der Stille der Wüste wirkt selbst das leisteste Geräusch ohrenbetäubend: ein Schritt klingt wie Donnerhall, ein Flüstern laut wie ein Schrei. Endlich, nachdem wir zwei Stunden und zwanzig Minuten auf den Helikopter gewartet hatten, ließ sich ein fernes Knattern vernehmen, und kurz darauf sahen wir einen winzigen Fleck, wie eine Mücke oder einen kleinen Engel, über die Wüste hinwegfliegen.

Als wir alle wieder an Bord waren, berichtete Nick, daß entweder Drogenhändler oder Beduinen die Nottankstelle geplündert hatten. Fässer mit Hunderten von Litern Benzin, die mitten in der Wüste stehen, schreien wohl regelrecht danach, angezapft zu werden. Zum Glück war es Nick noch gelungen, ein paar Liter abzuzuwacken und damit eine Außenstelle der SOAF anzusteuern.

»Tut mir leid, Freunde. Jetzt wollt ihr wohl weiter nach Shisur, stimmt's?«

»Wenn es dir nichts ausmacht ...«

Vor den letzten Bohrungen war Shisur in diesem Bereich der Rub' al-Khali die einzige zuverlässige Frischwasserquelle gewesen. Wie wir bei der Auswertung der Radarbilder bereits gesehen hatten, machte die Straße nach Ubar an dieser Stelle eine beachtliche Biegung. Wir gingen davon aus, daß diese Quelle einst eine Art Rastplatz für die Karawanen war, die unterwegs nach Ubar waren. Es war also ein geeigneter Ort, um nach den Spuren der Leute von 'Ad zu suchen.

Shisur war eine winzige Oase, nichts weiter als eine kleine Grünfläche, die wir einmal umkreisten, bevor wir vor einer Gruppe flacher, viereckiger Gebäude landeten. Sie bestanden jeweils nur aus ein bis zwei Räumen und dienten den Bayt Musan, Rashidi-Beduinen, als zeitweiliges Zuhause. Wir wurden herzlich, wenn auch ein wenig mißtrauisch begrüßt und großzügig bewirtet, wie es in der Wüste üblich ist. Kleine Jungen rannten von Haus zu Haus, um genügend Geschirr und Gläser zusammenzuborgen. Man goß Kaffee mit Kardamonaroma auf und kredenzte ihn uns auf zeremoniöse Weise. Im Kreise auf dem Fußboden des einzigen Klassenzimmers der Schule sitzend, fragten wir einander nach unserem jeweiligen Befinden. Es war eine förmliche, fast höfische Gesellschaft. Ich setzte mich vorsorglich auf meine linke Hand, um zu verhindern, daß sie unversehens nach den Datteln griff, denn dies hätte bei den Beduinen als schlimmer *faux-pas* gegolten.

Die Rashidi waren erfreut, daß wir ihre Stammesgeschichte kannten, und lauschten interessiert unserem Bericht über die Suche nach Ubar. Ja, sie wußten, daß es eine verlorene Stadt gab, und vermuteten, sie liege nicht weiter als eine Tagesreise mit dem Auto von ihrer Siedlung entfernt. Eines Tages würde der Wille Allahs geschehen und der Wüstensturm würde die Mauern freilegen. Ob wir denn wüßten, daß es hier in Shisur auch Ruinen gab? Ja, wir hatten über die Festung gelesen. Sie war sowohl von Bertram Thomas als auch von Wilfred Thesiger erwähnt worden. Laut Thesiger war sie im frühen 16. Jahrhundert von dem berühmten Scheich Badr ibn Tuwariq erbaut worden.

Die Rashidi führten uns zu der Festungsruine. Dafür, daß sie so tief in der Wüste lag, hatte man einige Mühe auf ihre Errichtung verwendet. Nur schade, daß sie erst fünfhundert Jahre alt war.

»Jaa! Super!« Juri hatte wieder eine Tonscherbe entdeckt, die eine ähnliche Politur aufwies wie jene, die er an der Küste in Khor Suli gefunden hatte.

»Kommt mir nicht bekannt vor«, meinte Juri nachdenklich. »Komisches Ding.«

»Wie alt?«

»Könnte von den 'Ad stammen. Sie ist so einzigartig, daß sie gut und gerne ein paar tausend Jahre alt sein könnte. Hier haben sie aber geschlampt, siehst du das? Dieser Rand. Sie haben ihn nicht besonders gut geschliffen. Vielleicht lief alles nicht so toll, und ihnen war's egal. Könnte auch später sein.«

»Was meinst du mit ›später‹?«

»Mittelalter, würde ich sagen, oder vielleicht sogar danach, vielleicht um die Zeit, als dieser Scheich Sowieso seine Festung hier hingestellt hat.« Die Verheißung, die die Scherbe versprochen hatte, schwand zusehends.

Es war ein langer Tag gewesen, und noch immer war es sehr heiß. Wir schleppten uns alle schwerfällig in den Helikopter, bis auf den Piloten Nick, dessen Gang auffallend elastisch geworden war. Er sagte etwas über Benzinsparen – oder war es Turbulenzen ausweichen? Jedenfalls war das Fazit, daß wir den letzten Teil der Rückreise im schnellen Tiefflug absolvieren mußten.

Eine halbe Stunde von Shisur entfernt ging Nick noch etwas tiefer. Wir folgten dem Wadi Andhur, einem trockenen Flußbett. Der Fluß war einst den Weihrauchhainen in den weiter südlich gelegenen Dofar-Bergen entsprungen. Das Wadi war eine der Hauptstrecken für die Karawanen auf ihrem Weg nach Ubar.

Als wir dem einstigen Wasserverlauf in südliche Richtung folgten, sah ich auf meiner Armbanduhr, daß es kurz nach sieben Uhr abends war. Die Wüste war nicht mehr gleißend hell; das Flußbett lag tief im Schatten, Felsen und Gestrüpp wurden von den goldenen Strahlen der untergehenden Sonne beleuchtet. Wir flogen dicht über sie hinweg, da unsere Flughöhe nicht mehr als zehn Meter betrug. Das Wadi verjüngte sich, und wir wurden im Hubschrauber hin und her geschleudert, als wir seinem gewundenen Kurs folgten. Mal sah man, wenn man aus dem Fenster schaute, den Himmel, eine Sekunde später schon den Grund des Wadi. Die Rotorblätter des Helikopters streiften Bäume und Büsche und wirbelten Sand auf.

Die Maschine raste weiter. Kay saß am Fenster und genoß offensichtlich unseren Ausflug. Es bestand die Gefahr, daß sich ein Rotorblatt irgendwo verfing und wir abstürzten, aber darüber schien sie sich keine Sorgen zu machen.

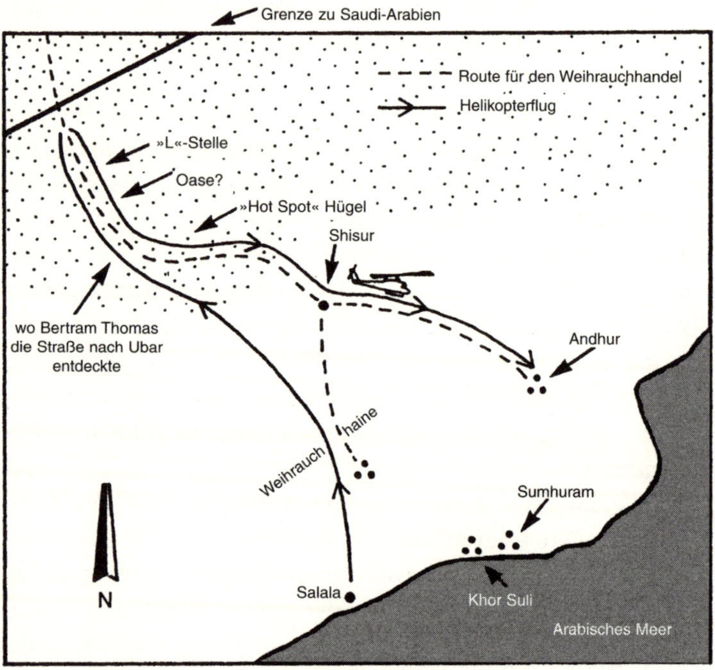

Erkundungsflug ins Landesinnere hinter den Dofar-Bergen

Plötzlich und unerwartet wurde das Wadi wieder breiter, und in seiner Mitte ragten zwei Tafelberge empor, auf denen eindrucksvolle Ruinen standen. Es handelte sich um die von Mauern umgebene Festung Andhur, von der Bertram Thomas 1930 berichtet hatte und die bis dato weder vollständig ausgegraben noch erforscht war.

Nicks fliegerische Höchstleistung des Tages bestand darin, uns mit einem Landeanflug voller geschickter Windungen mitten ins Innere der südlich gelegenen Festung zu zaubern. Wir brachten unsere Campingausrüstung von Bord und dachten dieses Mal auch an das Wasser. Der Plan sah folgendermaßen aus: Nick sollte uns über Nacht hierlassen, um die Ruinen zu erforschen, und uns am nächsten Morgen abholen, nachdem er getankt hatte.

Wir winkten dem Helikopter nach, hielten einen Moment inne, um Luft zu holen, und betrachteten die wundervolle Lage Andhurs. Es war still hier, nicht so totenstill wie mitten in der Wüste, sondern auf friedvolle Weise: Man hörte das Wispern der sanften Brise, das Zwitschern der Vögel, die robust genug waren, um hier zu leben, und das Meckern von Ziegen. Am Fuß des Tafelberges rief jemand auf Arabisch. Als wir hinunterblickten, sahen wir eine zottige Ziegenherde, begleitet von ihrem erzürnten Hirten, einem Jebali (»Mann der Berge«). Er war ziemlich aufgeregt. Ran hörte ihm aufmerksam zu.

»So ganz habe ich ihn nicht verstanden«, meinte er dann. »Auf alle Fälle behauptet er, unser Helikopter habe fünf seiner Ziegen zu Tode erschreckt … Ach so, das war noch nicht alles. Wie es scheint, sind mindestens zwölf weitere Ziegen stiften gegangen. O je, tsk, tsk.« (Bei Bedarf bringt Ran ein hervorragendes »tsk, tsk«) zustande, das gerade die richtige Mischung aus Mitgefühl und Skepsis vermittelt.)

Ran bot dem Mann eine Entschädigung an. »Bring die zu Tode erschrockenen Ziegen mal her«, rief er in die Tiefe. »Dann reden wir über den Preis.«

Der Jebali fluchte (es bedurfte keiner Übersetzung), trieb

die (überlebende) Herde mit seinem Stab an und schritt von dannen.

»Tsk, tsk, man kann's ja mal versuchen«, kommentierte Ran. »Nicht übel, das muß man ihm schon lassen.«

Wir nutzten das verbleibende Tageslicht, um durch Andhur zu streifen. Den südlichen Tafelberg, auf dem wir uns befanden, hatte man vermutlich genutzt, um die Weihrauchernte zu lagern und zu schützen. Die Mauern auf dem anderen, nördlich gelegenen Tafelberg umschlossen ein seltsames Gebäude mit doppelten Mauern, das halb in der Erde versunken war. Vermutlich handelte es sich um einen ehemaligen Tempel.

Die Architektur erinnerte an Sumhuram an der Küste. Das Mauerwerk war identisch. Daraus folgte, daß Andhur wie Sumhuram eine kolonisierte Außenstelle des Königreichs Hadramut gewesen war. Wahrscheinlich war sie um 60 n. Chr. von wachsamen Fremden erbaut worden, die sich in das Terri-

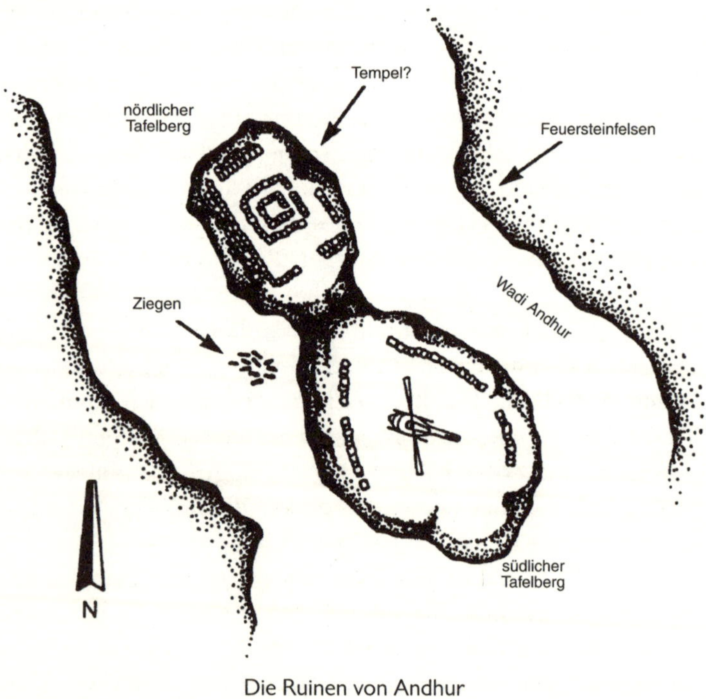

Die Ruinen von Andhur

torium der Leute von 'Ad vorgewagt hatten. Jedenfalls war das unsere Erklärung.

Wir schlugen unsere Zelte auf und ließen die Abenteuer dieses Tages Revue passieren. Zwar hatten wir die Straße nach Ubar gefunden und waren ihr gefolgt, waren aber auf nichts Bemerkenswertes gestoßen. Die Stadt Ubar war nicht dort, wo wir sie vermutet hatten – an keiner der drei Stellen. Alles in allem waren wir recht enttäuscht. Juri freute sich zwar über die Tonscherbe, aber, wie Ran sagte, auf eine Scherbe allein konnte man keine Expedition gründen.

Trotz alledem hatten wir keine Lust, Trübsal zu blasen. Es war kühler geworden, über uns schien ein arabischer Vollmond, und George, der ehemalige Rockmusiker, hatte seine Gitarre mitgebracht, mit der er nun sein Publikum unterhielt, bestehend aus vier Abenteurern, drei omanischen Polizisten und einer Herde verstreuter und traumatisierter Jebali-Ziegen, sofern sich diese noch in Hörweite befanden. Die antiken Ruinen Andhurs erbebten im Widerhall des Großstadt-Blues und texanischer Herz-Schmerz-Melodien. Irgendwie kam das Thema auf den amerikanischen Ringer Junkyard Dog, und es entbrannte eine lebhafte Diskussion über die seltsame Tatsache, daß dieser bei den Omani zu einer Art Volksheld avanciert war. Unsere Polizeieskorte wollte wissen, ob man darauf hoffen könne, daß der große »Hund« eines Tages Arabien besuchen werde.

So ist das mit Kulturen: Sie kommen und gehen.

Schließlich gingen wir alle schlafen, bis auf den Polizisten, der bis zu seiner Ablösung vier Stunden Nachtwache halten würde. Die Polizisten hatten sich sagen lassen, daß mit den hiesigen Jebalis nicht zu spaßen sei. Vor ein paar Monaten hatten sie einen Reisenden ermordet, der die Stirn besessen hatte, sich in das Wadi Andhur zu wagen, um die Ruinen zu besichtigen.

Als wir im Morgengrauen aufstanden, berichtete unsere Eskorte, daß wir während der Nacht Besuch bekommen hatten. Sie hatte Lichter gesehen und am Fuße des Tafelberges Stimmen gehört. Ran nahm sich ein Fernglas und blickte über das Wadi, sah aber niemanden. Wir frühstückten schnell – Kaffee und Marmeladenbrote – und teilten uns anschließend auf, um das Gebiet zu erkunden. Waren die Weihrauchhaine in der Nähe? Waren noch Spuren der Inschriften zu erkennen, von denen Bertram Thomas berichtet hatte? Und was war das da drüben auf der anderen Seite des Wadi?

»Ein Feuersteinfelsen!« rief Juri und eilte voran. Als ich ihn eingeholt hatte, erklärte er mir, daß er in ganz Arabien nur eine einzige Stelle kenne, wo es Feuerstein gäbe. Ein Feuersteinbruch in Andhur wäre von großer wirtschaftlicher Bedeutung gewesen, da man aus dem Rohmaterial Werkzeug und Waffen herzustellen pflegte.[85] »Kein Wunder, daß es hier eine Festung gab«, meinte Juri. »Logischerweise ...« Er unterbrach sich mitten im Satz und zog die Brauen zusammen. »Was ist los?« fragte ich, seinem Blick folgend. Drüben am Weg, am Rande des Tafelberges, lag Humaid Khaleefa, der Leiter unserer Polizei-Eskorte, zwischen den Steinen am Boden. Kay rannte gerade auf ihn zu.

Als wir ihr folgten, stellten wir fest, daß Humaid beim Versuch, den Tafelberg hinunterzuklettern, gestürzt war und sich dabei den Arm und die Hand verletzt hatte. Kay war schon dabei, unseren Erste-Hilfe-Kasten zu öffnen. Es würde schon wieder werden. Sobald er Luft geholt hatte, berichtete Humaid, er sei in Eile gewesen. Aber warum? Er zeigte nach unten, zum Fuße des Tafelberges.

Wie es schien, sollte der Zwischenfall mit den zu Tode erschrockenen und den weggelaufenen Ziegen ein Nachspiel haben. Der untröstliche Jebali-Hirte vom Vortag war in Begleitung einer Handvoll Stammesbrüder zurückgekehrt, die alle mit belgischen FAL-Automatik-Gewehren bewaffnet waren. Sie verhandelten gerade mit Ran. Als wir hinzukamen, wohnten wir einer hitzigen Debatte auf Arabisch bei. Juri hörte eine Weile zu und flüsterte mir dann zu: »Das sind aber keine netten Leute.«

Ran erklärte uns auf Englisch, daß die gegnerische Partei besser bewaffnet sei und daß wir uns in einer entschieden prekären Situation befänden – nicht unbedingt lebensbedrohlich, aber immerhin so zugespitzt, daß wir jetzt keinen Fehler machen durften. Wir konnten zwischen verschiedenen Optionen wählen. Es gab die Möglichkeit, sich auf den Tafelberg zurückzuziehen und die Stellung zu halten, bis Nick mit dem Helikopter zurückkehrte, womit jeden Augenblick zu rechnen war. Trotzdem bestand die Gefahr, daß es zu einem Schußwechsel kam. In diesem Fall hätten wir nie wieder an diesen Ort zurückkehren können, um die Ruinen Andhurs zu besuchen. Ganz gleich, wie eine solche Auseinandersetzung auch endete – wir würden in Oman nicht mehr willkommen sein.

Die Alternative, für die wir uns dann auch entschieden, war, eine angemessene Entschädigungssumme auszuhandeln. Also erklomm unser Team gemeinsam mit den Jebalis den Tafelberg, wo wir uns beeilten, mit Kay, die nicht nur die Funktion der Sanitäterin, sondern auch die der Finanzverwalterin innehatte, Kassensturz zu machen. Wir hatten (in omanischen Riyal) umgerechnet 130 US-Dollar dabei, die wir den Jebali anboten. Sie zogen finstere Mienen und schüttelten ablehnend die Köpfe. Die Summe reichte ihnen nicht.

Sie deuteten an, daß sich in unserem Gepäck gegebenenfalls angemessene Sachwerte befinden könnten, also ließen wir sie nachschauen. Und siehe da, einer der Jebalis zeigte sich von meinem Regencape zutiefst begeistert. Seine Freunde jedoch waren eher unzufrieden. Wir legten noch eine Kiste Äpfel drauf, aber es war noch immer nicht genug. Beim Durchwühlen von Rans Rucksack stießen sie auf ein gebatiktes Hawaii-Hemd, das sie triumphierend durch die Luft wedelten. Es war jedem von ihnen einige Nummern zu groß, aber das schien keine Rolle zu spielen, es war zusammen mit dem Geld eine angemessene Entschädigung. *Khalas*! Der Handel war beschlossen.

Wenige Minuten später kam unser Hubschrauber. Als wir

uns duckten, um dem Wirbel auszuweichen, brach der Rücken von Kays Notizbuch, das sie geöffnet hatte, um das Geld herauszuholen, und unsere sämtlichen Aufzeichnungen – nebst Reiseschecks – wurden weiträumig über das Wadi Andhur verstreut. Als wir Wochen später mit einem (verständlicherweise skeptischen) Angestellten der American Express verhandelten, gab uns dieser höflich zu verstehen, daß die Erklärung, man habe seine Reiseschecks verloren, als man eine Entschädigungssumme für zu Tode erschreckten Ziegen bezahlte, die merkwürdigste sei, die ihm jemals zu Ohren gekommen sei.

Während wir wieder in die Monsunwolken an der Küste eintauchten, planten wir bereits den nächsten Helikopterflug in die Wüste, dieses Mal mit dem Ziel, das Ubar-relevante Material zu überprüfen, das *nicht* mit den Weltraumaufnahmen in Verbindung stand.

Zu dieser Jahreszeit halten sich die Scheichs und Stammesältesten aus dem Landesinnern gerne an der Küste auf, um die feuchte Kühle der Monsunregen zu genießen. Nur weil man ein Sohn der Wüste ist, muß man sie nicht unbedingt lieben. Wie es ein Scheich ermüdet formulierte: »Die Wüste – einfach zu heiß. Einfach zuviel Sonne, wissen Sie. Vor einiger Zeit kam ein Deutscher an meinem Zelt vorbei. Er erzählte mir von einem Ort, der Alaska heißt. Kennen Sie dieses Alaska? *Schwea, schwea sams* (sehr wenig Sonne). *Wagan zain!* (Herrlich.)«

Die Wüstenscheichs aus den Ländern Mugshin, Mudhai und Thumrait hatten alle Vorschläge, wie und wo wir nach Ubar suchen könnten. Unter anderem sprachen sie von einer Höhle, wo die Schätze der lasterhaften Stadt versteckt wurden, nachdem diese der Zerstörung anheimgefallen war. Überraschenderweise waren sie sich über die Lage einig und konnten sie sogar auf der Karte genau lokalisieren. Außerdem erzählten sie uns von einem alten Mann, der draußen in der Wüste lebte und uns zu einem steinernen Wegweiser führen würde, der in Richtung Ubar zeigte. Allerdings wurde man sich nicht so recht einig, was die Befindlichkeit des alten Herrn betraf.

»Er ist tot«, versicherte einer der Scheichs.

»Nicht ganz«, meinte ein anderer. »Er ist sehr, sehr kräftig. Ich würde sagen, er ist nicht mehr als sechzig Prozent tot.«

»Nein, nein. Eher achtzig Prozent.«

Wir sollten nie erfahren, wie tot er nun wirklich war. Am selben Abend überbrachte uns der Pilot Nick schlechte Nachrichten. Die Sandstürme, denen wir unterwegs begegnet waren, tobten nun durch den südlichen Bereich der Rub' al-Khali. Auch wenn sein Helikopter mit Sandfiltern ausgerüstet war, würde es an Selbstmord grenzen, sich nördlich des Küstengebirges vorzuwagen.

Zwei Tage darauf wüteten die Stürme noch immer ungebrochen weiter. Schweren Herzens kehrten wir zurück nach Masqat, um nach Hause zu fliegen. Trotzdem waren wir dankbar, daß wir einen Blick auf die Rub' al-Khali und die Straße nach Ubar erhascht hatten. Unsere Polizei-Eskorte brachte uns zum Flughafen. Der Polizist Jumma al-Mashayki richtete eine letzte Frage an George Hedges. Während unserer Erkundungsreise hatte George voller Enthusiasmus aus seinem Arabisch-Wörterbuch die verschiedensten Grußformeln herausgesucht, um das herkömmliche »sabah al-heir« (guten Morgen) beziehungsweise »khef halek« (wie geht's) ein wenig zu variieren. Während der letzten Etappe hatten Georges Begrüßungen beim jeweiligen Gegenüber sichtliche Befremdung hervorgerufen. Daher wollte Jumma der Sache auf den Grund gehen. »Wir Polizisten haben uns die Köpfe zerbrochen, Mr. George. Warum haben Sie in den letzten paar Tagen, jedes Mal, wenn Sie jemanden kennenlernten, die Hand gereicht und dabei gesagt: ›Guten Tag, ich bin Brennholz‹?«

Sobald wir wieder in Los Angeles waren, werteten Brennholz, Ron Blom, Kay und ich die Ergebnisse unserer Reise aus. Zwar war sie kein kompletter Reinfall gewesen, aber auch alles andere als ein durchschlagender Erfolg. Die Leute von 'Ad und ihre verlorene Stadt waren, wie wir feststellen mußten, ausgesprochen schwer zu fassen. Dies hatten wir unseren omanischen Sponsoren mehr oder wenig offen mitgeteilt, aber es schien ihnen nichts auszumachen. Sie freuten sich schon auf unsere Rückkehr im Spätherbst. In der Zwischenzeit wollte sich Ron Blom um die Radarfotos kümmern, die uns noch fehlten, und Ran Fiennes wollte sich in England mit den logistischen Aspekten unserer nächsten Reise befassen.

Dann geschah es aber, daß fünf Tage nach unserer Heimkehr in den Schlagzeilen zu lesen stand: »IRAK MARSCHIERT IN KUWAIT EIN SAUDI-ARABIEN BEDROHT«. Es war ein Krieg ausgebrochen, der ganz Arabien betreffen konnte. Am nächsten Tag lasen wir in der Zeitung, daß man irakische Kampfeinheiten in den Jemen entsandt und ganz in der Nähe des omanischen Luftwaffenstützpunktes postiert hatte, von dem aus wir noch vor einer Woche mit unserem Helikopter gestartet waren. Per Telefon und Fax setzten wir uns mit unseren omanischen Partnern und Freunden in Verbindung, um ihnen angesichts des drohenden Krieges alles Gute zu wünschen. Sie bedankten sich und äußerten ihr tiefes Bedauern darüber, daß eine Ubar-Expedition in absehbarer Zeit nicht realisierbar sein würde.

12.
Die Grenze der bekannten Welt

Wir vertagten unsere Pläne um ein Jahr, in der Hoffnung, zu gegebener Zeit die alte Besatzung wieder zusammentrommeln zu können. Im Winter hatte der Golfkrieg eine dramatische Wende genommen: Die Irakis waren in der Operation »Wüstensturm« aus Kuwait vertrieben worden. Im Juni 1991 erhielten Ran und George die Nachricht, daß wir herzlich eingeladen waren, nach Oman zurückzukehren, wenn man uns auch den Zugang zu gewissen Bereichen der Rub' al-Khali verwehren mußte. Außerdem wiesen die Omanis auf unser Versprechen hin, die Expedition zu filmen, was mir nur recht war, denn das ist ja mein Beruf.

Wer würde aber diesen Film finanzieren? Nach unserer Erkundungsreise mußten wir ehrlicherweise zugeben, daß die Chancen, Ubar zu finden, eher schlecht standen. Und das war noch nicht alles. Ein leitender Angestellter der Turner Entertainment hatte unser Exposé gelesen und befunden, es komme »zuviel Sand« darin vor. (Das ist es also, was im Film *Lawrence von Arabien* nicht stimmt!) Und die National Geographic Society hatte ja bereits mitgeteilt, die Expedition sei »zu riskant«.

Als der Tag des Aufbruchs immer näherrückte, charakterisierte George die Lage mit den Worten: »So, wie sich alles entwickelt, werden wir keinen einzigen Meter Film drehen können.« An einem Samstagmorgen aber traf sich George mit seinem Freund Miles Rosedale, dem Besitzer des Pflanzengroßhandels Rosedale Nursery, um eine Runde Billard zu spielen. Miles war über unser Ubar-Projekt im Bilde und zeigte sich begeistert von den botanischen Eigenschaften des Weihrauchs.

»Schade«, meinte Miles. »Erst fünf versucht.« Klick-klack. Zum nächsten Stoß ansetzend, fragte er beiläufig: »Wieviel soll denn so ein Film kosten?« Eine halbe Stunde später hatte er George zugesagt, die Leihgebühr für die technische Ausrüstung, achtzig Rollen 16-Millimeter Farbfilm und das Honorar für jeweils einen Kameramann und einen Tontechniker zu stellen.

George Ollen, ein alter Bekannter, der für alles zu haben war, erklärte sich bereit, eine Auszeit vom Surfen zu nehmen und zu lernen, einen Nagra-Recorder zu bedienen. Für die Stelle des Kameramanns erhielten wir eine schriftliche Bewerbung. Den Briefkopf zierte das Foto eines Mannes, der einen Schädel auf dem Kopf balancierte. Das Schreiben schloß mit folgenden Zeilen:

Bedenken Sie, daß ich freiwillig an einem Seil an der Außenseite eines Ballonkorbes baumelte, auf einer Harley 2 000 Meilen durch die Wüste Ägyptens und durch die Wüste Sinai fuhr, 1100 Meilen auf einem Floß auf dem Jangtse fuhr UND DAS ALLES MIT EINER KAMERA IN DER HAND. Mein Job ödet mich an, und ich bin zum Aufbruch bereit. Ich habe sogar einen Hut. Ich hoffe, bald von Ihnen zu hören.

Herzlichst Kevin O'Brien

In der zweiten Novemberwoche des Jahres 1991 kehrte unser altes Team plus Kameramann Kevin O'Brien und Tontechniker George Ollen zurück nach Salala in Oman an der Küste des Arabischen Meeres. Nach einer Zwangspause von fünfzehn Monaten konnten wir es kaum erwarten, unsere Arbeit da fortzusetzen, wo wir sie abgebrochen hatten. Ehe wir uns auf die Suche nach Ubar begaben, hatten wir vor, die Dofar-Berge und den Küstenbereich zu erkunden, in der Hoffnung, Spuren der Leute von 'Ad zu entdecken.

Der Weltreisende Mohammad ibn Battuta besuchte im Jahre 1329 ebendieses Küstengebiet und wußte zu berichten: »Eine halbe Tagesreise östlich von Mansura [früherer Name Salalas] befindet sich die Heimat der 'Aditen.«[86] Er scheint sich dabei auf die Ruinen zu beziehen, die sich um einen großen Brunnen gruppieren, der auf Ptolemäus' Arabienkarte mit »Oraculum Dianum«, dem Orakel der Diana, Göttin der Jagd und des Mondes, bezeichnet wird, wobei die Stätte wohl eher der südarabischen Entsprechung dieser römischen Gottheit gewidmet wurde.

Während unseres ersten Aufenthaltes hatten wir uns über den Brunnen bereits informiert und ermittelt, daß er auch heutzutage »der Brunnen des Orakels von 'Ad«[87] genannt wird. Er liegt in einem Tal unmittelbar hinter der Küstenebene verborgen und besteht aus einer eindrucksvollen Bodenvertiefung, deren Durchmesser gut fünfzehn Meter beträgt, während sich die Tiefe nicht feststellen läßt. Wurde sie von Menschenhand ausgehoben oder von einer Laune der Natur? Wie auch immer: Wir vermuteten, daß sie sich über die Jahrhunderte hinweg mit Schutt gefüllt hatte, welcher durchaus Zivilisationsspuren der 'Aditen enthalten konnte. Schließlich pflegten die Menschen der Antike andauernd irgendwelche Münzen, auf Bleiklumpen geritzte Flüche, Opfergaben sowie die Leichen ihrer erlegten Feinde mitsamt ihren Waffen, Rüstungen etc. in Brunnen zu werfen.

Wir fuhren also mit unserem Landrover Discovery so nahe an den Rand der Vertiefung, wie wir es wagen konnten. Andy Dunsire, ein robuster Schotte mit gesunder Gesichtsfarbe, sah hinunter in die Tiefe und murmelte: »Gefällt mir nicht da unten«, ehe er sich daran begab, Bergsteigerseile an die hintere Stoßstange des Fahrzeugs zu binden. In der Wüste begegnet man den originellsten Gestalten. Zu diesen zählte auch Andy sowie seine Kollegen Black Adder (Pete Eades) und Guru (Neal Barnes). Alle drei arbeiteten als Ingenieure bei der britischen Firma Airwork, die mit der omanischen Luftwaffe einen Werksvertrag für die Wartung und Instandsetzung der Militärflugzeuge geschlossen hatte und zu unseren wichtigsten Sponsoren zählte. Airwork gab Andy und seinen Freunden so oft wie möglich frei, um uns bei unserer Expedition zu unterstützen. Black Adder schwärmte von Wüstenvegetation jeglicher Art, Guru war ein Schlangenexperte, und Andy liebte es, die Höhlen und Senken der Wüste zu erkunden. Daher war er genau der Richtige, um uns bei unserem Abstieg in den Brunnen des Orakels von 'Ad zur Seite zu stehen.

An parallel verlaufenden Seilen hangelten sich Andy Dunsire und der ehemalige Luftwaffenoffizier Ran Fiennes Seite an Seite den in einem Winkel von sechzig Grad verlaufenden Abhang hinunter. »Ran, paß auf, …« warnte Andy, um gleich darauf zu ergänzen, »naja, schon gut«, als sich unter Rans Fuß ein großer Felsbrocken löste, hinabfiel und mit einem dumpfen Aufprall auf dem Boden des Brunnens landete.

Juri beugte sich über den Rand. »Nur weiter!« rief er.

»Du hast gut reden.«

»Ran, der flache Stein da zu deiner Linken. Könnt ihr euch den mal näher anschauen?«

In sechs Metern Tiefe bewegten sich Andy und Ran hinüber zu dem Stein, den Juri gemeint hatte, und begannen, ihn von zwei Seiten mit Kellen und Pinseln freizulegen.

»Sieht aus, als wäre er von Menschenhand behauen«, rief Ran zu uns hinauf.

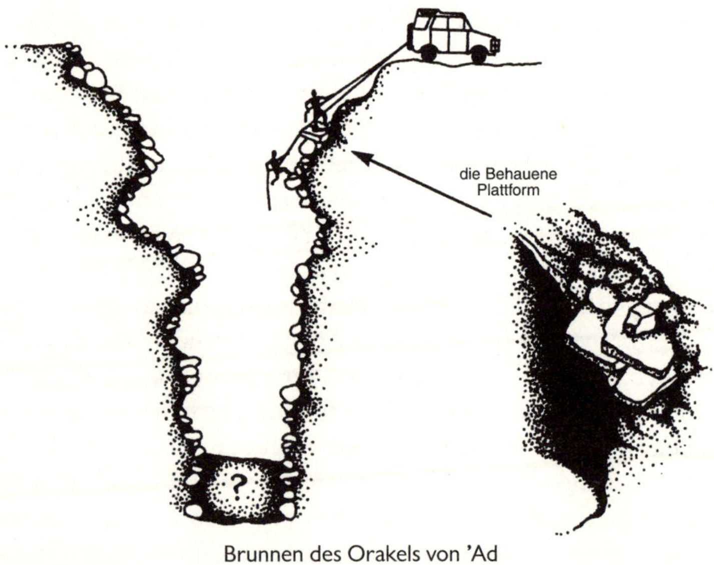

Brunnen des Orakels von 'Ad

Innerhalb weniger Minuten hatten Andy und Ran vier Blöcke freigelegt, die offensichtlich zu einer Plattform gehörten, die man aus dem Fels herausgehauen hatte. Nun wußten wir, daß der Brunnen nicht nur auf natürliche Weise entstanden war. Andy und Ran seilten sich jetzt behutsam von der Plattform ab und verschwanden im sich vertikal verjüngenden Schacht, um bald darauf wieder aufzutauchen, sich emporzuangeln und aus dem Schacht herauszuklettern.

»Da sind üble Vorsprünge an den Wänden«, berichtete Ran.

»Außerdem bestehen die Wände nur aus Felsbrocken, die von Schlamm gehalten werden«, ergänzte Andy.

Sie stimmten überein, daß es zu gefährlich sei, sich tiefer in den Schacht hinunterzuwagen. Die Reibung der Seile an den Wänden könne jederzeit einen Steinschlag auslösen.

Den Rest des Tages verbrachten wir damit, unter Juris Anleitung gemeinsam mit einem Dutzend freiwilliger Helfer der Firma Airwork das Gelände westlich des Brunnens zu vermessen und Erde abzutragen, um die Umrisse eines Gebäudes freizulegen, das wie ein kleiner Tempel aussah. Möglicherweise handelte es sich um den offiziellen Eingang zum Brunnen des Orakels. Wir fragten uns, wie wohl einst die Botschaften verkündet wurden. Vielleicht durch eine *halmat*, eine »Traumseherin,« oder mittels *istqsam*, einer Form der Vorhersage, bei der man markierte Pfeile zog? Juri hielt es auch für möglich, daß ein Priester, der sich im Innern des Brunnens verbarg, wahrscheinlich auf der steinernen Plattform stehend, die Andy und Ran freigelegt hatten, das Orakel ausrief.

Um mehr zu erfahren, mußten wir einen Weg finden, uns Zugang zum Brunnen zu verschaffen. Ran redete einschmeichelnd auf Kay ein: »Ich habe mir überlegt, Kay, daß du vielleicht morgen einen Kran für uns auftreiben könntest. So etwas wie einen Lastenkran, einen großen, jedenfalls. Würdest du das machen? Es wäre ganz lieb von dir.«

Früh am nächsten Morgen saßen wir am Rande des Brunnens und tranken eine Tasse Tee, als Kay ein unverkennbar selbstzufriedenes »Ähem« von sich gab. Sie deutete mit einer Kopfbewegung Richtung Wüste, aus der sich ein riesiger gelber Kran schwerfällig über den Sand auf uns zubewegte. Kay hatte sich mit der Firma British Petroleum in Verbindung gesetzt, die uns bereits die Lieferung von 8000 Gallonen Treibstoff zugesagt hatte. Es sei, so hatte sie argumentiert, nur eine kleine Gefälligkeit, uns zusätzlich einen der großen Kräne zu borgen, die für Ölbohrungen, Pipeline-Konstruktionen und dergleichen verwendet werden.

Der Kran wurde an den Rand des Brunnens gefahren, Ran und ich setzten Schutzhelme auf und kletterten in eine Art muschelförmige Baggerschaufel, deren Ränder uns bis zur Hüfte reichten. Wir ließen uns in das tiefe Loch hinunterheben. Die Wände wurden zusehends schmaler; bald konnten wir den Kranführer nicht mehr sehen – und er uns auch nicht.

Ran sprach in sein Funkgerät: »Einen Tick nach links, nach links.«

Ron Blom antwortete. In seiner Stimme schwang Panik mit, die er nur mühsam unter Kontrolle hielt. »Okay, wir versuchen's, aber ich kann für nichts garantieren. Er versteht eigentlich kein Englisch. Der Kranführer versteht kein Englisch.«

»Dann versuch es mit Gesten«, meinte Ran. »Verstehst du, wenn wir an die Wände stoßen, kommt das ganze Zeug runter. Also müßt ihr ganz, ganz vorsichtig sein.«

Und weiter ging es in die Tiefe, vorbei an der Plattform, die Andy und Ran tags zuvor freigelegt hatten. Während Ran über Funk Anweisungen durchgab, versuchte ich mir vorzustellen, wie sich Ron da oben bemühte, sie in Gebärdensprache korrekt weiterzugeben, und hoffte inständig, daß sie richtig verstanden würden. Eine Mißinterpretation würde dazu führen, daß wir zu Krümeln zerschmettert würden. Bedeutete es wohl dasselbe auf Arabisch wie auf Englisch, wenn man in eine bestimmte Richtung deutete?

»Äh, ist das nicht gefährlich, was wir hier machen?« Ich stellte die Frage in den Raum, der sich derzeit in etwa dreizehn Metern Tiefe befand.

Ran schaute nach unten und gab mir keine Antwort.

»Ran??«

»Mal sehen … mal sehen.« Er war offenbar nicht bei der Sache, weil er sich auf den Abstieg konzentrierte. »Schon komisch hier … noch zwei Meter … noch einen … einen halben … halt!« Wir stiegen aus der Baggerschaufel.

Der Boden war trocken – ideal für Ausgrabungsarbeiten. Unter unseren Füßen lagen vielleicht antike Opfergaben begraben, die uns etwas über die Leute von 'Ad verraten würden. Dann warfen wir einen Blick nach oben, wo tonnenschwere Felsbrocken an den Wänden hingen und jederzeit auf uns herabstürzen konnten. Wir flüsterten, wie um zu vermeiden, daß der Widerhall unserer Stimmen einen Steinschlag auslösen könnte.

»Die sehen ganz schön bedrohlich aus«, meinte Ran. »Die da drüben – wenn sich der eine löst, kommen alle anderen mit runter.« Kopfschüttelnd sah er auf den Boden, um dann hinzuzufügen: »Und wie ich sehe, sind wir nicht alleine hier.«

Sie waren wohl kurz in Deckung gegangen, als wir aus der Baggerschaufel stiegen, aber nun waren sie überall: Skorpione, die zwischen zerbrochenen Ästen, Laub, Abfall, Tierschädeln und -knochen umherkrabbelten.

Ran und ich waren beide der Meinung, daß diese kurze Stippvisite genug des Guten war und daß es an Selbstmord grenzen würde, hier länger zu verweilen. Wir kletterten wieder in den Eimer und funkten Ron Blom, er solle uns heraufholen. Verständlicherweise waren alle enttäuscht über das Ergebnis unserer Erkundungen. Nun hatten wir schon einen Kran, begeisterte Helfer und, als Bestandteil unserer Ausrüstung, sogar eine Radarvorrichtung, die in der Lage war, die Tiefe des Brunnens auszuloten und durch die Erdschichten hindurch Artefakte zu erspähen, die eventuell darunter begraben lagen. Wir hatten sogar schon darüber nachgedacht, den Brunnen künstlich zu beleuchten, damit wir in Tag- und Nachtschicht unseren Ausgrabungsarbeiten nachgehen konnten. Und doch sah es im Moment so aus, als könnten wir einpacken.

Kay hatte in der Nähe des Brunnens ein Zelt aufgebaut, um unsere Ausrüstung unterzubringen. Als wir nun unser Lager abbauten und einer der freiwilligen Helfer die letzte Kiste aufheben wollte, erstarrte er plötzlich und stieß hervor: »Unter der Kiste! Eine Sch-schlange!«

Kay sah hin, quiekte und wurde blaß. Ihr wurde schlagartig bewußt, daß sie sich beim Einräumen des Zeltes immer wieder in die gefährliche Nähe des Wesens begeben hatte, das nun zusammengerollt im Staub lag. »Holt Guru!« riefen die Helfer von Airwork. Guru hatte wie immer seinen gebogenen Schlangenstab dabei, den er nun verwendete, um das Tier einzufangen und in eine große Flasche zu sperren. »Garstiges Vieh«, kommentierte er, während er das Behältnis mit einem luftdurchlässigen Deckel verschloß. »Eine besondere Viper. Hämotoxisch. Neurotoxisch. Nach dem Biß verfärbt sich der Körper schwarz.«

»So?« meinte Kay.

»Kein Gegenmittel bekannt«, fuhr Guru fort. »Zwanzig Minuten nach dem Biß ist man tot.«

»Dann bin ich froh, daß sie jetzt in deinem Glas sitzt,« sagte Kay.

»Ich auch«, gestand Guru und tupfte sich den Schweiß von der Stirn. »Sie ist die gefährlichste Schlange, die es gibt.«

Seltsamerweise gab es aus Kays Begegnung mit der Viper etwas zu lernen. Mehrere Autoren der Antike berichten von »fliegenden Schlangen«, die die Weihrauchhaine im Süden Arabiens bewachen. Der Naturforscher Diodorus aus Sizilien schreibt: »In den Wäldern, die am lieblichsten duften, gibt es Schlangen in großer Zahl. Ihre Farbe ist Dunkelrot, ihre Länge beträgt eine Spanne, und ihre Bisse sind unheilbar. Sie greifen an, indem sie ihr Opfer anspringen.« Der Historiker Strabo stellt fest: »Sie springen bis auf Oberschenkelhöhe, und ihr Biß ist unheilbar.«[88] Trotz dieser Warnungen wurde die Existenz der Schlangen lange in Frage gestellt. Man mutmaßte, daß es sich bei den »fliegenden Schlangen« in Wirklichkeit um Heuschrecken handle oder daß sie während der

Antike von den Einheimischen erdichtet wurden, um Fremde abzuschrecken. Wir aber wußten jetzt, daß es die fliegenden Schlangen tatsächlich gibt. Die Berge Dofars sind voll von diesen Tieren; bei einer anderen Gelegenheit sahen wir, wie sie sich sprungfedergleich entrollte und angriff. Zwar konnte sie nicht im eigentlichen Sinne fliegen, aber sie war durchaus in der Lage, »bis auf Oberschenkelhöhe« zu springen.

Die alten Römer und Griechen waren bestens über die Dofar-Berge informiert, die mitsamt ihrer Schlangenbevölkerung den Zugang zu den sagenumwobenen Weihrauchhainen Arabiens versperrten. Es steht so gut wie fest, daß sie identisch sind mit der in Genesis 10,30 erwähnten östlichen Bergkette Sephar, welche die Grenze der bekannten Welt markiert. Über viele Jahrtausende hinweg haben die Berge ein Land bewacht, das sich hartnäckig der Erschließung entzog – die Heimat, wie wir hofften, unserer Leute von 'Ad.

Bei der Erkundung des Brunnens des Orakels von 'Ad kamen Menschen von den Stämmen der Dofar-Berge an unserem Lager vorbei. Ihr Auftreten war vornehm und erhaben, und ihre Haare, zu feinen Zöpfen geflochten und blaugefärbt, dufteten nach Weihrauch. Als Angehörige des Shahra-Stammes beherrschten sie neben der Landessprache jenen zwitschernden, melodischen Dialekt, den frühe Forschungsreisende als »Vogelsprache« bezeichnet hatten.[89]. Sie konnten bestätigen, daß der Brunnen noch heute als Brunnen der Leute von 'Ad bezeichnet wird, und einer der Männer offenbarte uns in einwandfreiem Oxford-Englisch: »Wissen Sie, wir sind die Leute von 'Ad.« Sein Name war Ali Achmed Mahash al-Shahri, und er führte uns an eine Stelle, die für unsere Expedition einen ungeheuren Durchbruch bedeutete.

Ali Achmed wurde als Angehöriger des Shahra-Stammes wie seine Vorfahren in den Dofar-Bergen geboren und wuchs dort auf. Als junger Mann verließ er aber seine Heimat, um sich der Militäreinheit Trucial Oman Scouts (Omanische Friedenspatrouille) anzuschließen, die das ehemalige britische

Protektorat im Osten Arabiens bewachte. Er schlug die Offizierslaufbahn ein und wurde zur Fortbildung nach England geschickt. Dort stellte er erstaunt fest, daß man sich so stark für die Spuren der fernen Vergangenheit interessierte, daß man in London, Oxford und Cambridge große Museen errichtet hatte, um die Relikte unterzubringen und auszustellen. Ali Achmed begriff zum ersten Mal die Bedeutung seines Stammeserbes, jener uralten Inschriften, die in den Bergen verborgen lagen, wo er seine Kindheit verbracht hatte. Nachdem er bei den Trucial Oman Scouts ausgemustert wurde, kehrte er nach Hause zurück, wo er die Schriften von Hand abschrieb. Anschließend kaufte er sich eine 35-Millimeter-Kamera der Marke Nikon, lernte, sie zu bedienen, und begab sich daran, Dutzende von antiken Stätten zu lokalisieren, zu beschreiben und zu fotografieren.

Und nun fragte er uns, ob er sie uns zeigen dürfe.

Ali Achmed führte uns über die steilen Hänge der Dofar-Berge, die in Richtung Meer in eine hügelige, beschauliche Hochebene übergingen. Wir fuhren vorbei an Shahra-Hirten, die ihre kleinen Rinder weideten, eine Gattung mit kurzen Hörnern, übrigens die einzigen Rinder, die es in Arabien gibt. Durch ein Labyrinth aus Wegen und Spuren gelangten wir zum Eingang einer rauhen Schlucht, die, wie wir dankbar konstatierten, schattig war; sogar jetzt, im Dezember, betrug die Außentemperatur 38 Grad. Wir stiegen aus und gingen zu Fuß weiter, bis an die Stelle, wo wir oben an der südlichen Wand der Schlucht eine breite, flache Höhle erkennen konnten.

»Ihr sucht Spuren der Leute von 'Ad?« fragte Ali Achmed. »Dann seht euch das hier an.«

Wir kletterten hinauf zur Höhle. Ihre Rückwand war mit Hunderten von Wandmalereien versehen, ausgeführt in Rot und Schwarz. Ali Achmed klärte uns auf, daß früher die Karawanen hier vorbeizogen und daß jede ihr Andenken hinterlassen hatte. Er wies uns auf eine Malerei hin, die eine Kampfszene zwischen einem Wolf und einem Steinbock darstellte. Ein weiterer Teil der Wand zeigte drei Gestalten, die an die biblischen Drei Könige erinnerten – obwohl sie es nicht waren. Ali Achmed meinte, es seien wohl eher drei Mitglieder einer Räuberbande, die eine Weihrauchkarawane überfallen hatte.

Wandmalerei: Ein Wolf greift einen Steinbock an.

Was Ali allerdings am intensivsten beschäftigte, war die Tatsache, daß die Wände dieser Höhle nicht nur Malereien, sondern auch Inschriften aufwiesen, der Beweis, daß seine Vorfahren keine bloßen Weihrauchhändler, sondern ein zivilisiertes Volk gewesen waren (sofern sich Zivilisation durch die Fähigkeit zu lesen und zu schreiben definiert). Die krakeligen Zeilen zu entziffern erwies sich jedoch als Herausforderung, der wir nicht gewachsen waren.

In vielerlei Hinsicht ähnelten die Buchstaben denen des ESA, des Epigraphischen Südarabischen Alphabets, dem wir an der Küste in Sumhuram begegnet waren, aber hier kamen acht Buchstaben hinzu, und der Himmel allein wußte, welche Laute sie repräsentierten und was sie bedeuteten. Ali Achmed vermutete, sie könnten mit jenen acht Lauten korrespondie-

Wandmalerei: Eine Karawane wird überfallen.

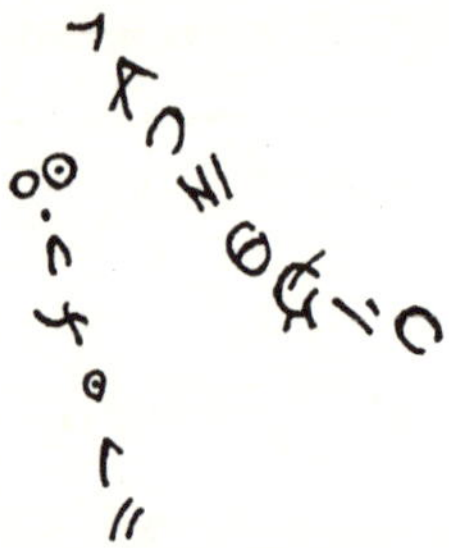

Inschrift in der Höhle in den Dofar-Bergen

ren, die in der Sprache der Shahra, nicht aber im klassischen Arabisch vorkommen. Er sprach sie uns vor; sie klangen etwa wie »sh'A, jh'A, je', k'e, ka', th', k'A, le'«, seltsame Kehllaute, fast wie Vogelstimmen, Klänge des alten Arabien. »Niemand außer uns Bergbewohnern kann sie aussprechen«, sagte Ali.

Ali zeigte uns eine piktographische Karte, welche den Weg zu den Hainen darstellte, wo man in vergangenen Zeiten wie auch heute den wildwachsenden »silbernen« Weihrauch – die hochwertigste Qualität – erntete. Ali wollte uns hinführen.

Ein paar Tage später beobachteten wir mehrere kleine Kinder, die hinter zwei Stammesmännern herliefen, der eine drahtig, der andere korpulent. Sie durchquerten ein trockenes Tal und näherten sich einer Gruppe knorriger Bäume mit rötlicher Borke. Viele dieser verschlungenen, gewundenen Bäume waren nur taillenhoch, und doch war ihr Harz einst so wertvoll wie pures Gold. Es waren Weihrauchbäume, dort zu finden, wo die Dofar-Berge übergehen in die große arabische Wüste.[90]

Das zerfurchte Gesicht des drahtigen Mannes war eingerahmt von einem ansehnlichen weißen Bart und einem schwarzen Turban. Er trug ein sarongartiges Gewand, an der Taille baumelte der traditionelle Silberdolch und über der Schulter ein modernes Gewehr. Er näherte sich einem Weihrauchbaum, atmete hörbar aus und intonierte: »Ab st't d'h'la fe lh 'ya!« (Ausatmen!) »Al as'r m'sly l'yo tr'le'ha!« (Einatmen!) … Der traditionelle Erntegesang hatte einen schnellen, intensiven Rhythmus, der von ruckartig ausgestoßenen Atemzügen begleitet wurde.

Mit seinen Bewegungen dem Rhythmus seines Liedes folgend, schnitt der Mann kleine Stücke aus der Rinde des Baumes, während sein Partner, ein Pascha mit einem roten Turban, ein paar Meter weiter wie ein Spiegelbild dieselben Bewegungen vollzog. Die kleinen Kinder rannten zwischen den beiden Männern hin und her, kicherten und spielten Fangen in diesem uralten Hain.

Der römische Historiker Plinius der Ältere (23–79 n. Chr.) berichtet, daß diese Weihrauchhaine unzugänglich und die Bewohner Südarabiens – unsere Leute von 'Ad – nicht sehr gastfreundlich seien. Es kursierten nicht nur Gerüchte über fliegende Schlangen (die ja erwiesenermaßen der Wahrheit entsprachen), sondern auch andere über tödliche Dämpfe, die angeblich aus den Hainen emporstiegen. Diese entsprachen wiederum nicht der Wahrheit und wurden offenbar von den 'Aditen bewußt in Umlauf gesetzt. Daher überrascht es nicht, daß Plinius uns mitteilt: »Kein römischer Schriftsteller hat bisher, soweit mir bekannt ist, diesen Baum beschreiben können.« Aber immerhin ist ihm soviel bekannt: »Das Gebiet … ist unzugänglich, da es von allen Seiten von Felsen gesäumt ist. Zur Rechten liegt das Meer, dazwischen riesenhafte Klippen. Der Wald erstreckt sich über zwanzig *schoeni* [ungefähr acht Kilometer] und ist etwa halb so breit … Innerhalb dieses Gebietes befinden sich etwa fünfzig Hügel, und die Bäume wachsen in unregelmäßigen Abständen bis hinunter in die Ebene.«

Genau dieses Szenario fanden wir vor. Der Hain, aus dem man den hochwertigen »silbernen« Weihrauch gewinnt, ist auf

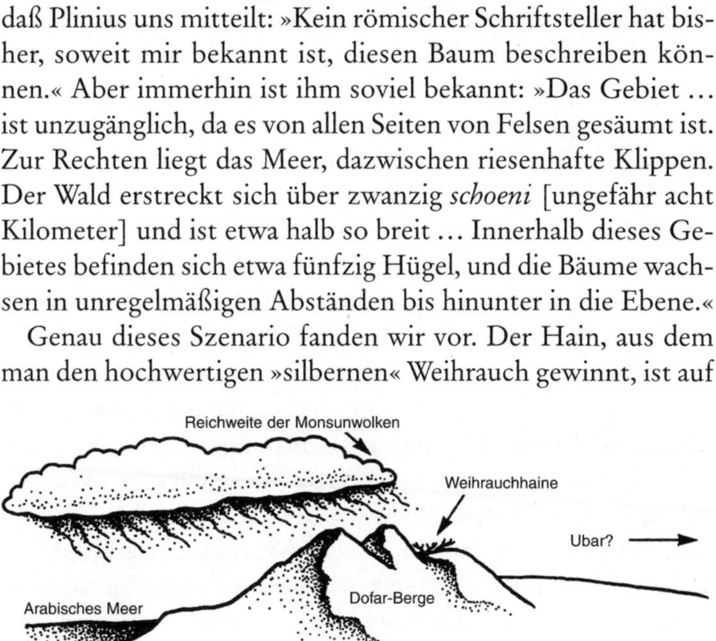

Querschnitt durch die Dofar-Berge

einen erstaunlich kleinen Bereich beschränkt; die Bäume wachsen wild und widersetzen sich hartnäckig jeglichem Versuch, sie nachzuzüchten. Plinius weiß noch folgendes zu berichten:

Es gibt nur ein Volk unter den Arabern, das dieses Gewerbe ausübt und den Weihrauchbaum zu Gesicht bekommt, und auch innerhalb dieses Volkes sind es nur einige, denn man sagt, es gäbe nicht mehr als dreitausend Familien, denen dieses Privileg dank ihrer Erbfolge zukommt. Aus diesem Grunde gelten solche Personen als heilig, und es ist ihnen nicht gestattet, während sie die Bäume beschneiden oder die Ernte einsammeln, sich durch Verkehr mit Frauen oder Kontakt mit Toten zu verunreinigen. So wird der Preis der Ware durch religiöse Skrupel noch weiter in die Höhe getrieben.[91]

Viele Gelehrte sind der Ansicht, die heilige Aura, mit der die Südaraber die Weihrauchernte umgeben, sei eine Mär, ersonnen, um gutgläubige Kunden zu übervorteilen. Wir waren aber geneigt, Plinius' Bericht Glauben zu schenken, da in der Art, wie sich die beiden Stammesleute zum Rhythmus ihres Gesanges von Baum zu Baum bewegten, etwas Ernstes, formelhaft Rituelles lag.

Der Gesang endete mit einem lauten Ausstoßen des Atems. Die Stammesleute entfernten sich zusammen mit den Kindern. Sie zogen durch eine Mondlandschaft, von kleinen Weihrauchhainen übersät, bis die Rufe und das Lachen der Kinder nur noch aus der Ferne zu hören waren und schließlich vom sanften Wüstenwind davongetragen wurden. Der harzige Duft des frischgeschnittenen Weihrauchs lag in der Luft. Wo man die Borke beschnitten hatte, bildeten sich dickflüssige weiße Tropfen aus Harz, die nach und nach eine silbrige Transparenz bekamen, weil sich das Harz verfestigte und kristallisierte. Nach fünfzehn Tagen würden die Männer zurückkommen, um das feste Harz von den Bäumen zu kratzen und in flachen Körben davonzutragen. Einen Teil der Ernte behalten sie dann für den eigenen Gebrauch, aber der weitaus größere Teil wird zur Küste gebracht und verschifft. Überall in Arabien versüßt man damit die Luft der Wohnräume, die Männer parfümieren ihre Bärte, bevor sie sich zu Tisch begeben, man verleiht Kleidern und Roben damit Wohlgeruch. Kinder kauen es wie Kaugummi, und man verwendet es zur Herstellung exotischer Parfums, wie des französisch-omanischen Duftes Amouage, angeblich das teuerste Parfum der Welt.

Um uns Gelegenheit zu geben, das Leben im Dofar-Gebirge noch besser kennenzulernen, lud uns Ali Achmed ein, ihn zu einer entlegenen Shahra-Siedlung zu begleiten. Wir fuhren die ganze Nacht hindurch und erreichten im Morgengrauen ein kleines Dorf, bestehend aus vier Hütten mit Strohdächern, die sich um einen mit Reisig umzäunten Platz gruppierten. Drei der Hütten dienten als Ställe, während die vierte eine Großfamilie beherbergte. Sie hatte keine Fenster, dafür aber zwei Türen, die genügend Tageslicht in den großen Raum einließen, dessen Wände und gewölbte Decke aus gewundenen, geschwärzten Baumstämmen und Ästen konstruiert waren, dem hochwertigsten Holz, das sich in diesem öden Landstrich finden ließ. Zwei junge Mädchen waren dabei, die Schlafmatten zusammenzurollen, in der Ecke saß ein wimmerndes Baby, und neben der offenen Feuerstelle kauerten zwei ältere Männer und eine Frau, die sich auf ihr Tagewerk vorbereiteten.

Die Frau trug ein langes, schwarzes Gewand mit Kapuze, aber keinen Schleier. Ein goldener Ring zierte ihre Nase, und ihre Augen blickten stolz und selbstsicher in die Welt. Sie war die Matriarchin dieser Siedlung. Mit einer Zange aus Messing holte sie Glut aus dem Feuer und legte sie in einen buntbemalten Weihrauchbrenner aus Ton, der wie ein gehörnter Altar geformt war, und fügte einige Weihrauchkristalle hinzu, die hell aufleuchteten und begannen, einen aromatischen Dunst abzusondern. Dabei unterhielt sie sich angeregt mit den beiden Männern in der seltsamen »Vogelsprache«, die dem Shahra-Stamm eigen ist.

»Weihrauch gefällt dem Herrn«, sagte sie und legte noch ein paar Kristalle in den Brenner.

»Trotzdem reicht es jetzt, Frau! Es reicht!« rief einer der Männer, dem der beißende Rauch in die Augen stieg.

»Dein Pech!« entgegnete sie lachend und ging den anderen voraus ins Freie. Die Männer aßen noch eine Handvoll Pinienkerne, die Reste ihres Frühstücks, und erhoben sich, um ihr zu folgen. Durch die Weihrauchschwaden, die sich gen Himmel schlängelten, spazierte die kleine Gruppe um den Platz herum. Bei Tageslicht konnten wir nun erkennen, daß die Männer elegante purpurrote Gewänder trugen, die über die rechte Schulter geschlungen wurden – eine Tracht, die man nur noch selten sieht. Sie hielten inne, um vor den Hütten, in denen die Rinder untergebracht waren, Gebete zu sprechen und Weihrauch zu verbrennen. Letzteres geschah nicht etwa, um den Stallgeruch zu übertönen – dies war nur eine angenehme Begleiterscheinung –, sondern um das Vieh vor bösen Dschinns zu schützen.

Die Shahra glauben nämlich, daß es in den Dofar-Bergen nur so wimmelt von Dschinns, unsichtbaren Geistern, die aus rauchlosem Feuer entstehen und tagsüber in Gewässern und dunklen Rinnen hausen. Obwohl es auch freundliche Dschinns gibt, ist die überwiegende Mehrheit darauf ausgerichtet, Unheil zu stiften. Sie können sich in Orkane und turbulente Sandstürme verwandeln, wahlweise auch in Reptilien, wilde Tiere oder sogar in Menschen. Ihre wahre Identität läßt sich nur an ihren Füßen erkennen, die den Hufen des Esels gleichen. Nachts, vorzugsweise Mittwochs und Freitags, rotten sich die Dschinns zusammen und schwärmen aus. Dabei stoßen sie derart laute, gellende Schreie aus, daß jeder, der sie hört, den Verstand verliert. Daher ist es unklug, nachts unterwegs zu sein. Es empfiehlt sich, Türen und Fenster zu verrammeln und die Herren der Dunkelheit zu meiden.

In den frühen Morgenstunden sorgte nun der Weihrauch für die Vertreibung der potentiell noch herumlungernden Dschinns, damit man das Vieh auf die Weide treiben konnte, ohne es unnötigen Risiken auszusetzen. Dennoch betrachteten die Hirten den Fremden, der ihnen unterwegs begegnete, mit Skepsis, denn bekanntlich tarnen sich Dschinns tagsüber gerne auch als freundliche Wanderer, die den Hirten und seine Herde vom rechten Weg abbringen, oft sogar ins Verderben locken.

Die Herde zog über den Hügel davon. Auf dem Weg, den sie beschritten hatte, lag eine Staubwolke reglos in der Luft. »Ein gutes Omen«, meinte Ali und blickte in die Ferne. »Keine Dschinns.« Die Shahra, die zu Hause geblieben waren, widmeten sich nun ihren jeweiligen Aufgaben. Die Hütten der Menschen und der Tiere wurden gründlich gefegt, ein kleines Mädchen arbeitete an einem Webstuhl, während seine Mutter in einem ledernen Beutel Milch aufschüttelte. Ein Hund döste in der Sonne, hielt dabei aber ein Auge offen, um nicht unversehens von einer umherirrenden Ziege getreten zu werden.

Trotz aller Präventivmaßnahmen war es den Dschinns offenbar doch gelungen, Unheil zu stiften. Ein kleiner Junge hatte eine schlimme Erkältung, die nicht verschwinden wollte. Es mußte etwas passieren. Die Matriarchin gab also frisches Harz in den Brenner und führte das Kind zur Mitte des Platzes, wo sie es umkreiste und dabei in Weihrauchschwaden hüllte. Sie intonierte: »Sieh, dein Opfer – Weihrauch und Feuer. Vom Auge des bösen Geistes, von der Menschheit aus der Ferne, von der Familie nah und fern. Sei befreit vom bösen Geist. Sieh, dein Opfer – Weihrauch und Feuer.«[92]

Sie reichte den Brenner weiter an einen älteren Mann, der das Ritual kreisend und intonierend fortsetzte. Die Kombination aus Weihrauch und Feuer ist ein machtvolles Heilmittel. Mit Weihrauch erlangt man, so heißt es, den Segen Allahs, und Feuer – selbst der winzigste Funke – dient noch wirksamer als der Name Allahs der Austreibung böser Geister, unter anderen der Dschinns, Kreaturen des Feuers.

Im Laufe des Tages herrschte in der Siedlung ein ständiges Kommen und Gehen. Mal kam eine Frau vorbei, die ein entlaufenes Huhn suchte, mal erschienen drei junge Männer mit lässig geschulterten Gewehren, um einen Kaffee mit uns zu trinken. Sie waren an der Küste gewesen und konnten jetzt berichten, was in der Welt da draußen so passierte.

Wir erkundigten uns nach den Leuten von 'Ad, wobei Ali Achmed als Übersetzer fungierte. Alle Shahra, die wir befragten, stimmten darin überein, daß sie die Nachfahren der alten 'Aditen seien. Sie kannten die Legende von Ubar und bezeichneten die einstigen Bewohner der Stadt als »Irema«, was uns insofern überraschte, als daß wir angenommen hatten, Ubar werde nur im Koran »Iram« bzw. »Irem« genannt. Offenbar gab es eine Verbindung, die wir noch nicht kannten![93] Die Irema, teilte man uns mit, seien ein reiches, verderbtes Volk gewesen, das von goldenen Tellern aß, jedenfalls, bis die Stadt »stürzte«.

Ein junger Mann mit einem Schnauzbart, der ihm das Aussehen eines Banditen verlieh, berichtete schmunzelnd, daß die Shahra die Redewendung »jemanden zu den Irema bringen« verwendeten, wenn sie meinten, »jemanden zum Teufel schicken«. Und der Gruppenälteste erzählte uns die Geschichte des Schatzes von Irema, der wie von Zauberhand aus der verfluchten Stadt in eine Höhle inmitten der Wüste gelangte, die von einer Schlange bewacht wurde.

»War die Schlange ein Dschinn?« fragte ich.

»Wie soll denn das gehen?« fragte er schlagfertig zurück. »Haben Schlangen etwa Füße?«

Ich sah ein, daß mir ein Denkfehler unterlaufen war. Ein Dschinn hat bekanntlich Hufe, also kann eine Schlange kein Dschinn sein. Wir stimmten aber darin überein, daß Schlangen auch recht ungemütlich werden können. Der alte Mann fuhr fort: »Um die Schlange wegzulocken [von den Schätzen], mußte man einen frommen Mann finden, der ihr vorlas.« Was dazu führte, daß sich zwei Diebe einen frommen Mann suchten und ihn dazu überredeten, der Schlange vorzulesen, während sie sich über den Schatz hermachten.

Der Erzähler senkte seine Stimme zu einem Flüstern:

»Wißt ihr, sie wollten den frommen Mann ausbooten. Weil er aber nicht nur fromm, sondern auch weise war, durchschaute er ihren Plan. Er hörte einfach auf zu lesen. Daraufhin fraß die Schlange den einen Dieb; der andere konnte fliehen. Seither hat es keiner mehr versucht.«

Mir ging der Gedanke durch den Kopf, daß wir, wenn wir schon Ubar nicht fanden, vielleicht die Höhle ausfindig machen und der Schlange etwas vorlesen könnten ...

Am späten Nachmittag kehrte die Herde heim und wurde mit Pfiffen und schrillen Schreien in die Ställe getrieben. Im Wohnhaus der Familie verbrannte man erneut Weihrauch und hielt eine *majlis*, eine Gemeinschaftsversammlung ab. Dabei sangen die Shahra in ihrer traditionellen Sprache zuerst ein mitreißendes Rachelied, dann ein melancholisches und melodisches Lied über verlorene Liebe und erlangte Weisheit. Sie sangen *a capella* und im Wechselgesang, wobei zwei Männergruppen einander Rede und Antwort sangen. Sie bespielten die Worte mit ihren Stimmen, wie man die Saiten einer Geige mit dem Bogen bespielt, und ließen so das Liedgut der Vergangenheit zu neuem Leben erwachen. In dieser abgeschiedenen Siedlung sind Sprache, Gesang und Lebensweise so erhalten geblieben, wie sie bereits in den frühen Tagen des Weihrauchhandels gewesen sind.

Am Ende dieses langen, erfüllten Tages nahmen wir Abschied von den Shahra und machten uns auf den Weg zurück nach Salala. Wir gaben acht auf die Dschinns, aber da es Donnerstag war (Mittwochs und Freitags ist es gefährlich), ließ man uns in Frieden ziehen. Auf der Rückfahrt über die ungepflasterte Straße kamen wir an anderen Shahra-Siedlungen vorbei. Sie wurden durch das Glimmen ihrer Feuerstellen, das Licht vereinzelter Gaslaternen und durch die Lichtkegel unserer Scheinwerfer aus der Dunkelheit hervorgehoben. In Anbetracht der Tatsache, daß die Shahra noch heute so leben wie einst ihre Vorfahren, die 'Aditen, konnten wir uns jetzt erklären, warum es sich als derart schwierig erwies, sichtbare Spuren der 'Ad zu finden. Trotz ihrer hohen kulturellen

Entwicklung (die sich u.a. in der Schrift manifestierte) hatten sie kaum Artefakte hinterlassen. Die eindrucksvollen Bauten mit den gewölbten Decken waren nicht für die Ewigkeit geschaffen, ebensowenig das Mobiliar. Die einzigen Objekte, die auch nur hundert Jahre halten würden, waren die gebrannten Tongefäße, die Grundsteine der Häuser und jene Steine, die für den Abschied vom Leben und von der Heimat stehen.

Die Grabsteine.

13.
Das Tal der Erinnerung

Schon am nächsten Tag führte uns Ali Achmed in ein längliches Tal, das noch hinter der Shahra-Siedlung lag und dem Verlauf des Wadi Dhikur vom Tafelland der Dofar-Berge bis hinunter in die Wüste folgte.

Die Shahra nennen das Tal des Wadi Dhikur »Tal der Erinnerung«, weil sie hier seit Hunderten, vielleicht auch Tausenden von Jahren ihre Toten begraben. Über dem Tal lagen gespenstisch anmutende Nebelschwaden, welche die Hänge der Berge farblos erscheinen ließen. Die Luft war klamm, und es regte sich kein Lüftchen. Alles in allem ein bedrückender Ort. Die ersten Gräber, die wir sahen, waren von Moslems und deshalb gen Mekka ausgerichtet. Wo zwei Steinplatten lagen, befand sich das Grab eines Mannes; unter dreien lag immer eine Frau begraben. Ali wies auf eine Stelle am Hang, wo man mehrere Höhlen erkennen konnte. Die Eingänge waren mit steinernen Blöcken zugemauert. Wir kletterten hinauf und spähten durch die Ritzen im Mauerwerk. Im Halbdunkel im Innern konnten wir unzählige Schädel ausmachen. Einige trugen noch Fetzen der Kopftücher, mit denen man sie einst beigesetzt hatte. In den Höhlen lagen Knochen verstreut. Da dieses Grab nicht nach Mekka ausgerichtet war, handelte es sich offenbar um eine Stätte aus präislamischen Zeiten, früher also als das 7. Jahrhundert. Wir hätten Textilproben mitneh-

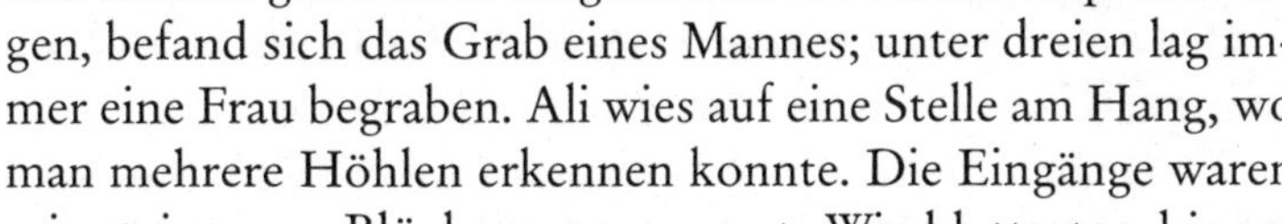

Querschnitt der Dofar-Region in Oman

men können, um durch Karbonanalyse den Stoff zu datieren, aber wir sahen davon ab, da wir uns ohnehin in dieser *majlis* der Toten wie Eindringlinge vorkamen. Ihnen, nicht uns gehörte dieses Tal.

Wir kletterten zurück in die Senke und aßen recht schweigsam das Mittagsmahl, das Kay auf dem Kühler des Landrovers für uns gedeckt hatte. Ali Achmed aß nur die Hälfte seines Truthahnsandwiches; den Rest verstreute er um sich herum.

»Sorgst du für die Vögel, Ali?«

»Nein, ich füttere die Dschinns«, erwiderte er mit einem Lachen, das überhaupt nicht belustigt klang. Auch für den gebildeten Einheimischen sind Dschinns etwas durchaus Reales. Sogar im Koran kommen sie vor: Dort gelten sie, neben Mensch und Tier, als die dritte Schöpfung Allahs. Die 'Afriten, eine besonders bösartige Gattung, leben auf Friedhöfen. Es sind die Seelen böser Menschen, denen der Zutritt zum Paradies verwehrt wurde und die nun dazu verdammt sind, auf ewig dort herumzugeistern, wo man ihre sterblichen Überreste begraben hat.

»Und wer war verderbter noch als die Leute von 'Ad?« fragte Ali, einen Vers aus dem Koran paraphrasierend.

Wir setzten unsere Fahrt durch das Tal der Erinnerung fort. Ali schützte mit der Hand seine Augen vor den Strahlen der Nachmittagssonne und spähte in die Ferne, wo sich das Tal verbreiterte. »Die Steine«, sagte er. »Ihr müßt die Steine sehen. Sie gehören dazu.«

Er führte uns zu einer Reihe steinerner Monumente, Trilithen (»Drei-Steine«) genannt. Jedes bestand aus drei unbe-

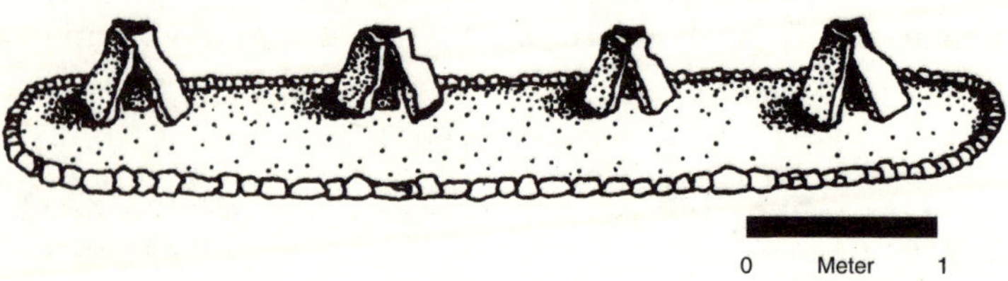

Die Trilithen von Dofar

hauenen Steinplatten, die man so aneinandergelehnt hatte, daß sie rudimentäre etwa knapp einen Meter hohe Pyramiden bildeten.

Es gibt überall im Südosten Arabiens solche Trilithenreihen. An dieser Stätte standen acht Pyramiden nebeneinander, und parallel angeordnet befanden sich vier Feuergruben. Später entdeckten wir Stätten mit nur drei Trilithen und andere mit fünfundzwanzig.

Die Trilithen im Tal der Erinnerung waren so alt wie die Leute von 'Ad. Ali Achmed zeigte uns die Stelle, wo er vor einem Jahr Asche ausgegraben und über einen englischen Freund ins Labor geschickt hatte, um sie durch Karbonanalyse datieren zu lassen. Es stellte sich heraus, daß die Asche aus der Zeit um 60 und um 110 v. Chr. stammte (plus/minus etwa einhundert Jahre).

Ali war der Ansicht, daß die Trilithen früher einmal »Quadrilithen« gewesen seien, ergänzt um eine vierte Steinplatte, die die anderen horizontal bedeckt hatte und im Laufe der Jahre hinuntergefallen war. Er entdeckte ein Stück Fels, das sich in nichts vom Fels in der Umgebung zu unterscheiden schien, grub es aus und drehte es um. Auf dem Stück Fels war eine gut erhaltene Inschrift zu sehen, die aus den gleichen Buch-

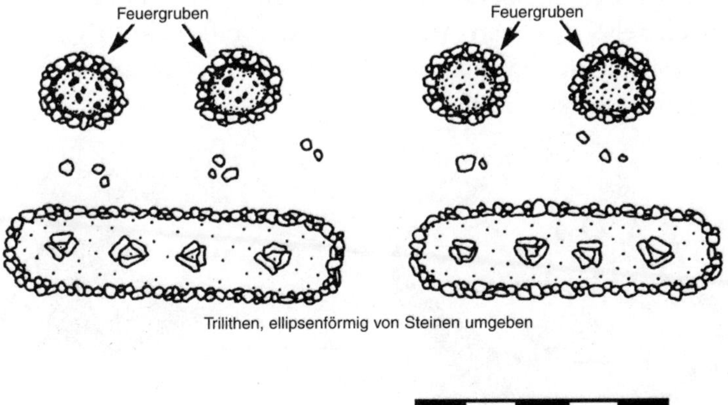

Anordnung der Trilithen (Aufsicht)

staben bestand, die man in der Höhle in den Bergen verwendet hatte.

Sein Volk, erklärte uns Ali, halte die Trilithen für antike Grabmale, was uns einleuchtend erschien, da das Tal ohnedies wie ein großer Friedhof wirkte.[94] Es gibt außerdem die Theorien, daß die Trilithen den vorüberziehenden Karawanen als Wegweiser dienten oder rituelle Kreuzigungsstätten markierten, wo man Steinböcke zu opfern pflegte, deren gebogene Hörner den Halbmond, die bedeutendste Gottheit im präislamischen Arabien, symbolisierten.

Am selben Nachmittag besuchten wir verschiedene Trilithen-Stätten und betrachteten andere aus der Entfernung. Sie waren meistens auf Plateaus oberhalb der Bewässerungskanäle des Wadis gelegen und hoben sich gegen den Himmel ab. Wofür waren sie nur da? Wozu hatte man sie gebraucht?

Einige Zeit später stieß ich zufällig auf eine faszinierende Passage in Hisham ibn al-Kalbis *Buch der Idole*, einem Werk, das Anfang des 8. Jahrhunderts verfaßt wurde und von den Göttern im präislamischen Arabien handelt. Al-Kalbi berichtet: »Wenn ein Reisender irgendwo Station machte [um sich auszuruhen oder zu übernachten], war es üblich, daß er sich vier Steine suchte, den schönsten davon als persönliche Gottheit nahm und die übrigen drei verwendete, um sich eine Kochstelle zu bauen. Wenn er wieder aufbrach, ließ er die Steine zurück und suchte sich neue, wenn er sich an einer anderen Stelle niederließ.«[95]

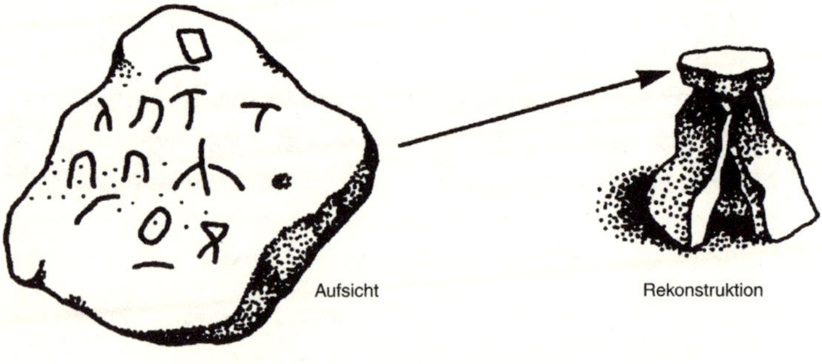

Steinplatte, die vermutlich auf den Trilithen auflag

Diese Aussage bestätigte Ali Achmeds These, daß die Monumente ursprünglich aus vier, nicht aus drei Steinen bestanden hatten. Der fehlende vierte Stein war der, den sich der Reisende als Gottheit, als *betyl* auserkor. Das Wort wird sowohl im Alten Testament als auch im Koran verwendet. Es läßt sich von dem Arabischen Begriff *bayt-el* ableiten, wobei *bayt* soviel bedeutet wie »Ort« (an dem sich jemand niedergelassen hat) und *el* Gott. (*El* ist auch der Wortstamm von »Allah«.) Der hebräische Begriff *bethel* hat die gleiche Bedeutung: Ort Gottes.

Ein Betyl war also ein Stein, in dem Gott – zumindest vorübergehend – lebte. In verschiedenen Steinen lebten verschiedene Götter. Es war ein wichtiges Element der semitischen Tradition, daß der Stein ohne »Gesicht«, also ohne äußere Merkmale sei. Sowohl die Araber als auch die Juden verabscheuen von jeher die Vorstellung, sich ein Bildnis Gottes zu machen. In ihren Augen ist die Schaffung eines Götzen eine primitive Erfindung der Mesopotamier. Wenn Gott (oder mehrere Götter) vom Himmel zur Erde hinabstiegen, so war dies eine rein spirituelle Kraft (auf Arabisch *Sakina*, auf Hebräisch *Shekinah*), die dann in einen gesichtslosen Stein schlüpfte – in einen Betyl.

Bei einer großen Anzahl jener »stehenden Steine«, die im Alten Testament genannt werden, handelt es sich um Betyle. Der bedeutendste von allen, noch aus alten Zeiten erhalten, ist die Kaaba, ein fensterloser Würfel aus schwarzem Basalt, der im Herzen der Stadt Mekka steht und als Bayt Allah, Wohnung Allahs, verehrt wird. Laut islamischer Überlieferung wurde die erste Kaaba im Himmel geschaffen und befindet sich noch heute dort. Nach der Verbannung aus dem Paradies errichtete Adam die erste irdische Kaaba an einem Fleck, der sich unmittelbar unterhalb der himmlischen befand. Gott war erfreut und entsandte zehntausend Engel, um sie zu bewachen. Trotz dieses großen Aufgebots waren die Engel aber säumig in ihrer Pflicht: Die Kaaba verfiel und wurde von der Sintflut davongespült. Als Abraham dann von Syrien nach

Arabien kam, fiel ihm die Aufgabe zu, mit Hilfe seines Sohnes Ishmael, der der Urvater der Araber werden sollte, die Kaaba neu aufzubauen.

Diese prähistorische Geschichte der Kaaba mag wahr sein oder auch nicht. Soviel ist jedenfalls sicher: Lange vor der Entstehung des Islam pilgerte man aus ganz Arabien nach Mekka, um den heiligen Stein anzubeten. Man ging um ihn herum, salbte, berührte und küßte ihn. Ein Ebenbild des himmlischen Archetypus, übt er eine elementare Anziehungskraft aus. Um den kürzlich verstorbenen iranischen Philosophen Ali Shari'At zu zitieren, besteht der Zauber der Kaaba darin, daß sie nicht mehr und nicht weniger ist als ein schlichter Würfel, der für »das Geheimnis Gottes innerhalb des Universums steht. Gott ist ohne Form und Farbe, nicht darstellbar. Welche Gestalt oder Beschaffenheit sich der Mensch auch vorstellt, aussucht oder sieht – es wird niemals Gott sein.«[96] Auch wenn die präislamischen Araber mehr als einen Gott verehrten, ist dies die Quintessenz dessen, was sie nach Mekka zog und dazu führte, daß überall in Arabien Betyle angebetet wurden.

Einst gab es auch in den arabischen Städten Nejran und Sana'A Kaabas wie in Mekka, und in den abgelegeneren Regionen wurden Steine jeglicher Größe und Gestalt verehrt. George Sale, ein Arabienforscher aus dem 18. Jahrhundert, berichtet mit ironischem Unterton, daß man im präislamischen Arabien »soweit ging, jedem hübschen Stein, dem man begegnete, göttliche Attribute zuzuschreiben«.[97]

Mir erschien es logisch und einleuchtend, daß die Trilithen von Dofar mit ihren Inschriften Bestandteil dieses Kultes waren: Betyle, in denen der Geist Gottes wohnte. Auf einer alltäglicheren Ebene waren sie zugleich, wie al-Kalbi in seinem *Buch der Idole* beschreibt, Stützen für die Kochtöpfe des Reisenden – sein Herd und sein Altar zugleich.

Diese Vermischung des Heiligen mit dem Profanen wirkt zunächst irritierend, wird aber nachvollziehbar, wenn man das Ritual betrachtet, das in Petra, einer nördlich gelegenen Station auf der arabischen »Weihrauchstraße« praktiziert wird.

Überall in Petra gab es große und kleine Betyle, und ihre Verehrung gehörte zu den selbstverständlichen Handlungen des Alltags. Berichten zufolge pflegten sich nach dem Gebet dreizehn Männer in den aus dem Felsen gehauenen Familiengruften zu versammeln, um ihre verstorbenen Ahnen zu ehren, indem sie in ihrer Gegenwart von goldenen Tellern speisten und einen goldenen Kelch mit Wein herumreichten. Es ist durchaus vorstellbar, daß zweitausend Kilometer weiter südlich, hinter den Dofar-Bergen, ein vergleichbares Ritual mit irdenen statt mit goldenen Gefäßen gefeiert wurde, bei dem sich die Leute von 'Ad um die Trilithen versammelten und die geheiligten Steine mit Wasser, Öl oder sogar Blut salbten. Anschließend ehrten sie vielleicht die toten Ahnen, die im Boden dieses Tals begraben lagen und in seinen Höhlen beigesetzt waren, indem sie ihnen ein rituelles Mahl zubereiteten.

An dieser Stelle hatten die Leute von 'Ad, so malte ich mir aus, den Segen der Götter und Ahnen eingeholt, ehe sie sich auf ihre weite Reise durch die Wüste in den Norden begaben, um in ihre geheimnisvolle Stadt zu gelangen, jene Stadt, die wir suchten: Ubar.

14.
Das Leere Viertel

Im Binnenland jenseits der Dofar-Berge lag der omanische Flughafen Thumrait, der unserer Ubar-Expedition als Basislager dienen sollte. Die britische Firma Airwork, die sich hier um die Wartung der Flugzeuge kümmerte, bot uns Unterkünfte, gutes Essen und Unterbringungsmöglichkeiten für alle unsere Vorräte an: Tausende von Litern Benzin in einem Tanklaster, Tiefkühlkost und kistenweise Zahnstocher (für die Feinarbeit bei der Ausgrabung). Unsere Ausrüstung für die Wüste bestand aus insgesamt zwei Lkw-Ladungen, die wir von Masqat nach Thumrait bringen ließen. Wir machten eine Inventarliste und ordneten alles. Mit der Hilfe von einigen Airwork-Mitarbeitern errichtete Ran eine zehn Meter hohe Antenne mit sehr großer Reichweite.

Zunächst machten wir eine Bestandsaufnahme dessen, was wir bis dato ermittelt hatten. Während es in Küstennähe keine Spuren der Leute von 'Ad gegeben hatte, waren wir im Gebirge fündig geworden: Ali Achmed hatte uns zu den Höhlenmalereien geführt, dem Werk eines phantasiebegabten Volkes, das eine Schrift hatte. Überdies hatten wir erlebt, wie die Shahra noch heute ein Leben führten, das wie früher von der Gewinnung und dem Gebrauch von Weihrauch bestimmt war. In den Bergen wie in der Wüste hatten wir versucht, das Geheimnis der Trilithen zu ergründen, welche, wie Juri Zarins vermutete, dieses Gebiet als die Heimat der 'Aditen auswies.

Südlich von Thumrait fanden wir allerdings keine weiteren Trilithen, und wir wußten nicht, ob wir überhaupt noch Spuren der Leute von 'Ad finden würden, außer Fragmenten der Straße, die uns, wie wir hofften, nach Ubar führen würde.

Wir beabsichtigten, unsere Suche dort aufzunehmen, wo wir sie 1990 abgebrochen hatten. Da es hinter Thumrait keine Möglichkeit mehr gab, unsere Vorräte aufzustocken, berechneten Ran und Kay, wieviel Treibstoff, Wasser und Essen in unsere Landrover paßte bzw. wie lange wir damit auskommen würden. Nach ihrer Einschätzung waren es fünf Tage. Falls nichts Unvorhergesehenes dazwischenkam, konnten wir also bis an die Grenze Saudi-Arabiens und von dort aus zurück nach Thumrait fahren. Wenn wir etwas Bemerkenswertes entdeckten, würden wir ins Basislager zurückkehren, unsere Vorräte aufstocken und erneut aufbrechen.

Freitag, 13. Dezember, erster Tag. In die Dünen. Nach einem köstlichen Frühstück aus Eierkuchen und frischem Obst (dem »Letzten Frühstück«, wie es unser Scherzbold Juri nannte) beluden wir unsere drei Landrover. Unser Team erhielt Verstärkung in Gestalt des wüstenkundigen Andy Dunsire und eines hageren Brillenträgers, der eine Bratpfanne, zwei Kochtöpfe und einen zerbeulten Koffer mit sich führte. »Mr. Gomez, unser Koch«, stellte Kay ihn uns allen vor. »Eine Leihgabe der Firma Airwork.«

»Ich bin Gastarbeiter aus Goa«, erklärte der Mann. »In Goa heißen alle Köche Gomez.« Jedenfalls haben wir ihn so verstanden; er sprach nämlich sehr schnell. Anscheinend ist das in Goa so üblich. »Englisch auf Speed«, wie unser Kameramann Kevin O'Brien dazu sagte. Wenn Mr. Gomez in diesem Tempo mehr als ein, zwei Sätze sprach, was er nun tat, war Kay die einzige, die ihm noch folgen konnte, und auch sie verstand, wie sie uns gestand, nur etwa jedes dritte Wort.

Als sich Mr. Gomez über die verschiedenen Arten, wie man Curry zubereiten kann, ausließ – so hörte es sich jedenfalls an –, erhob einer von uns die Frage, ob wir denn wirklich einen Koch benötigten, zog sie aber schleunigst wieder zurück, als Kay ihn fragte: »Willst du dich etwa mit diesem Zeug befassen?«

»Dieses Zeug« bezog sich auf fünfzehn stabile Pappkartons

mit »Meals-Ready-To-Eat«, kurz MREs genannt, Fertiggerichte, die aus dem Golfkrieg übriggeblieben waren. Man hatte uns gesagt, sie seien unbegrenzt haltbar, auch wenn das Verfallsdatum überschritten war. »Curry hört sich wunderbar an, aber ich fürchte, wir werden uns vorerst mit diesen hier begnügen müssen«, erklärte Kay an Mr. Gomez gewandt, fügte aber tröstend hinzu: »Sie werden schon noch Gelegenheit bekommen, richtiges Essen zu kochen.«

»Ob Mr. Gomez wohl richtig gekleidet ist für die Rub' al-Khali?« fragte Ran höflich. Momentan trug Mr. Gomez nämlich die übliche weiße Berufskleidung der Köche und an den Füßen chinesische Stoffschuhe. »Aber selbstverständlich – warum nicht?« fragte Mr. Gomez wie aus der Pistole geschossen zurück. Es kam uns zwar ein wenig merkwürdig vor, mit einem formell gekleideten Koch in eine Wüste zu ziehen, die im eher sachlich gehaltenen Werk *Cambridge History of Islam* immerhin als »der ungezähmteste Landstrich« Arabiens und als »wahrhaftige Hölle auf Erden« bezeichnet wird, aber, wie Mr. Gomez selbst sagte, »warum nicht?«

Die MREs wurden zusammen mit den Sandleitern, Schlafsäcken, Kleidungsstücken, Decken, Kameras, Automatik-Gewehren etc. sowie (je Fahrzeug) je fünfzehn Kanistern Wasser und Benzin auf die Dachgepäckträger der Landrover geschnallt. Wir hatten erschreckend viel Gepäck an Bord unserer drei Geländewagen. »Es ist ein Wunder, daß sie nicht einfach in den Boden sinken und irgendwo in China wieder auftauchen«, kommentierte Kay.

»Kansas«, verbesserte Ron Blom. »Von hier aus gesehen würden sie in Kansas aus dem Boden kommen.«

Wir zwängten uns zwischen unser Gepäck in die Landrover, und die Reise ging los. Angeführt von Andy Dunsire folgten wir einer alten Spur, die in nördlicher Richtung über die weite, steinige, gleichförmige Ebene verlief. Wir stellten erleichtert fest, daß sich unsere schweren Fahrzeuge trotz des Übergepäcks wacker hielten. Sie trugen uns sicher durch tiefe Gräben, lockeren Sand und noch tiefere Gräben, bis wir zu einer

Strecke gelangten, deren Boden aus einem Gemisch aus Sand und Kies bestand, wo wir beschleunigen und eine konstante Durchschnittsgeschwindigkeit von circa 65 Kilometer pro Stunde halten konnten.

Die Landschaft veränderte sich. Die desolate Wüste wurde zu einer Gegend der Trugbilder. Zu unserer Linken sahen wir plötzlich einen blaßblau schimmernden See, und bald schon waren wir von Seen umgeben. Der Landrover vor uns, gelenkt von Ran mit Andy als Beifahrer, fuhr ins Wasser hinein, und wir folgten, ohne einen Tropfen abzukriegen. Die Fahrzeuge unserer Gefährten wurden zu verschwommenen Schimären, gespiegelt in Gewässern, die überhaupt nicht existierten. Wir schwammen quer durch Arabien, einem ungewissen Schicksal entgegen, daher fiel es uns zunächst nicht auf, als Rans Landrover wild ausscherte und beinahe umkippte. Andy funkte: »Vorsicht! Eine Kamel-Suhle!«

Die Kamel-Suhle, so benannt, weil sich Kamele hier gerne auf dem Rücken im Sand wälzen, war aufgrund der Trugbilder nicht zu sehen gewesen. Wir machten eine Vollbremsung unmittelbar vor einer etwa sechs Meter langen Fläche, deren Bodenbeschaffenheit beinahe so tief reichte und so locker war wie Treibsand. Ich weiß bis heute noch nicht, wie es uns gelungen ist, sie zu durchqueren, ohne steckenzubleiben. Andy wies uns per Funk an, nicht zu schnell zu fahren, die Ausgleichssperre zu betätigen und das Lenkrad mit äußerster Vorsicht zu handhaben. Der Nachmittag war fast vorüber, als wir uns krampfhaft den Weg durch drei weitere Suhlen gebahnt hatten.

Wir fuhren in eine unerwartete Schlechtwetterfront hinein; der Himmel zog sich zu, und es wurde merklich kälter. Die Phantom-Seen verschwanden. Gegen Abend erkannten wir am Horizont die Umrisse der ersten Dünen des Leeren Viertels, der Rub' al-Khali.

Der Name läßt sich auf eine Legende zurückführen, derzufolge Gott bei der Schöpfung die Erde in vier Viertel teilte. Den ersten bildeten die Gewässer, zwei weitere das Festland, und der vierte Bereich war als ewiges Ödland vorgesehen. Ungefähr vierhunderttausend Quadratkilometer des Landesinneren von Arabien bestehen aus dieser mit Dünen übersäten Wüste, der größten auf der Welt. Einer der ersten Besucher aus dem Okzident, der aus südlicher Richtung in die Rub' al-Khali kam, war ein gewisser Colonel S.B. Miles. Im Jahre 1885 schrieb er: »Diese Wüstenei ... erstreckt sich über eintausend Kilometer in westliche Richtung und bildet damit die größte und unwirtlichste Sandfläche auf dem asiatischen Kontinent. Sie ist weitgehend ohne Flüsse, Bäume, Berge oder menschliche Behausungen, unerforscht und unmöglich zu erforschen. Es gibt hier keine Nahrung, kein Wasser, keine Straßen und keinen Schatten. Hier wehen rauhe Winde, und der Landstrich zeichnet sich durch eine Stille, Lethargie und Monotonie aus, die weltweit ihresgleichen suchten.«[98]

Der Ruf der Rub' al-Khali hat sich über die Jahre hinweg nicht gebessert. Eine Region mit so viel Sand und so wenig Leben wirkt unweigerlich erschreckend. Bertram Thomas, der die Rub' al-Khali in den dreißiger Jahren bereiste, erlebte sie als romantisch und geheimnisvoll, aber zugleich als »eine hungrige Leere, wo der Tod wohnt«.

Uns blieb nicht die Zeit, unseren eigenen Betrachtungen über die Rub' al-Khali Ausdruck zu verleihen. Die Sonne begann bereits unterzugehen, und wir mußten uns beeilen, vor Einbruch der Dunkelheit im Windschatten einer hohen Düne unsere Zelte aufzuschlagen. Kay und Mr. Gomez befaßten sich mit den MRE-Vorräten. In jedem Karton befanden sich zwölf verschiedene Fertigmenus, die entsprechend der Eßgewohnheiten unseres zwölfköpfigen Teams aufgeteilt werden mußten. Unsere omanische Polizeieskorte aß Rindfleisch, aber kein Schweinefleisch, während die Kameraleute alle Vegetarier waren. Da es nichts rein Vegetarisches gab, wurden ihnen die Geflügelgerichte zugeteilt. Für Kay und mich blieben nach dem Ausschlußverfahren als Frühstück, Mittag- und Abendessen wahlweise gekochter Schinken oder Würstchen mit Bohnen übrig. Die MREs waren mit Aufklebern versehen, auf denen geschrieben stand: »Nicht für den Verzehr vor dem Flug geeignet.« Ansonsten schmeckten sie nicht übel. Man konnte sie sogar kalt essen; besser schmeckten sie allerdings, wenn man sie im Wasserbad erhitzte, und noch besser, wenn man sie anbriet. Man konnte sie schärfer gestalten, indem man sie aus den winzigen Flaschen, die jeder Portion beigefügt waren, mit einem Spritzer Tabasco würzte.

Die Düne, in deren Schutz wir unser Lager aufgeschlagen hatten, war auf dem Weltraum-Foto klar zu erkennen. Somit bot sich Ron eine gute Gelegenheit, sich von der Funktionalität des Satelliten-Navigationssystems zu überzeugen. Er gab auf der Tastatur seines Empfangsgerätes unsere Position ein. Auf dem Bildschirm erschien die Information »KEINE SATELLITEN GEFUNDEN«. Wie konnte das sein? Nach seinen Berechnungen mußten sich sogar in diesem abgelegenen Gebiet mindestens drei Satelliten oben am Himmel befinden. Ron schaltete das Gerät mehrmals aus und ein, empfing aber immer wieder dieselbe Nachricht.

Jetzt hatten wir ein Problem. Bei unserem Erkundungsflug hatte sich die Satellitennavigation als so zuverlässig erwiesen, daß wir davon ausgegangen waren, uns ausschließlich darauf verlassen zu können. Was war nur schiefgegangen? Ron war der Meinung, daß die Satelliten durchaus irgendwo dort oben seien, und man aus irgendwelchen Gründen den Code geändert habe, der verwendet wird, um Informationen abzurufen. »Kann sein, daß der Golfkrieg wieder ausgebrochen ist und daß unsere Leute dem Feind den Zugang zu unseren Navigationsdaten verwehren wollen. Keine Ahnung.«[99]

Ziemlich verunsichert breiteten wir bei Einbruch der Dunkelheit unsere Decken (pro Person zwei) über die aufklappbaren Feldbetten mit Alugestell, die uns zwischen uns und jenen Lebewesen, die während der Nacht über den Boden kreuchen und fleuchen mochten, ein paar Zentimeter Abstand verschaffen sollten. Wir hatten uns schon zur Ruhe begeben, als sich Ran nochmal auf dem Ellenbogen aufstützte und lässig darauf hinwies, daß in diesen Breiten eine

Gattung zu Hause sei, die man gemeinhin als Kamelspinne bezeichnet.

»Seid ihr noch alle wach?« fragte er, um sicherzustellen, daß niemandem seine Geschichte entging. Dann begab er sich daran, uns zu erzählen, wie er vor etwa achtzehn Jahren mit seiner omanischen Militärpatrouille ebenfalls im Schatten dieser Dünen kampiert hatte. »Ibrahim, mein Funker, hat nächtlichen Besuch bekommen. Die Spinnen sind etwa fünfzehn Zentimeter lang und haben behaarte Beine und große Kauwerkzeuge.«

»Ich würde sagen«, mischte sich Andy Dunsire ein, »daß sie im Verhältnis zu ihrer Körpergröße von allen Lebewesen die kräftigsten Kiefer haben.«

»Nachdem eines der Viecher vergeblich versucht hat, in Ibrahims Schlafsack zu klettern, hat es einen Teil seines Gesichts aufgefressen«, setzte Ran seine Geschichte fort. »Sie betäuben dich nämlich, ehe sie zubeißen, so daß du es überhaupt nicht mitkriegst. Als der Bursche morgens aufwachte, fehlte ihm die halbe Nase und die eine Wange.« Ran machte eine Kunstpause, um die Geschichte so richtig wirken zu lassen, ehe er uns vergnügt eine gute Nacht wünschte. »Schlaft gut!«

Samstag, 14. Dezember, zweiter Tag. In die Rub' al-Khali. Als Folge der hereinbrechenden Wetterfront des vorherigen Nachmittags war die Temperatur während der Nacht fast auf den Gefrierpunkt gesunken. Einige von uns hatten sich stoisch in die zwei Decken gehüllt und so die Nacht über ausgeharrt, während andere versucht hatten, in den Landrovern sitzend zu schlafen. Ein übernächtigt wirkender Mr. Gomez hatte sich eine graue Wolldecke über seine weiße Dienstkleidung drapiert und verteilte dickflüssigen Kaffee und MREs. Die Kombination aus beidem stellte uns bald wieder her. »Wenn wir unsere MREs nicht hätten!« meinte Kay. »All die Proteine und der gute Zucker. Die richtige Kämpferkost.«

Wir packten unsere Sachen zusammen und fuhren in nordwestliche Richtung über die Dünen. Unser erstes Reiseziel war jene Stelle, wo das Wadi Mitan auf ein circa zwanzig Kilometer langes ausgetrocknetes Seenbecken traf, das auch ohne Satellitennavigation kaum zu verfehlen war.

Es gibt theoretisch zwei Arten, mit einem Geländewagen durch die Wüste zu fahren. Sie sind beide recht extrem. Die erste wird gerne von den Beduinen praktiziert; man könnte sie als Zen der Wüstenfahrt bezeichnen. Die Kunst besteht darin, den Sand zu »lesen«, sprich, den Neigungswinkel, die Beschaffenheit und die Farbe des Bodens auszuwerten, um festzustellen, welchen Weg man mit welcher Geschwindigkeit einschlagen muß. Ist dies geschehen, kann man elegant drauflosfahren, ohne daß das Fahrzeug steckenbleibt oder umzukippen droht. Es sieht ganz einfach aus. Für den geschickten, zuversichtlichen Beduinen ist es das auch.

Wir aber waren gezwungen, die andere Art zu wählen. Da wir nicht die leiseste Ahnung hatten, ob der Boden, der vor uns lag, hart oder tückisch weich war, fuhren wir in einem Affentempo die Dünen hinauf und hinunter und um sie herum, so schnell wir konnten, mit durchgetretenem Gaspedal. Es sah bestimmt so aus, als machten wir aus reinem Übermut eine wilde Spritztour. Es war in der Tat eine wilde Spritztour, aber wir unternahmen sie nicht aus Übermut, sondern um zu überleben. Je langsamer man fuhr, desto größer war nämlich die Gefahr, im Sand steckenzubleiben.

Vor uns streifte der von Ran gelenkte Landrover den Gipfel einer Düne und flog ein, zwei Sekunden durch die Luft; wir anderen folgten. »Waaa! Ha ha!« brüllte Ron, als wir wieder aufkamen – auf weichem Sand. »Au weia«, sagten wir alle. Der Wagen scherte aus und wurde ein wenig langsamer, gewann aber wieder an Geschwindigkeit, als wir über die nächste Düne hopsten und über die übernächste. Nun galt es, eine wesentlich höhere zu überqueren. Kurz bevor wir zum Gipfel gelangten, zögerten wir den Bruchteil einer Sekunde, da wir nicht wußten, was vor uns lag. Aber schon drehten sich die Räder des Landrovers mit einem unheilverheißenden Surren ins Leere.

Wir brüllten unisono los und stiegen dann aus, um festzustellen, daß wir bis zu den Radkappen im weichen Sand steckten. Es folgte das Prozedere, das wir bald im Schlaf beherrschen sollten. Wir senkten den Reifendruck erheblich und schaufelten die Räder soweit wie möglich frei, ehe wir mit dem Wagenheber die Hinterräder anhoben und mit den Alu-Sandleitern unterlegten. Sie waren jeweils ungefähr anderthalb Meter lang und gaben uns genügend Halt, um den Wagen aus der Senke herauszumanövrieren.

Wir verständigten uns über Funk mit den Fahrzeugen, die hinter uns fuhren, teilten ihnen mit, wann sie auf unserer Spur bleiben und wann sie einen Umweg wählen sollten. Wir wußten nie genau, was uns erwartete, insbesondere, wenn wir eine Düne überquerten. Wir mußten immer damit rechnen, daß jenseits des Gipfels eine große Sandgrube lag, deren Ränder so steil waren, daß man das Fahrzeug noch nicht einmal mit einem Abschleppseil herausziehen konnte – man hätte es einfach stehenlassen müssen.

Die Strecke war allerdings nicht ausschließlich hügelig. Am Rande der Rub' al-Khali wechseln sich Dünen ab mit sanft geschwungenen Ebenen, den sogenannten *ramlats*. Wir fuhren am südlichen Ausläufer der Ramlat Mitan entlang, bis wir gegen Mittag das Seenbecken erreichten, dessen einstige Gewässer vom Wadi Mitan gespeist wurden. Die Temperaturen lagen unter dreißig Grad, es war windstill, die Luft klar. Wir nahmen durch unsere Ferngläser das Terrain in Augenschein. Irgendwo in diesem Seenbecken lag eine Teilstrecke der Straße nach Ubar. Bertram Thomas hatte sie in den dreißiger Jahren entdeckt, aber zwischenzeitlich war sie durch neuere Spuren überlagert worden. Falls erforderlich, konnten wir später zurückkehren, um sie zu suchen, aber wir wollten erst einmal weiterziehen, in der Hoffnung, heute noch einen klarer erkennbaren Abschnitt der Straße zu finden. Falls es uns gelang, hatten wir genug Vorräte dabei, um ihr zwei, mit etwas Glück auch drei Tage lang folgen zu können.

Wir lenkten die Landrover durch das Seenbecken und steuerten dabei eine Ansammlung von Dünen an, die wir anhand der Radarfotos identifizieren konnten. Wir wußten allerdings noch nicht so recht, welchen Weg wir von dort aus einschlagen sollten. Letztendlich entschieden wir uns für einen deutlich erkennbaren Weg, knapp hundert Meter breit, der zwischen parallel verlaufenden Dünen hindurchführte. Wir kamen relativ schnell voran, bis die Dünen zunehmend höher wurden und schließlich so hoch waren, daß wir sie nicht mehr hätten überqueren können. Wir waren also gezwungen, der Straße zu folgen, die uns, wie wir mit wachsendem Unbehagen feststellten, immer weiter in den Norden führte, womit wir uns zunehmend von unserem Ziel entfernten. Inzwischen ragten die großen roten Dünen rechts und links des Weges fast zweihundert Meter in die Höhe. Gut drei Stunden, nachdem wir das Wadi Mitan verlassen hatten, schirmte Ron seine Augen gegen die Sonne, die schon tief am Himmel stand, aber noch immer intensiv strahlte. »Oh je«, meinte er, und kurz darauf: »Mist!« Der Weg war zuende: Vor uns lag eine massive Mauer aus Sand. Wir waren in eine riesige Sackgasse hineingefahren.

Nicht die Mauer, sondern wir waren fehl am Platz, denn wir hatten uns komplett verfahren. Die Herausforderung (und der Spaß), einfach so durch die Wüste zu fahren, hatte uns vergessen lassen, mal den Kompaß oder die Landkarte zu konsultieren. Wir hatten nicht daran gedacht, daß in dieser wie in jeder Wüste *alles gleich aussieht* und daß es kaum etwas gibt (wie unter normalen Umständen Häuser, Telegrafenmasten oder Bäume), das dem Reisenden einen Sinn für Proportionen vermittelt. Aus der Ferne ist eine kleine Düne durch nichts von einer großen zu unterscheiden, und die Hänge, Gipfel und Rinnen sind mehr oder weniger identisch. Wenn man nur ein Radarfoto zu Hilfe nimmt, kann man kilometerweit fahren, ohne zu merken, daß man nicht dort ist, wo man zu sein glaubt. Man bemerkt seinen Irrtum erst dann, wenn man an einen unverkennbaren Orientierungspunkt gelangt, in unserem Fall die Mauer aus Sand, die dort vor uns emporragte.

Wir beschlossen, an Ort und Stelle unser nächtliches Lager

aufzuschlagen. Am nächsten Morgen wollten wir dann zum Wadi Mitan zurückkehren und von dort aus versuchen, unsere Reise in den Westen fortzusetzen, wenn wir uns auch einen solchen Umweg eigentlich nicht leisten konnten. Wir konsultierten unsere detaillierte Landsat / SPOT-Aufnahme, um die Sackgasse zu finden, in die wir geraten waren. Zwar markierten wir mit einem gelben Wachsmalstift drei mögliche Stellen, aber keine von ihnen befand sich auch nur in der ungefähren Umgebung unseres eigentlichen Reiseziels.

An diesem Abend demonstrierte uns Ron mit Hilfe von drei Kit-Kat-Riegeln, wie sich zu jeder Uhrzeit mindestens ein NASA-Satellit über uns am Himmel befinden müßte. »Warum läßt sich aber kein Kontakt herstellen? Ich kann mir einfach nicht vorstellen, daß das ganze System zusammengebrochen sein soll. Was ist mit den Schiffen draußen auf dem Meer? Und den Tieren, die Sender am Hals tragen?«

»Und mit Leuten, die sich in der Wüste verfahren haben?« ergänzte Kay.

»Es *muß* einfach eine Vorkehrung für Notfälle geben«, meinte Ron, sich selbst Mut zusprechend. Er betätigte wieder einmal das Empfangsgerät, erhielt aber wie gehabt die Mitteilung »KEINE SATELLITEN GEFUNDEN«. Er murrte vor sich hin und machte sich an der Tastatur zu schaffen. »Aha!« rief er schließlich – er war auf die Information gestoßen, daß in unserem Erdteil nur einmal täglich, und zwar zwischen 2 und 3.30 Uhr morgens der Zugriff auf das System möglich war.

»Verheißungsvoll«, bemerkte Ron. »Vorausgesetzt, diese Dünen blockieren nicht den Empfang.« Es war durchaus denkbar, daß die hohen Dünen der Rub' al-Khali, die uns einkreisten, auf den Sendebereich eines tieffliegenden Satelliten störend einwirken konnten. Ron positionierte das Empfangsgerät auf dem Verdeck eines Landrovers und programmierte es so, daß es sich zur fraglichen Zeit einschalten und automatisch unsere Position aufzeichnen würde.

Sonntag, 15. Dezember, dritter Tag. Suche nach des Geistes Geisterstädten. Ich erwachte morgens um 2.15 Uhr und sah, daß Ron Blom ebenfalls wach war. Er saß auf dem Autodach, um das Satelliten-Empfangsgerät »mal eben zu überprüfen«, wie er mir zuflüsterte. »Alles klar. Wir kennen jetzt unsere Position. Sie lautet 18° 59 Minuten und 16 Sekunden Nord mal 52° 32 Minuten und 16 Sekunden Ost.«

»Prima!« sagte ich. »Gute Nacht.«

»Gute Nacht.«

Als ich aus unruhigen Träumen erwachte, war es fünf Uhr morgens, Zeit, in die Gänge zu kommen. Bald waren alle wach, und eine Stunde vor Sonnenaufgang waren wir um den Landrover versammelt, auf dessen Motorhaube Ron unsere Landsat / SPOT-Aufnahme ausgebreitet hatte. Der Strahl unserer Taschenlampe enthüllte uns, daß wir uns so weit wie nur möglich von der Straße nach Ubar entfernt hatten.

»Wir wissen, daß wir hier oben an dieser Düne sind«, erläuterte Ron. »Und wir wollen dort in die Ecke rüber. Zwischen den beiden Punkten liegen etwa dreißig Kilometer, aber es gibt keinen direkten Weg. Wir müssen über die Dünenstraße zurückfahren, dann schräg rüber und uns anschließend durch dieses recht unübersichtliche Terrain durcharbeiten ...«

Mit dem Finger zeichnete er auf dem Papier eine gewundene Strecke durch labyrinthische Dünenstraßen. Ab einem gewissen Punkt mußten wir unweigerlich die Dünen überqueren. Wenn sie auch nur annähernd so hoch waren wie jene, die uns derzeit umgaben, standen unsere Chancen schlecht. Ran faßte die Lage folgendermaßen zusammen: »Wenn Ron unsere Strecke richtig berechnet hat, sollte es kein Problem werden. Sollten wir aber auf diese riesenhaften Dünenreihen stoßen, kommen wir nicht mehr weiter.«

Wir fuhren zwölf Kilometer zurück und gelangten an eine Wegkreuzung, die uns auf eine parallel verlaufende Dünenstraße führte. »Nach unserem Bild zu urteilen«, bemerkte Ron trocken, »ist dies der einzige Weg, den wir einschlagen können. Es sei denn, wir gehen zu Fuß.«

Wir verließen uns jetzt vorsichtshalber auf die altmodische Methode, den Kurs genauestens festzulegen. Alle paar Kilometer hielten wir an, um ihn zu überprüfen. Ron berechnete jedes Mal von neuem unseren jeweiligen Standort und den Kurs, den wir fortan einschlagen mußten, während ich mich vom Magnetfeld des Fahrzeuges entfernte, um den Kompaß zu konsultieren. Ran richtete sich beim Fahren nach der von mir ermittelten Himmelsrichtung und maß unsere Reiseetappen in Zehntelkilometern aus. Ein einziger Fehler hätte genügt, um wieder vollends die Orientierung zu verlieren.

Mittags hatten wir bereits dreißig Mal angehalten, um unseren Kurs zu überprüfen. Er schien noch zu stimmen. Dennoch standen wir plötzlich vor einer Reihe beachtlicher Dünen. Zum Glück waren sie zwar breit, aber nicht hoch, und es gelang uns, sie zu überqueren. Wir fanden uns wieder auf einer jungfräulichen Dünenstraße, die keinerlei Fahrzeugspuren aufwies. Wir waren tiefer in die Wüste vorgedrungen als sämtliche Beduinen, Drogenschmuggler und Militärpatrouillen.

Wenn es uns nun auch noch glückte, die nächste Dünenreihe zu überqueren, wären wir auf der Straße nach Ubar, ganz in der Nähe jener Stelle, wo Bertram Thomas die Ruinen der Stadt vermutet hatte. Wir hielten vor einem Hang, der, nach unserem Radarbild zu urteilen, noch am leichtesten erklimmbar schien. Wir schauten durch unsere Ferngläser zum Gipfel, der zig Meter über uns emporragte. Mr. Gomez verteilte eine Runde Kit-Kat-Riegel. Wir hielten es für das beste, die Überquerung der Düne zunächst mit einem Fahrzeug zu versuchen. Falls uns das Unterfangen gelang, konnten die anderen folgen. Ran, Ron und ich fuhren ein wenig herum, um genügend Anlauf nehmen zu können.

»Wir haben wirklich keine andere Wahl …«, meinte Ron.

»Wir müssen in einem Rutsch hoch und rüber«, ergänzte Ran, »sonst können wir's ganz vergessen.« Er gab Gas und preschte den Hang hinauf. Der Hang war steil und der Boden weich. Zunächst fuhren wir achtzig, dann nur noch siebzig; zuletzt schafften wir es gerade noch, mit vierzig Kilometern pro Stunde weiterzufahren. Ich blickte auf unsere Reifenspuren zurück und sah, daß sie etwa dreißig Zentimeter tief waren. Juri, Kay und Mr. Gomez winkten und bedeuteten uns weiterzufahren. Wir kletterten höher und höher. Worauf hatten wir uns nur eingelassen, dachte ich. Die Zeilen eines Beduinen-Liedes gingen mir durch den Kopf:

> Nur ein Narr setzt sich der Wüstensonne aus,
> Zu suchen nach des Geistes Geisterstädten.
> Schütze uns, Allah, vor den Dschinns und den Dämonen,
> Den bösen Geistern, die das Wüstenreich bevölkern.[100]

»Du da hinten, halt dich fest«, rief Ran, aber ich hatte mir bereits den Kopf am Verdeck gestoßen. Die Strecke, die vor uns lag, war zerklüftet, uneben und nach wie vor steil. Ran warf das Lenkrad mal nach rechts, dann nach links, und wir fuhren im Slalom weiter aufwärts. Auf seine rasante Art – mit durchgetretenem Gaspedal und reger Betätigung der Gangschaltung – war Ran ein begnadeter Autofahrer. Bald konnten wir den anderen über Funk mitteilen: »Wir sind durchgekommen! Kommt nach!«

Man kann sich kaum ein großartigeres, wilderes und verzaubertes Wüstenszenario ausmalen als jenes Tal, das sich nun mondsichelförmig vor uns ausbreitete. Die Dünen, die es umschlossen, waren monumental, von einzigartiger Gestalt, und die Farbskala variierte zwischen Sienna-Rot und Ocker-Gelb. Am Boden glaubten wir einen Abschnitt der Straße nach Ubar zu erkennen. Wenn wir dort drüben auf den Sandhügel kletterten, würden wir sie genauer betrachten können.

Der zweite und dritte Landrover war inzwischen eingetroffen. Was hatten wir für ein Glück! Hatte überhaupt jemand vor uns diese Strecke zurückgelegt und war mit einem derart großartigen Anblick belohnt worden?

Wir erreichten ohne Mühe die Talsenke. Wir waren etwa zwei Kilometer gefahren, als uns Juris Funkspruch erreichte: »Wißt ihr, was ihr Hampelmänner gerade gemacht habt?«

Ran entgegnete: »Nein, wir Hampelmänner, wie du uns bezeichnest, wissen nicht, was wir gerade gemacht haben.«

»Ihr seid soeben geradewegs durch ein Lager hindurchgefahren.«

Wir hielten an und gingen zu Fuß zu jener Stelle zurück, wo Juri eine scheinbar beliebige Ansammlung von Steinen entdeckt hatte. »Das soll ein Lager sein?« fragte Ran skeptisch.

»Ein ehemaliges«, entgegnete Juri, während er kleine Steine vom Boden aufhob und begutachtete. Die erste Handvoll warf er fort. Es seien wertlose AFRs, erklärte er.[101] Dann aber sagte er: »Schaut mal, hier ist zum Beispiel eine Tonscherbe, wenn auch kein besonderes Exemplar.« Die Scherbe war orange und ziemlich stark beschädigt. Juri meinte, sie sei recht alt. Wahrscheinlich datierte sie zurück auf circa 1500 v.Chr.

Ran sah sich die Scherbe genau an und fragte Juri, was für Tonscherben man bis dato in der Rub' al-Khali gefunden habe. Juri zögerte, ehe er einräumte: »Naja, eigentlich keine ...« »Was?« meinte Ran und blinzelte erstaunt. »Dann ist dies also die erste Scherbe, die hier gefunden wurde?« Juri vermutete, daß sie es sei. Ran schüttelte ihm die Hand und sagte ihm, er sei stolz, einen Archäologen in unseren Reihen zu wissen, der »wirklich etwas Besonderes« sei. Juri grinste und zeigte uns weitere Steine, die rechteckig angeordnet in der Nähe aufgetürmt lagen. Er trat durch eine Lücke, bei der es sich um einen Eingang handeln konnte, und stöberte nach weiteren Scherben oder anderen Artefakten, wurde jedoch nicht fündig. Er ging davon aus, daß sich an dieser Stelle einst eine Einfriedung befunden hatte, eine Station, wo die Karawanen Rast gemacht hatten.

Wir fuhren weiter durch das Tal und erklommen zu Fuß den steilen Sandhügel, den wir vom Gipfel aus gesichtet hatten. Wir wurden für unsere Bemühungen belohnt. Von dort oben hatte man einen Panoramablick auf die Straße nach Ubar. Aus der gegenüberliegenden Dünenreihe trat ein gewaltiger Weg hervor, so breit wie eine zehnspurige Autobahn. Die Straße verlief quer durch das Tal und verschwand wieder unter den nächsten Dünen.

Lange bevor die Straße vom Sand verschluckt wurde, hatten sich Aberhunderte von Kamelen über den Horizont bewegt und gigantische Staubwolken aufgewirbelt. Bewaffnete Hirten mit langen Lanzen hatten die widerspenstig blökenden Tiere zusammengetrieben und nach Viehdieben Ausschau gehalten. Die langsame Prozession hatte sich der Stelle genähert, an der wir uns soeben befanden, um mit ihrer Fracht aus Weihrauch in nördliche Richtung weiterzuziehen, bis sie zu den großen Marktstädten der antiken Welt gelangte.

Wir schlugen unser Lager an der Nordseite des Tals auf, unweit der L-förmigen geologischen Formation, die wir bei unserem Erkundungsflug als ausgetrocknetes Seenbecken identifiziert hatten. Ron stieg hinunter ins Becken und entnahm mit einem Handbohrer Sedimentproben, die man später verwenden konnte, um zu ermitteln, wann der See entstanden war. Seiner gelehrten Meinung nach war er zwischen 7000 und 8000 v. Chr. eingetrocknet.

Juri begutachtete indessen das Ufer und fragte: »Wenn ich zum Jagen und vielleicht auch zum Angeln hierher gekommen wäre, wo würde ich mich dann niederlassen?« Er gab sich selbst die Antwort. »Weiter oben, wo ich das Wild und eventuelle Feinde von weitem sehen könnte.« Nachdem er dies festgestellt hatte, machte er sich von dannen. Nach ungefähr einer Stunde war er wieder da. Seine sämtlichen Taschen waren prall gefüllt mit Steinen. Nur sechshundert Meter weiter entfernt, außerhalb unserer Sichtweite, hatte er die Überreste einer Lagerstelle aus dem Neolithikum (ab 5000 v. Chr.) entdeckt. Er war sich nicht ganz sicher, meinte aber, sie sei durch eine Art Fußgängerwege unterteilt. Das gesamte Areal war mit etwa zehntausend Relikten aus der Steinzeit übersät, beschädigte wie gut erhaltene Steinäxte, Tierhaut-Schabemesser, Schlegel und Pfeilspitzen.

»Wäre aber die Steinzeit nicht …«, setzte ich an.

»Ja«, beendte Juri meinen Satz, »zu früh für das, was wir suchen.«

Während der Mond aufging und Mr. Gomez uns »Aprikosen, getrocknet« und »Kekse, 2 chok. chip« servierte, besprachen wir die Funde des Tages und hörten zu, wie der Archäologe Juri gemeinsam mit dem Geologen Ron die Geschichte des Tals in groben Zügen rekonstruierte …

Vor etwa siebentausend Jahren hatten die Jäger und Sammler des Neolithikums auf einer Anhöhe oberhalb des kleinen Sees ihr Lager aufgeschlagen. Angesichts der zahlreichen Relikte, die Juri gefunden hatte, war davon auszugehen, daß man über Hunderte, vielleicht auch Tausende von Jahren immer wieder dieselbe Stelle aufgesucht hatte. Als die Regenfälle aber nicht länger so weit ins Landesinnere drangen, trocknete der See ein, und die Steinzeitmenschen bevorzugten Lagerstätten, die wahrscheinlich weiter südlich gelegen waren. Die einstige Steppe wurde zur Wüste. Der Wind türmte den Sand aus den ausgetrockneten Seenbecken und Flußbetten zu Dünen auf, die zunächst eher klein waren, dann aber stetig wuchsen, bis sie riesengroß geworden waren.

Irgendwann um 1500 v. Chr. (dem ungefähren Entstehungsdatum der Keramik, von der Juri die orangene Scherbe gefunden hatte) – oder noch davor – kam ein technologisch höher entwickeltes Volk in diese Region. Es hielt sich nur so lange wie nötig hier auf, lange genug also, um rudimentäre Unterkünfte zu schaffen, Rastplätze entlang der Weihrauchstraße.

»Und was ist mit Ubar?« fragte Kay.

Eine Weile sagte keiner ein Wort. Schließlich brach Ron das Schweigen. »Ich denke, es hat alles mit Wasser zu tun. Ohne Wasser keine Stadt. Heute gibt es hier mit Sicherheit kein Wasser, und ich bezweifle, daß es vor drei-, viertausend Jahren welches gab. Lange Zeit vorher, ja. Aber wenn ein See wie dieser erstmal eingetrocknet war, blieb es auch dabei.« Juri nickte zustimmend und erklärte, daß die Menschen der Steinzeit, wenn die Seen in einer bestimmten Region von Quellen statt von Regenwasser gespeist wurden, diesen meist zu ihrem Ursprung folgten, wenn der Wasserspiegel des Sees zu sinken begann. Sie bauten die Quelle zu einem Brunnen aus, und wenn dies hier geschehen wäre, wäre mit ziemlicher Sicherheit der eine oder andere Brunnen noch heute in Gebrauch.

Wir überlegten, inwieweit eine Stadtgründung an dieser Stelle realisierbar gewesen wäre. Die Wanderdünen und die heftigen Sandstürme wären bestimmt zu einem Problem geworden. Außerdem: Was wäre der Sinn und Zweck einer solchen Stadt gewesen? Vorausgesetzt, Ubar war eine Handelsstadt, ein »Omanum Emporium«, von wo aus die Karawanen entsandt wurden, warum hätte man dann die Stadt so weit von den Weihrauchhainen entfernt gebaut. Bis dorthin war es per Kamel immerhin eine Reise von sechzehn Tagen. In dieser abgelegenen Region hätte Ubar keineswegs eine strategisch günstige Position gehabt. Auf unserem Radarbild hatten wir bereits mindestens zwei Reiserouten gefunden, die bestens dafür geeignet waren, die Stadt Ubar, hätte sie sich hier befunden, zu umgehen und sich somit um die Zollgebühren oder Zinsen zu drücken, die die Araber damals so gerne erhoben.

Kurzum: Es wäre ein wirtschaftliches Desaster gewesen, hier eine Stadt zu gründen.

Während der letzten paar Tage hatte eine bewußte Fröhlichkeit unsere Gespräche gekennzeichnet. Jetzt wußten wir auch warum. Wir hatten uns in den Humor geflüchtet, um nicht der Möglichkeit ins Auge sehen zu müssen, daß wir, wie es im arabischen Lied heißt, »des Geistes Geisterstadt« hinterherjagten.

Obwohl wir alle müde waren, ging vorerst keiner von uns zu Bett. Das Tal hatte zu uns gesprochen und uns etwas gesagt, was wir nicht hören wollten. Zugleich hatte es aber bestätigt – indem es uns eine orange Tonscherbe und eine imposante Straße zeigte –, daß die Menschen, auf deren Spuren wir wandelten, immerhin hier gewesen waren. Aber wie und wo hatte ihre Reise begonnen? Wenn wir das herausfanden, hatten wir vielleicht das Rätsel um Ubar gelöst.

Das Tal zeigte uns außerdem, daß die Rub' al-Khali keineswegs, wie es oft heißt, nur aus *natura maligna*, aus bösartiger

Natur, besteht. Einst glaubten die Araber, die Sterne seien die Laternen Tausender Engel. Sie leuchteten jetzt hell am Firmament, gemeinsam mit dem Halbmond. Die Konturen der Dünen hoben sich deutlich ab, mal in einem kühlen Hellblau, mal in Dunkelblau. Die Stille, die im Tal herrschte, rief keine Angst in uns hervor, noch nicht einmal Unbehagen, sondern nur friedvolle Gelassenheit.

Es gibt eine Übersetzung des Namens »Rub' al-Khali«, die nur wenige kennen. Obwohl man spätestens seit dem 15. Jahrhundert davon ausgeht, daß der Begriff »das Leere Viertel« bedeutet, wurde er vor noch längerer Zeit wahrscheinlich als »das Mondviertel« übersetzt. Im antiken Arabien »gehörte« nämlich jedes Gebiet einem anderen Gott; die Wüste war der Bereich des Mondgottes, der mächtigsten und bedeutsamsten aller Gottheiten. Umspielt vom sanften Atem der kühlen Brise ging der Mond des Abends auf und gab den Menschen Gelegenheit, sich von der Hitze des Tages zu erholen, und diente den nächtlich reisenden Karawanen als Laterne in der Finsternis. Der Mond regierte die Sterne, die wiederum das Schicksal des einzelnen sowie ganzer Völker bestimmten. Man maß den Verlauf der Zeit an den Phasen des Mondes: Geburt, Leben und Tod. Ein uraltes Lied beschreibt den Mond als

> ... Wesen der Nacht, das den Tag verkündet.
> Mögen die Toten erwachen, den Weihrauch riechen.[102]

Montag, 16. Dezember, vierter Tag: Die Straße nach – oder aus? – Ubar. Wir folgten der Straße nach Ubar durch das Tal weiter in die Dünenlandschaft hinein. Unser Landsat / SPOT-Bild war uns eine große Hilfe. Indem wir es konsultierten, konnten wir uns geradewegs zu der nächsten Stelle begeben, wo über ein paar hundert Meter hinweg die Straße freigelegt und sichtbar war. Juri vermutete, daß wir, wenn wir nur intensiv genug danach suchten, überall die Spuren der Karawanen und ihrer Rastplätze entdecken würden. Und nach den Seenbecken zu urteilen, die, wie uns das Radarbild verriet, in dieser Region reichlich vorhanden waren, gab es hier vermutlich eine große Anzahl neolithischer Siedlungen, die noch älter waren als die, welche Juri gesichtet hatte. Juri spekulierte darüber, inwieweit diese Relikte aus dem Neolithikum die Beduinen dazu verleitet haben konnten, Ubar in dieser Gegend zu vermuten.

»Stell dir vor, du bist ein Beduine und lebst im letzten Jahrhundert oder so. Du findest irgendwo ein neolithisches Relikt, meinetwegen einen großen Schleifstein. Die sehen ja ziemlich eindrucksvoll aus. Aha, denkst du, hier muß also irgendwo Ubar liegen! Deine Phantasie geht mit dir durch, bis du unter jeder Düne einen verborgenen Schatz vermutest. Vielleicht ging es nicht nur den Beduinen so, sondern auch Leuten wie Bertram Thomas und Wendell Phillips. Zum Schluß glaubten alle, sie würden Ubar hier finden.«

Am späten Vormittag des vierten Tages unserer Reise durch die Wüste waren wir gezwungen umzukehren. Durch unsere zweitägige Irrfahrt hatten wir so viel Benzin verbraucht, daß unsere Reserven gerade noch ausreichten, um zurück an den Rand der Rub' al-Khali zu fahren, zu jener Stelle, wo wir ein großes Benzinfaß deponiert hatten. Also machten wir widerstrebend kehrt und überquerten ohne nennenswerte Zwischenfälle die Dünen, die das geheimnisvolle Tal umsäumten. Von dort aus gelang es uns, auf einem direkten Wege zurück zum Wadi Mitan zu fahren. Während der Fahrt berieten wir uns per Funk. Wie sollte es nun weitergehen? Unsere einzige Hoffnung bestand darin, daß die Straße, die wir gefunden hatten, nicht *nach*, sondern *aus* Ubar führte, sprich: daß Ubar in der entgegengesetzten Richtung lag, mitten in der Wüste, in der Nähe der Weihrauchhaine. Es erschien uns logisch, aber dennoch unwahrscheinlich, da es kaum einen Zentimeter Wüste gab, den die scharfsichtigen Beduinen nicht auswendig kannten, die uns, wie wir wußten, jederzeit bereitwillig in ihr Geheimnis eingeweiht hätten.

Nachdem wir das Wadi Mitan erreicht hatten, wußten wir,

daß wir mehr oder weniger dem Verlauf der Straße nach Ubar folgten, aber wir hatten ja bereits bei unserem Erkundungsflug feststellen müssen, wie schwierig es war, sie zu identifizieren. Unseren Radarbildern zufolge befanden wir uns streckenweise direkt auf der Straße; nur dann und wann wich unser Kurs ein paar Kilometer nördlich oder südlich von der alten Strecke ab. Wir dachten darüber nach, wie und wo wir anfangen könnten, nach der Straße zu suchen. Wir konnten beispielsweise den Stellen unsere besondere Aufmerksamkeit widmen, wo sich der Straßenverlauf mit den Wadis kreuzte, wo man einst Station machte, um die Wasserreserven aufzufrischen. Außerdem gab es die Möglichkeit, unsere Radarbilder noch einmal zentimeterweise zu überprüfen. Vielleicht war uns doch das eine oder andere vielversprechende Indiz entgangen? Dies erschien uns allerdings eher unwahrscheinlich.

Es war bereits dunkel, als wir unseren Ausgangspunkt erreichten. Unser Reservekanister war zwar genau dort, wo wir ihn zurückgelassen hatten, nur war er jetzt leer. Vermutlich hatte ein vorbeiziehender Beduine seinen Kleinlaster aufgetankt. Zum Glück hatten wir noch genug im Tank, um bis zur kleinen Oase bei Shisur zu fahren und vielleicht sogar bis zum Flughafen Thumrait.

Dienstag, 17. Dezember, fünfter Tag. Nach Shisur. In der Wüste kann der Wind zur Tortur werden. Dann kommt es wieder vor, daß man sich nach ihm sehnt. Am nächsten Tag war es heiß und absolut windstill. Die riesigen Staubwolken, die unsere Landrover aufwirbelten, blieben einfach in der Luft stehen, so daß nur der Fahrer des ersten Wagens freie Sicht hatte; die anderen mußten blindlings folgen. Etwa jede Stunde hielten wir an, um eine neue Reihenfolge für den Konvoi festzulegen. Inzwischen hatte sich die Staubwolke aber verflüchtigt, und als wir über die sandige Ebene blickten, sahen wir eine Gruppe weiß schimmernder Häuser und Türme, die sich in den Hitzewellen zu bewegen schienen.

»Das muß Ubar sein«, meinte Kay scherzhaft. »Wie konnten wir es bloß übersehen?«

Ran schaute durch sein Fernglas. »Stell dir vor, es ist eine Neubausiedlung. Tsk, tsk.« Tatsächlich handelte es sich um ein Dutzend nagelneuer Häuser und eine Moschee, die die Regierung kürzlich für die Scheichs und die Familien der örtlichen Rashadi in Shisur errichtet hatte, also dort, wo wir auf unserem Erkundungsflug die Ruine der Festung gesehen hatten. Als wir uns der Siedlung näherten, konnten wir Details erkennen. Wir sahen Kinder, die von Haus zu Haus liefen und alle über den herannahenden Besuch informierten.

Eine Art »Wüstentrommel« hatte den Bewohnern von Shisur bereits die Kunde überbracht, daß wir auf dem Weg zu ihrer Stadt waren. Die sechsunddreißig Seelen der Gemeinde, kulleräugige Kleinkinder wie weißbärtige Älteste, alle in traditionelle omanische Roben gehüllt, eilten herbei, um uns mit einem herzlichen *salaam aleikum* zu begrüßen. Was für seltsame Gründe uns auch immer hierhergeführt haben mochten – man wünschte uns, daß der Frieden mit uns sei. Der Iman, der religiöse Führer Shisurs hieß Baheet (»Glück«) ibn Abdullah ibn Salim. Zusammen mit seinem Freund Mabrook (»Glückwunsch«) geleitete er uns stolz durch die Neubausiedlung und schloß sich an, als wir loszogen, um die alte Festung noch einmal in Augenschein zu nehmen. Die Männer bestätigten, daß sie um 1500 von einem gewissen Badr ibn Tuwariq errichtet worden war.

Das auffälligste Merkmal der Ruine war der Wachturm. Nun, da er mehr Zeit hatte als beim letzten Mal, sich mit der Architektur zu befassen, stieß Juri auf eine Besonderheit. Weiter oben am Turm ließ die handwerkliche Qualität des Gemäuers merklich nach, und die quadratische Form wurde zu einer runden. »Wißt ihr«, meinte Juri, »es ist keineswegs ausgeschlossen, daß dieser Scheich Tuwariq die Festung nicht errichtet, sondern lediglich restauriert hat. Vielleicht stammt der ursprüngliche Bau aus dem Mittelalter oder sogar aus der Zeit davor.«

Die Festung balancierte am Rande der steilen Vertiefung, der die Stadt Shisur ihren Namen verdankt. Wie man uns belehrte, bedeutet *shisur* nämlich »die Spalte«. Der Geologe Ron und der Archäologe Juri gingen voraus, als wir durch den Kies zum Boden der Senke hinunterkletterten. Nachdem sie eine Weile diskutiert hatten, waren sie sich einig, daß wir uns in einer ehemaligen unterirdischen Höhle befanden, die wahrscheinlich früher mit Wasser gefüllt gewesen war. Durch natürliche oder auch durch von Menschenhand herbeigeführte Ursachen sank irgendwann der Wasserspiegel, was dazu führte, daß sich die Statik der Höhle verschob, bis sie in sich zusammenbrach, und zwar bereits *nachdem* man die Festung errichtet hatte. Sah man nach oben, konnte man nämlich erkennen, daß sich eine Außenwand gelöst hatte. Sie war hinunter in die Senke gefallen und lag nun unter unseren Füßen begraben.

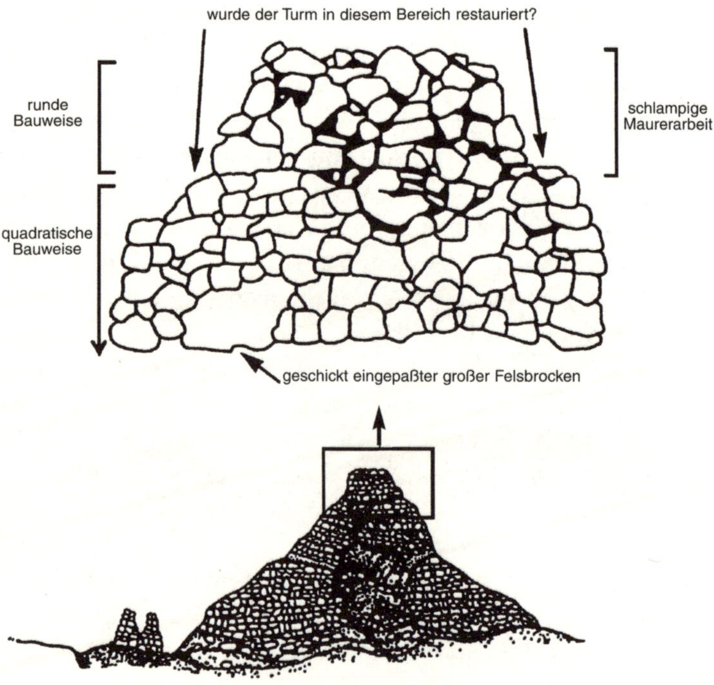

Die Ruine von Shisur

Der Mythos besagt, daß Ubar bei einer gewaltigen Naturkatastrophe zerstört wurde. Worin sie bestand, ist unbekannt. Eine Fassung erzählt von einem Sturm, die andere von der Stimme des Herrn, eine dritte davon, wie die Stadt von der Wüste verschluckt wurde. Die Shahra hatten zu berichten gewußt, wie Ubar »stürzte«. Konnte mit Shisur dasselbe geschehen sein wie mit Ubar. Waren die beiden am Ende identisch? Dann mußten diese Ruinen aber viel älter als fünfhundert Jahre sein. Wir schöpften Hoffnung, als uns Baheet und Mabrook die Petroglyphen zeigten, die in die Wand der Senke eingeritzt waren, denn sie sahen aus, als seien sie sehr alt. Juri wies uns allerdings darauf hin, daß sie ebensogut nur hundert Jahre alt sein konnten. Bis vor kurzem hatte hier die Zeit noch stillgestanden.

Wir kehrten zu unseren Landrovern zurück, verspeisten unsere letzten MREs und überprüften auf unserem Radarbild sorgfältig die Gegend um Shisur. Die neuen Häuser und die Moschee waren darauf natürlich nicht zu sehen, da man sie erst zu einem späteren Zeitpunkt gebaut hatte, aber die Vertiefung mit ihren dunklen, sichelförmigen Umrissen war deutlich zu erkennen. Mindestens sechs Karawanenspuren

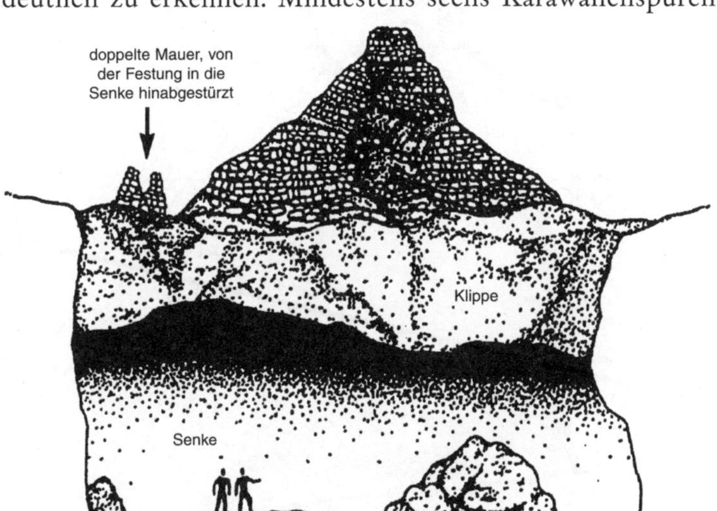

Die Senke in Shisur

führten von den Weihrauchhainen bis an diese Stelle. Alle Karawanen waren gezwungen, in Shisur Station zu machen, da sich hier eine zuverlässige Quelle befand. Wer auch immer zu jener Zeit, als die Karawanen durch die Rub' al-Khali zogen, Shisur – und somit die Wasserversorgung – beherrschte, hatte auch erheblichen Einfluß auf den Weihrauchhandel.

Natürlich gab es Gründe, warum Shisur keinesfalls mit Ubar identisch sein konnte. Zum ersten fehlten der Festung nach unserem derzeitigen Wissensstand gut zweitausend Jahre, und zum zweiten glich die Stätte wohl kaum jener

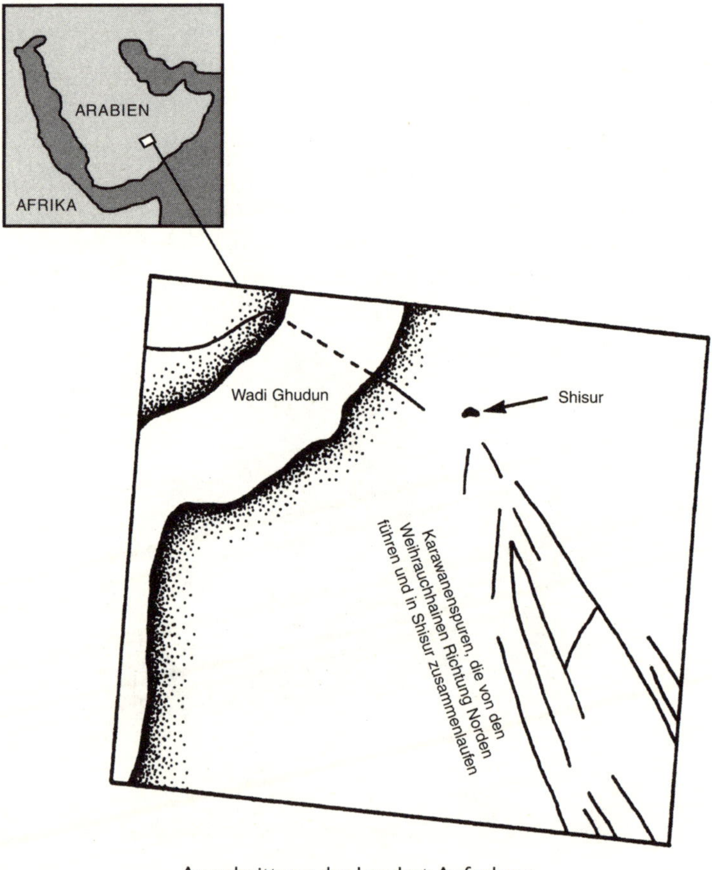

Ausschnitt aus der Landsat-Aufnahme

Stadt, »die im ganzen Lande ihresgleichen sucht«, wie der Koran berichtet.

»Dazu gehört aber nicht viel, oder?« fragte Kay.

»Viel was?«

»Es gehört nicht viel dazu«, erläuterte sie, »in *diesem* Land die großartigste Stadt zu sein.«

»Vielleicht hast du recht«, meinte Juri nachdenklich.

Wir öffneten einen Karton Kit-Kat-Riegel und teilten den Inhalt mit Baheet, Mabrook und einem Schwarm Kinder und einigten uns dabei auf ein Konzept. Wir wollten einen Monat lang in Shisur unser Hauptquartier aufschlagen und ein, zwei Quadrate ausgraben, um die Stätte eventuell datieren zu können. Parallel dazu wollten wir Ausflüge in die Umgebung machen und entlang der Weihrauchstraße nach Spuren der Stadt Ubar suchen.

Etliche Kit-Kat-Riegel später, erklärte sich Baheet bereit, uns drei nicht ganz fertiggestellte Häuser in Shisur zu vermieten. Als wir aufbrachen, um zum Flughafen Thumrait zurückzufahren, freuten wir uns schon auf richtige Betten und richtiges Essen – und darauf, nach fünf Tagen in der Wüste endlich duschen zu können.

15.
Was der Radar verriet

Wir kehrten bald mit Verstärkung nach Shisur zurück. Charles Elachi vom JPL und Ron Bloms Frau Kris, die ebenfalls als Wissenschaftlerin beim JPL arbeitete, waren zu uns gestoßen. Ganz oben auf unserer Agenda stand der Plan, den Sand zu untersuchen, den der Wind über die Jahrhunderte hinweg in die tiefe Senke unterhalb der Ruine geweht hatte. Zu diesem Zweck hatten wir eine Miniaturversion jenes Radars mitgebracht, der vor sieben Jahren die *Challenger* begleitet hatte. Unsere drei JPL-Leute waren gerade dabei, die fünf Transportkisten auszupacken, in denen sich die verschiedenen Teile der SIR-Radar-Ausrüstung befanden, mit deren Hilfe man durch den Boden hindurchschauen konnte. Juri, Kay und ich konstruierten indessen am Boden der Senke ein Raster aus Pfählen und Bindfaden. Ron setzte den Sender/Empfänger des Radars zusammen, der einem überdimensionalen roten Teppichkehrer glich, und verkabelte ihn mit dem Signalprozessor und dem Aufzeichnungsgerät. Als Kris ihn einschaltete, entrollte sich das gerasterte Papier, und die Tinte des Druckers begann zu fließen. Charles stellte das Gerät so ein, daß es eine Tiefe bis zu fünfzehn Metern erfaßte.

Wir wollten gerade loslegen, als plötzlich das ganze System zusammenbrach. Charles überprüfte die Stromanschlüsse, Kris blätterte die Gebrauchsanweisung durch, und Ron mutmaßte, das Gerät sei heißgelaufen. Zu dritt schleppten sie es in den Schatten und ließen es auskühlen, aber es wollte noch immer nicht funktionieren. Sie probierten weiter. »Ich für meinen Teil«, murmelte Ron vor sich hin und spielte den Desillusionierten, »halte es nach wie vor für das beste, verschüttete Objekte einfach auszugraben.«

Wir waren so ziemlich am Ende unserer Weisheit angelangt, als Ran herbeischlenderte und höflich fragte: »Stört es euch, wenn ich etwas ausprobiere?«

»Nicht im geringsten«, erwiderte Ron.

Ran beugte sich über das Aufzeichnungsgerät, hob es etwa dreißig Zentimeter vom Boden und ließ es wieder fallen. Das ausgefeilte technische Gerät, dessen Wert sechzigtausend Dollar betrug, krachte auf den Boden und erwachte dabei zu neuem Leben. Baheet (»Glück«) und Mabrook (»Glückwunsch«), die uns zugeschaut hatten, riefen nun »Hamdullalah!« (»Allah sei Dank!«)

Bald war Ron damit beschäftigt, den roten Schlitten metho-

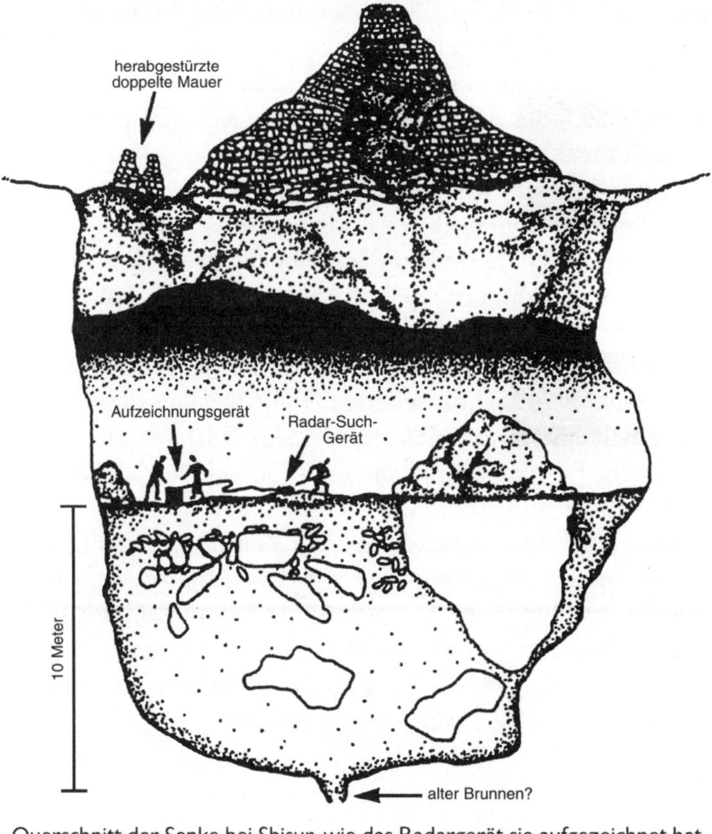

Querschnitt der Senke bei Shisur, wie das Radargerät sie aufgezeichnet hat

disch über den Boden der Senke gleiten zu lassen. Das Grundgestein lag in etwa zehn Metern Tiefe. Darüber identifizierte der Radar eine diffuse Ansammlung zerbrochener Felsblöcke und – höchstwahrscheinlich – die Überreste von Stadtmauern und Häusern.

Charles und Kris werteten die komplizierten Kurven und Kringel aus, die das Aufzeichnungsgerät ausspuckte. Charles wurde auf eine plötzliche Veränderung aufmerksam. »Schaut mal her«, sagte er. »Seht ihr, wie es in die Tiefe geht?«

»Was kann das sein?« fragte Juri.

Charles überlegte einen Moment, ehe er antwortete. »Ein Brunnen. Ich denke mal, da unten ist ein alter Brunnen.« Die nächsten Aufzeichnungen bestätigten seine Vermutung. In der Mitte der Senke befand sich der Schacht eines Brunnens, den womöglich die Leute von 'Ad gebaut hatten, als sie merkten, wie der Wasserspiegel sank, und um jeden Preis ihre Wüstenfestung retten wollten.

In dieser Nacht konnte es Juri nicht lassen, mit einer Taschenlampe nochmals die Festung und die Senke zu besichtigen. Kay und ich hefteten uns an seine Fersen. Irgendein Volk hatte offenbar die große Anstrengung auf sich genommen, Tausende von Steinblöcken auszuheben, zu behauen und zu Mauern zu stapeln, um sich in dieser entlegenen Wüstenregion einen Standort zu schaffen. Ich würde an dieser Stelle gerne behaupten, die Mauern von Shisur hätten zu uns gesprochen. Es wäre aber nicht wahr. Sie schwiegen. Wie Juri schon festgestellt hatte, war es unmöglich, ihr Alter zu bestimmen. Sie konnten noch aus der Zeit des Weihrauchhandels stammen, aber es konnte ebensogut sein, daß sie, wie die meisten glaubten, im 16. Jahrhundert vom Jemenitischen Scheich Badr ibn Tuwariq errichtet worden waren.

»Es wird Zeit«, meinte Juri, »daß wir aufhören zu spekulieren und mit den Ausgrabungen beginnen.«

16.
Die Stadt der Türme

Dann und wann pflegte Imam Baheet auf das Minarett der neuen Moschee in seiner Siedlung zu steigen und die Gläubigen zum Gebet zu rufen …

Gott ist der Größte
Es gibt keine anderen Götter

Baheets Stimme hallte durch die winzige Siedlung und die nahegelegenen Ruinen. Wie seltsam wäre es, dachten wir, wenn Ubar tatsächlich in Sicht- und Hörweite dieser Glaubensgemeinschaft begraben läge, die soeben zusammengefunden hatte, um Suren aus dem Koran zu deklamieren:

Überheblich und gesetzlos waren die Leute von 'Ad. »Wer könnte mächtiger sein als wir?« pflegten sie zu sagen. (aus der Sure »Offenbarungen«)

Hast du nicht gehört, wie Allah mit den 'Ad verfuhr, den Bewohnern der Säulenstadt Iram, die im ganzen Lande ihresgleichen sucht? (aus: »Der Sonnenaufgang«)

An einem Tag des unversöhnlichen Zornes hetzten wir einen heulenden Wind auf sie los, der sie davontrug, als seien sie die Stämme entwurzelter Bäume. (aus »Der Mond«)

Und als der Morgen kam, waren nur noch ihre zerstörten Behausungen zu sehen. Das ist der Lohn der Abtrünnigen. (aus: »Al-Ahqaf«)

Die 'Ad haben den Herrn verleugnet. Verschwunden sind nun die 'Ad … (aus »Hud«)[103]

Wir richteten uns in Shisur häuslich ein. Die drei Häuser, die wir angemietet hatten, waren voll mit feinem roten Sand, den wir erst einmal wegschaufeln mußten – unsere erste Ausgrabung vor Ort. Kay kehrte von einem Ausflug an die Küste und nach Salala zurück; jeder Quadratzentimeter ihres Landrovers war vollgestopft mit rosa- und türkisfarbenen Schaumstoffmatratzen, die sie in einem Souk für vier Dollar pro Stück erstanden hatte. Als sie die Wagentüre öffnete, sprangen sie alle heraus und flogen durch die Gegend, was die örtliche Bevölkerung enorm erheiterte. Um das neue Zuhause gemütlicher zu gestalten, hatte Kay außerdem leuchtend bunte Bettüberwürfe gekauft, die in einer uns unbekannten Sprache beschriftet waren: »NAMI KAMA MAMA« und »ADUI NI MDOMO WAKO«. Juri tippte auf Suaheli.

Ran hatte am Flughafen in Thumrait einen lädierten Generator organisiert, den er irgendwie überredete zu funktionieren. Er ermöglichte uns hell erleuchtete Abendstunden und speiste unsere Racal-Funkgeräte, die unsere einzige Verbindung zum Flughafen und der übrigen Außenwelt waren. Seltsamerweise kam es uns so vor, als ob die Welt von uns weit entfernt sei, nicht etwa wir von ihr. Es genügte uns vollkommen, uns zweimal täglich, jeweils um 13 und um 19 Uhr, in Thumrait zu melden. In einem dieser Gespräche erörterten wir die baldige Ankunft von fünf Archäologiestudenten aus den USA und erfuhren voller Freude, daß uns die Firma Airwork zu Weihnachten zwei zehn Kilo schwere Truthähne spendieren wollte.

Juris Studenten von der Southwest Missouri State University waren ein wenig benommen, als sie in Shisur ankamen, so stark unterschied sich die neue Umgebung von den Maisfeldern ihrer Heimat. Drei von ihnen, Rick Brietenstein, Jean England und Julie Knight, waren noch im Grundstudium. Rick, der noch nie die Vereinigten Staaten verlassen, geschweige denn je in einem Flugzeug gesessen hatte, sollte sich bald der anspruchsvollen Aufgabe widmen, bei den Ausgrabungen zu assistieren und zugleich ein *Who's Who* der Shisuriten zusammenzustellen, der den Sippenstammbaum von Baheet, Mabrook und ihrer ganzen Verwandschaft umfaßte. Außerdem zählten nun zu unserem Team zwei Studenten im Hauptstudium, die archäologische Assistentin Jana Owen und die Archivarin Amy Hirschfeld, der die Aufgabe zufiel, unsere Funde zu dokumentieren und zu verwahren. Beide Frauen kannten sich im Mittleren Osten aus; sie hatten gemeinsam an einem Projekt in Israel gearbeitet. Kay und ich waren begeistert, als auch unsere Töchter Cristina und Jennifer den Urlaub bzw. die Semesterferien nutzten, um uns in Shisur zu besuchen. (Cristina arbeitete zu jener Zeit als Zeitschriftenredakteurin, und Jennifer absolvierte ihr letztes Semester an der Wesleyan University).

Juri hatte einen einfachen, gezielten Plan für die Ausgrabungsarbeiten in Shisur entworfen. Wir wollten die Ausgrabungen auf der Anhöhe beginnen, die den nördlichen Rand der Senke säumte und hinter der alten Festung gen Osten verlief (siehe Lageplan). Sie sah allerdings nicht besonders vielversprechend aus. Wenige Meter hinter der Festung ragten die Mauerfragmente von drei kleinen Räumen aus dem Staub und Sand, aber ansonsten schien es sich bei der Anhöhe um ein rein geologisches Merkmal zu handeln. Juri meinte, wenn sich diese Vermutung als richtig erwies, würden wir uns ausschließlich auf die Ruine der Festung konzentrieren und unser Pro-

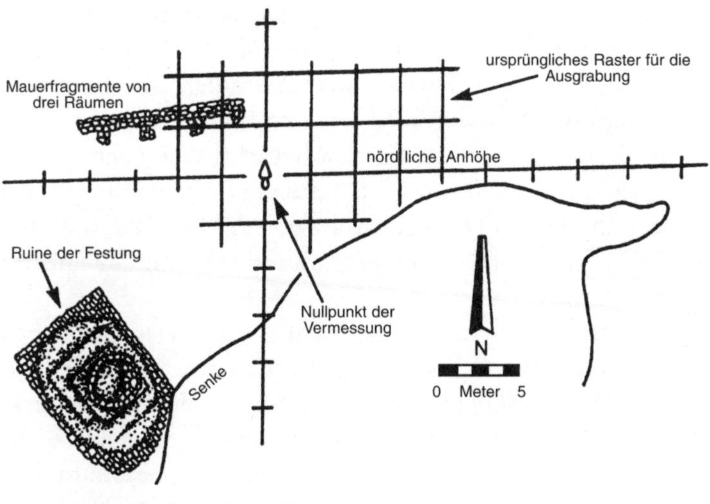

Lageplan 1 Nördliche Anhöhe vor den Ausgrabungsarbeiten

jekt relativ schnell abschließen. Wenn wir aber bei der Ausgrabung der Anhöhe wider Erwarten fündig würden, würde es sich lohnen, sich intensiver mit dieser Stätte zu befassen.

Zu Vermessungszwecken bestimmten Juri und Jana Owen einen Punkt Null als Ausgangsbasis. Sie sichteten das Gelände mit einem Theodoliten (optisch-mechanisches Instrument zum Messen von Horizontal- und Höhenwinkeln) und konstruierten mit Metallpfählen und orangefarbigem Bindfaden ein Raster. Jedes Planquadrat maß drei mal drei Meter.

Während Juri mit seiner Mannschaft die Ausgrabung der Anhöhe vorbereitete, fuhr Kay mit einem der Landrover in die Wüste hinaus. Sie kehrte triumphierend zurück mit einem ausgebleichten unbelaubten Strauch auf dem Beifahrersitz. Unser Weihnachtsbaum. Begleitet von Weihnachtsliedern, die aus den Mini-Boxen ihres Walkmans erklangen, schmückte sie ihn mit einer kleinen Lichterkette, die sie in einer Eisenwarenhandlung an der Küste aufgestöbert hatte.[104]

Am ersten Weihnachtstag gelang es Mr. Gomez, sich selbst zu übertreffen. Wie Kay ihm versprochen hatte, gab es nun »richtiges« Essen zu kochen. Zwar gab es kein Kühlsystem, aber immerhin hatte er jetzt einen Butangaskocher mit zwei Platten sowie ein paar Wüstenherde, die unsere Airwork-Partner improvisiert hatten. Um einen Wüstenherd zu bauen, muß man einen Alu-Behälter mit Sand füllen, ihn mit einem Automatik-Gewehr durchlöchern, mit Benzin füllen und dieses in Brand setzen – und schon hat man eine echte Kochstelle, die nicht qualmt (und potentielle Feinde anlockt). An diesem Tag besuchten uns etwa zwölf Mitarbeiter von Airwork. Sie brachten *plum pudding*, Brandy und gute Laune mit in unser Lager.

Wir brachten unsere ganze Mannschaft an einem langen Tisch unter, den wir ins Freie gestellt hatten. Wir saßen auf Betonblöcken, die wir uns aus der Neubausiedlung geborgt hatten. Unsere amerikanischen Studenten, die zum ersten Mal Weihnachten in der Fremde feierten, berichteten reihum von ihren Familienfesten, und die Mitarbeiter von Airwork, die alle Elf-Monats-Verträge ohne Urlaub unterzeichnet hatten, schwärmten von den traditionellen, verschneiten Weihnachtsfesten in England und Schottland. Juri erinnerte uns daran, daß die erste Weihnacht in der Geschichte der Menschheit weniger mit Tannenbäumen als mit Palmen zu tun hatte und daß die ersten Weihnachtsgeschenke »Gold, Weihrauch und Myrrhe« gewesen waren.

»Es kann gut sein, daß die Übersetzung nicht stimmt«, meinte er. »Mit ›Gold‹ ist möglicherweise gar nicht das glänzende Metall gemeint, sondern Weihrauch der ›Gold-Qualität‹, vielleicht ein Balsam. Die Bibel sagt uns, daß es mindestens zwölf Arten von Weihrauch gab. Also können die Geschenke etwas gewesen sein, was man ganz in unserer Nähe findet: drei Arten von Weihrauch. Gold-Balsam, silberner Weihrauch und Myrrhe.«

Falls Shisur tatsächlich in biblischen Zeiten gebaut worden war, konnte man davon ausgehen, daß sich von den Weihrauchkarawanen, die ihre lange, mühevolle Reise in den Norden antraten, einige auch in Jerusalem einfanden. Um wieder zu Hause zu sein, ehe die sengende Sommerhitze sie einholte, mußten die arabischen Händler ihre Reise so planen, daß sie Ende Dezember/ Anfang Januar Jerusalem erreichten.

In einem Tal bei Jerusalem gibt es Höhlen, in denen die Reisenden mit ihren Kamelen Zuflucht vor der Kälte und Nässe des Winters suchten. Wenn die Gasthöfe in der Stadt ausgebucht waren, pflegten Händler und andere Reisende in diesen Höhlen zu übernachten. Die Geburt eines Kindes hätten die arabischen Händler als göttlichen Segen interpretiert und den Säugling mit Weihrauch beschenkt.

Zweite Woche in Shisur … Wir hatten mit der Ausgrabung begonnen. Wir arbeiteten uns langsam voran, mal mit Spateln, mal mit Pinseln. Es hat keinen Sinn, bei einer Ausgrabung überstürzt vorzugehen. Wenn es etwas zu finden gibt, wird es schon irgendwann zum Vorschein kommen – was auch geschah. In einer Tiefe, die zwischen einigen Zentimetern und einigen Metern variierte, legte Juri mit seinen Studenten das Fundament einer ehemaligen Mauer frei. Sie war parallel zu jener Anhöhe verlaufen, die wir eingangs für eine natürliche Formation gehalten hatten. Die drei kleinen Räume, die Juri entdeckt hatte, waren in die Mauer hineingebaut. Er nahm an, sie seien Lager- oder Verkaufsräume gewesen. »Überall in den landesüblichen Souks findet man denselben Grundriß.«

Die studentischen Hilfskräfte bearbeiteten jeweils eine neun Quadratmeter große Parzelle. Während sie behutsam das Erdreich abtrugen, notierten sie die Positionen der Steine – die zum Teil unverkennbar Grundsteine der Mauer waren – und die geringfügigste Abweichung in der Beschaffenheit des sandigen Bodens. Ihre ersten Funde waren eher bescheidener Natur: abgeschabte orange Tonscherben und winzige Knochen, vermutlich Mäuseskelette. Juri machte die Runde, um Fragen zu beantworten (»Ist dies etwas Wertvolles?« »Nein«), erteilte Ratschläge (»Diese kleinen Steine kannst du rausschmeißen. Sie sind nicht strukturiert.«) und legte oft selbst Hand an.

Vier Tage nach Weihnachten scharrte er in einem Planquadrat herum, mit dem man sich noch kaum befaßt hatte. Dabei förderte er eine Scherbe zutage. Sie war von einem unscheinbaren, stumpfen Grau, ganz anders als die orangen Fragmente, welche die Studenten bis dato gefunden hatten. Juri hob sie auf und betrachtete sie von allen Seiten. »Hübsches altes Stück.« Mehr konnte er nicht sagen, denn es hatte ihm die Sprache verschlagen. Bei diesem »hübschen alten Stück« handelte es sich nämlich um das Fragment eines römischen Gefäßes. Entweder war sie mit einer Karawane hierher gelangt, oder die Araber hatten eine »Fälschung« hergestellt. Wie auch immer: Sie stammte aus vorchristlicher Zeit, möglicherweise aus dem dritten oder vierten Jahrhundert vor Christus.

Wir verstärkten ab sofort unsere Bemühungen. Damit ja kein wertvolles Relikt übersehen wurde, sammelten die Studenten den Sand und die Erde aus ihrer jeweiligen Parzelle in schwarzen Plastikeimern. Der Inhalt wurde anschließend durchgesiebt, wobei selten etwas Nennenswertes zum Vorschein kam. Das Sieben war weitgehend die Aufgabe des ehrgeizigen Arbeiters Absalom aus Belutschistan, einer der drei, die Ran an der Küste angesprochen hatten, nach Shisur gekommen waren und seither für uns arbeiteten. Wenn einer der Studenten seinen Eimer über dem Sieb ausschüttete und Absalom mit dem Sieben begann, dauerte es in der Regel nicht lange, bis er mit Fragen bestürmt wurde: »Schon was gefunden? Ist was dabei?«, die er mit finsterer Miene über sich ergehen ließ. Archäologie ist eben nichts für ungeduldige Gemüter, schien er sagen zu wollen.

Es war die Studentin Julie Knight, die das nächste bedeutsame Relikt entdeckte, eine Scherbe, die Juri als griechisch (oder Imitation des griechischen Stils) identifizierte, wenn er auch, ohne seine Nachschlagewerke zu konsultieren, nicht ganz sicher sein konnte. Er ging davon aus, daß sie im Zeitraum zwischen spätestens 100 v. Chr. und frühestens 400 v. Chr. entstanden war. Innerhalb der nächsten Tage wurden Hunderte von Scherben ausgegraben, größtenteils griechischen oder römischen Ursprungs. Es gab allerdings auch einige, die Juri

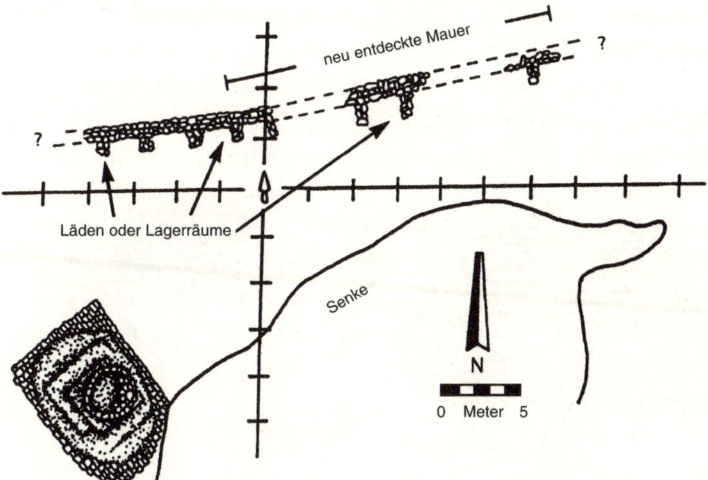

Lageplan 2 Nördliche Anhöhe mit freigelegter Mauer

nicht gleich identifizieren konnte. Er nahm an, sie stammten aus einem östlichen Teil der antiken Welt, vermutlich aus Syrien oder Persien. Auf alle Fälle wußten wir nun, daß Shisur nicht etwa fünfhundert, sondern mindestens zweitausend Jahre alt war!

Die vielfältigen Relikte verrieten uns so manches über die Geschichte der Stadt Shisur. Sie war offenbar recht wohlhabend gewesen; immerhin konnten sich ihre Bewohner die hochwertigsten Gegenstände leisten, die die antike Welt zu bieten hatte. Darüber hinaus waren sie selbst schöpferisch tätig gewesen, indem sie die orangefarbige Tonware mit den umkreisten Pünktchen herstellten. Juri hatte in Khor Suli an der Küste Tonscherben mit demselben Muster gesehen, ebenso in der Rub' al-Khali (wenn auch das fragliche Stück so verwittert war, daß er sich nicht ganz sicher sein konnte), und jetzt begegneten sie ihm hier wieder. Er meinte, dieser Stil sei einzigartig für diese Region, und daß es sich möglicherweise um eine Art Wahrzeichen der Leute von 'Ad handeln könne.

Wir wagten es, zaghaft das Wort »Ubar?« zu hauchen, wobei uns Kay, die als Südstaatlerin mit Flüchen und Zauberbannen vertraut ist, gleich warnte, unser Glück nicht leichtfertig aufs Spiel zu setzen. Wenn wir jetzt schon glaubten, wir hätten Ubar gefunden, könnten es dunkle Mächte so einrichten, daß Ubar *doch nicht* Ubar war. Was zu schön erscheint, um wahr zu sein, ist oft wirklich nur eine Illusion. Darüber hinaus ließ uns die Frage keine Ruhe: Handelte es sich bei unserer

Scherbe mit charakteristischem Muster

Ausgrabungsstätte um einen untergeordneten Außenposten oder um ein – wie Ubar – bedeutendes Zentrum des Handels und eine große Ansiedlung?

Dritte Woche in Shisur … Der Montag verstrich ohne besondere Vorkommnisse. Am Dienstag stand Juri dann vor einem Rätsel. Er war davon ausgegangen, daß sich die Mauer von der Festungsruine aus in östliche Richtung erstreckte, mußte nun aber feststellen, daß sie eine deutliche Kurve beschrieb. Diese befand sich in Rick Brietensteins Planquadrat. »Führt geradeaus«, meinte Juri ratlos, »und beschreibt urplötzlich eine Kurve.« Zusammen mit Rick folgte er der Mauer Zentimeter für Zentimeter. Sie fragten sich, ob sie durch herabgestürzte Steine oder, schlimmer noch, durch natürliche Formationen irregeführt worden waren, aber nein, die Mauer beschrieb an der fraglichen Stelle tatsächlich eine hufeisenförmige Kurve, um anschließend ihren geraden Verlauf wiederaufzunehmen.

Juri erhob sich vom Boden, trat einen Schritt zurück und hatte eine Erleuchtung. »Wißt ihr was?« rief er. »Es ist ein Turm! Sieht so aus, als hätten wir einen Turm entdeckt.«

Wir kletterten auf das Verdeck eines Landrovers, um die

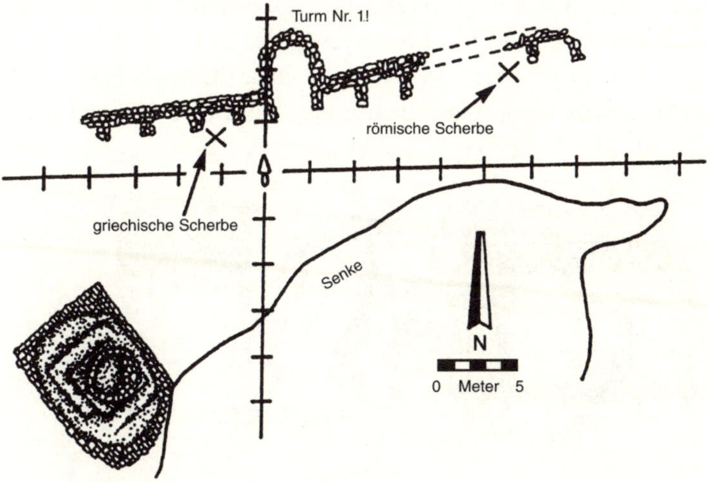

Lageplan 3 Nördliche Anhöhe mit dem entdeckten Turm

Ausgrabungsstätte aus einer erhöhten Perspektive überschauen zu können. Während Amy Hirschfeld ihre Nikon-Kamera einstellte, ließ Juri Rick auf eine archäologische Tafel mit Kreide den Text »DAD [Dhofar Antiquities Dept. (Abteilg. f. Altertümer in Dofar)] TURM NR. 1« schreiben. Anhand der Breite des Fundaments schätzte Juri die einstige Höhe des Turms auf etwa zehn Meter.

»Stellt euch mal so einen Turm vor«, sagte Juri. »So etwas baut man nicht einfach irgendwo in die Landschaft. Erst baut man eine Mauer, dann einen Turm, und später verlängert man die Mauer und weitere Türme kommen hinzu ...« Hier in Shisur war der Turm mit an Sicherheit grenzender Wahrscheinlichkeit Bestandteil eines größeren Bauwerks gewesen, einer Festung, die die Sicherheit der Wasserreserven und der Weihrauchernte gewährleistete.

Und siehe da, bald förderte Jean England aus ihrem Planquadrat die Grundmauern eines zweiten Turms zutage, »DAD TURM NR. 2«. Höher als der erste und rund statt eckig gebaut, hatte er die nordöstlich gelegene Ecke des Festungsbaus bewacht. In seinem Innern waren noch Fragmente einer Treppe zu erkennen sowie ein kleiner Brennofen, ausgestattet mit steinernen Hitzekollektoren. Es war schwer zu sagen, wofür man diesen Ofen einst verwendet hatte; offenbar nicht als Schmelzofen, denn es war keine Schlacke vorhanden. Vielleicht hatte man ihn ja benutzt, um Weihrauch zu brennen.[105]

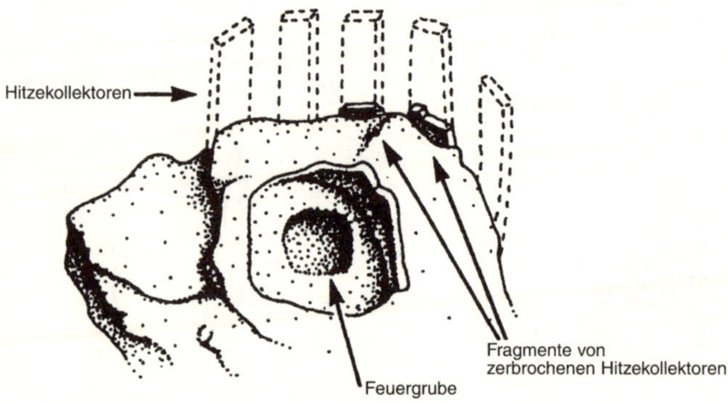

Alter Ofen

Juri hatte mit seiner Ahnung, die ihn dazu verleitete, die Ausgrabungsarbeiten auf der nördlichen Anhöhe zu beginnen, absolut ins Schwarze getroffen. Wir hatten die nördlich gelegene Außenmauer und die Türme einer antiken Festung ans Tageslicht geholt.

Als Baheet bei Sonnenuntergang auf seinem Minarett stand und die Gläubigen zum Gebet rief, las ich, wie schon so oft, die Sure »Der Sonnenaufgang« aus dem Koran. »Hast du nicht gehört, wie Allah mit den 'Ad verfuhr, den Bewohnern der Säulenstadt Iram, die im ganzen Lande ihresgleichen sucht?« Wo aber waren die Säulen, wenn es tatsächlich die Stadt Ubar/Iram war, die wir ausgegraben hatten? Eine mögliche Erklärung lag in der Interpretation des Wortes عماد. (Man spricht es *imad* aus.) Im heutigen Sprachgebrauch bedeutet der Begriff »Säule«, aber früher war die Bedeutung wesentlich allgemeinerer Natur. In der ersten englischen Übersetzung des Korans, 1782 von George Sale herausgegeben, lautet die fragliche Zeile wie folgt: »Die Leute von Iram, geziert von hochragenden Gebäuden.« In der antiken Welt verstand man unter »hochragenden Gebäuden« höchstwahrscheinlich solche, die Juri zutage gefördert hatte: Türme.[106]

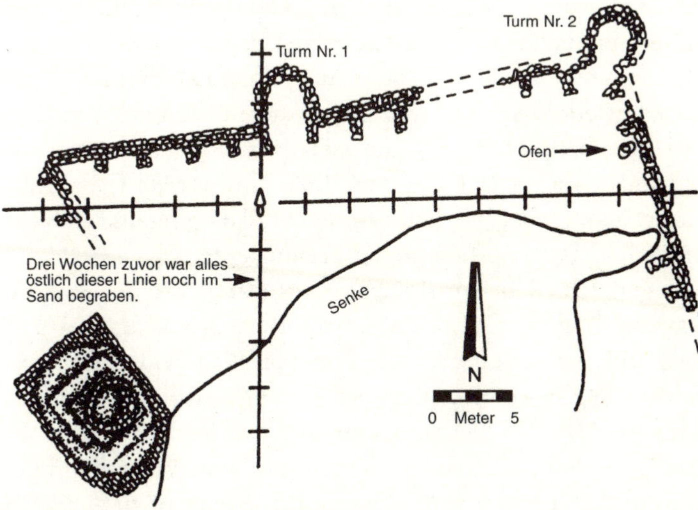

Lageplan 4 Nördliche Anhöhe beim Ende der Ausgrabungsarbeiten

Der Prophet Mohammad verurteilte übrigens die Errichtung »hochragender Gebäude«. In einem Spruch bezüglich der »Boten der Endzeit« wirft er ihnen vor, sich anzumaßen, höher in den Himmel zu ragen als die Moscheen. Bedenkt man Ubars überlieferten Ruf als Stadt der Überheblichkeit, erscheint es nur passend, daß dort »anmaßend« hohe Türme gebaut wurden.

Im Laufe der Woche grub Juri mit seinen Studenten die Grundmauern eines vierten Turms sowie die Fortsetzung der Außenmauer der Festung aus.

Inzwischen hatte sich bei uns eine Alltagsroutine etabliert. Bei Sonnenaufgang frühstückten wir gemeinsam im größten Zimmer, wo Kays Weihnachtsbaum noch immer in der Ecke funkelte. Mr. Gomez trug seine weiße Kochbekleidung, die chinesischen Schlappen und ab und zu den Cowboyhut, den ihm Kay geschenkt hatte. Je nach Stimmung servierte er uns Cornflakes, Eierkuchen oder sogar Käseomelettes.

Anschließend vollzog sich der »Archäologen-Marsch«, wie wir ihn nannten, entlang der Hauptstraße der Ortschaft. Juris Studenten, noch im Halbschlaf, gingen mit ihren Eimern, Notizbüchern und Vermessungsgeräten beladen voran. Es folgten die freiwilligen Helfer, von denen einige die mehr als 1200 Kilometer, die uns von Masqat trennten, durch die Wüste gefahren waren, um uns zur Seite zu stehen. Die drei aus Belutschistan bildeten mit ihren Schubkarren die Nachhut. Am Ende der Hauptstraße (die aus ganzen drei Häusern bestand) schwenkte die Prozession nach links und erreichte bald die Ausgrabungsstätte, wo jeder an seinen Platz ging und sich ans Graben, Sieben und Dokumentieren machte.

Gegen zehn Uhr vormittags gab es eine Pause mit Tee und Kit-Kat-Riegeln. Oft bekamen wir Besuch von Baheet und Mabrook, die nach der Pause gerne von Planquadrat zu Planquadrat schlenderten, hier und da mit anpackten, wie es ihnen gerade so in den Sinn kam, und darüber grübelten, daß Ubar, jene Stadt, die seit Generationen vom Volksmund gefeiert und gefürchtet wurde, hier unter ihren Füßen begraben lag. Eines Tages geriet der Imam Baheet in helle Aufregung. Er verkündete uns: »Die Leute von 'Ad waren korrupt. Wir alle wissen es. Allah hat sie bestraft!« Um seiner Aussage Nachdruck zu verleihen, schlug er mit einem großen Stein auf den Boden und fügte hinzu: »Ubar! Khalas!« Da er nun einmal ein Imam und zutiefst von der Lehre der durch Allah gestraften 'Aditen überzeugt war, unternahm er ab und zu den Versuch, uns zu bekehren, wobei er stets betonte, daß er die »Leute des Buches« – womit er die Bibel meinte – zutiefst respektiere.

Mittags wurde es gewöhnlich unglaublich heiß, und es gab weit und breit keinen Schatten. Wir arbeiteten also so lange, wie es ging. Gegen 13 Uhr, manchmal auch ein wenig später, zog der Archäologen-Marsch zurück ins heimische Lager. Nach einem leichten Mittagessen zogen sich alle für ein paar Stunden zurück, um ihre Aufzeichnungen auf den neuesten Stand zu bringen, Briefe an Freunde und Verwandte zu schreiben oder wahlweise in Bertram Thomas' *Arabia Felix* oder in einer zerfledderten Ausgabe von Elmore Leonards *Glitz* zu schmökern, wobei letzteres von jenen bevorzugt wurde, die sich nach einem Szenenwechsel sehnten.

Gegen halb vier Uhr am Nachmittag, wenn die ärgste Hitze nachgelassen hatte, setzten wir unsere Ausgrabungen fort. Häufig ließ sich Juri von Jana Owens vertreten, während er, begleitet von Baheet oder Mabrook, hinaus in die Wüste fuhr. Er hatte die Ahnung, daß es sich bei der Festung von Shisur um das Herz einer großen halbnomadischen Siedlung handeln könnte. Auf unserem Radarbild konnte man erkennen, daß es nordöstlich von Shisur einst einen großen Fluß mit einer sehr schwachen Strömung gegeben hatte. Während des Neolithikums kamen die Menschen an seine Ufer, und als der Fluß eintrocknete, hatten sich die Leute von 'Ad möglicherweise in dieser Gegend niedergelassen, denn das Land war höchstwahrscheinlich noch immer fruchtbar, eine weitläufige Oase.[107] Um Dutzende von steinumrandeten Feuerstellen – deren Spuren noch immer erkennbar waren – hatten sich die

Karawanen versammelt, ehe sie sich auf ihre Reise quer durch die Rub' al-Khali begaben.

Abends gegen sechs nahmen wir öfters an den täglich stattfindenden Majlis teil, den Gemeinschaftstreffen, die von den Rashidi-Ältesten der Stadt Shisur geleitet wurden. Obwohl es in den neuen Häusern Majlis-Räume gab, zogen es die Bewohner Shisurs vor, sich draußen auf der Hauptstraße um eine Feuerstelle zu versammeln, die sie aus einem abgesägten Ölfaß gebaut hatten. Die Gespräche drehten sich oft um die Vorzüge und Mängel der Kamele, die durch das Dorf wanderten. Seitdem sie durch den Toyota ersetzt worden waren, war die Funktion der Kamele nicht länger klar definiert. Sie schienen bestenfalls darauf zu warten, eines Tages noch einmal gebraucht zu werden, sollte sich die derzeitige, relativ komfortable Lebensweise der Rashidi nicht als Dauerlösung erweisen. Diese Vermutung erwies sich als zutreffend, als eines Tages die Rede auf Wasser kam. Offenbar war der Wasserspiegel der Quellen in der unmittelbaren Umgebung dabei, zusehends zu sinken, und es bestand die Gefahr, daß Shisurs Wasserversorgung nach Tausenden von Jahren irgendwann versiegen könnte. Was würden die Rashidi dann tun? Ihre Antwort bewies, daß sie im Geiste Beduinen geblieben waren. Ohne ihre neuen Behausungen auch nur eines Blickes zu würdigen, zuckten Baheet und Mabrook mit den Achseln und blickten hinaus in die Wüste. »Dann gehen wir eben«, meinte Baheet.

Beim Abendessen verglichen wir unsere Beobachtungen des Tages, besprachen, was wir am nächsten Tag unternehmen wollten, bestellten die unterschiedlichsten Menus (amerikanische College-Kost, arabische Küche, amerikanische vegetarische Cuisine) und nickten verständnisvoll, wenn Mr. Gomez eine seiner Schimpftiraden losließ. Jedenfalls nahmen wir an, es handle sich um Schimpftiraden. Die einzige, die es genau zu sagen wußte, war Kay. Eines Abends kam es zu einer ziemlich brenzligen Situation, als Mr. Gomez klagte, *irgend jemand* habe sich in seinen Vorratsraum geschlichen (der absolut »off limits« war), um sich an dem Brandy, den Mr. Gomez zum Kochen verwendete, schadlos zu halten. Dabei fixierte er unsere omanische Polizeieskorte. Die stets zuvorkommenden Polizisten pflegten sich für Aufmerksamkeiten mit den Worten »Ich danke zu herzlich!« erkenntlich zu zeigen (da sie zwischen den Begriffen »zu« und »sehr« offenbar keinen Unterschied erkennen konnten). Bei dieser Gelegenheit reagierte Jumma, der ranghöchste Polizist, auf die Anschuldigungen des Kochs, indem er in einem unverkennbar sarkastischen Ton sagte: »Wir danken zu herzlich, Mr. Gomez.«

»Ich danke weniger herzlich, Herr Polizist Jumma«, versetzte Mr. Gomez und stolzierte hinaus in die Nacht.

Juri bemerkte, daß es sich wieder einmal bestätige, daß weder die Wunder der Vergangenheit noch das Schicksal antiker Kulturen die Mitglieder einer archäologischen Expedition so stark beschäftigen wie die positiven und negativen Aspekte der Verpflegung. Ich habe unsere amerikanischen Studenten noch nie so glücklich gesehen wie an jenem Abend, als Mr. Gomez unter Kays Anleitung eine Tomatensuppe und als Hauptgang mit Käse überbackene Sandwiches und Hamburger zubereitete, wobei letztere eine seltsame, ovale Form aufwiesen, aber es waren eindeutig Hamburger.

Kay hatte die Aufgabe, Mr. Gomez immer wieder zu besänftigen und, obwohl es keine Kühlschränke gab, dafür zu sorgen, daß bei jedem Mahl bis zu vierzig Leute zugleich verköstigt werden konnten (einschließlich der vielen freiwilligen Helfer, die uns an den Wochenenden besuchten). Sie setzte sich alle paar Tage nach dem Abendessen mit Mr. Gomez zusammen, um eine Bestandsaufnahme der Vorräte zu machen. Nachdem sie sich notiert hatte, was uns fehlte, setzte sie sich in einen der Landrover und fuhr allein durch die Wüste, um soviel frische Lebensmittel zu kaufen, wie sie im Wagen unterbringen konnte. Kay liebte die Wüste, besonders bei Nacht. Die Landrover hatten alle starke Halogenscheinwerfer und Funkradios, die auf hohe wie auf tiefe Frequenzen eingestellt waren, so daß sie uns im Falle einer Autopanne jederzeit benachrichtigen konnte. Außerdem konnte sie internationale Nachrichten empfangen, entweder vom Sender BBC World Service am Persischen Golf oder von der Station Voice of America. In diesen Breiten werden die Nachrichten des VOA in s-e-h-r l-a-n-g-s-a-m-e-m Englisch verlesen. Während sie sich über die neuesten Entwicklungen bei Microsoft und über die »moralische Mehrheit« kundig machte, behielt Kay stets den Kilometerzähler im Auge. Sie wußte besser als wir alle, bei wievielen Kilometern vom Standort mit Kamel-Suhlen zu rechnen war, und fuhr mühelos durch sie hindurch.

Die Autofahrt zu unserem Depot am Flughafen in Thumrait dauerte hin und zurück drei bis vier Stunden. Wenn ich gegen Mitternacht auf das Flachdach unseres Häuschens in Shisur stieg, konnte ich draußen in der Nacht mitten in der Wüste zwei klitzekleine Lichtpunkte erkennen. Sie bewegten sich in vierzig Kilometern Entfernung langsam auf mich zu. Mal waren sie nicht mehr zu sehen, dann tauchten sie auf einem Hügel wieder auf, dieses Mal etwas näher. Und ich wußte, Kay würde innerhalb der nächsten Stunde wieder zu Hause sein.

Wenn sie ankam, entluden wir beim Licht unserer Taschenlampen den Landrover und schleppten die Vorräte in Mr. Gomez' Lagerraum. Es gab zwischen den beiden einen einzigen Streitpunkt. Die Auseinandersetzungen waren vorhersehbar, denn sie drehten sich unweigerlich um die Kisten mit Wadi-Tanuf-Mineralwasser. In jeder Getränkekiste befand sich als Werbegeschenk ein Trinkglas, dessen Wert etwa drei Cents betrug, mit der blauen Aufschrift »Wadi Tanuf« in englischer und arabischer Sprache. Beide waren versessen darauf, einen Satz dieser Gläser zu sammeln, und stritten sich darum, als ob sie die Welt bedeuteten.

Im Laufe unserer dritten Woche in Shisur funkten wir einen Bericht über den Stand unserer Recherchen nach Thumrait, mit der Bitte, diesen an unsere Sponsoren in Masqat weiterzuleiten. Am Wochenende darauf wimmelte es an der Ausgrabungsstätte von freiwilligen Helfern. Juri unterteilte sie in

Sechsergruppen, die je von einem Studenten angeleitet wurden, und wies ihnen Arbeitsplätze entlang des voraussichtlichen Verlaufs der Mauer zu.

Joan Fulford, eine freiwillige Helferin, hatte nicht länger als zwanzig Minuten gegraben, als ihr ein bläulich-grünes Objekt entgegenblitzte. Sie entfernte mit einem Pinsel den Sand und Staub. Zu ihrem allergrößten Entzücken kam eine wunderschöne römische Vase zum Vorschein. »Ich?« rief sie. »Ausgerechnet ich soll das hier gefunden haben? Meine Güte, hatten diese Leute aber schöne Sachen!«

Ein paar Meter weiter attackierten die Airwork-Mitarbeiter Richie Arnold, Nick Deufel, Neal Barnes (Guru) und Pete Eades (Black Adder) voller Elan die Schräge obenhalb der Senke und erbrachten dabei einen weiteren Beweis, daß sich hier einst eine florierende Handelsstadt befunden hatte, die zu Recht den Namen »Omanum Emporium« trug. Steine flogen durch die Luft, eine Schubkarre Sand nach der anderen wurde zum Sieben gebracht, und innerhalb weniger Stunden wurden die Bemühungen der vier Männer belohnt. Es kamen die Konturen von mehr und mehr Ladenlokalen zum Vorschein, eingelassen in die Außenwand der Festung.

Wenn sich Ran Fiennes, der sich normalerweise eher mit Logistik und diplomatischen Beziehungen befaßte, mal als Archäologe betätigte, zog er es vor, mit bloßen Händen statt mit Kellen und Spateln vorzugehen. »Nein, so macht man das aber nicht«, mahnte Juri, aber Ran war nicht zu halten, vor allem, als er auf einen Abschnitt der Mauer stieß und stolz verkündete: »Ich bin ein Archäologe! Über Nacht bin ich zum Archäologen geworden!«

»Hör doch auf, wie ein Fuchs zu buddeln«, flehte Juri, aber er hätte sich seine Worte sparen können.

Es war eine außerordentlich erfolgreiche Woche. Juri hatte insgesamt fünf Türme entdeckt und vermutete, daß noch weitere zwei bis drei unter dem Sand und Schutt begraben lagen. Die Außenmauer der Festung führte uns schließlich zu unserem Ausgangspunkt zurück, nämlich zu der alten Festung, die wir inzwischen als Zitadelle definiert hatten. Es handelte sich um ein großes, komplexes Bauwerk, und, wie sich herausstellte, ein recht gefährliches, da das Fundament durch die Senke stark unterhöhlt war. Eine Woche zuvor hatten sich urplötzlich mehrere Tonnen Gestein von der südlich gelegenen Steilwand der Senke gelöst. Hätte sich jemand dort aufgehalten, so hätten ihn die herabfallenden Steine erschlagen. Nun war damit zu rechnen, daß die ganze Zitadelle als Folge der Vibrationen, welche die Ausgrabungsarbeiten erzeugten, oder durch die Einwirkung böser Dschinns in sich zusammenfiel. Ehe wir uns an die Ausgrabung dieses Bauwerks wagten, zogen wir eine Reihe freiwilliger Helfer hinzu, die Erfahrung als Bergsteiger oder in der Höhlenforschung hatten. Sie seilten sich an und banden die Seile an die Landrover, die wir in sicherer Entfernung geparkt hatten. Falls die Zitadelle tatsächlich zusammenbrach, könnten sie einen unangenehmen Ruck erfahren, aber wenigstens würden sie nur in der Luft hängen, statt unter dem Schutt begraben zu werden.

Die Ausgrabungen einiger Tage förderten halbe Räume zutage. Jetzt wußten wir, daß man die Zitadelle nicht an den Rand der Senke gebaut hatte, sondern daß das vormals viel größere Gebäude abgebröckelt und in die Tiefe gestürzt war. In einem der Räume entdeckte Pete Eades das erste Artefakt. Juri näherte sich behutsam der Fundstelle und begutachtete das Stück von allen Seiten. Zunächst meinte er, es handle sich um das Fragment eines Weihrauchbrenners, stellte aber bald fest, daß er den Griff einer Lampe in den Händen hielt. Eine Lampe, die einst geleuchtet hatte, als diese entlegene Stadt

Rekonstruktion einer Lampe, das erste Artefakt, das wir in Shisur fanden

noch voller Leben war. Eine Lampe, die zu Boden fiel und erlosch, als die Siedlung plötzlich und gewaltsam zerstört wurde.

Vierte Woche in Shisur … Das Wetter schlug um; ein rauher, kalter Wind fegte durch die Ausgrabungsstätte, wehte uns Sand in die Augen und in den Nacken. Es bot sich an, diese Woche in Juris Arbeitszimmer und in Amy Hirschfelds Labor zu verbringen. Wir hatten uns nun einmal rings um die Stätte gegraben, und es war an der Zeit, unsere Funde zu reinigen, zu sortieren und zu katalogisieren.

In Amys Labor türmten sich inzwischen die Artefakte: Tausende von Beuteln voller Tonscherben, Halsketten, Armbändern, Gläsern sowie die Fragmente von drei Weihrauchbrennern. Jedes Artefakt wurde mit einer Kennzahl versehen und in den Computer eingegeben. Das Computerprogramm zeigte in dreidimensionaler Perspektive punktgenau die Höhe und Lage, in der sich das jeweilige Artefakt befunden hatte. Einige der Stücke gaben uns Rätsel auf – und tun es noch immer. In einem ehemaligen Lagerraum oder Ladenlokal hatte der freiwillige Helfer Ian Brown ein Objekt aus Sandstein gefunden, was an sich schon eigenartig war, da man dieses Material nirgendwo anders in der Nähe von Shisur verwendet hatte. Juri vermutete zuerst, es handle sich um ein Kultobjekt, vielleicht um einen kleinen Betyl.

Dann tauchten am anderen Ende der Ausgrabungsstätte,

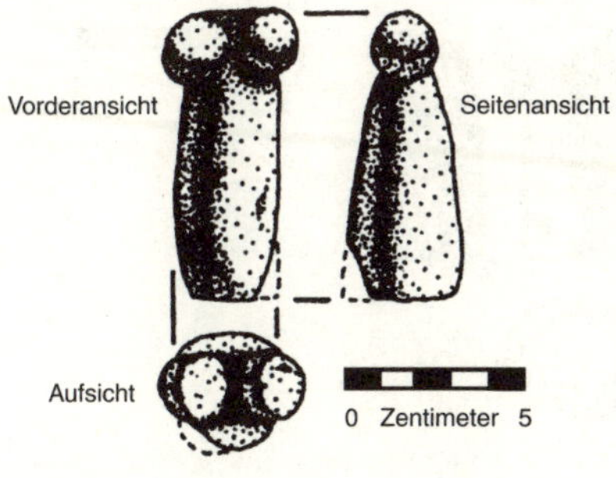

Artefakt aus Sandstein – die Königin

und zwar im Schutt am Fundament des Turms Nr. 6, fünf ähnliche Objekte auf, ebenfalls aus Sandstein und von vergleichbarer Größe. Juri legte die Stücke nebeneinander aus, um sie zu betrachten. Entsprechend seiner Gewohnheit kratzte er sich dabei an der Nase und spielte mit dem nächstbesten Gegenstand. Oft war es ein Bleistift oder ein Zahnstocher; in diesem Fall war es zufällig ein Artefakt. Dabei machte er das eine oder andere dämliche Wortspiel und sang vor sich hin »Diese Steine kommen aus dem Grund, doch wer sagt mir den wahren Grund?«

»Sie scheinen als Satz zusammenzugehören«, meinte er schließlich nachdenklich. »Weißt du was, Amy? Ich glaube nicht, daß die mit Religion zu tun haben ... Könnte diese hier [siehe Abbildung S. 241] mit den weiblichen Merkmalen nicht eine Dame darstellen? Einige könnten auch Bauern sein. Bei den anderen weiß ich nicht so recht.«

Juri und Amy hatten also das älteste Schachspiel Arabiens, eines der ältesten der ganzen Welt vor sich liegen. Neben der Dame gab es noch drei Bauern, einen Läufer (oder Wesir) mit

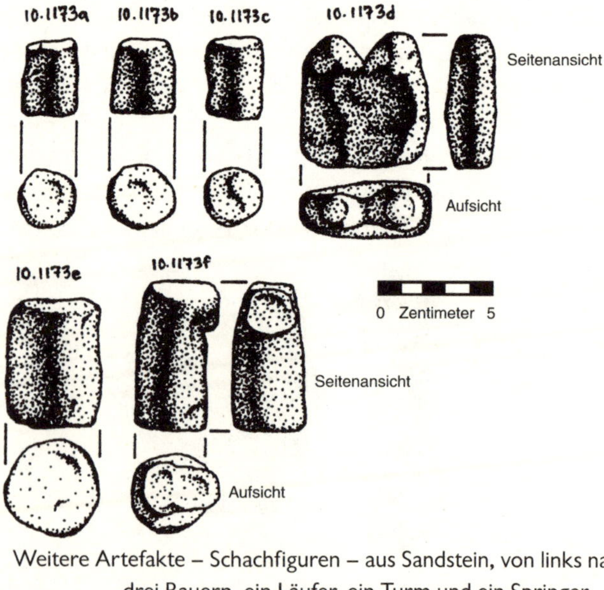

Weitere Artefakte – Schachfiguren – aus Sandstein, von links nach rechts: drei Bauern, ein Läufer, ein Turm und ein Springer

seiner unverwechselbaren Kopfbedeckung, einen Turm und einen Springer. Zum Schluß entdeckte man noch neben dem Turm einen König, der durch einen sechszackigen Stern gekennzeichnet war.[108]

So wundervoll das Schachspiel auch war, so stellte es uns doch vor ein weiteres Rätsel. Man geht davon aus, daß dieses Spiel Ende des 7. Jahrhunderts in Indien erfunden wurde, etwa hundert Jahre *nach* der legendären Zerstörung Ubars. Waren wir mit unseren Theorien über Ubar nun schachmatt gesetzt? Nicht unbedingt, meinte Juri. Die Senke, argumentierte er, sei zwar um 150 n. Chr. eingebrochen und die Festung kurz darauf verlassen worden, was aber nicht ausschloß, daß man Jahrhunderte später die Ruinen der Stadt neu aufgebaut und wieder in Besitz genommen hatte.

Die Bewohner von Ubar sind nach der Zerstörung ihrer Stadt nicht vom Gesicht der Erde verschwunden. Ihr Stamm wurde nachweislich in andere Stämme integriert (beispielsweise in den der Shahra aus den Dofar-Bergen und den der Mahra, die im Grenzgebiet zwischen Oman und dem Jemen leben). Irgendwann hatte es möglicherweise einige Angehörige dieser Stämme zurück in die Ruinenstadt und zu ihrer einzigartigen Quelle gezogen. Während sie ihr Vieh auf dem fruchtbaren Boden weideten, hatten sie sich vielleicht mit dem neuen Spiel – Schach – die Zeit vertrieben.

Baheet und Mabrook kamen häufig in Amys Labor, um ihr zu helfen. Vornehmlich wenn es dunkel war und der Sturmwind durch das Dorf fegte, saßen sie stundenlang still am

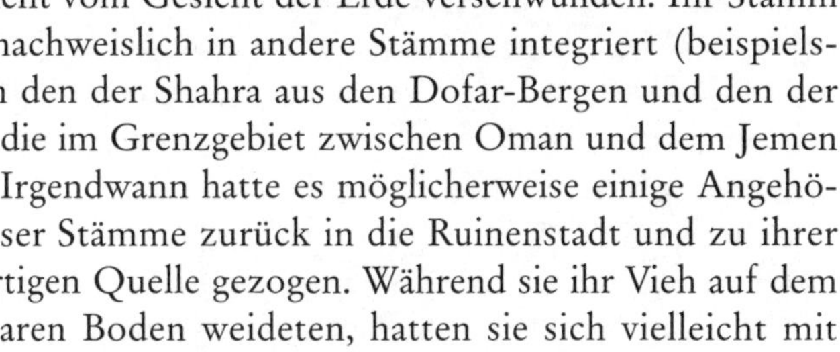

König aus Sandstein

Tisch, reinigten die Scherben und setzten sie zusammen. Mit Hilfe einer Lupe übersetzten sie die kaum lesbaren arabischen Zeilen auf den islamischen Münzen. Und sie stellten auf ihre direkte Art Fragen, mit denen wir uns lieber nicht befassen wollten, etwa: »Wenn es wirklich Ubar ist, wo ist dann das Gold?« Es ist unter den Beduinen ein weitverbreiteter Glaube, daß Archäologen, ganz gleich, was sie zu suchen vorgeben, in Wirklichkeit hinter Schätzen her sind. Warum sonst sollten sie sich damit aufhalten, im Dreck herumzuwühlen? Baheet und Mabrook waren zu feinfühlig, um uns dergleichen zu unterstellen; sie begnügten sich damit, uns darauf hinzuweisen, daß Ubar laut Überlieferung ihrer Ahnen eine Stadt aus ذَهَب أحمر, sprich: aus *dhahab ahmar*, rotem Gold gewesen sei.

Wir hatten noch nicht die geringste Spur von Gold gefunden, was damit zu tun hatte, daß wir auch noch keine Skelette entdeckt hatten. Wenn Archäologen tatsächlich einmal auf Schätze stoßen, dann in Form von Grabbeigaben, die man den Toten als Trost und Hilfe in ihr nächstes Leben mitzugeben pflegte. Juri hatte jedoch weder in Shisur noch in der näheren Umgebung Spuren von Grabstätten finden können, was möglicherweise daran lag, daß man die hier Verstorbenen in den Bergen beisetzte, vielleicht sogar im Tal der Erinnerung. Wenn dies der Fall war, so war die Festung von Shisur nur während bestimmter Jahreszeiten bewohnt gewesen. Die Leute von 'Ad hatten die Frühlings-und Sommermonate vielleicht in den kühleren, von Monsunwolken beschatteten Dofar-Bergen mit der Ernte ihres teuren Weihrauchs verbracht und die Ware im Herbst nach Shisur gebracht, und von hier aus hatten die großen Karawanen den Weihrauch durch ganz Arabien transportiert. Wenn die Karawanen im Frühjahr nach Shisur zurückkehrten, hätten die Leute von 'Ad die Möglichkeit gehabt, ihre Toten zusammen mit ihren Einnahmen (einschließlich des Goldes) mit sich in die Berge zu führen.[109]

So hatte Baheets taktlose Frage nach dem Verbleib des Goldes dazu geführt, daß wir uns eine Vorstellung über den Verlauf eines Jahres für die Menschen in Shisur machten. Je nachdem, zu welcher Jahreszeit die Wände der Senke eingebrochen waren, konnten sich Schätze in der Zitadelle befunden haben. Baheet und Mabrook waren sich allerdings darüber einig, daß die Leute von 'Ad bei ihrer Flucht keinesfalls so panisch oder töricht gewesen wären, ihre Schätze zurückzulassen.

Sofern das schlechte Wetter es zuließ, fuhren Juris Studenten fort, die Fundamente der Türme, Mauern und der Zitadelle freizulegen. Es war schwer zu sagen, ob es sich bei der Zitadelle um eine Festung handelte, wie wir anfangs geglaubt hatten, oder eher um einen den alten Göttern gewidmeten Tempel – oder um beides zugleich. Wir konnten nur darüber spekulieren, daß diejenigen, die sie einst errichteten, etwas Größeres im Sinn hatten als die elementare Notwendigkeit, den Feind abzuwehren.

Als produktiv ausgerichtetes Archäologenteam mußten wir uns damit abfinden, daß dieses Wochenende nicht der rechte Zeitpunkt war, um das Rätsel der Zitadelle zu lösen. Zum einen wurde das Wetter wieder miserabel, und zum anderen erschien dieses Mal nur eine Handvoll freiwilliger Helfer. Wir erfuhren allerdings, daß es nicht die Sandstürme waren, die sie fernbleiben ließen, sondern die Tatsache, daß ein in Thumrait stationiertes Kampfflugzeug über dem Arabischen Meer abgestürzt war. Wir wollten über Funk unser Beileid bekunden, aber man sagte uns, nein, nein, der Pilot sei abgesprungen, ihm sei nichts geschehen. Und unsere freiwilligen Helfer, so teilte uns die leicht verzerrte Stimme mit, seien dabei, eine Party zu feiern. Wir äußerten unser Unverständnis – schließlich seien doch die Leute von Airwork, die bei uns als freiwillige Helfer arbeiteten, für die Wartung der in Thumrait stationierten Flugzeuge verantwortlich, oder? Na eben, entgegnete die Stimme, das sei ja gerade der Punkt. Der Fehler habe *beim Piloten* gelegen. Nun feierten die Mitarbeiter von Airwork seit sechsunddreißig Stunden nonstop die Tatsache, daß sie *den Absturz nicht verschuldet hatten!*

Fünfte Woche in Shisur ... Für alle, bis auf Juri mit seinen fünf Studenten, sollte dies die letzte Woche in Shisur sein.

George Hedges, der inzwischen wieder in Los Angeles war, hatte sich jahrelang unermündlich engagiert, um diese Expedition organisatorisch und finanziell auf die Beine zu stellen. Ran Fiennes hatte vor Ort auf beispielhafte Weise die Logistik koordiniert. Wir hatten alles bekommen, was wir benötigten, und Juri hatte bei der Ausgrabung Shisurs keine Minute ungenutzt verstreichen lassen. Ursprünglich hatten wir vorgehabt, ein oder zwei Probebohrungen vorzunehmen, falls uns die Chance, an dieser Stelle Ubar zu finden, reell erschien. Statt dessen hatten wir mit der Unterstützung von bis zu vierzig Leuten, die sich alle zur gleichen Zeit an den Ausgrabungsarbeiten beteiligten, eine komplette Festung ans Tageslicht gefördert und darüber hinaus das gesamte Terrain vermessen.

Wir hatten für unser Projekt drei Monate in Oman vorgesehen, und diese drei Monate waren jetzt fast um. Zudem war unser Budget weitgehend aufgebraucht. Es blieb gerade noch genügend Geld übrig, um Juri und seine Studenten bis zum Ende des Semesters zu finanzieren.

Während unserer letzten Woche in Shisur erfuhren wir über Funk, daß ein Huey-Helikopter der omanischen Luftwaffe soeben in Thumrait getankt hatte und sich nun auf dem Weg nach Shisur befand. Welch ein glücklicher Zufall! Jetzt hatten wir die Gelegenheit, Luftaufnahmen von der Ausgrabungsstätte zu machen. Der Helikopter traf rechtzeitig zum Abendessen ein. Der englische Pilot und der omanische Kopilot konnten sich kaum vorstellen, daß es vor so langer Zeit ein Volk fertiggebracht hatte, überhaupt *irgend etwas* so weit draußen in der Wüste zu bauen.

Der nächste Tag war wolkenlos und vollkommen windstill. Bald waren wir oben in der Luft und kreisten über der Ausgrabungsstätte. Im Verhältnis zu den winzigen Gestalten von Juri und seinen Studenten erschien uns das Areal größer, als es uns zu ebener Erde vorgekommen war. Wir konnten mühelos die Grundmauern einiger Türme erkennen und sahen jetzt auch, daß nicht nur eine Außenmauer, sondern allem Anschein nach ein zweiter, innerer Wall existierte, der die Zitadelle schützend umgab. Durch den Einbruch der Senke war er fast vollständig vernichtet worden.

Nun waren wir endlich überzeugt, die alte Stadt Ubar gefunden zu haben.

Seit mehr als einem Monat hatten wir an einem Puzzle gearbeitet. Seine wichtigsten Komponenten hatten mit der Beschaffenheit und zeitlichen Abfolge von Töpferarbeiten, mit architektonischen Entwürfen und mit der Rolle des Weihrauchhandels zu tun. Es gab auch Puzzle-Stückchen, die wir nirgendwo unterbringen konnten. Was hatte zum Beispiel das Schachspiel hier zu suchen? Und, wie Baheet treffsicher gefragt hatte, wo war das Gold? Bei unserer Suche nach dem Wie und Weshalb hatte es kein Aha-Erlebnis gegeben, keinen entscheidenen Moment, in dem wir riefen: »Heureka! Es ist Ubar!« und eine Party feierten wie unsere freiwilligen Helfer von Airwork. Nein, das Bild einer längst vergangenen Zeit, einer versunkenen Stadt und ihrer längst verstorbenen Bevöl-

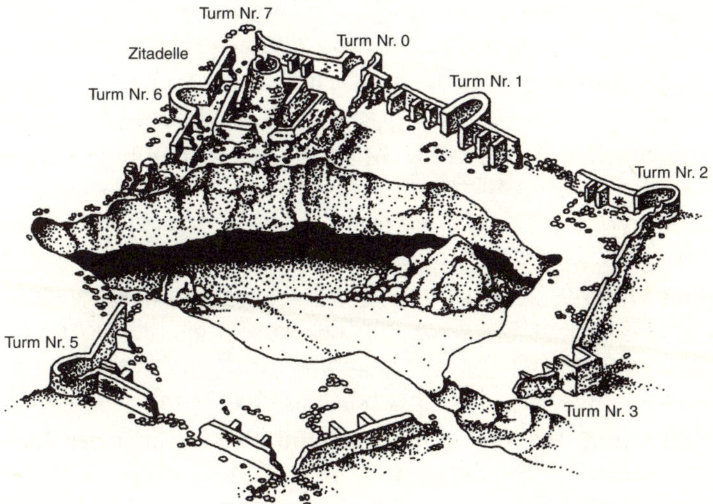

Die Ruinen von Ubar

kerung hatte sich nach und nach herauskristallisiert, bis es uns in seiner Ganzheit vor Augen stand und identisch wurde mit der sagenumwobenen Stadt Ubar.

Uns lagen folgende übereinstimmende Daten vor:

LAGE: Die Stätte war da, wo sie sein sollte. Der Ubar-Mythos hatte uns in eine kompromißlos desolate und entlegene Gegend Arabiens geführt, wo wir wider Erwarten auf eine eindrucksvolle Festung gestoßen waren.

ALTER: Die Ruinen waren uralt. Das legendäre Ubar wurde von Noahs Enkel, dem ersten Patriarchen der 'Aditen, gegründet. Unsere Funde stammten aus dem 9. Jahrhundert v. Chr. oder waren sogar noch älter – der Epoche, welche die Geburt der Zivilisation in diesem Land markiert. Bei unserer Ausgrabungsstätte handelte es sich um einen der ältesten, wenn nicht um *den* ältesten Umschlagplatz für Weihrauch im antiken Arabien.

MERKMALE: Der Koran spricht von ذَات العمَاد *dhat al-imad* (Stadt der hochragenden Gebäude). In Ubar gab es mindestens acht Türme, welche überdies eine Quelle bewachten, die in einem Umkreis von zwanzigtausend Quadratkilometern am ehesten der »großen Quelle von Wabar« entspricht, die der Historiker Yaqut ibn Abdallah als das herausragendste Merkmal der Stadt hervorhebt. Trotz seiner isolierten Lage war dies, wie das legendäre Ubar, einst eine Stadt, deren Bevölkerung in Wohlstand lebte und zum Kochen und Essen hochwertiges Geschirr – auch anderer antiker Zivilisationen – benutzte.

NIEDERGANG: Die Legende von Ubar besagt, daß die Stadt »im Sande versunken ist«, was hier zweifellos der Fall war. Die Stadt Ubar ist nicht etwa verbrannt oder Plünderern zum Opfer gefallen, noch wurde sie von einem Erdbeben zerstört oder Schauplatz einer todbringenden Seuche, sondern ist in eine unterirdische Höhle hinabgestürzt. Von allen Städten der antiken Welt war Ubar diejenige, die einen einzigartigen und seltsamen Niedergang erlebte, dessen Realität der Legende entspricht.

Während unser Helikopter immer weitere Kreise über der Wüste zog, wies uns Juri auf die geologischen Indizien hin, die anzeigten, wo einst die Quelle aus dem Boden getreten war, um eine verhältnismäßig große Oase zu speisen. Er war davon überzeugt, daß das Wasser der Schlüssel zur definitiven Identifikation unserer Ausgrabungsstätte sei. Früher hatte es in diesem Bereich viele Quellen gegeben; inzwischen war nur noch die eine aktiv. »Innerhalb dieser Wüste«, bemerkte er zu einem späteren Zeitpunkt, »hätte Ubar überall im Umkreis von zwanzigtausend Quadratkilometern liegen können, aber nur an dieser Stelle gab es und gibt es dauerhaft Wasser. Folglich war die Stadt genau hier gewesen.«

Wir hatten gerade noch genug Treibstoff im Tank, um Richtung Nordosten zu fliegen und die niedrigen Hügel zu fotografieren, wo die Karawanen Rast gemacht hatten, ehe sie die Reise durch die Rub' al-Khali antraten. Bei der Landung dachten wir darüber nach, daß wir uns, wie immer in der Archäologie, nicht vollkommen sicher sein konnten, unsere Ausgrabungsstätte korrekt identifiziert zu haben. Wir konnten erst dann hundertprozentig davon ausgehen, Ubar entdeckt zu

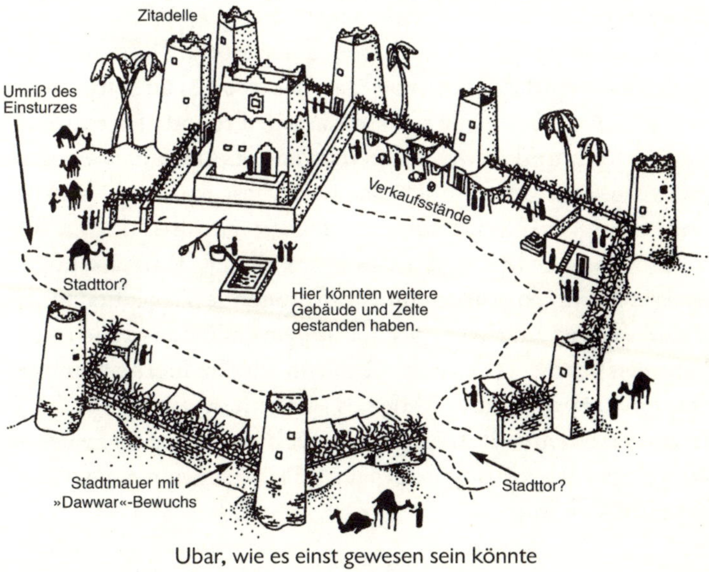

Ubar, wie es einst gewesen sein könnte

haben, wenn wir eine Inschrift entdeckten, die den Namen 𐩱𐩨𐩧 (Ubar) enthielt. Pater Jamme hatte sie uns aufgeschrieben und mitgegeben, aber er zweifelte daran, daß wir je das Original zu der Vorlage finden würden.[110] Wir trösteten uns damit, daß man auch an jener Stelle, wo Archäologen Homers Troja ausgegraben hatten, keine derartige Inschrift entdeckt hatte. Wir konnten froh sein, überhaupt so viele Relikte zutage gefördert zu haben.

Es war nun Zeit, nach Hause zurückzukehren. Ran und die Filmcrew sowie Kevin O'Brien und George Ollen sollten in einem Flugzeug von der Küstenstadt Salala aus Arabien verlassen. Kay und ich wollten über Land fahren und uns in Masqat mit ihnen treffen. Wir luden die Ausrüstung in unseren Landrover. Teils war sie Eigentum unserer omanischen Sponsoren und sollte nun zurückgegeben werden; der Rest würde zurück in die Vereinigten Staaten verschifft werden. Wir verabschiedeten uns von Juri und seinen Studenten und bedankten uns bei Baheet, Mabrook und den Leuten aus Shisur. Wir wollten uns am nächsten Morgen bei Tagesanbruch auf die Reise begeben.

Nachdem wir mit Mr. Gomez gefrühstückt hatten, traten Kay und ich auf die staubige Hauptstraße Shisurs, wo wir zu unserem Erstaunen alle unsere Rashidi-Freunde antrafen, die sich in Reih und Glied aufgestellt hatten, um uns Lebewohl zu sagen. Wir gaben ihnen die Hand, umarmten sie herzlich und fuhren winkend und zu Tränen gerührt davon. Die Straße, die wir bei unserem »Archäologen-Marsch« täglich entlanggegangen waren, führte uns auch jetzt vorbei an den Ruinen Ubars und von dort aus auf eine Wüstenstraße in östliche Richtung. »Ich weiß, daß wir wieder hierherkommen werden«, meinte Kay. »Aber es wird nie wieder so sein wie jetzt, verstehst du?« Den ganzen Weg zum Ölcamp Dawqah, wo die gepflasterte Straße nach Masqat begann, weinte sie leise vor sich hin.

17.
Die rote Quelle

Juri blieb mit seinen Studenten noch einen Monat in Shisur. Sie konnten beweisen, daß Menschen dort bereits lange vor der Erbauung der Festung gelebt hatten, und zwar nicht nur in umittelbarer Nähe der Quelle, sondern auch in der umliegenden Umgebung. Juri verwendete viel Zeit darauf, eine benachbarte Stätte, die er auf einer Satellitenaufnahme entdeckt hatte, zu kartographieren, die er »Dorf der Feuersteinsammler« taufte. Die Siedlung war während des Neolithikums, um 6000 v. Chr. gegründet worden, und Juri hatte so eine Ahnung, daß ein Zusammenhang mit den Leuten von 'Ad bestand. Er wollte die Besiedlung der fraglichen Gegend systematisch untersuchen, aber das Projekt würde warten müssen, da es inzwischen heiß wurde am Rande der Rub' al-Khali. Ab mittags ließ die arabische Sonne die Temperaturen auf ungefähr vierzig Grad ansteigen.

Anfang März überließen Juri und seine Studenten die Ausgrabungsstätte den wachsamen Augen Baheets und Mabrooks, um den Rückzug in Richtung Küste anzutreten. Dort stellte sich fast unmittelbar heraus, daß es einen Ort gab, der Ubar ausgesprochen ähnlich war: Die Festung Ain Humran an der Küste des Arabischen Meeres. Während unserer Erkundungsreise im Jahre 1989 hatten wir Ain Humran einen kurzen Besuch abgestattet. Es war ein düsterer Ort auf einem düsteren Hügel – eigentlich nichts weiter als ein Haufen schwarzer, zerfallener Steine. Man hatte uns damals gesagt, es handle sich um »eine alte portugiesische Festung«, ein Überbleibsel der Schneise, die Afonso de Albuquerque in den achtziger Jahren des 15. Jahrhunderts durch diese Region geschlagen hatte. Nun aber erkannte Juri, daß die Mauern und Türme der Festung denen von Ubar außerordentlich ähnelten, was die Höhe, Breite, Form der Schießscharten und Anordnung der Bauelemente betraf. Wie in Ubar war die nahegelegene Wasserquelle nur über die Festung zugänglich. Der Name Ain Humran bedeutet im übrigen »Rote Quelle«.

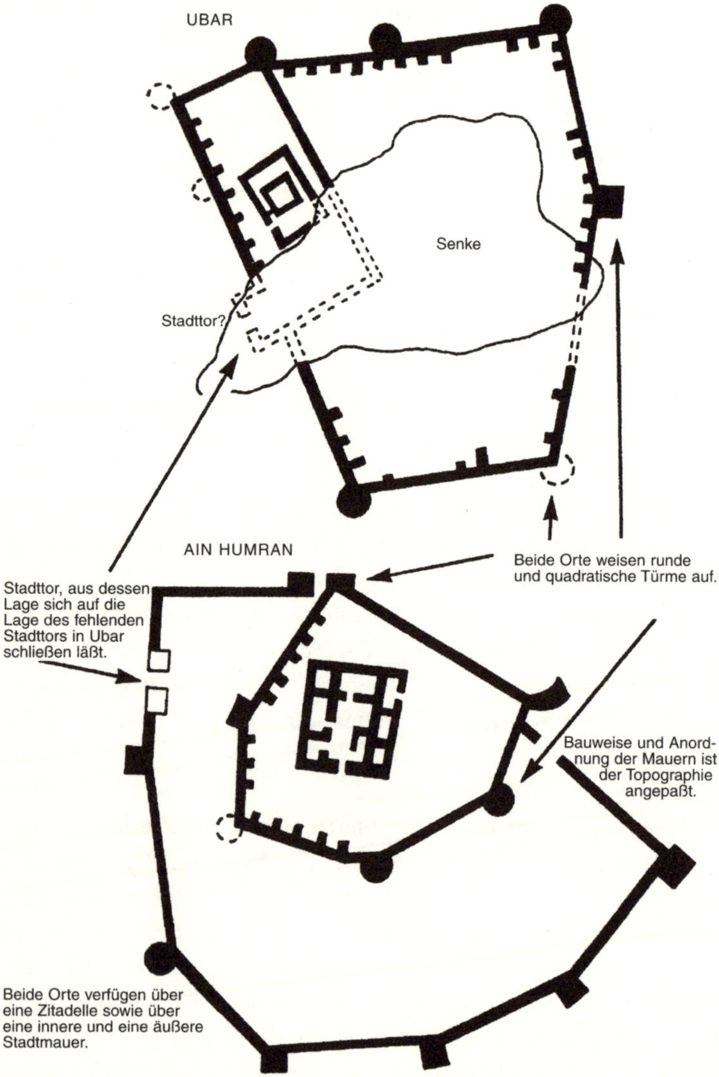

Vergleich der Lagepläne von Ubar und Ain Humran

Daß die Stätte so alt war wie vermutet, bestätigte sich, als Juri und seine Studenten Scherben mit dem charakteristischen Muster der umkreisten Punkte ausgruben, das sie inzwischen als das Wahrzeichen der 'Aditen kannten. Hier endlich hatten sie eine große Küstensiedlung entdeckt, die von den Erbauern Ubars errichtet worden war.

Mit einer Küstenstadt und einer zweiten im Binnenland konnten die Leute von 'Ad ihren Weihrauch wahlweise auf dem Land- oder auf dem Seeweg transportieren. Beide Wege hatten allerdings ihre Tücken. Während die Schiffe den Stürmen sowie den Übergriffen von Piraten ausgesetzt waren, mußten die Karawanen hohe Zollgebühren bezahlen und wurden oft von Räuberbanden überfallen. Die 'Aditen konnten sich immerhin jedes Jahr von neuem ihre Route aussuchen – oder aber beide benutzen. Und wenn Ubar tatsächlich identisch war mit jenem auf Ptolomäus' Arabienkarte zitierten »Omanum Emporium«, so war davon auszugehen, daß Ain Humran die »Zafar Metropolis« war, die Ptolomäus als »führende Stadt Dofars« bezeichnet.

Ende April kehrte Juri mit seinen Studenten in die Vereinigten Staaten zurück. Er hatte kaum einen Riyal übrigbehalten, dafür hatte ihm das Sultanat Oman kurz vor der Abreise zugesagt, innerhalb der kommenden drei Jahre die Ausgrabung Ubars und Ain Humrans offiziell zu unterstützen. Innerhalb dieses Zeitraums sollte Juri noch weitere 270 größere und kleinere Ausgrabungsstätten entlang der Küste, in den Dofar-Bergen und in der Wüste entdecken, die alle das eine gemeinsam hatten: Sie stammten aus derselben Epoche und derselben Gegend wie die nunmehr nicht länger mythischen, sondern überaus realen Leute von 'Ad.

18.
Weitere Ausgrabungen im Land des Weihrauchs

Zweite Saison in Ubar und Ain Humran, 1993. Das nächste Jahr in Ubar wurde das Jahr der Zitadelle.

Juri wies die Studenten und die freiwilligen Helfer der Firma Airwork an, das Gebäude von Schutt zu reinigen und seine Entstehung chronologisch zu dokumentieren. Die früheste Bauphase hatte um 900 v. Chr. begonnen. Damals war die Zitadelle der Mittelpunkt einer heranwachsenden Siedlung, die Juri als »die Altstadt« bezeichnete. Um 350 v. Chr. wurde angebaut; es wurden zusätzliche Mauern und Türme errichtet, um »die Neustadt« zu schaffen, in der die Zitadelle den von einer Mauer umgebenen Marktplatz bewachte.

Die nächsten sechshundert Jahre profitierte Ubar vom Weihrauchhandel und wurde zu einer florierenden Stadt, deren Wohlstand sich an den hochwertigen Töpferarbeiten erkennen ließ, deren Machart übrigens – überraschenderweise – eher östlichen als westlichen Einflüssen zu unterliegen schien. Zwar wurden auch griechische und römische Gefäße gefunden, aber die meisten Arbeiten, die aus anderen Kulturen stammten oder von diesen inspiriert waren, erwiesen sich als rotglasierte Stücke aus Indien, ein Umstand, der auf mesopotamisch-persische Einflüsse schließen ließ.[111] Eine besonders enge Verbindung scheint zwischen Ubar und Parth bestanden zu haben, einer eher unbekannten Kultur, die zwischen 400 v. Chr. und 300 n. Chr. ihre Blütezeit erlebte und, um Juri zu zitieren, ihren weiter westlich ansässigen Nachbarn, den Römern, »ein Dorn im Auge war«.

Die Parther stammten von einem nomadischen Reitervolk ab und waren recht pragmatisch ausgerichtete Burschen, die wenig Interesse an der Philosophie und den Künsten zeigten und lieber ausgebeulte Hosen als Togas trugen. Ihre Handelsbeziehungen waren weitgefächert – von China bis Italien – und brachten ritterliche Bräuche in den Westen, unter anderem Turnierspiele und Wappen. Auf dem Feld der Ehre gelang es ihnen häufig, die Römer zu übertölpeln und zu überlisten. Die Reiter der Parther pflegten beispielsweise einen Rückzug vorzutäuschen, um sich dann blitzschnell in ihren Sätteln umzudrehen und im Davonreiten noch ein paar Pfeile abzuschießen.

Juri vermutete, daß sich die jeweiligen Herrschaftsgebiete der Römer bzw. Parther innerhalb des Mittelmeerraumes und des angrenzenden fruchtbaren »Halbmondes« auch in einer Ost-West-Aufteilung der Handelsbeziehungen zu Arabien niederschlugen.[112]

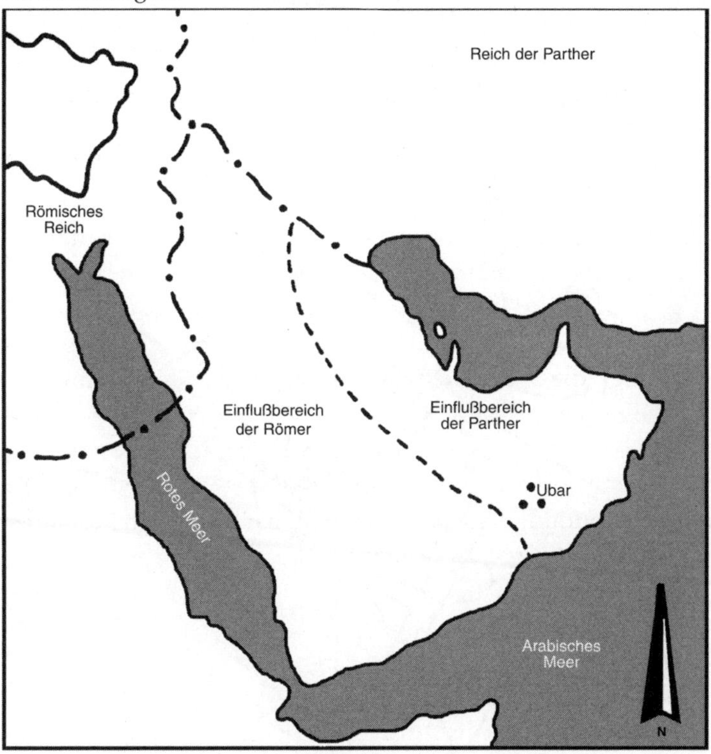

Einflüsse fremder Kulturen in Arabien um 200 v. Chr.

Während sich sein Team immer weiter durch die Gänge und Kammern der Zitadelle grub, wuchs in Juri die Überzeugung, daß es sich bei diesem Bau um ein Verwaltungszentrum handelte, das im Falle eines feindlichen Angriffs auch als Festung taugte. Noch immer unklar war, warum der Grundriß der Zitadelle nicht parallel zu den Stadtmauern verlief.

Zu Hause in Los Angeles recherchierte ich diese faszinierende Besonderheit, suchte vergleichbare Lagerpläne von Städten im Nahen und Mittleren Osten und faxte Juri die Ergebnisse meiner Nachforschungen. Etwa 480 Kilometer westlich von Ubar hatte die britische Archäologin Gertrude Caton-Thompson 1939 den sogenannten Mondtempel der

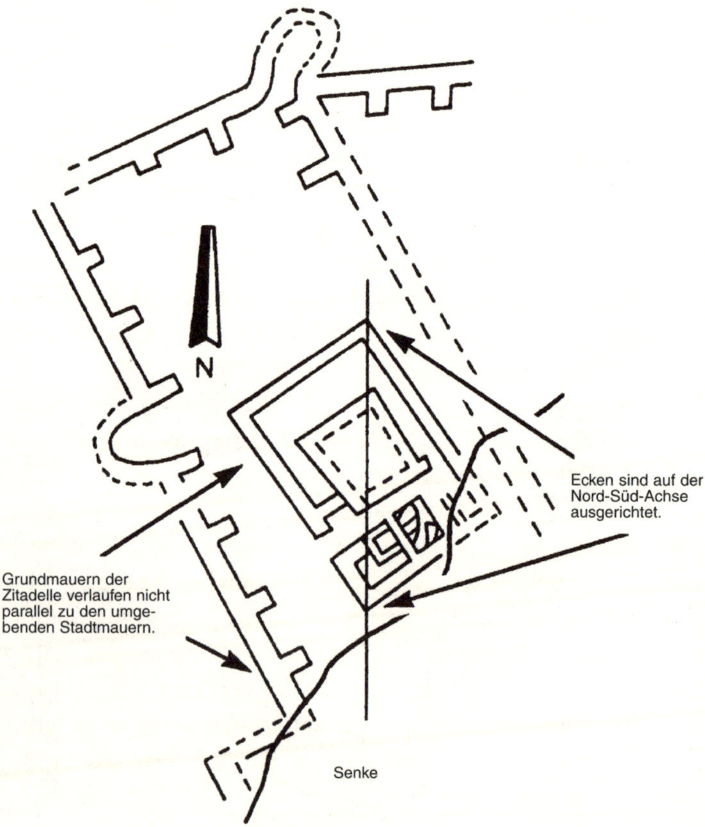

Die Zitadelle von Ubar

Hureida ausgegraben. Da ihr auffiel, daß die Ecken des Gebäudes nach den Himmelsrichtungen ausgerichtet waren, war sie davon ausgegangen, daß sich die Erbauer nach der Bauweise mesopotamischer Tempel gerichtet hatten. Die Zitadelle in Ubar wies die gleiche Ausrichtung auf.

Folglich schien es sich bei der Zitadelle nicht nur um einen Verwaltungssitz, sondern zumindest teilweise auch um einen Tempel zu handeln.[113] Die Araber der Antike sahen keine Veranlassung, ihre Götter vom schnöden Mammon fernzuhalten. Die Götter waren der Wirtschaft zuträglich, die ihrerseits den Göttern nichts schuldig blieb. Die Händler hatten sich nicht zufällig im Tempel versammelt, sondern sie hatten sich etwas dabei gedacht.

Juris Team räumte in der Zitadelle einen Gang frei, der zu einem tiefen, sorgsam verputzten Bassin führte, das vielleicht einmal als Becken für rituelle Waschungen gedient hatte oder auch als Lagerbehälter für die Weihrauchvorräte des Tempels. Folgte man dem Gang zuerst nach rechts, dann nach links, stand man vor einer stabilen Treppe, die ins Nichts führte. Die Kammern, zu denen sie einst geführt hatte, waren mitsamt ihrer Geheimnisse weggebrochen und in die Senke gestürzt. Leider würde man den Grundriß der Zitadelle niemals vollständig rekonstruieren können.

Zu irgendeinem Zeitpunkt nach der großen Katastrophe hatte man die Zitadelle und einige der angrenzenden Gebäude renoviert und wieder in Betrieb genommen. Im Turm Nr. 0, der diese Bezeichnung dem Umstand verdankte, daß wir ihn bei unserem ersten Anlauf übersehen hatten, grub das Team 72 Zentimeter an Sedimentsschichten aus, eine »Sedimental Journey«, um mit Juri zu sprechen. Seit 900 n. Chr. hatte man diese Stätte ein halbes Dutzend Male renoviert, allerdings mit groben Lehmziegeln statt mit gemeißelten Steinen und feinem Putz. »Es sieht so aus«, meinte Juri, »als hätten sich die Hausbesetzer da einquartiert, wo noch etwas übriggeblieben war, das sie mit einem Minimum an Aufwand wieder bewohnbar machten.«

Anfang April 1992 verlegte Juri die Ausgrabungen an die Küste, wie er es bereits im Vorjahr getan hatte, um dort bis Ende August weiterzuarbeiten. Ich besuchte ihn zusammen mit Kay in Ain Humran. Kay, die einen guten Blick für »Oberflächenfunde« hat, durchkämmte das umliegende Gelände auf der Suche nach Relikten einer weitläufigen landwirtschaftlichen Siedlung. Ich grub indessen im Planquadrat Nr. 770, konnte aber nichts Nennenswertes entdecken. Als unser Urlaub zu Ende ging, überließ ich das Terrain schuldbewußt Juris Frau Sandy, die mit den Kindern die Sommerferien in Oman verbrachte. Der freiwillige Helfer Ian Brown wurde ebenfalls diesem Planquadrat zugeteilt. Sechs Tage nach unserer Abreise fand er dort zu seiner allergrößten Verwunderung ein Gefäß, das mit purpurroten Sprenkeln und sechs Kreuzen versehen war. Ein christlicher Abendmahlskelch!

Es war ein bedeutsames Fundstück, denn wo es einen solchen Kelch gab, konnte eine Kirche oder gar ein Kloster nicht weit sein. Es war denkbar, daß einst Mönche in diese entlegene Region Arabiens gekommen waren und in dieser verlassenen Handelsstadt ein Bollwerk des christlichen Glaubens errichtet hatten. Sie lebten bezeichnenderweise im Schatten der in der Schöpfungsgeschichte zitierten »östlichen Berg-

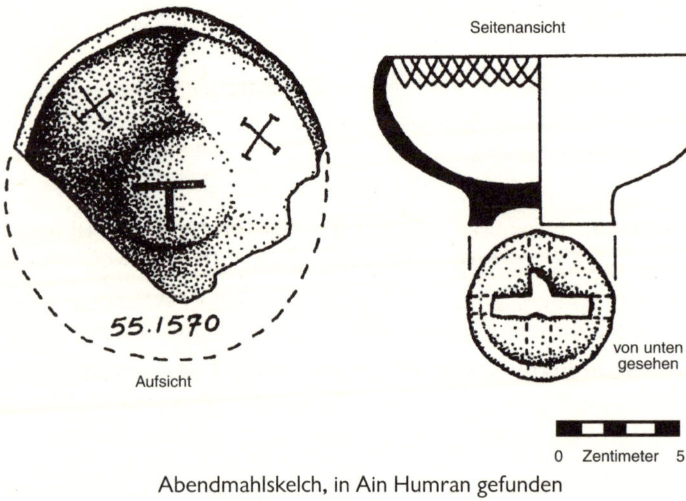

Abendmahlskelch, in Ain Humran gefunden

kette«, jenem biblischen Gebirge, das den Rand der bekannten Welt markierte.

Es gab einst eine beachtliche Ansammlung von Christen in Arabien. Obwohl es schwer zu beweisen wäre, ist es durchaus möglich, daß sich in Ain Humran die fehlende »dritte Kirche« befand, die der byzantinische Missionar Theophilus Indus Mitte des 4. Jahrhunderts gründete. Theophilus' erste und zweite Kirche hat man bereits lokalisiert, während man von der dritten nur weiß, daß sie – wie Ain Humran – in einem Küstenreich östlich der antiken Stadt Aden lag.

Übrigens war Theophilus bekannt für seine Gabe, ähnlich wie DeMille aufsehenerregende Wunder zu vollbringen. Einst wurde er von einer skeptischen Gruppe Araber herausgefordert: »So zeige er uns doch seinen Christus!« Die übliche Reaktion wäre gewesen, sanft und entschuldigend zu erklären, daß die Wege des Herrn unergründlich seien und daß man von ihm nicht erwarten dürfe, auf Kommando Wunder zu wirken. Nicht so Theophilus. Er richtete den Blick gen Himmel, woraufhin »nach einem schrecklichen Sturm und Blitz und Donner Jesus Christus am Himmel erschien. Er war von einem Heiligenschein umgeben, wandelte auf einer purpurroten Wolke, trug in der Hand ein Schwert und sein Haupt war mit einem Diadem von unschätzbarem Wert geschmückt. Die Zweifler wurden mit Blindheit geschlagen und gesundeten erst, nachdem sie alle getauft worden waren.«[114]

Die Entdeckung des christlichen Kelches war die Sensation der zweiten Saison in Ain Humran. Juri gelang es überdies, den Haupteingang zur ehemaligen Stadt zu lokalisieren und freizulegen. Es stellte sich heraus, daß er aus einer inneren und einer äußeren Drehtür bestand, mit einer kleinen Kammer dazwischen. Juri war besonders begeistert, weil er in Ubar noch kein Haupttor gefunden hatte. Vermutlich war es, als die Stadt in die Senke stürzte, mit in die Tiefe gerissen worden. Anhand des Tores von Ain Humran konnte sich Juri nun ein ungefähres Bild von dessen Pendant in Ubar machen.

Dritte Saison in Ubar, 1994. Mit Hilfe des Grundrisses von Ain Humran brauchte Juri nicht lange, um das Haupttor von Ubar zu finden. Es befand sich in der westlich verlaufenden Mauer zwischen Turm Nr. 5 und der Zitadelle – das heißt, es *hatte* sich einmal dort befunden; jetzt waren nur noch die äußeren Türpfosten vorhanden. Der Rest war tatsächlich in die Senke hinabgestürzt. Also grub Juri mit seinen Studenten einen neun Quadratmeter großen Schacht in den Sand am Boden der Grube.

Als sie die Schichten abtrugen, die sich im Laufe der Jahrhunderte gebildet hatten, stießen sie zunächst nur auf Tierkot und auf einige Tonscherben arabischen Ursprungs. Daraus schlossen sie, daß diese Stelle während der letzten einhundertundfünfzig Jahre von den Beduinen als Wasserstelle für ihre Kamele und Ziegen benutzt worden war. Es gab keine weiteren Spuren der Zivilisation, bis man etwa eineinhalb Meter

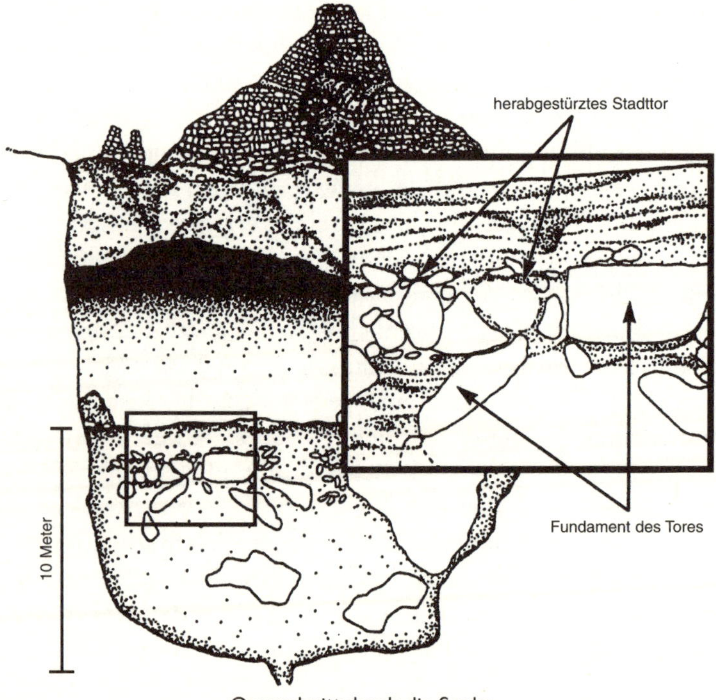

Querschnitt durch die Senke

Tiefe erreicht hatte. Nun kam nach und nach eine große Anzahl von Steinen zum Vorschein, deren Zuschnitt und Maße bis ins Detail den verbleibenden Pfosten des Stadttores entsprachen.

Unterhalb des Mauerwerks fand das Team rauhe, unbehauene Felsbrocken, die offenbar das Fundament gebildet hatten, auf dem das Tor errichtet war. Als sie noch tiefer gruben, fanden Juri und seine Studenten alte Tonscherben und Relikte aus Feuerstein, Überreste der alten Stadt vor ihrem Zusammenbruch. Juri hatte durch die Ausgrabung der Sedimentschichten einwandfrei bewiesen, daß Ubar durch eine einzige, gewaltige Katastrophe zerstört worden war. Der Boden unterhalb des gestürzten Stadttores enthielt Hinweise auf eine mannigfaltige Kultur, die über einen langen Zeitraum an diesem Ort gelebt hatte, während die Schichten obenhalb des Tores so gut wie keine Spuren aufwiesen.

Bedauerlicherweise war es zu riskant, in der Senke weiter in die Tiefe zu graben. Die Erschütterungen hätten das Erdreich verlagern und zum Einstürzen bringen können. So war Juris Team gezwungen, die Ruinen der Zitadelle weitgehend ruhen zu lassen.

Saison drei sollte die letzte sein, die Juri mit seinen Studenten in Ubar verbrachte. Die versunkene Stadt sollte noch so manches Geheimnis für sich behalten. Wer konnte wissen, welche Inschriften, Götzenbilder, Skelette oder sogar Schätze noch unter dem Schutt und Sand begraben lagen? Nun, vielleicht sollte es so sein …

Vierte Saison, die letzte im Land des Weihrauchs, 1995. Juri und seine Mannschaft verbrachten die letzte Saison damit, die Dofar-Berge sowie die Küste des Arabischen Meeres weiträumig nach Spuren der 'Aditen abzusuchen. Juris archäologische Zeittafel war inzwischen nahezu komplett: Es fehlte nur noch die Bronzezeit, die in diesem Teil der Erde zwischen 2350 und 1200 v. Chr. geherrscht hatte. Sean Bowler, ein freiwilliger Helfer der Firma Airwork, war derjenige, der im Küstenort

Taqa das erste klitzekleine Relikt jenes Zeitraums fand: einen einzigen, aus Bronze gefertigten Angelhaken. Und der Student Jim Brake erklomm eher zufällig einen Hügel, um oben auf dem Gipfel eine wahre Fundgrube aus der Bronzezeit zu entdecken.

Folgte man der Hauptstraße, die sich von der Küste hinauf in die Dofar-Berge wand, kam man an einem großen Olivenbaum vorbei, der einsam inmitten des Geländes stand, einer Landschaft aus zerklüfteten Kalksteinfelsen. Fuhr man hinter dem Baum links ab, gelangte man in ein hochgelegenes Tal, wo es hier und da noch Weihrauchhaine gab. Wir waren diese Straße schon Dutzende von Malen entlanggefahren, hatten angehalten, um die Bäume zu fotografieren und den Stammesleuten dabei zuzusehen, wie sie die Äste anschnitten und die Harzkristalle »ernteten«. Es war jedoch erst in diesem letzten Sommer, daß Juri auf etwas aufmerksam wurde, was ihm bislang entgangen war. Wie immer bei Juri handelte es sich um einen Stein. Dieser war in drei Stücke zerbrochen und entpuppte sich als Monolith, als Säule, die umgestürzt am Boden lag. Ihre Länge betrug drei Meter, und sie hatte einst eine Grabstätte markiert.

Während Juri die Säule vermaß und fotografierte (und ihr Gewicht auf mindestens fünf Tonnen schätzte), überquerte Jim Brake die Straße und kletterte auf einen kleinen Hügel. Bald kehrte er im Eiltempo zurück, um zu berichten, daß sich dort oben zahlreiche Ruinen befänden, die über viele Hügel verstreut waren. Jim war, wie Juri es ausdrückte, über eine »Mega-Stätte aus der Bronzezeit« gestolpert.

Die Stätte, die den Namen Hagif Nr. 240 erhielt, hatte an den Ufern von drei Flüssen gelegen, die hier zusammentrafen. Das Areal erstreckte sich über weitere fünf Kilometer. Nach den Grundmauern zu urteilen, waren die Häuser, die hier ein Dorf gebildet hatten, recht eindrucksvoll gewesen. Jeder Eingang wurde von Reihen aufrecht gestellter Felsbrocken flankiert. Hagif erwies sich nicht nur als die größte Siedlung aus der Bronzezeit, die man bisher in Oman gefunden hatte, sondern auch als das fehlende Bindeglied, das die Kluft in der Geschichte der Leute von ’Ad endlich schloß. Um 2500 v. Chr. hatten die Regenfälle, die bis dahin ihren Segen über Südarabien ergossen hatten, plötzlich aufgehört. Es war der Anfang einer großen Dürre, die bis zum heutigen Tage anhält. Die Gebiete, in denen der Weihrauch gedieh, reduzierten sich auf das heutige Terrain an den rückwärtigen Hängen der Dofar-Berge. Die Mehrheit der Halbnomaden der Region zog sich entsprechend in die verbleibenden Weihrauchhaine zurück. Hagif war wahrscheinlich ihre wichtigste Siedlung.

Zur gleichen Zeit harrte draußen in der trockenen, lebensfeindlichen Wüste eine zähe Minderheit aus, die es schließlich zu der letzten noch nicht versiegten Quelle in der Senke von Shisur zog – die späteren Ubariten. Wie wir im weiteren Verlauf feststellen werden, wirkten sich die Dürre und die Entstehung der Wüste zu ihrem Vorteil aus und machten sie reich, da ihre bescheidene Siedlung nunmehr die *einzige* Quelle besaß, wo die Weihrauchkarawanen, die durch die Rub’ al-Kali zogen, Rast machen konnten.

In den letzten paar Jahren hatte Juri Zarins uns oft kopfschüttelnd erzählt, wie Fachleute schon so manches Gebiet als historisch unbedeutend abgetan haben, bloß weil sie sich nicht lange genug dort aufgehalten hatten, um sich ein umfassendes Bild der Gegebenheiten zu machen. Was die Gipfel und das Hinterland der Dofar-Berge betraf, so traf dies zu. Bis Mitte der achtziger Jahre hatte man geglaubt, das wahre Herkunftsland des Weihrauchs befinde sich im weiter westlich gelegenen Königreich Hadramut. Juri und seine Mannschaft hatten diese These widerlegt, und zwar so gründlich, daß es nun möglich war, die Geschichte und das Alltagsleben der einst legendären Leute von ’Ad behutsam zu rekonstruieren.

Die Geschichte, die in den nachfolgenden Kapiteln erzählt wird, ist durch archäologische Funde und Befunde belegt (einschließlich der Datierung der Fundstücke nach der C 14-Methode anhand von Kohlenstoffrückständen). Überdies enthält diese Geschichte relevante Zitate aus antiken Quellen und erzählt streckenweise von Alltagsgebräuchen aus dem Leben in der Wüste, die bis in unser Jahrhundert hinein unverändert beibehalten wurden.[115]

Als wir vor fünf Jahren zum ersten Mal nach Oman gekommen waren, hatten wir Ubar und die Leute von 'Ad noch »durch einen dunklen Spiegel« gesehen. Jetzt aber konnten wir sie gleichsam von Angesicht zu Angesicht erkennen.

DRITTER TEIL

Aufstieg und Untergang der Stadt Ubar

19.
Älter als die 'Ad

In der Sprache unserer Beduinen-Freunde bedeutet »alt« soviel wie zu Lebzeiten der Großväter, während sich der Begriff »sehr alt« auf einen Zeitraum bezieht, der etwa hundert Jahre zurückliegt. Spricht man von einer Spanne von mehreren tausend Jahren, so sagt man wiederum »so alt wie die 'Ad« oder »älter als die 'Ad«. Juris Zarins interessierte sich bei seinen Ausgrabungen nicht nur für die Blütezeit – den Aufstieg und die Erbauung – Ubars, sondern ebenso für die Anfänge, für den Zeitraum, der buchstäblich »älter [war] als die 'Ad«. Da er sich seit jeher mit den Ursprüngen der Dinge befaßt hatte, wollte er nun Spuren der ersten Menschen finden, die diesen Landstrich bevölkert hatten – kein leichtes Unterfangen, da sich die Bodenbeschaffenheit der Wüste über die Jahrtausende hinweg tiefgreifend gewandelt hatte und ältere Relikte nur widerstrebend freigab.

Ablagerungen und Erosion hatten das Ihre dazu beigetragen und Orte, an denen Gräber aus gutem Grund Lagerplätze gewesen waren, in Wüsteneien verwandelt, wo kein Mensch, der bei Trost war, heute freiwillig hingehen, geschweige denn sich niederlassen würde. Wenn Juri durch die Wüste streifte, stellte er sich stets die Frage: »Wo würde ich mein Lager aufschlagen, wenn ich ein Mensch der Antike wäre?« Je nachdem, wo er sich gerade aufhielt, lautete die Antwort etwa: »Dort, wo ich das Wild schon von weitem sehen kann«, oder: »Direkt am Fluß«. (Früher hatte es hier Flüsse und Seen gegeben.) Indem er häufig seine Radarbilder zu Rate zog, versuchte er nachzuvollziehen, wie sich die fragliche Region durch geologische Einflüsse verändert haben könnte.

Es waren auch jene Radarbilder, die ihn eines Tages an eine Stelle am Ufer des trockenen Bettes des Wadis Ghadun, knapp hundert Kilometer südlich von Shisur, führten. Das Flußbett war tief; die seltenen, aber heftigen Sturmfluten hatten eine Schneise durch die Wüste gezogen. Vor sehr langer Zeit war hier ein träger Fluß gewesen. Das Ufer war in fünf Plateaus unterteilt, die wie Treppenstufen nach oben führten. Juri wußte, daß das oberste Plateau das älteste war. Hier hatten die Menschen der Vorzeit zuallererst kampiert; als dann als Folge der Erosion das Flußbett immer tiefer verlief, waren sie ihm auf die unteren Ebenen gefolgt. Juri suchte das oberste Plateau nach Steinen ab, warf sie aber wieder fort – sie waren für seine Zwecke wertlos. Irgendwann aber entdeckte er eine Stelle mit mehreren Steinen, die alle etwas kleiner waren als sein Handteller. Zu diesen machte er sich die folgende Notiz: »Die eisenhaltigen Quarzsteine sind sehr verwittert, aber dennoch als Splitter, Keile und Schaber erkennbar.«

Juri hatte eine Auswahl von Geräten aus dem Acheuléen aufgespürt, die mehr als 700000 Jahre alt waren – Zeugnisse des Urmenschen *Homo erectus*. Und damit hatte er den Ursprung ermittelt: Das erste Kapitel in der Geschichte Ubars. Mit viel Geschick, Hartnäckigkeit und Glück sollte es ihm gelingen, den Spuren jenes Stammes (die er alle in der unmittelbaren Umgebung Shisurs entdeckte) von der Frühzeit bis in die Gegenwart zu folgen.

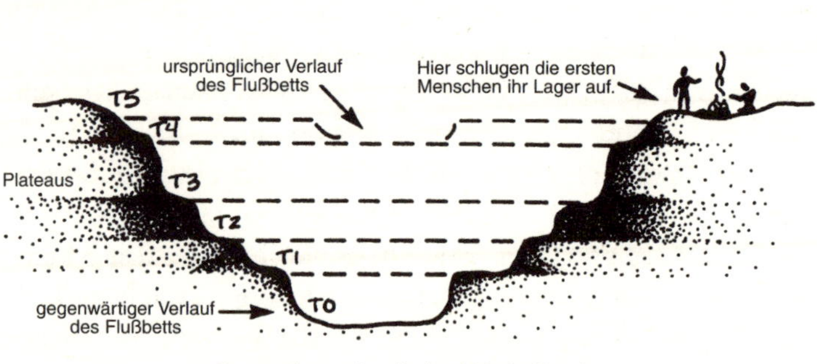

Querschnitt durch das Wadi Ghadun

Unser Urahn, der aufrecht schreitende, aber nicht besonders helle *Homo erectus* streifte fast eine Million Jahre lang durch Arabien, bis er von unserem direkten Vorfahr, dem *Homo sapiens*, abgelöst wurde, der von Afrika nach Arabien gekommen war. Es war keine beschwerliche Reise, da zu jener Zeit noch eine Landbrücke über den südlichen Ausläufer des Roten Meeres führte. Arabien war damals üppig und einladend. Jedes Jahr bescherten die Monsunregen der Halbinsel lebensspendendes Wasser, ließen Flüsse entstehen sowie Tausende von Seen, an denen sich die Wasserbüffel und Nilpferde niederließen. (Im Sand ausgetrockneter Seenbecken haben Geologen versteinerte Nilpferdzähne gefunden, die so intakt waren, als hätten ihre Besitzer sie erst gestern verloren.) Von den Ufern dieser Seen erhoben sich dunkle Rauchwolken in den Himmel. Sie stammten von den Buschbränden, die der *Homo sapiens* gelegt hatte, um freilebende Rinder, Ziegen, Oryx-Antilopen, Gazellen, möglicherweise auch Kamele und Hartebeests aus ihrer Deckung zu scheuchen. Das Wild wurde erlegt und in den Siedlungen auf den Hügeln rund um Shisur am Lagerfeuer gebraten. In jenen Siedlungen befanden sich auch die Freiluft-Werkstätten, wo der *Homo sapiens* seine gigantischen Speerspitzen herstellte.[116]

Vor etwa zwanzigtausend Jahren aber hörte es auf zu regnen.[117] Die Flüsse und Seen der Rub' al-Khali trockneten ein, wilde Stürme verwüsteten ihre Betten und verwandelten sie in riesige Dünenfelder. Die Vögel zogen weg und überließen den Himmel allein der gnadenlos stechenden Sonne. Die Tagestemperaturen stiegen bis auf 54 Grad im Schatten – sofern es überhaupt welchen gab –, und auch der Mensch verließ dieses Gebiet um weiterzuziehen, höchstwahrscheinlich in den Norden, in das Land des »Fruchtbaren Halbmondes«.[118]

Während der nächsten tausend Jahre fiel in Arabien kein Regen, und auf der ganzen Halbinsel gibt es keine Zivilisationsspuren aus dieser Zeit. Die einzigen Lebewesen, die in abgelegenen Nischen ausharrten, waren Tiere und Pflanzen, die zum Überleben kaum Wasser brauchten, darunter auch ein kleiner, knorriger Baum, der in kalkhaltigem Boden gedieh und dessen Wurzeln toxische Terpene abgaben, die andere Pflanzen am Wachstum hinderten: Der Weihrauchbaum.

Vor acht- bis zehntausend Jahren kehrte der Regen nach Arabien zurück, und auf der leeren Bühne der Halbinsel erschienen Wanderer aus dem Norden. Sie kamen aus einem langgestreckten Bogen, der vom Norden Ägyptens bis Syrien reicht. Innnerhalb kürzester Zeit – bloße zweihundert Jahre – hatten sie ganz Arabien neu bevölkert. Der ganze Stolz sowie die Lebensquelle dieser Menschen waren ihre Rinderherden. Ihr Zug durch Saudi-Arabien läßt sich anhand der Zeichnungen von Rindern, die sie auf geschwärzte Steine geritzt haben, nachvollziehen. Wenn das neue nomadische Hirtenvolk abends am Lagerfeuer sitzend in den Himmel blickte, stellte es sich vor, die Sterne seien die Herde des Mondes, die er dort weidete.

Bis sie die Dofar-Berge erreicht hatten (den einzigen Landstrich Arabiens, wo noch Rinderzucht betrieben wird), hatten jene Wanderer sehr wahrscheinlich so etwas wie einen Stamm gebildet, aus dem zu einem späteren Zeitpunkt die Leute von 'Ad hervorgehen sollten. Sie wurden seßhaft und genossen die Vorzüge einer Landschaft, die von Jahr zu Jahr grüner und üppiger wurde. Die Monsunregen ergossen sich über die Berge, und von dort aus floß das Wasser in die Täler und über die Ebene. Die Wüste erblühte, nahm das Regenwasser auf und spie es aus den Quellen wieder hervor. Eine dieser Quellen, die aus einer uralten Höhle hervorsprudelte, sollte eines Tagen den Namen »die Quelle von Shisur« erhalten.

Die frühen 'Aditen lebten zwar in der Nähe der Quelle, aber wahrscheinlich nicht direkt an ihrem Rande. Da sie von durstigem Wild aufgesucht wurde, war sie der ideale Standort für eine Falle. Shisurs neolithische Wildfalle war raffiniert konzipiert.

Wenn die Gazellen und Oryx-Antilopen ankamen, um zu trinken, näherten sich die Treiber aus östlicher Richtung und trieben die Tiere in einen runden Pferch zwischen zwei aufeinander zulaufende Steinmauern, wo sie von den wartenden Jägern mit Pfeilen, Speeren und Netzen erlegt wurden.[119]

Die 'Aditen, die in den umliegenden Siedlungen lebten, beispielsweise im Dorf der Feuersteinsammler, ließen es sich nach den damaligen Verhältnissen gutgehen. Aus dem langen Haar der domestizierten Ziegen wob man geräumige, komfortable Zelte, während die ebenfalls domestizierten Rinder Häute, Milch und Fleisch lieferten. Zwar war der Wildbestand inzwischen dezimiert, aber dafür hatten die Leute von 'Ad ihre Jagdkünste verfeinert, indem sie geeignetere Pfeilspitzen herstellten.

Anfangs hatten sie nur eine Seite ihrer großen Pfeilspitzen aus Feuerstein bearbeitet. Dann aber ließen sie sich von Exemplaren inspirieren, die aus dem Norden importiert worden waren, indem sie beide Seiten bearbeiteten und Widerhaken

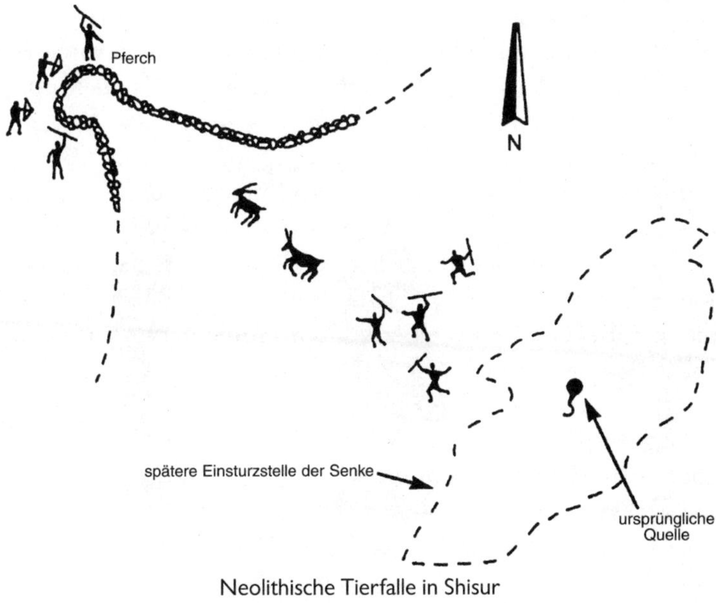

Neolithische Tierfalle in Shisur

hinzufügten. Zu guter Letzt ersannen sie selbst eine elaborierte Variante, stromlinienförmig und gezackt, mit einer vertikal verlaufenden Rille. Die Archäologie bezeichnet diese konturierten Pfeilspitzen als »trihedrale Form«.

Diese Form konnte man nur erzielen, wenn man den Stein mit einem zweiten geschickt bearbeitete; die Hiebe mußten schräg geführt werden. Diese trihedralen Stäbe, die man überall in Dofar findet, haben bereits zu einer sehr frühen Zeit das Verbreitungsgebiet der Leute von 'Ad markiert, das sie bemerkenswerterweise die nächsten 5000 Jahre (ca. 4500 v. Chr. bis 500 n. Chr.) erfolgreich verteidigen sollten.

Das Leben der frühen 'Aditen fand vorwiegend am Lagerfeuer statt. Dort stellten sie ihre Pfeilspitzen und steinernen Werkzeuge her, und es ist durchaus denkbar, daß sie an ebendiesem Lagerfeuer rein zufällig den Duft und den praktischen Nutzen des Weihrauchs erkannten. Stellen wir uns eine Großfamilie vor, die bereits seit mehreren Monaten an derselben Stelle ihr Lager aufgeschlagen hat. Nachdem das vom Boden aufgesammelte Brennholz aufgebraucht war, schickte man ein paar Kinder mit einer Handaxt los, um von einem der knorrigen Bäume in der Nähe, die nicht größer waren als die Kinder selbst, eine Ladung Äste zu hacken. Als man die Äste ins

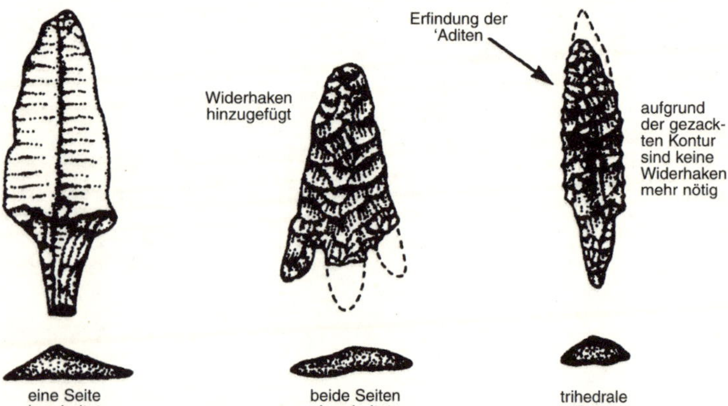

Entwicklung der Pfeilspitze

Feuer warf, bildete sich ein merkwürdig weißer Rauch, der nicht, wie gewohnt, Hustenanfälle und tränende Augen hervorrief, sondern freudiges Schnuppern und Wohlgefallen. Der Rauch des Weihrauchholzes war lieblich und rein. Falls der Glaube der frühen 'Aditen überhaupt eine Vorstellung vom Paradies umfaßte, so duftete es dort bestimmt nach Weihrauch.

Zweifellos wußten die 'Aditen den Weihrauch vielseitig zu nutzen. Hätten sie ihren Tier- und Sternengöttern überhaupt eine edlere Opfergabe darbieten können? Außerdem ließ es sich auch zu alltäglichen Zwecken einsetzen, zum Beispiel um den Mief der lange am Leibe getragenen Kleidung zu mildern, das Trinkwasser zu aromatisieren oder die Heilung von Wunden zu beschleunigen. Nach Einbruch der Dunkelheit konnte der 'Adit seine Pfeilspitzen beim fast übernatürlich hellen Licht des brennenden Weihrauchs bearbeiten. Natürlich sprach sich die Kunde von der Entdeckung dieser wunderbaren Substanz herum. Man verwandte sie im Tauschhandel mit benachbarten Stämmen und schließlich auch mit fernen Ländern.

Es weist einiges darauf hin, daß die Stadt Ubaid im Norden Mesopotamiens bereits um 5000 v.Chr. Perlen, Edelsteine und Weihrauch aus Arabien importierte. Die Ubaiden wurden irgendwann von den Sumerern verdrängt. In ihrer großen Stadt Uruk hat man verschiedene Flachreliefs mit Abbildungen gefunden, auf denen zu erkennen ist, wie dem Sonnengott und seinem Hofstaat Weihrauch als Opfergabe dargeboten wird. Juri Zarins befaßte sich mit sumerischen Keilschriften, aus denen hervorging, daß man für die Götter einst Zedernholz zu verbrennen pflegte, das man aus dem Libanon importiert hatte. Ein Text aus dem Jahre 2350 v.Chr. besagt jedoch, Weihrauch sei die übliche Opfergabe gewesen:

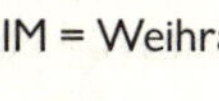

SHIM = Weihrauch

An einer Stelle ist sogar spezifisch von dem besonders edlen arabischen Weihrauch die Rede:

SHIM.GIG = Silberweihrauch

Die Verwendung von Weihrauch statt Zedernholz in den Tempeln ging vermutlich mit der Domestizierung eines besonders zähen und trittsicheren Lasttieres einher – des Esels. Die ersten Fernreisen wurden mit Esel-Karawanen bewerkstelligt. Mit ihnen begaben sich die »Dufthändler« Jahr für Jahr ins Landesinnere Arabiens.

GARASH.SHIM = Dufthändler

Die rituelle Verbrennung von Weihrauch wurde zu einem Mittel, die Götter herbeizulocken, die, wie im *Gilgamesh-Epos* berichtet wird, »den lieblichen Duft witterten und wie die Fliegen zum Altar schwärmten«. Offenbar hatten die Sumerer keine besonders hohe Meinung von ihren Göttern, wenn sie diese mit Fliegen verglichen, aber es lag ihnen dennoch etwas daran, mit dem Rauch Botschaften gen Himmel zu schicken – Fürbitten, Danksagungen, Beschwichtigungen. Der deutsche Historiker Walter Müller, der sich intensiv mit Weihrauch-Traditionen befaßt, ist sogar der Ansicht, daß man überall im Mittleren Osten dem Weihrauch eine außerordentlich sühnende Wirkung zusprach, vergleichbar mit der des Tieropfers, da »das Harz als Blut des Baumes galt; man hielt es für etwas Lebendiges, Göttliches«.[120]

Die nächsten Kapitel in der Geschichte der Leute von 'Ad wurden gleichsam mit Harz geschrieben, da diese Substanz im Verlauf der folgenden Jahrtausende ihr Leben und ihren Werdegang maßgeblich bestimmen sollte. Der Duft des Weihrauchs sollte ihnen zu Kopfe steigen. Er ermöglichte ihnen mit zunehmendem Wohlstand den Status einer Hochkultur zu erlangen und, wenn man der Legende glauben will, überheblich und ungerecht zu werden, bis sie von der göttlichen

Strafe ereilt wurden. Ihre Wüstenstadt Ubar wurde vernichtet. Indessen ließ mit der zunehmenden Christianisierung die Weihrauch-Nachfrage erheblich nach. Ob sie den Zorn Gottes verdienten oder nicht – Fazit bleibt, daß die 'Aditen Bildung und Wohlstand einbüßten. An die Blütezeit ihrer vergangenen Pracht erinnern nur noch Ruinen.

20.
Der Weihrauchhandel

Die Leute von 'Ad waren unter anderem deswegen über lange Zeit von einer derart geheimnisumwitterten Aura umgeben, weil sie Fremden den Zutritt in ihr Land verwehrten. Die Weihrauchernte sollte unter Ausschluß der Öffentlichkeit stattfinden. Dennoch gelang es Plinius dem Älteren, sich umfassende Kenntnisse über jenen Vorgang anzueignen. Er schreibt, daß man äußerst bemüht war, die Bäume bei der Ernte nicht zu verletzen, und daß der richtige Zeitpunkt gefunden werden mußte, um das Harz abzuzapfen, denn hochwertiger, aromatischer Weihrauch läßt sich nur unter idealen Bedingungen gewinnen. Die Sommerernte wurde eingeleitet

> ... mit dem Erscheinen des Sternes Sirius; innerhalb dieses Zeitraumes war die Hitze am intensivsten. Der Baum wurde an der Stelle angeschnitten, wo die Borke am saftigsten und aufgrund der Spannung am dünnsten erschien. Der Einschnitt wird nach und nach vergrößert, ohne daß Borke dabei entfernt wird. Dies hat zur Folge, daß ein öliger Schaum hervortritt, der sich allmählich verfestigt ... er wird mit Matten aus Palmenwedeln aufgefangen ... Das Harz, das sich im Laufe des Sommers angesammelt hat, wird im Herbst geerntet. Inzwischen ist es vollkommen rein und von weißer Farbe ...[121]

Um 2000 v. Chr. hatten sich die Weihrauchhaine wahrscheinlich dank der häufigen Regenfälle bis hinter die Quelle von Shisur ausgebreitet. So oder so war die Oase, welche die Quelle umgab, der ideale Rastplatz für Karawanen, die unterwegs in den Norden waren, denn es gab genügend Futter für die Esel und Datteln für die Treiber. Im Schatten der Palmen lag ein schlichter Marktplatz, wo man um Satteltaschen, Säcke voll Salz, Werkzeuge aus Lavaglas sowie Luxusgegenstände wie Perlen und hübsche Muscheln feilschen konnte.[122]

Die Eselkarawanen wurden in Shisur zusammengestellt und zogen auf ihrer Reise gen Norden von einer Wasserstelle zur nächsten. Die Quellen und Regen-Seen lagen jeweils etwa eine Tagesreise voneinander entfernt. Über die Jahrhunderte hinweg hinterließen die Hufe Abertausender von Tieren auf dem Wüstenboden eine einzigartige Spur, die man später einmal »die Straße nach Ubar« nennen sollte.

Die große Straße mündete in Jabrin, einer Oase am nördlichen Ausläufer der Rub' al-Khali, welche in mesopotamischer Hand war und wo die 'Aditen aller Wahrscheinlichkeit nach ihren Weihrauch verkauften (oder gegen andere Waren eintauschten) und sich dann so schnell wie möglich auf den Heimweg machten. Auch wenn das Klima damals nicht so heiß und trocken war wie heutzutage, war eine solche Rundreise ein anstrengendes und riskantes Unterfangen. Wenn man nicht rechtzeitig die nächste Quelle erreichte oder feststellen mußte, daß sie inzwischen eingetrocknet oder verseucht war, bedeutete dies für Mensch und Tier den sicheren Tod.

Bei der Durchquerung der Rub' al-Khali wird die eine oder andere Karawane jene seltsam buckeligen, etwas ungelenken Tiere gesichtet haben, die in der Wüste zu Hause sind. Die Legende besagt, daß die 'Aditen anfangs glaubten, die Kreatur sei eine Heimsuchung, die sich die Dschinns ausgedacht haben. Diese Tiere aber sollten das Leben der 'Aditen grundlegend verändern. Während der vergangenen Jahrhunderte hatte der Mensch in Arabien bereits von der Domestizierung einiger Tiere profitiert. Die Rinder boten Mobilität und Nahrung, die Ziegen Zelte, Textilien (und ebenfalls Nahrung) und die Esel Gelegenheit, lange Reisen zu unternehmen und sich am Handel zu beteiligen. Nun kam das Kamel hinzu, mit dem man in guten wie in schlechten Zeiten höchst effiziente lange Handelsreisen unternehmen konnte.

Das Kamel konnte Lasten über 300 Kilo transportieren und

mehr als zwei Wochen ohne Wasser auskommen. Die Karawanen mußten nicht länger Umwege gehen, um die nächste Quelle anzusteuern, sondern konnten sich auf direktem Weg zu ihrem Ziel begeben. Auf ebenem Gelände konnte eine Kamel-Karawane Strecken von bis zu 50 Kilometern am Tag zurücklegen. Wenn nötig, konnte ein gutes Kamel sogar innerhalb von 24 Stunden fast 300 Kilometer schaffen.

Es weist einiges darauf hin, daß das Kamel, wie auch die Legende besagt, innerhalb des südarabischen Raums erstmals von den Leuten von 'Ad domestiziert wurde. Sie züchteten mehr als fünfzig verschiedene Rassen. Die Tiere waren mürrisch, hatten Mundgeruch und konnten beim besten Willen nicht als schön bezeichnet werden. Und doch sahen ihre Besitzer, wenn sie den Tieren in die großen Augen schauten, nicht nur eine Einkommensquelle, sondern auch einen Seelengefährten. In einem uralten Wüsten-Schlager wird die Schönheit – und der Wert – einer Frau mit der eines Kamels der Rasse Banat Safar verglichen:

> Der Liebreiz schöner Mädchen ist
> Wie die des Banat Safar.
> Nähert sich Sa'ids Tochter dem Lagerfeuer,
> So gleicht sie einem Kamel, das einen steilen Abhang meistert.
> [Beide wenden überheblich den Kopf von rechts nach links]
> Ihr frisches Antlitz ist wie das Fleisch eines Kamels,
> Noch unberührt von Tau oder Kälte.[123]

Die Domestizierung des Kamels beschleunigte den Handel mit Weihrauch. Jetzt konnten die Karawanen die Rub' al-Khali in weniger als einem Monat durchqueren und ihre Ware ins nördlich gelegene Mesopotamien oder westlich zum Roten Meer bringen. Von dort aus wurde sie in Schiffen nach Ägypten verfrachtet, wo sie bereits um 2800 v. Chr. als kostbare Substanz galt. Das *Ägyptische Totenbuch* schätzt Weihrauch nicht nur als zeremonielle Beigabe, sondern bezeichnet ihn als in sich selbst heilig, eine Opfergabe, die »der hehren Gesellschaft der Götter« würdig sei. Das Buch gibt Anweisungen, wie man sich bei einer Beisetzung verhalten soll: »Du sollst im Namen der Osiris [wohlgemerkt: nicht etwa *für* Osiris] Weihrauch ins Feuer geben.« Der Weihrauch sollte dem Verstorbenen die Reise ins Jenseits versüßen. Der rituelle *Pyramidentext* sagt aus: »Man hat mir eine Treppe gebaut, daß ich in den Himmel aufsteigen möge; ich steige auf dem Rauch des wunderbaren Weihrauchs empor.«[124]

Als sie erfuhren, daß man ihren Weihrauch für heilig hielt, haben die Leute von 'Ad vermutlich damit angefangen, die Ernte mit einem Ritual zu verknüpfen. Plinius berichtet, daß diejenigen, die auserwählt wurden, an der Ernte teilzunehmen, »als heilig gelten, und es ist ihnen nicht gestattet, während sie die Bäume beschneiden oder die Ernte einsammeln, sich durch Verkehr mit Frauen oder Kontakt mit Toten zu verunreinigen. So wird der Preis der Ware durch religiöse Skrupel noch weiter in die Höhe getrieben.«[125]

Wenn auch der religiöse Eifer der 'Ad (im Gegensatz zum geschäftlichen) in diesem Fall ein wenig fragwürdig erscheinen mag, so ist doch mit ziemlicher Sicherheit davon auszugehen, daß sich ihr Glaube sowohl aus ihrer semitischen Tradition als auch aus Elementen zusammensetzte, die sie auf ihren Reisen nach Mesopotamien beobachtet und übernommen hatten. In guten Zeiten, die nun schon so lange anhielten, wie man denken konnte, neigten die 'Aditen wahrscheinlich dazu, ihre Götter als selbstverständlich anzusehen und sie entsprechend zu vernachlässigen.

Um 2500 v.Chr. aber begannen für die Leute von 'Ad die schlechten Zeiten. Es hörte in der Gegend um Shisur auf zu regnen. Die Monsunregen, welche die Dofar-Berge und die Ebene so reich gesegnet hatten, fielen immer seltener und schließlich überhaupt nicht mehr. Die 'Ad begannen nun ernsthaft in ihrem rudimentären Tempel in Shisur zu beten. Vielleicht bestand er aus einem geweihten Zelt, einer Hütte aus Reisig, oder vielleicht war die heilige Stätte (*haram*) nichts weiter als eine Einfriedung aus unbehauenen Steinen. Dort gab man Weihrauch in kleine Brenner, die winzigen Altären glichen, um ihn dem rohen Stein, dem Betyl, zu opfern, in dem der Regengott Sada hauste.

Dennoch trocknete der träge Fluß bei Shisur ein, und die Weihrauchbäume in der gesamten Region verdorrten. Der Gott Sada hatte die Leute von 'Ad verlassen. Nun begann die Massenemigration in das südlich gelegene Hochland der Dofar-Berge, wo es genügend Wasser gab und die Weihrauchhaine prächtig gediehen. Dort, wo drei Quellen einer kleinen Anhöhe entsprangen, wurde die Stadt Hagif erbaut. Als sie auf den massiven Felsblöcken ihre aus Ästen konstruierten Häuser mit den Kuppeldächern errichteten, gaben sich die 'Aditen allergrößte Mühe. Man wollte hier offenbar seßhaft werden – ein völlig neuer Trend im Süden Arabiens. Während eine Generation der anderen folgte, wurden neue Häuser gebaut und die alten zu eindrucksvollen Grabstätten umfunktioniert, bis sich die Stadt Hagif, Heimat für die Lebenden und die Toten, fünf Kilometer weit durchs Land des Weihrauchs ausdehnte.

Nicht alle hatten jedoch die Wüste verlassen. Eine kleine Gruppe 'Aditen war in Shisur zurückgeblieben, und ihre Stadt war nun bedeutsamer denn je. Die Ur-Bewohner Ubars waren jetzt nämlich Herrscher über die einzige Quelle (und Oase) weit und breit. Wasser war in diesem ausgetrockneten Land zu einem ungeheuer wichtigen Wirtschaftsfaktor geworden. Die Karawanen, die durch die Rub' al-Khali reisten, kamen nicht umhin, in Shisur Rast zu machen und – gegen eine angemessene Gebühr – ihre Kamele zu tränken.

Shisur war vermutlich noch immer die bescheidene Stadt, die man einst als Zentrum des Weihrauchhandels gegründet hatte – mit dem wesentlichen Unterschied, daß sie nun die einzige bedeutsame Stadt jenseits der Dofar-Berge war. Im Gegensatz zu den 'Aditen, die sich in die Berge zurückgezogen hatten, lebten die Ubariten nicht in Häusern aus Stein und Reisig, sondern in Zelten. Verglichen mit den beengten, miefigen Behausungen in Hagif waren die Zelte luftig und geräumig. Man konnte sie nach Belieben öffnen und schließen, je nachdem, ob gerade ein Sandsturm im Anmarsch war oder ob man die leichte Brise genießen wollte. Wenn sich zuviel Abfall angehäuft hatte, konnte man ohne weiteres umziehen, und wenn im Sommer die Hitze in der Wüste unerträglich wurde, konnten die Ubariten ihr Lager abbrechen und in die Dofar-Berge ziehen, ihren Verwandten einen Besuch abstatten und ihnen bei der Weihrauchernte zur Hand gehen.

Arabien döste und dörrte mehrere Jahrhunderte lang unter der Wüstensonne vor sich hin, »brennend heiß und versengt«, wie Strabo es ausdrückt. Der Weihrauchhandel wurde indessen fortgesetzt; es gab dabei wenige Neuerungen, einige Hochs und Tiefs, aber kaum ernsthafte Probleme, bis sich, zwischen 1400 und 900 v. Chr., die Situation vollständig veränderte. Östlich von Shisur, Richtung Rotes Meer, wurde vier mächtige Königreiche gegründet: Ma'in, Saba, Qataban und

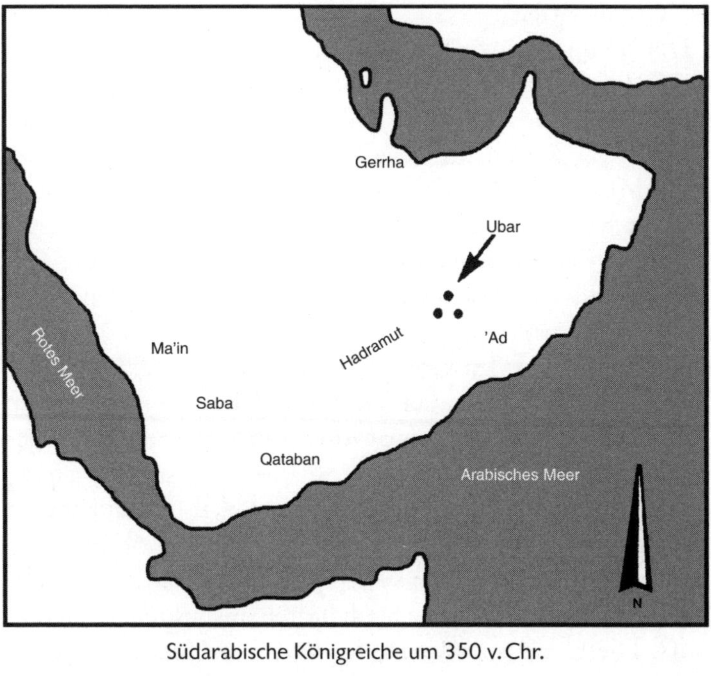

Südarabische Königreiche um 350 v. Chr.

Hadramut. Es wurden in diesen Stadtstaaten Dämme und Bewässerungskanäle gebaut, und auch die Landwirtschaft florierte zusehends. Natürlich wollten sie sich auch am Weihrauchhandel beteiligen. Sie züchteten und ernteten einige Duftstoffe, darunter Myrrhe und nicht sehr hochwertigen Weihrauch, aber es waren die Leute von 'Ad, die weiterhin als einziges Volk den edelsten Weihrauch ernteten.

Um 950 v.Chr., so steht es in der Bibel, reiste die Königin von Saba in den Norden nach Jerusalem, um König Salomon zu besuchen und mit ihm ein Handelsabkommen zu schließen, um Israel und andere Länder an der östlichen Mittelmeerküste mit Weihrauch zu versorgen, wobei die Israeliten als Broker fungieren sollten. Salomons Kenntnisse bezüglich der Herkunft des hochwertigsten Weihrauchs waren wohl eher nebulös, und die Königin dachte überhaupt nicht daran, ihn aufzuklären, sondern gab vor, von seiner Weisheit zutiefst beeindruckt zu sein, und zog von dannen, als sie den Deal in der Tasche hatte.

Der Weihrauch war inzwischen ein integraler Bestandteil der Glaubensrituale der Israeliten geworden. Sogar in der Wildnis riet Moses seinen Anhängern: »Und ein jeglicher nehme seine Pfanne und lege Räuchwerk darauf ...« (Viertes Buch Mose; 16,17). Als das Volk von einer Seuche heimgesucht wurde, bat Moses seinen Bruder, den Hohepriester Aaron, »Nimm die Pfanne ... und gehe eilends zu der Gemeinde und versöhne sie ... und stand zwischen den Toten und Lebendigen. Da ward der Plage gewehrt« (Viertes Buch Mose; 17,11–13). Im Großen Tempel in Jerusalem war der Weihrauch aus Arabien der Verehrung Jehovahs vorbehalten; jegliche Zweckentfremdung wurde mit der Todesstrafe geahndet.

Der wachsende Weihrauchbedarf in Israel und in anderen östlichen Mittelmeerländern stellte natürlich erhöhte Anforderungen an die Bewohner von Shisur, ebenso die bedrohliche Nähe der neuen arabischen Stadtstaaten, insbesondere Hadramuts. Die Ubariten waren gefordert, ihren Status als Kaufleute zu verteidigen und sich der Gunst des Unsichtbaren – ihrer Götter – zu versichern.

Zu einem unbestimmten Zeitpunkt nach 1000 v. Chr. wurde auf einem Hügel unweit der Quelle von Shisur aus Steinen, Tonerde und Reisig eine Siedlung gebaut, die Juri »die Altstadt« getauft hat. Im Zentrum der Siedlung befand sich ein zugegebenermaßen eher bescheidener Tempel, der dennoch in seiner Bauweise an die ferne, hochentwickelte Tempelarchitektur Mesopotamiens erinnerte. Der Mythologe Joseph Campbell hält große Stücke auf die »hieratische Stadt« Mesopotamiens. Ein wenig hochtrabend erklärt er:

> Die gesamte Stadt ist ein irdischer Nachbau der himmlischen Ordnung – ein soziologischer Mediokosmos, der zwischen dem Makrokosmos des Universums und dem Mikrokosmos des Individuums steht, wodurch ihr grundlegendes Konzept sichtbar wird. Im geschützten Raum des Tempels treffen die irdischen mit den himmlischen Mächten zusammen. Die vier Außenwände des Turms, die nach den vier Himmelsrichtungen ausgerichtet sind, konvergieren an einer fünften Stelle, wo die Kraft des Pleroms sich in der Zeit zu entfalten beginnt ... Und dieser Mediokosmos verbindet das soziale Gefüge, das somit zu einem lebenden Gedicht, einer Hymne oder einer Ikone wird, geschaffen aus Erde und Schilf, aus Fleisch und Blut und aus Träumen, miteinander verwoben in der Kunstform des hieratischen Stadtstaates.[126]

Inwieweit die Mesopotamier tatsächlich derartiges im Sinn hatten, bleibt ungeklärt. Inwiefern die Ubariten tatsächlich ihrem Einfluß unterlagen, ist nicht minder fraglich. Tatsache bleibt jedoch, daß das hieratische Bauschema eine Erfindung der Mesopotamier war und daß es einherging mit der Überzeugung – die Könige und Bauern teilten –, daß die Götter in einem himmlischen Reich residierten, das ungleich prachtvoller und kultivierter war als jedes Königreich auf der staubigen Erde. Einst, so glaubte man, habe vielleicht auch der Mensch in einem solchen Paradies gelebt, aber die Zeiten waren vorbei, seit er die ursprüngliche Harmonie der Erde gestört hatte.

Bei der Architektur ihrer Tempel und Städte waren die antiken Kulturen bemüht, das himmlische Reich nachzuempfinden oder zumindest eine Ahnung davon zu vermitteln. Für die Israeliten, Mesopotamier und Ubariten stand es außer Frage, daß das irdische Leben vergänglich und stets von der Sterblichkeit überschattet war. Indem sie aber Tempel bauten, die den Häusern ihrer Götter glichen, verlieh ihnen dies nicht einen Abglanz jener beneidenswerten überirdischen Macht?

Die Stadt Ubar der Legende war eine »Nachahmung des Paradieses«. Es mag auch in Wirklichkeit so gewesen sein. Die grüne Oase bildete einen eklatanten Kontrast zu der ausgedörrten, toten Landschaft ringsherum. Auf dieser Oase befand sich nunmehr nicht nur eine lebensspendende Quelle, sondern auch ein Tempel, zwar klein und bescheiden, aber immerhin (wie Campbell betont), nach den vier Himmelsrichtungen ausgerichtet und dem Himmel und der Ewigkeit entgegengereckt.

Die Rangfolge der Ubaritischen Götter ist weitgehend ungeklärt. Wir wissen, daß der Regen- oder Sturmgott Sada eine Zeitlang eine wichtige Rolle spielte, aber es wäre denkbar, daß er in Ungnade fiel, nachdem er Jahrhunderte lang so wenig unternahm, um der grausamen Dürre ein Ende zu bereiten. Aus vergleichbaren Gründen waren die Ubariten vermutlich nicht sehr begeistert von jenem Sonnengott, den man im Bereich des fruchtbaren »Halbmondes« besonders verehrte, da er dieser Region Wärme und Fruchtbarkeit statt Hitze und Tod bescherte. Es gab mit Sicherheit einen mächtigen Mondgott, dessen Stärke und Macht durch einen Stier mit halbmondförmig gebogenen Hörnern symbolisiert wurde. Wahrscheinlich wurde aber nicht das Abbild jenes Stiers verehrt, sondern ein Betyl, der seinen Geist beherbergte und dem man den duftenden Weihrauch opferte. Vielleicht pflegte man auch in den kühlen Nächten in den Abendhimmel zu schauen und den aufgehenden Mond anzubeten. Die Ubariten richteten sich gewissenhaft nach den Mondphasen; der Viertelmond – *Il* oder *Ilah* genannt – wurde im Laufe der Jahrhunderte Synonym für Gott. Aus dem Wort *Il* sind die hebräischen Begriffe *El* bzw. *Elohim* sowie der arabische Gottesname *Allah* entstanden.

Mit der Erbauung jenes ersten Tempels definierten die Ubariten ihren Standort in der himmlischen wie in der irdischen Welt, zumal er verschiedenen durchaus profanen Zwecken diente. Vom Dach des Tempels konnten die Späher die gesamte Wüste überblicken. Wie im Hohelied Salomos (3,6) konnten sie bis zum Horizont schauen und fragen: »Wer ist die, die heraufgeht aus der Wüste wie ein gerader Rauch, wie ein Geräuch von Myrrhe, Weihrauch und allerlei Gewürzstaub des Krämers?« In der Regel waren es die eigenen Karawanen. Obwohl es gelegentlich zu räuberischen Überfällen kam, überlegten sich die meisten Banditen zweimal, ob sie es wirklich riskieren wollten, Ubar anzugreifen. Sollte sich ein Eindringling erdreisten, sein Vieh an der Quelle von Shisur zu tränken, wurde er schon vom Dach des Tempels und aus der Festung mit einer Salve aus Pfeilen begrüßt.

Der Tempel von Ubar gewährleistete nicht nur himmlischen Anschluß, sondern auch den Schutz der irdischen Güter. Er diente höchstwahrscheinlich als eine Art Tresor, als sicherer Ort, um das Gold und anderen wertvollen Besitz zu verwahren. Darüber konnte man mittels des Tempels sogar weitere Schätze hinzugewinnen: Das Vorhandensein einer heiligen Stätte rechtfertigte die Erhebung eines Wegezolls. Die Ubariten hatten wahrscheinlich auch schon vor der Erbauung des Tempels ihren Nutzen aus den Bedürfnissen der Durchreisenden gezogen, und jetzt kam noch hinzu, daß man schließlich die Götter »füttern« mußte, vorzugsweise natürlich mit Weihrauch, erwiesenermaßen »die Nahrung der Götter«. Von vergleichbaren Karawansereien weiß man, daß es üblich war (selbstverständlich feilschte man auch hierüber wie über alles andere auch), als Wegezoll ein Zehntel der mitgeführten Ware zu erheben.

Zeitgleich mit der Erbauung der »Altstadt« tauchte im Süden Arabiens eine einzigartige Schrift auf, die in den Königreichen Ma'in, Saba, Qataban und Hadramut Verbreitung fand. Im Land der 'Ad aber mußte dieses Alphabet erweitert werden – es bedurfte acht zusätzlicher Buchstaben, um die wesentlich kompliziertere Landessprache schriftlich wiederzugeben. Möglicherweise war die Sprache der 'Ad die älteste in Arabien. In der Linguistik geht man nämlich davon aus, daß Sprachen im Laufe ihrer Entwicklung zunehmend vereinfacht werden und dabei Laute und Buchstaben einbüßen.[127]

Die Entstehung der alten Sprache der 'Ad läßt sich anhand ihres Lexikons und ihrer Grammatik nachvollziehen. Es handelt sich eindeutig um eine frühe semitische Sprache, die aber auch mesopotamische Verben und Wortendungen enthält. Schließlich waren die Leute von 'Ad Semiten, die intensive und langjährige Beziehungen zu Mesopotamien pflegten – die allerdings, wie es scheint, nicht durchweg freundschaftlicher Natur waren. Eine mesopotamische Inschrift, die ungefähr aus dem Jahre 720 v. Chr. stammt, berichtet, daß die Truppen Tiglatpilesers III. die Weihrauchstraße entlangmarschierten, um die Araber zurückzutreiben. Bei den fraglichen Arabern handelt es sich wahrscheinlich nicht um die 'Aditen, sondern um ihre weiter nördlich ansässigen Handelspartner, die Gerrhaner. Ursprünglich ein Haufen räuberischer Schäfer, die aus Babylon vertrieben wurden, bemächtigten sie sich nicht nur der Jabrin-Oase (auf der Ubar direkt gegenüberliegenden Seite der Rub' al-Khali), sondern betätigten sich auch als Piraten am Persischen Golf. Im Jahre 694 v. Chr. wurden sie von Sennacherib besiegt und zunächst einmal in ihre Heimatstadt Gerrha verbannt, wo es sie aber nicht lange hielt. Bald streiften sie wieder durch die Wüste und zogen mit ihren Karawanen durch den Norden Arabiens.

Man kann annehmen, daß die 'Aditen und die Gerrhaner aus einem ähnlichen Holz geschnitzt waren. Beide Völker hatten sich mit dem harten Los abgefunden, ein Leben in der Wüste zu fristen, und sich zu eifrigen, aber nicht besonders vertrauenswürdigen Kaufleuten gemausert. Sie schränkten sich nur ungern in ihren Bedürfnissen ein und waren den zivilisierteren Völkern ständig ein Dorn im Auge, da sie es offenbar für ihr gottgegebenes Recht hielten, sich deren Reichtümer anzueignen.

Aus den Klassikern des Altertums erfahren wir, daß die Gerrhaner mehrere Jahrhunderte lang den Weihrauch der 'Ad nach Mesopotamien und an die Länder des östlichen Mittelmeeres lieferten. Die Nachfrage der Griechen und, kurz darauf, der Römer, stieg ins Unermeßliche. Während jener frühen Epoche, die Homer in der *Odyssee* beschreibt, begnügten sich die Griechen noch mit »dem Duft brennender Zedernäste und glatt gemaserter Weihrauchbäume«. Als sie aber den arabischen Weihrauch entdeckten, waren sie hingerissen. Die Göttin Aphrodite wußte den arabischen Weihrauch ebenso zu schätzen wie Alexander der Große, der erste Herrscher, der sich selbst zu Ehren die kostbare Substanz verbrennen ließ.

Die Römer verwendeten den Weihrauch nicht nur als Opfer für ihre Götter, sondern auch, um damit den irdischen Leib im Diesseits zu salben und ihm die Reise ins Jenseits angenehmer zu gestalten. Er wurde in Kosmetika und in Parfums verwendet sowie als Medikament, heilsam für »Kopfwunden ... um blutende Wunden zu salben und bösartige Geschwüre am Gesäß zu lindern«.[128] Die größten Mengen an Weihrauch verwendeten die Römer allerdings bei ihren Feuerbestattungsritualen, da er die Götter erfreute und zudem, wie Plinius prosaisch bemerkt, den Gestank der brennenden Leiber übertönte. Er weiß ferner zu berichten, daß bei der Feuerbestattung von Neros Frau Poppaea Sabina eine ganze Jahresernte arabischen Weihrauchs verbrannt wurde. Plinius faßt zusammen: »Es ist die Genußsucht des Menschen, die sich selbst im Bimbamborium rund um den Tod zeigt, die Arabien zu einem solchen Glück verholfen hat.«[129]

Wie muß es die Griechen und Römer gewurmt haben, daß die fernen Fremden von ihrem verschwenderischen Lebensstil profitierten und nun selbstzufrieden in ihrem Arabia Felix saßen. Zwar schloß der Wirkungsbereich der Römer und Griechen einige Gebiete der Arabischen Halbinsel mit ein, aber dennoch kannten sie bestenfalls aus Erzählungen jene geheimnisvolle Stadt, die sie weitgehend mit Weihrauch versorgte. Auf Claudius Ptolomäus' Karte *Sexta Tabula Asiae* war diese Stadt noch ein weißer Fleck, verborgen in der Wüste der Iobaritae, der Ubariten.

In den folgenden Kapiteln greifen wir den Mythos um Ubar erneut auf, dieses Mal, um ihn mit der archäologischen Dokumentation zu verknüpfen. Vielleicht ist es nicht korrekt, beides zu vermischen, aber in diesem Fall fällt es schwer, der Versuchung zu widerstehen. Ich bitte also um Geduld beim Lesen des nächsten Kapitels, das sich spekulativ mit der Geschichte Ubars während seiner Blütezeit befaßt. Es ist ein Versuch, die Ereignisse hypothetisch zu rekonstruieren. Ich füge jenen Vorbehalt hinzu, der häufig von arabischen Historikern und Geschichtenerzählern verwendet wurde: »Aber Gott weiß es am besten.«

21.
Khuljans Stadt

Arabia Felix, Land der 'Ad: Eine Vollmondnacht im Spätsommer des Jahres 350 v. Chr.[130]

In Viererreihen, an der Brust durch Seile miteinander verbunden, zogen die Kamele durch den Wüstensand. Die Treiber dösten in ihren Satteln, erwachten mit einem Ruck, wenn ihr Kamel strauchelte – was in der Dunkelheit gelegentlich passierte – und konnten sich gerade noch halten, um nicht zu Boden geworfen zu werden. Ein alter Mann, »so alt wie die 'Ad«, wie seine Kameraden scherzhaft zu sagen pflegten, räusperte sich, ehe er ein Lied anstimmte …

> Nachdem die Sonne untergeht, ist es die Nacht, die uns bewacht;
> Mag nun der Gott des Mondes hell auf unser Antlitz scheinen …[131]

Es war die erste Karawane der Saison, und sie war schwerer beladen als üblich, denn die Kamele transportierten nicht nur Weihrauch, sondern auch Säcke voll Steinsalz. Diese waren für die Steinmetzen und ihre Gehilfen gedacht, die zu Fuß der Karawane folgten. Man war unterwegs, um den Tempel Ubars auszubauen und die Quelle zu untermauern. Es waren sechs Tage vergangen, seitdem die Karawane die Dofar-Berge verlassen hatte. Die Wasserrationen in den Beuteln aus Ziegenhaut waren bereits stark dezimiert, und das wenige Wasser, das übrigblieb, stank erbärmlich und war eigentlich nicht mehr genießbar.

Am östlichen Horizont wurde es allmählich hell. Dieses Mal legte man bei Sonnenaufgang keine Ruhepause ein, sondern zog zielstrebig weiter. Die Kamele protestierten, zunächst mit einem jammervollen Glucksen, dann begannen sie zu brüllen und trotzig stehenzubleiben. Den Treibern juckte es in den Fingern, sie zu prügeln, aber sie sahen davon ab, weil sie den Tieren keinen Schaden zufügen wollten. Sie begnügten sich mit Verwünschungen: »Die Pest soll dich ereilen!« oder: »Mögest du tot umfallen!« Eigentlich war es ihnen damit nicht ernst, denn die Kamele waren ihr ganzes Leben.

Es war ein scharfsichtiger Knabe, der in der Ferne einen winzigen grünen Fleck erkannte, der wie ein Trugbild immer wieder verschwand, um bald erneut in Erscheinung zu treten.

»Hai«, seufzte der alte Mann, wie er es in seinen vierzig Lebensjahren schon so oft getan hatte. »Unsere Rettung – Ubar!«

Die Karawane näherte sich der Stadt und erklomm den niedrigen Hügel, auf dessen Gipfel der alte Tempel stand. Die Reisenden wurden von den sechs Soldaten, die die Stadt während der Sommermonate bewachten, in Empfang genommen. Die Treiber entluden ihre Fracht aus Weihrauch und Salz. Nachdem sie sich ein paar Tage ausgeruht hatten, würden sie zurück in die Berge reiten, um die nächste Fuhre abzuholen und nach Ubar zu bringen. Die Steinmetzen packten indessen ihre Vorschlaghammer und Meißel aus und inspizierten die Baustelle. Sie schlugen probeweise Stücke aus den Kalkfelsen westlich des Tempels und befanden die Qualität für gut. Den Steinbruch würde man später als trockenen Wallgraben nutzen können – ein weiterer Schutz für die Stadt Ubar. Anschließend wuschen sich die Steinmetzen im kühlen, klaren Wasser der Quelle, aßen frische Datteln, begaben sich am Nachmittag zur Ruhe und schliefen bis zum nächsten Morgen.

Tags darauf erwachten sie noch vor Sonnenaufgang und machten sich an die Arbeit. Sie hoben im Bereich südlich des Tempels flache Gräben aus, isolierten sie mit Ziegendung und füllten dann eine Schicht aus Steinsalz ein. Am späten Nachmittag waren die Fundamente der neuen Tore – eines inneren und eines äußeren – bereits fertiggestellt. Um Dschinns am Eindringen zu hindern, wurden jetzt noch an allen vier Ecken spitze Pfähle in den Boden getrieben.

Aus dem Schatten des Tempels trat ein *kahin*, ein wahrsagender Priester, hervor. Er trug eine mit Tierhäuten bespannte Trommel, auf der er mit den Knöcheln einen langsamen Rhythmus schlug. Nun kamen auch zwei Mädchen tanzend aus dem Tempel. Die ältere führte, während die jüngere sich nach Kräften bemühte, die spontanen Bewegungen ihrer Partnerin synchron nachzuahmen. Während sie auf dem salzigen Boden tanzten, schlug der Priester die Trommel immer schneller, immer schneller, bis die Arm- und Beinbewegungen der Mädchen ein rasendes Tempo erreichten. Die Kameltreiber und die Steinmetzen wurden aus ihrem Lager herbeigelockt und klatschten nun zum Rhythmus des Tanzes, während eine Ziege, die in der Nähe an einen Pfosten gebunden war, meckernd einstimmte.

Der Priester rief: »Für das Antlitz des Mondgottes!«, zückte seinen Dolch und schnitt der Ziege die Kehle durch. Er trug das Tier umher und ließ das Blut auf die vier Ecken des Tores tropfen. Die Tänzerinnen benetzten ihre Hände mit Blut und reckten sie unter wildem Wehklagen in die Höhe. Der Gründlichkeit halber trug der Priester die verendende, blutende Ziege den Hügel hinab zu jener Stelle, an der man bald weitere Gräben ausheben, Mauern und Türme errichten wollte. Am Abend wurde die Ziege in fünf Teile zerlegt. Einen davon bekam der Priester, und die Steinmetzen erhielten als Erbauer des neuen Ubars die übrigen vier Teile.

Während der folgenden Wochen gelang es den Steinmetzen trotz Staub und Hitze, das Tor einschließlich seiner massiven Holztüren fertigzustellen und die Stadtmauer hochzuziehen. Sie legten immer drei bis fünf Reihen behauener Steinblöcke nebeneinander und stopften die Lücken mit den kleinen Steinchen, die sie an der Quelle gesammelt hatten. (Diese waren teilweise Werkzeuge aus dem Neolithikum; daher sind die Mauern Ubars mit Artefakten gefüllt.) Alle paar Meter wurden schräg gestellte Schießscharten ins Mauerwerk eingefügt. Der Durchmesser der Mauer mußte konstant eine Elle betragen. (Dieser Maßeinheit lag übrigens der Abstand zwischen

Ellenbogen und Fingerspitze zugrunde.) Anders als in anderen antiken Städten des Mittleren Ostens, wo man imposante Mauern aus Lehmziegeln auf das Fundament setzte, wurden hier die Grundmauern von einem *duwwar*, einem aus verschlungenen Ästen und Gestrüpp geflochtenen Zaun, gekrönt.[132]

An den Ecken der entstehenden Festung errichteten die Steinmetzen stabile Türme. Weitere Türme bewachten strategisch wichtige oder neuralgische Punkte entlang der Mauer.

Um ihre Arbeit zu vollenden, würden die Steinmetzen wahrscheinlich eine zweite Saison und vielleicht auch noch eine weitere in Ubar verbringen müssen. Die Festung, mit deren Bau sie beauftragt waren, diente den grundlegenden Erfordernissen einer antiken Stadt: dem Handel und der Verteidigung. Mit seinem großen Tor, dem großen Innenhof und der Quelle war Ubar dem ständigen Kommen und Gehen der zahlreichen Händler gewachsen, und im Falle eines Angriffs konnte man ebendieses Tor schnell schließen und somit die Bewohner, ihr Vieh und den Weihrauch schützen.

Eines Tages – die Bauarbeiten waren noch im Gange – sah ein Wachposten, der oben auf einem der Türme seinen Dienst verrichtete, eine sich in schnellem Tempo nähernde Staubwolke. Es war der König der 'Ad mit seinen Gefolgsleuten. Damit er einen Namen hat, wollen wir ihn im folgenden so nennen, wie er in der Legende bezeichnet wird: König Khuljan ibn al-Dahn ibn 'Ad.

Khuljan gab eine recht imposante Figur ab. Er ritt auf einem gestriegelten Zuchthengst und war in ein purpurrotes Gewand gekleidet, das über der linken Schulter befestigt war. In Vorbereitung auf seinen Besuch in Ubar hatte sich der König von seinem Hofbarbier die langen Haare zu Zöpfen flechten und mit dem Saft der *Nil*-Pflanze blau färben lassen. Auch sein Gesicht war blau bemalt. Khuljan trug statt einer Krone einen Kopfschmuck, der aus fünf Lederbändern geflochten und mit Ketten aus Gold und Silber umwickelt war. Als er durch Ubars neues Stadttor ritt, wurde er von den Wolken des

Weihrauchs umschmeichelt, den man ihm zu Ehren angezündet hatte. Der Pöbel fiel vor ihm auf die Knie, um seine zu küssen, während sich die höhergestellten Bürger, die mit ihm auf vertrauterem Fuße standen, damit begnügten, seine Handgelenke, Ellenbogen und Schultern mit Küssen zu bedecken. Die mutigeren unter den kleinen Knaben klatschten ihre Hände unter den Nasenlöchern des Regenten zusammen, um einen Hauch seines edlen Odems einzufangen. Der Kahin, der für den Tempel zuständig war, brachte Khuljan Hühnereier, die er gegen die Innen- und Außenpfosten des Stadttores warf, ein Opfer an die Götter, die dem Stamm Wohlstand bescheren sollten. Nachdem er die Festung und den erweiterten Tempel besichtigt hatte, zog sich der König in sein Zelt zurück. Er hatte, wie immer, eine lange Reise hinter sich.

Wie es unter den arabischen Königen Sitte war, hielt Khuljan am Morgen im Schatten des Tores Hof. (Später wurde dieser Brauch als Majlis bezeichnet.) Zuweilen fungierte der König bei diesem Anlaß als Höchster Richter, der das Schicksal des jeweiligen Angeklagten besiegelte. Nachdem man diesen vorgeführt hatte, zog Khuljan seinen meisterhaft gearbeiteten Bronzedolch und legte ihn auf die Kohlen des Feuers, das die Wachen am Tor entzündet hatten. Er plauderte mit ihnen, während er zusah, wie sich das Metall erhitzte, bis es glühendrot war. Bald würde sich entscheiden, ob der Angeklagte »aus Gold oder aus Eisen« sei, unschuldig oder ein Schurke. Khuljan befahl ihm, den Mund zu öffnen und die Zunge herauszustrecken. Mit einer Hand nahm dann der König die Zunge des Mannes zwischen Daumen und Zeigefinger, mit der anderen führte er den Dolch zu den eigenen Lippen, bis er sie fast berührte, und flüsterte: »O Feuer, o Feuer, erkalte und ruhe.«

Daraufhin legte er mit einer schnellen Bewegung den flachen Dolch auf die ausgestreckte Zunge des Mannes, wendete ihn um und drückte ihn abermals nieder. Wenn es der Angeklagte fertigbrachte, sofort zu spucken, standen seine Chancen gut. Der eigentliche Test erfolgte allerdings erst am

Nachmittag. Die Zunge wurde sorgfältig untersucht. War sie geschwollen, stark versengt oder waren die Lymphknoten geschwollen, so wurde er für schuldig befunden und mußte – oft mit dem Leben – für seine Tat bezahlen. Zeigte er aber keine der genannten Symptome, schlugen ihn die Soldaten kameradschaftlich auf den Rücken, und der König schenkte ihm ein Lächeln.

So löste der König am Tor der Stadt Ubar größere und kleinere Konflikte, segnete die Karawanen oder ließ sich einfach unterhalten. Der Barbier, der zugleich der Hofnarr war, vollführte verrückte Tänze und akrobatische Kunststücke. War es für solche Anstrengungen zu heiß, so trug er raffinierte Witze in Reimform vor, die auf Kosten der Ubariten, des königlichen Hofstaates oder sogar des Königs selbst gingen.

Mehrmals im Jahr hatten die Wachposten Gelegenheit, die Rückkehr der Gesandten aus fernen Ländern zu beobachten. Khuljan empfing ungern und äußerst selten ausländische Besucher; die Lage seiner Oase sollte nur ihren Bewohnern bekannt sein. Er zog es vor, Verbindungsleute als Puffer einzusetzen, beispielsweise die Bewohner des weiter nördlich gelegenen Königreichs Gerrha, die zwar unverschämte Preise verlangten, die sie sich in Form von Weihrauch auszahlen ließen, dafür aber bereit waren, Ubar gegen potentielle Invasoren zu verteidigen. Im Laufe der Jahre trachtenen Tiglatpileser, Alexander der Große sowie Kaiser Augustus danach, Arabien zu erobern, aber es sollte ihnen nicht gelingen, ins Land des Weihrauchs vorzudringen.

Diesen Monat kehrte gerade ein Gesandter aus Persien zurück, das zu jener Zeit von Artaxerxes III. Ochos regiert wurde. Dieses Jahr hatten die Perser eine hohe Abgabe gefordert: Eintausend Talente [altgriechische Wert- bzw. Gewichtseinheit] Weihrauch. Sollte sich Khuljan der Forderung beugen? Oder sollte er es wagen, sich den Persern zu widersetzen?

Die griechischen und persischen Einflüsse bewirkten innerhalb Arabiens langsam, aber sicher eine Ost-West-Teilung, wobei Ubar ungünstigerweise sehr nah an der unsichtbaren Trennlinie lag. Khuljan und seine Nachfolger hätten sich entschließen können, mit den Griechen (und später mit den Römern) zu kollaborieren, zogen es aber vor, auf die Perser und ihre Nachfolger, die Parther, zu setzen. Es gibt im Zusammenhang mit Ubars Ausrichtung nach Osten ein präislamisches Gedicht, in dem die Heimreise eines Gesandten beschrieben wird:

> Aus Babylon ritten wir nun zurück zu dir
> Auf ausgetret'nen Strecken durch die Wüste wild;
> Oft brach uns ein Kamel erschöpft zusammen,
> Als könne es das ferne Ziel niemals erreichen.
> Doch setzen dann die Tiere schweren Schrittes
> Die Reise durch die karge Wüste fort,
> Denn Iram [Ubar] mit den vielen Türmen ist
> Das einzig' Ziel, dem wir entgegenstreben.[133]

Als Khuljan an jenem Nachmittag auf seinem edlen Roß durch Ubar ritt, trug es ihn über die Bewässerungskanäle und durch die Felder, wo man »Kaffern-« und Rispenhirse, Weizen, Gerste, Indigo und Baumwolle anbaute. Er freute sich, daß so viele Karawanen an der Oase Rast machten. Um der steigenden Nachfrage gerecht zu werden, ernteten die 'Aditen inzwischen zweimal jährlich das duftende Harz, das auch in den Herbst- und Wintermonaten von kleinen, unbewachten Karawanen aus den Bergen nach Ubar geliefert und von dort aus alle paar Wochen mit größeren, bewachten Karawanen weitertransportiert wurde. Man brauchte zwei verschiedene Arten von Kamelen, um dies zu bewerkstelligen. Kamele mit kleinen, glatten Hufen trugen die Ware über das felsige Gelände nach Ubar. Ihre Verwandten mit den großen, weichen Pfoten waren für den Weitertransport durch die Rub' al-Khali zuständig. Logischerweise wurden die dünentauglichen Kamele vorzugsweise in Ubar gezüchtet und verkauft.

Auf dem Rückweg zur Festung überquerte Khuljan den Marktplatz, der wie immer zum Leben erwachte, sobald die Sonne im Westen zu sinken begann. Draußen vor dem Tor war der Viehmarkt, wo man hauptsächlich für Kamele bot, indem man Steine in die Luft warf. Die Besitzer gaben vor, beleidigt zu sein, wenn die Angebote ihrer Meinung nach zu kleinlich ausfielen. Sie riefen in regelmäßigen Abständen »Die Tür ist offen für bessere Gebote! Die Tür ist offen für bessere Gebote!« Ganz in der Nähe scharte sich eine Handvoll Ziegen um eine einzelne Palme und wurde von den potentiellen Käufern betastet. Ein einfältiger Mann gesellte sich dazu. Er hatte ein Dutzend Stiche in Kauf genommen, um aus einem Bienennest eine Honigwabe zu stibitzen, die er nun auf dem Markt feilbot. Ein Ziegenkäufer nach dem anderen brach sich ein großes Stück von der Wabe ab, steckte es sich in den Mund, schnalzte mit den Lippen, blickte dann verdrießlich drein und wandte sich kopfschüttelnd ab, um zu bedeuten, die Ware tauge nichts. Ehe er sich's versah, hatte der Einfältige nichts mehr zwischen den Fingern als ein paar klebrige Honigtropfen.

Als Khuljan dem Stadttor entgegenritt, ließen die Wachposten ihr Spielbrett schleunigst verschwinden. Während er sich duckte, um den Torbogen zu passieren, mußte Khuljan schmunzeln, als er die runden Spielsteine zwischen die Hufe seines Pferdes kullern sah. Der Innenhof der Festung war mit Verkaufsbuden gesäumt. Die Händler verkauften Stoffe und Geschirr, Olivenöl, getrockneten Fisch, Palmenbier und Dattelwein. In einer Erdgrube, die ihm bis zur Taille reichte und ihn vor der Hitze seines Ofens abschirmte, stand ein Schmied und formte aus geschmolzenem Eisen Pfeilspitzen.

Ein junger Mann schrie jäh auf. Neben dem nordöstlich gelegenen Turm war nämlich ein Heiler am Werk. Es zog, wie man wußte, nicht nur die Menschen nach Ubar, sondern auch die Dschinns. Sie schwächten die Knochen, so daß man sie nur noch mit Hilfe eines Brenneisens heilen konnte; sie machten das Blut sauer, so daß man es mit erhitzten Gefäßen, die man aus den Spitzen von Steinbock-Hörnern gemacht hatte, schröpfen mußte. Der König hielt an und schaute zu, wie sich der Jüngling, dem man die Augen verbunden hatte, qualvoll wand und den Dschinn, der von ihm Besitz ergriffen hatte, anflehte, ihm sein Augenlicht zurückzugeben.

Der Heiler fragte: »Bist du ein Dschinn?«

Obwohl Dschinns bekanntlich in der Lage sind, aus dem Munde ihres Opfers zu sprechen, gab dieser keine Antwort. Khuljan mischte sich ein: »Was willst du denn hören? Natürlich ist es ein Dschinn!«

»Aber selbstverständlich, mein Gebieter«, erwiderte der Heiler und fragte weiter, an den Jüngling gewandt: »Du mußt ein mächtiger Dschinn sein – was willst du? Sag es uns nur. Willst du etwa Gold?«

Der Dschinn sprach nun aus dem Jungen, indem er sagte: »Einen Ring.«

Aus der umstehenden Gruppe erklärte sich schließlich einer der Gefährten des Besessenen widerstrebend bereit, seinen Ring zu opfern. Der Heiler legte ihn kurz auf die heißen Kohlen seines Weihrauchbrenners, nahm ihn wieder herunter und streifte ihn dem Jüngling über den Finger.

Heiler: »Dschinn, willst du nun das Böse aus dem Auge entfernen?«

Dschinn: »Ja.«

Heiler: »Dschinn, schwöre, daß du es entfernen wirst.«

Dschinn (seiner Macht beraubt, mit versagender Stimme): »Eh, eh.«

Heiler: »Hinweg mit dir!«

Dschinn: keine Antwort.

Mit dreckiger, blutbefleckter, aber dramatisch wehender Robe wandte sich der Heiler an sein Publikum und verkündete: »Er ist geflohen. Der Dschinn ist geflohen.« Der Geheilte nahm die Augenbinde ab und wollte schon davonwanken, als ihn der Heiler auf die Schulter tippte und ihm mit auf den Weg gab: »Vergiß nicht – Gold erdet den Dschinn.«

Khuljan ritt ein Stück weiter und stieg dann vor dem

Tempel aus dem Sattel. Der Tempel war nicht nur ein Gottes-, sondern zugleich auch ein Lagerhaus, in dem sich in Kammern und Korridoren Säcke voller Weihrauch stapelten. Wo wäre die Ware auch sicherer aufbewahrt gewesen? Der geschwätzige Kahin erklärte dem König, welche Anteile den Händlern gehörten und welche Eigentum des Tempels waren. Khuljan hatte im vergangenen Jahr die Anteile, die je Karawanenladung dem Tempel zufielen, von einem Zehntel auf ein Viertel erhöht. Zwar hatten die Händler geklagt und gemurrt, aber, um ein unter ihnen gebräuchliches Sprichwort zu zitieren: »Mögen die Hunde auch bellen, die Karawane zieht weiter.«

Wir werden wahrscheinlich nie genau erfahren, was in den Tempeln des alten Arabiens vor sich ging, geschweige denn im Tempel von Ubar. Was wir über die Identität, Funktion und Rangordnung der Götter wissen, ist vage und in sich widersprüchlich. Niemand weiß zu sagen, welche der Götter männlichen und welche weiblichen Geschlechts waren. Ebensowenig wissen wir, ob die Tempel von offiziellen Priestern oder Priesterinnen geleitet wurden oder gar von Wahrsagern oder Hexen.

Khuljan betrat den Tempel von Ubar und begab sich zu dem großen verputzten Becken, das mit frischem Wasser aus der Quelle von Shisur gefüllt war.[134] Nach einer rituellen Waschung stieg er die Treppe hinauf, die in eine stickige dunkle Kammer führte – die heiligste aller Stätten. Hier wurden die Steinblöcke aufbewahrt, in denen die Götter lebten. Vielleicht waren die Blöcke grob behauen und symbolisch mit angedeuteten Gesichtszügen versehen; vielleicht waren sie auch völlig naturbelassen. Aus Mythen wissen wir immerhin, daß die bedeutendsten Gottheiten der 'Ad ein Trio bildeten: Sada, Hird und Haba. Oder alternativ ein Quartett: Sada, Salimah, Raziqah und Hafizun. Wie sie auch immer geheißen haben mögen – Khuljan ging um die Blöcke herum und sang ein Gebet, wobei er sie ehrerbietig als die Herren über Ubar und über alle Länder nahe und fern ansprach.

Khuljan genoß seine Götter mit Vorsicht. Er wußte, daß sie, wie die Dschinns, großes Unheil anrichteten, wenn sie erzürnt waren. Folglich mußte man alles daransetzen, um sie bei Laune zu halten, was häufig öffentliche Zeremonien und das Opfern von Ziegen und Schafen erforderte. Heute aber begnügte er sich damit, die Steine mit Öl zu salben und Weihrauch als Opfergabe zu verbrennen.

So wie die Götter Unheil anrichteten, so bewirkten sie auch so manchen Segen. Wenn man sie nicht mit ihren Eigennamen ansprach, so bezeichnete man sie als »den Regengott«, »den Nahrungsgott«; »die Retterin« und »den Heiler«. Wenn man ihnen genügend Huldigung entgegenbrachte, zeigten sie sich entsprechend gnädig. Dieses Jahr waren sie Khuljan, der ihren Tempel renoviert und vergrößert hatte, einen Gefallen schuldig.

Heute hatte Khuljan nur eine einzige Frage, die er an die Retterin richten wollte. Wie sollte er sich zu jener Abgabe stellen, welche die Perser von ihm forderten? War sie der Preis des Friedens? Könnten sich die 'Ad im Falle eines Krieges gegen den Feind behaupten? Khuljan befahl dem Priester, ihm die Pfeile zu bringen. Dieser kam mit einem Beutel aus Ziegenfell herbeigeeilt, in dem drei Pfeile steckten, von denen jeder einen Namen hatte. Sie hießen »der Befehlende«, »der Verbietende« und »der Mahnende«. Die Pfeile hatten weder Spitzen noch Federn, aber der Schaft war mit einer Botschaft beschriftet. Auf einem stand: »Mein Herr hat mir befohlen«, auf dem zweiten »Mein Herr hat mir verboten«. Auf dem Schaft des dritten Pfeils aber stand überhaupt nichts geschrieben. Auf Geheiß des Königs mischte der Kahin die Pfeile im Beutel und murmelte mit ehrfürchtig abgewandtem Blick: »Mag er in Wohlstand und Segen leben und allerorten geachtet werden –«.[135]

Der König unterbrach seine Rede, indem er in den Beutel griff und einen Pfeil herauszog. Als er sich den Schaft ansah, stellte er fest, daß dieser unbeschriftet war. Er legte ihn zurück in den Beutel, ließ den Priester ein zweites Mal mischen und griff erneut zu. Wieder war es der Pfeil ohne Botschaft. Der König kniff die Augen zusammen, und sein Kiefer schien sich zu verkrampfen. Angstvoll zitternd mischte der Kahin die Pfeile ein drittes Mal. Er konnte sich nur zu gut daran erinnern, wie Khuljan einst die Götter befragt hatte, ob er den Cousin rächen solle, der bei einem Streit um ein Kamel getötet worden war. Er hatte den »Verbietenden« gezogen. Zornig hatte er den Pfeil gegen den Steinblock geschleudert und gebrüllt: »*Deinen* Cousin würdest du bestimmt rächen! Beiß doch deinen Cousin in den *zibb*!« Später hatte es ihm allerdings so leid getan, daß er zu der außerordentlichen Maßnahme griff, dem Gott, den er beleidigt hatte, eines seiner besten Kamele zu opfern.

Nun aber hatte der König »den Befehlenden« gezogen. Der Wahrsager atmete erleichtert aus und sprach: »Die Götter wissen, was zu tun ist.« Khuljan antwortete nicht, sondern verließ wortlos den Tempel. Er zog es vor, sein Pferd stehenzulassen und zu Fuß zu seinem königlichen Zelt zurückzukehren, das man in einem kleinen Wäldchen hinter der Festung aufgeschlagen hatte.

Einige Jahrhunderte zuvor mag die Religion der 'Ad bedeutsamer, spiritueller gewesen sein, umflort mit der Aura wandernder Schäfer, die nach den Sternen griffen. Und der Tempel mit seinen Ritualen mag den schicksalhaften Verlauf der Welt symbolisiert und eine Brücke zur Ewigkeit geschlagen haben. Diese Zeiten aber waren längst vorbei.[136] Khuljan und sein Volk wurden von Dschinns heimgesucht und vom Aberglauben verzehrt. Die Götter in ihrer finsteren Kammer waren irrational, primitiv und gierig. Offen gestanden fand Khuljan sein Pferd um einiges sympathischer als jene illustre Gesellschaft.

Wie überall in der Wüste brach die Nacht in Ubar sehr schnell herein. Der Hofnarr zündete die Lampen im Zelt des Königs an. Gerade hatte der Gesandte, der aus Persien zurückgekehrt war, bei Khuljan vorgesprochen und ernsthaft genickt, als dieser ihn informierte, daß man die geforderte

Abgabe entrichten werde, da es die Götter befohlen hatten. Der Gesandte hielt die Entscheidung für umsichtig und weise, obwohl er die Forderung der Perser übertrieben fand. Er hatte sich mit eigenen Augen von der Macht des Herrschers Artaxerxes überzeugen können, als er den prachtvollen Palast in Susa besuchte. Es gab dort einen Ofen, in dem man einen ganzen Ochsen oder auch ein Kamel braten konnte, um es den Gästen unzerteilt vorzusetzen. Der Gesandte zählte die Eigenschaften und Voraussetzungen auf, derer es bedurfte, Persien zu regieren: »Außerordentliche Gier, kriminelle Energie, waghalsigen Mut und gutes Gelingen«.

Khuljan und der Gesandte diskutierten ferner über die Verbündeten und die Feinde der 'Ad, ein Thema, das immer komplexer wurde. Der Gesandte hatte schon so manchen diplomatischen Auftrag erfüllt und wußte nun mit seinem Kameltreiberstab eine Karte in den Sand zu zeichnen, auf der er die Territorien der freundlich bzw. feindlich gesinnten Königreiche markierte. (siehe Karte auf S. 281)

Im Ostteil Arabiens, das Persien verpflichtet war, berichtete der Gesandte, seien die Gerrhaner zwar als Piraten und Wegelagerer verrufen, den 'Aditen aber freundlich gesonnene Handelspartner, und die Rhambanier seien ein unbedeutender Stamm mit einem König, der sich gerne aufplusterte. Die Bewohner der Khark-Insel am Persischen Golf seien geographisch so weit entfernt, daß man sich mit ihnen nicht weiter befassen müsse.

Dasselbe galt für die Königreiche Ma'in, Saba und Qataban im westlichen Teil des Landes, der griechischen und römischen Einflüssen unterlag. Vorläufig müsse man sich um sie keine Sorgen machen, meinte der Gesandte. Ganz anders verhalte es sich allerdings mit dem Königreich Hadramut, das immer mächtiger wurde und zudem nicht weit von Ubar entfernt lag. Er müsse ja wohl, so der Gesandte weiter, den König nicht eigens an das Sprichwort erinnern: »Triffst du unterwegs einen Hadrami und eine todbringende Schlange, töte zuerst den Hadrami.«

Welch ein komplexes Gefüge der Königreiche und Völker! Trotz ihrer isolierten Lage gab es für die Ubariten so viel zu berücksichtigen. »Genug!« sprach Khuljan und schickte den Gesandten seines Weges, um mit einem Händeklatschen seine Frauen und Kinder herbeizurufen, die ihn nach Ubar begleitet hatten. Sie waren in üppige Trachten gewandet. Die Frauen trugen keine Schleier und waren nicht so verhüllt wie die heutigen Araberinnen. Dafür hatte man sie aber anläßlich ihrer Verheiratung mit dem König auf schmerzhafte Weise gekennzeichnet. Khuljan pflegte seinen Hoffriseur anzuweisen, der neuen Ehefrau von der Stirn bis in den Nacken einen Streifen Skalp zu entfernen. Nicht alle überlebten diese Behandlung.

Als der König ein zweites Mal in die Hände klatschte, brachte der Narr eine mit Wasser gefüllte Kürbisflasche. Der König tauchte seine rechte Hand hinein, als ob er sich waschen wolle, tat es aber nicht. Wie die Mehrheit seiner Landsleute glaubte er, Wasser schade dem Körper. (Auch die Waschung, der er sich beim Betreten des Tempels unterzogen hatte, war eher symbolischer Natur.) Den Göttern sei dank, daß es Weihrauch gab, mit dem der Hofnarr nun die Kleidung und den Bart Khuljans parfümierte.

Dieser klatschte abermals in die Hände und rief damit seine Diener herbei, die Schüsseln mit gekochtem Kürbis, gerösteten Bohnen, rohem und gegartem Fleisch, flache Brotlaibe, Honigkuchen, gesüßt mit dem Nektar des blühenden *Elb*-Baumes servierten. Dazu gab es Wein aus den Weinbergen hoch oben in den Dofar-Bergen. Trotz des aufwendigen Menus aß die königliche Gesellschaft hastig, ein Brauch, der aus der Erfahrung entstanden war, daß ein Mahl den lauernden Feinden die beste Gelegenheit bietet, überraschend anzugreifen.

Die Reste wurden weggeräumt; die Dienerschaft konnte sie sich mit den Tieren teilen. Indessen ließ sich der König von seinem Narren die Fußsohlen und die Waden mit Butter einreiben. Dabei konnte er sich entspannen und in die nächtliche Wüste hinausblicken. Von seinem Zelt aus sah er im Mondlicht die Festung, umspielt vom Flackern der Lagerfeuer. Manchmal schickte er abends den Narren los, damit dieser ein paar Kameltreiber ins Zelt hole, die den König mit Reiterliedern und Weisen über Liebe und Vergänglichkeit zerstreuen sollten. Dann gab es Abende, an denen der Narr die königliche Familie mit seinen Scherzen und Rätseln unterhielt.

»Was gibt es in größeren Mengen – Land oder Meer?« fragte der Narr.

»Meer«, meldete sich eines der Kinder zu Worte, »weil das Meer endlos ist.«

»Falsch«, erwiderte der Narr. »Es gibt mehr Land, weil daraus auch der Meeresboden besteht. Und was ist das Wunderbarste, das die Schöpfung hervorbringt?«

»Ein Pferd oder ein Kamel?« riet der König, teils scherzhaft, teils im Ernst.

»Die Lieblingsfrau eines Königs?« fragte die Lieblingsfrau des Königs.

»Fast«, meinte der Narr. »Tatsächlich ist es die Liebe, die aus tiefstem Herzen kommt. Etwas Kostbareres wird uns in diesem Leben nicht geschenkt.«

Dann gab es die seltenen, besonderen Abende, an denen ein Dichter den König mit seiner Anwesenheit beehrte. Dichtung galt als hohe Kunst, mittels derer die Geschichte und die Ruhmestaten des Stammes, seine tapferen Krieger und glutäugigen Schönheiten der Nachwelt erhalten blieben. Die Dichter behaupteten von sich selbst, sie seien von *Shaytan*-Dschinns besessen. Wie hätte es ihnen auch sonst gelingen sollen, derart komplexe und bezaubernde Reime und Versmaße zu ersinnen?

Ein Poet, der von einer Frau aus Ubar hingerissen war, schrieb den folgenden Vers:

> Es ist nur wegen ihres raffinierten Charmes und ihrer Liebe,
> Welche mein Herz umgarnt, die Seele tief in ihren Bann gezogen,
> Daß ich in Iram meine Zelte aufgeschlagen ...[137]

Ein anderer Dichter spricht schwermütig vom Schicksal Ubars und ganz Arabiens: Auch die Reichen werden irgendwann vom Tode heimgesucht. Das Gedicht, in dem »ein Mann des Stammes 'Ad aus Iram« erwähnt wird, handelt wahrscheinlich von König Khuljan und seinem Hofstaat:

> Gebratenes Fleisch, die Glut des feurigen Weines,
> Der Ausritt auf schnellen, trittsicheren Kamelen,
> Der Anblick weißhäutiger Frauen, statuenhaft
> In kostbare, üppige, goldgesäumte Gewänder gehüllt;
> Ein reiches Volk, so voller Zuversicht und ohne Furcht
> Wenn es das Klagen einer Laute hört.
> Das sind des Lebens Freuden. Und doch bleibt der Mensch
> Im Bann der Zeit, und Zeit ist steter Wandel;
> Ob arm, ob reich, bescheiden oder mächtig,
> Im Tod sind alle gleich – so will's die Zeit.[138]

Der Hofnarr gab noch ein Rätsel zum besten: »Wer wird alle Rassen dieser Erde besiegen?«

»Das wissen wir alle«, entgegnete der König. »Es ist der Tod. Er ist gewalttätig und grausam gegen alle.«

Als er genug Wein und genug Zerstreuung genossen hatte, wählte Khuljan unter den Frauen diejenige aus, die in dieser Nacht sein Lager teilen sollte, und traf seine Vorbereitungen für die Nacht. Indessen scheuchte der Narr die übrigen Frauen mitsamt den Kindern hinaus und löschte die Lampen im königlichen Zelt. Nur eine ließ er brennen, damit sich der König in der polierten Bronzescheibe, die ihm als Spiegel diente, betrachten konnte. Seine Augen waren mit Weihrauchkohle umrandet – wie erhaben war sein Blick! Mit dem kleinen Finger stopfte er sich zwei mit Troddeln verzierte Baumwollpfropfen in die Nasenlöcher, damit ihm die Dschinns, die nachts hereingeweht kamen, nicht in die Nase krochen.

Im Monat darauf – oder vielleicht war es auch nur eine Woche – ritt Khuljan, der mächtige König der 'Ad, über die Berge zurück zu seinem Herrschaftssitz Eriyot an der Küste.[139]

Nicht nur Khuljan und seine Untertanen, sondern auch ihre Nachfolger lebten über viele Jahre hinweg, soweit uns bekannt ist, in Frieden, Wohlstand und bemerkenswerter Eintracht. Die 'Aditen waren kurz davor, eine klassische Hochkultur zu entwickeln. Sie standen sozusagen auf der Schwelle, aber aus unerfindlichen Gründen haben sie diese nicht überschritten.

Statt sich als Staat zu konstituieren, zogen sie es vor, ein Stamm zu bleiben. Statt Mosaiken und heroische Statuen zu schaffen, begnügten sie sich mit Höhlenmalerei. Sie hätten eine neue Weltsicht, eine neue Weltreligion hervorbringen können. Statt dessen sorgten sie sich um hinterhältige Dschinns, die des Nachts in der Luft herumschwirrten.

22.
Stadt von Gut und Böse

In den Mythen um den Aufstieg und Niedergang Ubars wird stets die Polarität zwischen dem Guten und dem Bösen in den Vordergrund gestellt. Um die Spannung zu erhöhen und das Prinzip von Ursache und Wirkung deutlicher hervorzuheben, griffen viele Geschichtenerzähler zum stilistischen Mittel, die Erbauung und die Zerstörung Ubars in die Herrschaft eines einzigen Königs zu verlegen. Kaum war die Stadt erbaut, fiel sie auch schon wieder in sich zusammen; Gott zaudert nicht lange, ehe er jene Brutstätte des Bösen vom Antlitz der Erde löscht. Eine angemessene Bestrafung für einen Herrscher, der anmaßend verkündete: »Und alle Menschen fürchteten meinen Zorn – jeder einzelne unter ihnen.«

In Wirklichkeit erlebte die Stadt Ubar nach ihrer Erbauung ca. 350 v.Chr. mindestens sechs erfolgreiche Jahrhunderte, ehe sie zerstört und verlassen wurde. Die geheimnisvolle Stadt des Weihrauchs mit ihrer unnahbaren Festung hatte unter den arabischen Stämmen eine unanfechtbare Position, während die übrigen Stämme, die von den Schriftstellern des klassischen Altertums kollektiv als »Scenitae« bezeichnet werden, in ständigen Rangeleien um Macht und Kontrolle begriffen waren. Plinius der Ältere schreibt: »Seltsam erscheint auch der Umstand, daß die Hälfte jener unzähligen Stämme vom Handel lebt und die andere von Raub. Zusammengenommen sind sie die reichsten Nationen der Welt, da ihnen sowohl von seiten der Römer als auch der Parther enorme Reichtümer zufließen. Sie verkaufen die Früchte des Meeres und der Wälder, ohne ihrerseits Ware einzukaufen.«[140]

Um ihren Anteil an diesem allgemeinen Wohlstand zu sichern, verbündeten sich die 'Aditen mit den Parthern, die für den Schutz, den sie boten, mit Sicherheit beachtliche Gegenleistungen forderten. Als aber ab 200 v. Chr. das Machtmonopol der 'Aditen in bezug auf den Weihrauchhandel bedroht wurde, waren die Parther nicht zur Stelle.

Zuerst näherte sich ein Nomadenstamm – die Omani – aus westlicher Richtung. (Ob sie Ubar bedrohten, ist allerdings nicht bekannt.) Dann gab es Ärger an der Küste. Kurz nach Christi Geburt gründete nämlich das benachbarte Königreich Hadramut an der Küste einen befestigten Außenposten. Er blickte auf die natürliche Lagune, von der aus die 'Aditen ihre Ware verschifften. Die Festung der Hadrami hieß Sumhuram, was soviel bedeutet wie »Das große Projekt«. Das war es in der Tat; die Position war strategisch so gewählt, daß die Hadrami den Weihrauchhandel kontrollieren konnten. Mit militärischer Effizienz hatten sie darüber hinaus im Binnenland – in Hanun und Andhur – Speicher gebaut, wo sie den Weihrauch lagern konnten.

Es handelt sich hier wohlgemerkt nicht unbedingt um einen feindlichen Übergriff seitens der Hadrami. Die Griechen und Römer waren erfahrene Seeleute, die den Indischen Ozean weiträumig befuhren, vor allem jetzt, da sie die Passatwinde kannten und verstanden. Um das Risiko zu mindern, von den Römern überfallen und besiegt zu werden, haben es die 'Aditen möglicherweise vorgezogen, mit 'Il'ad, dem König der Hadrami, zu kollaborieren. Es wäre nicht das erste Mal gewesen, daß zwischen zwei Völkern eine Haßliebe entsteht, frei nach der Devise »Bruder gegen Bruder, Brüder gegen Vettern, Brüder und Vettern gegen den Rest der Welt«, die den Mittleren Osten regiert.

Ungeachtet der Entwicklungen an der Küste weist alles darauf hin, daß die Stadt Ubar weiterhin florierte.[141] Ihr Glücksstern, wie auch der aller übrigen arabischen Nationen, begann erst dann zu verblassen, als sich etwas völlig Unvorhergesehenes ereignete: Die Verbreitung des Christentums im Mittleren Osten. Die Anhänger der neuen Religion zogen der Feuerbestattung – bei der man stets Weihrauch in enorm großen Mengen verbrannt hatte – die schlichte Erdbestattung vor. Überdies vertraten sie die Ansicht, daß man sich sein Seelenheil durch Frömmigkeit und gute Taten statt durch Opfergaben »verdienen« müsse. Als Konstantin der Große im Jahr 313 n. Chr. das Christentum zum führenden Glauben des Römischen Reichs erklärte, ließ die Nachfrage nach Weihrauch drastisch nach. Ein südarabisches Königreich nach dem anderen fiel in sich zusammen. Die von Plinius als die »reichsten Länder der Welt« bezeichneten Königreiche von Südarabien verarmten, verschwanden und waren bald vergessen.

Der Mythos besagt, daß Ubar über einen Zeitraum von vier Jahren von einer Dürre heimgesucht wurde, welche die Ernte vertrocknen und das Vieh verenden ließ. Wir wissen nicht, ob es sich um eine reale oder um eine metaphorische Dürre handelte – die Blütezeit des Weihrauchhandels aber war vorüber. Selbst in diesen mageren Zeiten zeigte sich der König der 'Ad (der legendäre König Shaddad) unvermindert eitel und überheblich. Shaddad, dessen Name »der Starke« bedeutet, hielt sich für einen Gott, dessen Macht unbegrenzt war. Seine Untertanen stimmten ihm zu, indem sie herausfordernd verkündeten: »Wer ist mächtiger als wir?«

Es gab jemanden, der anderer Meinung war. Ein gutaussehender Kaufmann, dem man nachsagt, er habe einen dunklen Teint und langes, wallendes Haar gehabt. Er warnte die 'Ad vor dem Schicksal, das sie ereilen würde, wenn sie ihren lasterhaften Lebenswandel beibehielten. Der Mann hieß Hud, und wahrscheinlich war er ein Jude, da sein Name »Er von den Juden« bedeutet.

Es war zu jener Zeit keine Seltenheit, daß sich ein wandernder Jude in der Gegend um Ubar einfand, und es wäre durchaus denkbar, daß sich bei einer solchen Gelegenheit einige 'Aditen zum jüdischen Glauben bekehren ließen. In der Geschichte gibt es mehrere Anlässe, die Juden nach Arabien führten. Bereits zu Lebzeiten König Salomons (um 950 v. Chr.)

könnten jüdische Gesandte und Kaufleute die Weihrauchstraße bereist haben. Und nach dem babylonischen Exil in den Jahren 587 und 538 n.Chr. zog eine Gruppe Juden weiter über Dofar (und Ubar?) bis in den südwestlichen Jemen, wo ihre Nachfahren bis zum heutigen Tage im Tal des Wadi Habban ansässig sind. Es ist außerdem bekannt, daß im Zuge der Diaspora, welche durch die Eroberung Jerusalems durch die Römer 70 n.Chr. eingeleitet wurde, zahlreiche Juden nach Arabien geflohen sind, wo sie sich so erfolgreich etablierten, daß um 520 n.Chr., zu Zeiten des sagenumwobenen, aber möglicherweise dennoch realen Hud, ein jüdischer König ein mächtiges Reich im Westen Arabiens regierte.[142]

Ubar war die ideale Bühne für ein Stück, bei dem der fromme Hud mit dem lasterhaften Shaddad um die Tugend rang. Möglich, daß die Begegnung wirklich stattfand; vielleicht symbolisiert sie auch nur den Konflikt zwischen Idealismus und Materialismus oder zwischen Mono- und Polytheismus. Im Koran und in späteren islamischen Überlieferungen wird jedenfalls betont, daß Hud von der Götzenanbetung Shaddads entsetzt war, widersprach sie doch jenem islamischen Glaubensgrundsatz, der die Praktik des *shirk*, der undifferenzierten Verehrung niederer Lebensformen und materieller Güter als die schlimmste aller Sünden verurteilt. Wie der reale (oder auch der metaphorische) Hud derartigen Dingen gegenüberstand, läßt sich daraus allerdings nicht ableiten, selbst wenn er Jude war. Obwohl auch im Alten Testament der Monotheismus propagiert wird, lautet das entsprechende Zitat nicht etwa: »Du sollst keine anderen Götter haben *außer* mir«, sondern »... keine anderen Götter *neben* mir«. Zu Lebzeiten Huds war der Judaismus in Arabien ohnehin noch nicht streng monotheistisch ausgerichtet. Man verehrte neben Jahwe noch eine ganze Reihe von Engeln. Der oberste in der Rangfolge war der Erzengel Metatron, dessen Herrlichkeit fast mit der Herrlichkeit Gottes gleichgesetzt wurde.

Daß Hud dem Polytheismus eher tolerant gegenüberstand,

bestätigt sich darin, daß er den 'Aditen riet, nach Mekka zu pilgern, um für ein Ende der seit vier Jahren andauernden Dürre zu beten. Mekka war zu jener Zeit beileibe keine Hochburg des Monotheismus, sondern vielmehr ein »Umschlagplatz« für Götter jeglicher Konfession. Es war beispielsweise unter Pilgern üblich, einen Stammes-Betyl nach Mekka zu karren und dafür einen anderen mit nach Hause zu nehmen. Die geheiligten Hallen der Stadt quollen über von Götzenbildern (360 an der Zahl), die einträchtig neben einem Gemälde lagerten, auf dem Jesus mit der Jungfrau Maria zu sehen war. Für die Araber verfügte jede Gottheit über die ihr eigene Macht, und sie hätten es als widersinnig empfunden, durch die Hinwendung zu einem einzigen Gott die potentielle Unterstützung der übrigen aufs Spiel zu setzen.

Auch wenn sich der Prophet Hud dafür einsetzte, daß die Leute von 'Ad der Götzenverehrung abschworen und sich zu El bzw. Allah, dem einzigen, allmächtigen Gott, bekannten, erscheint es eher unwahrscheinlich, daß allein dieser Umstand einen derart erbitterten Streit zwischen ihm und Shaddad verursachte. Ich beziehe mich auf jenes aufschlußreiche Textfragment, dessen Herkunft zugegebenermaßen nicht eindeutig geklärt ist, das aber aller Wahrscheinlichkeit nach aus der Feder des Kaab al-Ahbar stammt. Es spielt im Palast, »den Shaddad ibn 'Ad erbaute und gegen den Wind abdichtete ... Wenn er mit seinen Frauen auf dem Dach des Palastes saß, befahl er seinen Leuten, jeden, der vorüberging, wer auch immer er sei, zu töten. Gott hat ihn vernichtet.«[143] Liest man von einem derart grausamen Betragen, so fragt man sich unwillkürlich: Waren die 'Aditen wirklich so böse? Wenn ja, wie hat sich ihre Bosheit geäußert? Oder waren sie am Ende vielleicht gar nicht böse?

Natürlich war der Begriff »Bosheit« im Rahmen des biblischen Zeitalters eher relativ; die Definition war abhängig vom Auge des Betrachters. Nationen, Stämme (und ihre Chronisten) waren schnell dabei, von ihren Rivalen zu sagen: »Wir können sie weder beherrschen noch besiegen, folglich sind sie ignorante und böse Barbaren.« Wer weiß – vielleicht war auch die Bevölkerung von Sodom und Gomorrha (ganz zu schweigen von der Weltbevölkerung vor der Sintflut) ein etwas rauhbeiniger, aber ansonsten ganz netter Haufen.

Trotzdem dürfen wir nicht vergessen, daß das Leben im präislamischen Arabien von düsteren, lebensfeindlichen Haltungen und Handlungen durchdrungen war. Bei der Lektüre der klassischen Autoren sowie der antiken Inschriften aus dem Süden Arabiens beschleicht uns das bedrückende Gefühl, daß sich der alltägliche Umgang durch Roheit und Brutalität auszeichnete, insbesondere während der Jehiliaya, jenes ungefähr vierhundert Jahre andauernden »dunklen Zeitalters« vor der Geburt des Propheten Mohammad und der Verbreitung des Islam. Die Araber ergingen sich in Blutfehden und gegenseitigen Vernichtungskriegen. Trunkenheit und Ausschweifungen jeglicher Art waren an der Tagesordnung. Der Wortschatz der präislamischen Araber enthielt auffallend viele Vokabeln, die Grausamkeit, Verrat und Tücke bezeichneten.[144] »HB'Y« bedeutet zum Beispiel »etwas Verderbtes tun«, »TBR« heißt soviel wie »vernichten oder ruinieren« und »RIDH« ist gleichbedeutend mit »den Tod säen«. Es gibt, sofern bekannt, nur einen Text aus jener Zeit, in dem der Begriff »HMRN« (»eine edle Tat«) vorkommt.

Strabo informiert uns, daß alle Araber von Natur aus »Feilscher und Geschäftsleute« sind, und das ist noch das Positivste, was er über sie zu berichten weiß. Er beschreibt die überaus verwickelte und zugleich in Auflösung begriffene Gesellschaftsordung:

Brüder werden höher geachtet als Kinder ... Die Frau des einen gehört auch allen anderen. Wer als erster das Haus betritt, darf mit ihr verkehren, nachdem er den Stab, den alle Männer tragen müssen, vor der Türe plaziert hat. Die Nacht aber verbringt sie mit dem ältesten Mann. Aus diesem Grunde sind alle Kinder Geschwister. Sie verkehren auch mit ihren Müttern; Ehebruch wird zwar mit dem Tode bestraft, aber als Ehebrecher gilt immer nur der Angehörige einer anderen Familie. Die

Tochter eines Königs, die als sehr schön galt, hatte fünfzehn Brüder, die allesamt in sie verliebt waren und sie pausenlos aufsuchten, einer nach dem anderen. Ermüdet von ihren Besuchen, griff sie zu der folgenden List: Sie ließ sich Stäbe anfertigen, die denen der Brüder glichen, und immer, wenn einer von ihnen ihre Kammer verließ, stellte sie den Stab vor die Tür, der dem seinen nachgebildet war. Später ersetzte sie ihn durch einen anderen, dann durch einen dritten und so fort, um zu verhindern, daß der Bruder, der sie als nächster aufsuchte, einen Stab vor der Tür vorfand, der seinem eigenen glich.[145]

Diese Polyandrie wurde notwendig, weil es Usus war, die weiblichen Säuglinge zu töten. Mohammad bezeichnete diesen Brauch als Gift im lebenspendenden Brunnen Arabiens. Als er sich bemühte, seine Umwelt zu reformieren, galt sein oberstes Bestreben der Abschaffung der Kindestötung. Seine im Koran zitierten Aussagen zu diesem Thema werden durch den Bericht eines frühen Kommentators des Koran, eines gewissen Abu al-Kasim al-Zamakhshari, untermauert:

Wurde einem Araber eine Tochter geboren, verhielt er sich wie folgt: Wollte er sie am Leben lassen, so schickte er sie, gekleidet in ein Gewand aus Wolle oder Tierhaar, in die Wüste, um Kamele oder Schafe zu hüten. Hatte er aber die Absicht, sie zu töten, so ließ er sie sechs Jahre lang leben und sprach dann zu ihrer Mutter: ›Schmücke und parfümiere sie, damit ich sie zu ihren Müttern bringe.‹ Dann führte sie der Vater zu einer Grube, die er zu diesem Zwecke ausgehoben hatte, befahl ihr, hinunterzuschauen, trat dann hinter sie und stieß sie kopfüber in die Grube. Diese füllte er anschließend mit Erde und ebnete sie ein. Es gibt andere Berichte, denen zufolge eine Grube ausgehoben wurde, an deren Rand die Schwangere entband. Gebar sie eine Tochter, so wurde diese in die Grube geworfen; handelte es sich aber um einen Sohn, so blieb er am Leben.[146]

Wir wissen jetzt, was der Historiker al-Tabari meinte, als er von der »unmenschlichen Brutalität« der 'Ad sprach, »der sie ohne Reue und mit ungemilderter Grausamkeit nachgingen«.

Angesichts solcher düsteren Praktiken im präislamischen Arabien, ermahnte Mohammad die Leute von 'Ad:

»Eine schändliche Strafe wird euch am heutigen Tage ereilen, denn ihr habt voller Stolz und Ungerechtigkeit gehandelt und Böses getan.«

23.
Die Vernichtung der Söhne und Throne

Zwischen 300 n. Chr. und 500 n. Chr. fiel die Stadt Ubar im Mythos wie in der Realität einer gewaltigen Katastrophe zum Opfer. Über die letzten Jahrtausende hinweg hatte die große Quelle unzählige Karawanen mit Trinkwasser versorgt und den Boden der Oase bewässert, bis der Wasserspiegel Elle um Elle sank und der Kalksteinfelsen, auf dem die Festung ruhte, zunehmend an Stabilität verlor, denn es war das unterirdische Wasser gewesen, das die Stadt im wörtlichen Sinne »unterstützt« hatte. Wenn tatsächlich, wie es die Legende will, auch nur eine Dürre herrschte – und die einzige Quelle weit und breit noch mehr als sonst beansprucht wurde –, spitzte sich die Situation noch rapider zu als unter normalen Umständen.

Allen Berichten zufolge wurde die Stadt im Schlaf von der Katastrophe überrascht. Sie wurde wahrscheinlich von eher geringfügigen Erschütterungen ausgelöst, den Folgen eines fernen Erdbebens. Die seismischen Vibrationen reichten aus, um den Kalkstein unter dem Haupttor zu spalten. Fast zeitgleich gab der riesige Fels unter der Zitadelle nach, womit sich die östlich gelegene Hälfte des 1500 Jahre alten Bauwerks löste und donnernd in die Tiefe krachte. (War dies vielleicht der »göttliche Ruf«, von dem in der Legende die Rede ist?) Alle, die sich in der Zitadelle aufhielten, wurden in Bruchteilen von Sekunden unter Tonnen zerbrochenen Mauerwerks und zersplittertem Felsen begraben.

Nach wenigen Augenblicken war alles vorbei. Eine schreckliche Stille lag über der Stadt Ubar. Aus dem gähnenden Höllenschlund der Senke stiegen Staubwolken auf. Die Nacht war gefärbt vom Rot des gewaltsamen Todes, der Schwärze des

Himmels und dem blaßgelben Licht des Mondes. Zwischen den Ruinen der Stadt flackerten ein paar zerbrochene Öllampen ein letztes Mal auf, ehe sie für immer erloschen.

Wie im Mythos war die Stadt im Sand versunken.

»Am nächsten Morgen«, heißt es, »lag alles in Schutt und Asche.« Dennoch muß es Überlebende gegeben haben, da es die meisten Bewohner vorzogen, der nomadischen Tradition treu zu bleiben und in Zelten außerhalb der Stadtmauern zu übernachten. Sehr wahrscheinlich sind sie voller Entsetzen in die Wüste geflohen, allerdings nicht ohne vorher alle Schätze zusammenzuraffen und mitzunehmen.

Zu Beginn unserer Suche nach Ubar hätten wir uns nicht träumen lassen, daß sich die Realität in einem solchen Ausmaß mit der Legende decken würde. Nachdem Juri nun über vier Jahre hinweg gewissenhaft seine Ausgrabungen durchgeführt hatte, wußten wir, daß es so war. Ob durch göttliche Hand oder durch eine Laune der Natur – die Stadt Ubar hatte einen schrecklichen Niedergang erlebt. Die stratigraphischen Aufzeichnungen der Archäologen beweisen, daß Ubar mindestens vier Jahrhunderte lang verlassen war, eine Geisterstadt.

Und dennoch lebte die Stadt, wie wir wissen, in der Erinnerung, der Phantasie und der Legende weiter. Möglicherweise wurde die Kunde von der Katastrophe durch den Stamm der Mahra – Abkömmlinge der Leute von 'Ad – ins Königreich Hadramut getragen. Bani Zahl ibn Shaitan, ein Kaufmann aus Hadramut, reiste um 610 nach Mekka, wo er vielleicht Mohammad begegnete und diesem vom Schicksal der lasterhaften 'Aditen berichtete. Mohammad erkannte in der Geschichte ein Gleichnis. Wie die Leute von 'Ad den Propheten Hud verlacht hatten, so wurde auch Mohammad von seinen Gegnern in Mekka ignoriert und verspottet. Vielleicht hielt Allah ja eine vergleichbare Strafe für sie bereit?

Nachdem die Geschichte Ubars im Koran nachzulesen war, wurde sie von arabischen Geschichtenerzählern aufgegriffen und weiter ausgeschmückt, sowohl von den Rawis in ihrer fadenscheinigen Kluft als auch von den prächtig gekleideten Geschichtenerzählern der Könige. Möglicherweise wurde die Geschichte noch vor ihrer Wiedergabe im Koran in die Erzähltradition der Juden integriert.[147] Jedenfalls gibt es eine jüdische Geschichte, die davon erzählt, wie kein Geringerer als König Salomon die Ruinen der Stadt Ubar besuchte (obwohl diese erst mindestens zwölfhundert Jahre nach seinem Tod zerstört worden war). Angeblich machte er die Reise auf einem wertvollen Teppich, der fast einhundert Quadratkilometer maß und ihn so schnell durch die Luft transportierte, daß er in Damaskus frühstücken und rechtzeitig zum Abendessen in Medina eintreffen konnte. Auf einem seiner Ausflüge mit dem Teppich landete er in einem geheimnisvollen Tal mitten in der Wüste. Vor sich sah er einen großen Palast aus purem Gold, der nur von einer Handvoll betagter Adler bewohnt wurde. Der älteste unter ihnen (er war 1300 Jahre alt) wußte, daß man den Palast durch eine Eisentür betreten konnte, die allerdings im Sand begraben war. Salomon entdeckte folgende Inschrift: »Wir, die Bewohner dieses Palasts, lebten viele Jahre lang in Luxus und Wohlstand. Dann zwang uns die Not, Perlen statt Weizen zu Mehl zu zerstampfen, aber auch das konnte uns nicht retten. Als der Tod nahte, vermachten wir diesen Palast den Adlern.«

Salomon trat durch die Eisentür und wanderte durch Wohnungen, die mit Perlen und Edelsteinen geschmückt waren. Er traf auf eine Gruppe Statuen, die zum Leben erwachten »mit viel Lärm und Tumult … und Erdbeben und Donner auslösten«. Er stürzte sie um und entdeckte bei dieser Gelegenheit eine silberne Tafel, die einer der Statuen aus dem Hals ragte. Auf dieser stand geschrieben: »Ich, Shaddad ben 'Ad, habe tausend Provinzen regiert, bin auf tausend Pferden geritten, habe über tausend Könige befohlen und tausend Helden niedergestreckt. Und doch war ich machtlos, als mir der Todesengel entgegentrat.«[148]

Mit einer zweiten Inschrift wurde aus den schrecklichen

Ereignissen ein positives Fazit gezogen: »Wer immer diese Worte liest, soll aufhören, sich in dieser Welt zu mühen und zu sorgen, denn es ist dem Menschen bestimmt zu sterben, und es bleibt nichts von ihm zurück als sein guter Name.«[149]

In Wirklichkeit wurde Ubar keineswegs für alle Ewigkeit den Adlern überlassen. Da es dort noch immer Wasser gab, wurde die Stadt nach verhältnismäßig kurzer Zeit immer wieder bewohnt, und zwar bis zum heutigen Tag. Gegen 900 n. Chr. fanden sich Angehörige des Mahra-Stammes in Ubar ein. Da das ehemalige Tor eingestürzt war, machten sie in der östlich verlaufenden Stadtmauer einen Durchbruch, um ihre Pferde an der Quelle tränken zu können. Ihre Araberhengste hatten einen so hohen Marktwert, daß es sich lohnte, sie einmal jährlich entlang der alten Weihrauchstraße durch die Rub' al-Khali zu führen, um sie in Indien zu verkaufen. Die Mahra renovierten Teile der Zitadelle und bauten einige der Mauern wieder auf, um sich einen wirtschaftlichen Standort zu schaffen, aber sie verwendeten bei der Renovierung keine Steine, sondern Lehmziegel und Schutt.

Bald darauf brachte irgend jemand ein Schachspiel aus Sandstein mit nach Shisur, wie die Stadt inzwischen hieß. Man saß im Turm der maroden Festung und forderte einander zu jenem Spiel heraus, das, ähnlich wie die Geschichte dieser verlorenen Wüstenstadt, mit den Worten »Dem König (*shah*) Tod (*maut*)« endet, die in unserer Sprache zu »Schachmatt« verballhornt wurden. Irgendwann lagen die Spielfiguren vergessen am Boden. Vielleicht wurden sie verstreut, als die Festung um 940 gestürmt und in Brand gesteckt wurde, wahrscheinlich von den Hadrami, die schon früher danach getrachtet hatten, Ubar in ihren Besitz zu bringen. In der Zitadelle entdeckte Juri 1993 ein Waffenlager von Hunderten von Pfeilen mit Eisenspitzen. Offenbar hatten die Mahra keine Gelegenheit, diese zu ihrer Verteidigung einzusetzen. Was aber hatten die Hadrami bei ihrem Angriff zu gewinnen? Er erfüllte bestenfalls den Zweck, eine alte Rechnung zu begleichen.

Im Mittelalter muß es um Ubar traurig bestellt gewesen sein. Ibn Mujawir, ein reisender Kaufmann aus Bagdad, berichtete im Jahre 1221, daß die alte Handelsstraße durch die Rub' al-Khali – die Straße nach Ubar – nicht länger in Betrieb sei. In den Schriften der Reisenden Marco Polo und Ibn Battuta, die sich ebenfalls in der Dofar-Region aufhielten, ist von keiner Wüstenstadt die Rede. (Ibn Battuta erwähnt allerdings, wenn auch eher sarkastisch, gewisse Relikte aus der einstigen Welt der 'Ad.)

Der letzte nennenswerte Zwischenfall in der Geschichte Ubars ereignete sich zu Anfang des 16. Jahrhunderts, als der Jemenitische Scheich Badr ibn Tuwariq Teile der alten Zitadelle rekonstruierte, woraufhin er unter den Beduinen fortan als der eigentliche Erbauer galt. Was nach diesem Zeitpunkt vor oder hinter den Mauern Ubars geschah, ist nicht mehr nachzuvollziehen. Irgendwann begannen die Beduinen zu glauben, Ubar liege unter den Dünen der Rub' al-Khali begraben, weil es dort noch Spuren der alten Straße und Relikte aus dem Neolithikum gab.

Gerade, als die Erinnerung an Ubar im kollektiven Gedächtnis der Beduinen zu verblassen begann (oder von der Faszination der Technik in Form von Walkmans und Toyotas überlagert wurde), führte eine seltsame Verkettung der Umstände eine buntgewürfelte Truppe Abenteurer nach Shisur. Aus dem Boden, auf dem einst die Zelte der Beduinen gestanden hatten, holten sie eine uralte Festung hervor.

Mit ihren stratigraphischen Befunden, den Tests nach der Radiokarbonmethode und der Identifikation alter Scherben ließen sie Mohammads Predigten, die Geschichten der Rawis und sogar die Holperverse der heutigen Beduinen aktuell und real werden. Hätte es jene Worte und Reime nicht gegeben, wären die Ruinen der verlorenen Wüstenstadt auf immer verlorengeblieben …

So alt wie die 'Ad
Gebratenes Fleisch, die Glut des feurigen Weines,
Der Ausritt auf schnellen, trittsicheren Kamelen …
Geschmeidig in den Hüften, üppig in der Brust,
Erfüllten neunzig Konkubinen mich mit süßer Lust ...
O betrunkene Abordnung – gedenke deines verdurstenden Stammes …
Ein reiches Volk, so voller Zuversicht und ohne Furcht …
Eine schändliche Strafe wird euch am heutige Tage ereilen, denn ihr habt voller
Stolz und Ungerechtigkeit gehandelt und Böses getan …
Söhne und Throne werden zerstört! …
Nun ist die Pracht vorbei …
Schachmatt …
Es war eine große Stadt, so haben es unsere Väter erzählt, die es einst gab,
eine Stadt, die reich an Schätzen war …
Wenn das Leben zu Ende geht, bleibt nichts als das Wispern des Wüstenwindes und
das Läuten der Kamelglocke …[150]

Epilog
Huds Grabmal

Im Frühjahr 1995 war Juri mit seiner Mannschaft im Begriff, die archäologischen Recherchen in Dofar und im benachbarten Jemen zum Abschluß zu bringen. Zusammen mit Kay und unseren Freunden, den Fotografen Julie Masterson und David Meltzer, fuhr ich zum Grabmal Huds, wo die Legende um Ubar gleichsam ihre letzte Ruhestätte gefunden hatte.

Unterwegs unterhielten wir uns über ein Thema, das, wie wir rückblickend erkannten, unsere Suche nach Ubar und den Leuten von 'Ad unterschwellig begleitet hatte: die Beziehung zwischen Legenden und Landschaften. Diese Korrelation wurde von dem australischen Architekten und Anthropologen Amos Rapoport eingehend untersucht. Anhand der mündlich überlieferten Mythen australischer Aborigines zeichnete er eine mythologische Karte ihrer Welt. Er stellte fest, daß es sich bei den geheiligten Mythen eines Stammes – über seine Entstehung, seine Bedeutung, seinen Status in der Welt – um »unsichtbare Realität« handelt, die in »sichtbarer Realität« ihren Ausdruck sucht. Es sind die Landschaften mit ihren besonderen Kennzeichen und Eigenschaften, die den Mythos und zugleich die Selbstdefinition und Geschichte des Stammes in der Wirklichkeit »erden«. Für halbnomadische Völker, die auf materieller Ebene keine »Wurzeln schlagen« können, bedeuten die Überlieferungen der Ahnen soviel wie Speis' und Trank.

Überall auf der Welt finden wir jene mythologischen Landschaften: Die Mesas und Täler der Hopi, wo die Kachinas (Ahnengeister der Süd-West-Indianer) leben, die buddhistischen Höhlen in Zentralchina, die Landschaften der Trauer und der Wunder im Heiligen Land. Als wir zuerst Oman und dann den südlichen Jemen durchstreiften, stellten wir fest, daß es im Süden Arabiens drei Arten mythologischer Landschaften gibt, einmal die Schauplätze beduinischer Machtkämpfe, wo diese ihren Mut und ihr kämpferisches Geschick unter Beweis stellten, von ihren Erben in liebevoller Erinnerung bewahrt, dann die zahlreichen und gefürchteten Orte, wo die Dschinns lauern, und schließlich jene Stätten, die man mit den Patriarchen und Propheten des Islam in Verbindung bringt[151], die zu Zeiten Ubars eine tragende Rolle spielten – allen voran mit dem Propheten Hud.

Von den zwei Grabmalen Huds innerhalb dieser mythologischen Landschaft befindet sich das ältere (und möglicherweise das eigentliche) in einem abgelegenen Winkel inmitten der Dofar-Berge. Er ist bereits auf al-Idrisis Arabienkarte aus dem Jahre 1154 eingezeichnet.[152] Die Omani behaupteten, es handle sich um eine verlassene Stätte, die heutzutage niemand mehr aufsuche. Wir wußten nicht, ob wir ihnen das glauben sollten. Ein Text von Bertram Thomas aus den dreißiger Jahren verrät uns jedenfalls, daß die Beduinen jenem Ort eine geheimnisvolle Macht zuschrieben: Ein Eid, der an Huds Grabmal geleistet wurde, bedeutete mehr als jeder Schwur auf den Koran oder im Namen Mohammads, mehr sogar als ein Schwur im Namen Allahs. Wurde ein Angeklagter zu Huds Grabmal geführt, berichtet Thomas, so zog er es in der Regel vor, sich schuldig zu bekennen, statt durch unwahre Unschuldsbeteuerungen den Zorn Huds über sich zu bringen. Hatte nicht Hud schon einmal den Zorn Gottes über die Leute von 'Ad gebracht?

Aus unerfindlichen Gründen und zu unserem großen Bedauern wurde es uns von der omanischen Regierung nicht gestattet, die heilige Stätte zu besuchen. David, Julie, Kay und ich mußten uns daher damit begnügen, das wesentlich bekanntere, wenn auch wahrscheinlich weniger authentische Grabmal Nr. 2 im Tal der Hadrami im Jemen aufzusuchen.[153] Aus der Hauptstadt Sana'A fuhren wir über das nebelverhangene Hochland vorbei an hochragenden Mesas aus rotem

Sandstein, dann durch Tausende von lachsroten Dünen, die dem Meer entgegenzuströmen schienen. Am vierten Tag verließen wir hinter der alten Hafenstadt Mukalla die Küste und fuhren bis spätnachmittags durch eine triste, einheitliche Hochebene bis zu einer Stelle, wo sich plötzlich vor uns die Erde auftat. Die Schlucht war über dreihundert Meter tief und zwischen anderthalb und drei Kilometer breit. Es handelte sich um das Tal der Hadramut, das größte und mit Sicherheit eindrucksvollste Wadi in ganz Arabien.

Das Tal war voller Pflanzen, Blumen und summenden Bienen (deren Honig übrigens unglaublich schmackhaft ist). Überall lagen Felder mit schnurgeraden Furchen, auf denen schwarzgekleidete, verschleierte Frauen mit spitzen, aus Stroh geflochtenen Hexenhüten arbeiteten. Die Dörfer der Hadrami lagen wenige Kilometer auseinander. Die dichtgedrängten Häuser waren mit Lehmziegeln gebaut und bemerkenswerterweise vier, manchmal bis zu acht Etagen hoch. Als sich die fahle Sonne langsam hinter die hohen Klippen, die das Tal umsäumten, zurückzog, gingen in den Fenstern der Stadt Shibam Tausende von Lichtern an. Die Fläche der Stadt beträgt nicht mehr als 0,6 Quadratkilometer. Auf diesem begrenzten Areal stehen fünfhundert Häuser, die zum Teil bis zu vierzig Meter hoch in den Himmel ragen. In diesem Tal stehen die ältesten Wolkenkratzer der Welt.[154]

Wir waren tief beeindruckt von der spektakulären Archi-

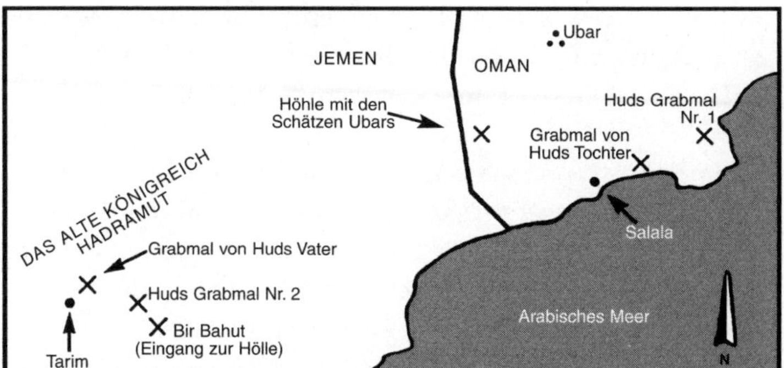

Ubars mythologische Landschaft

tektur, die wir während der nächsten Tage in diesem idyllischen und zugleich bizarren Tal zu Gesicht bekamen. Zugleich waren wir ein wenig verunsichert. Hier herrschte noch eine traditionelle Ordnung mit unbekannten, streng gehüteten Bräuchen. Da mir die Legende von Ubar so vertraut war, konnte ich mich des Gefühls nicht erwehren, mich hier bei den Hadrami, die unsere zugegebenermaßen »böse« Stadt so lange bedroht und wahrscheinlich geplündert hatten, auf feindlichem Terrain zu befinden. Ich mußte mir immer wieder in Erinnerung rufen, daß jene Ereignisse bereits 1500 Jahre zurücklagen, wenn nicht sogar noch länger.

Wir gelangten schließlich in die abgelegenste der größeren Siedlungen Hadramuts: Tarim, die Stadt der 365 Moscheen, die einst in der islamischen Welt als »die Stadt der Weisheit und Gelehrsamkeit« bekannt war. Im späten Mittelalter war die Stadt aufgrund ihrer umfangreichen Bibliotheken bestaunt und bewundert worden. Allen gegenteiligen Auskünften zum Trotz hofften wir, eine jener Bibliotheken wie durch ein Wunder erhalten zu finden und dort eine verschollene Ausgabe von Ibn al-Kalbis vom Aufstieg und Niedergang der 'Ad oder die zehn verlorenen Bände von al-Hamdanis *Buch der Krone* über die frühe Besiedlung Arabiens oder auch unbekannte Geschichten aus *Tausendundeiner Nacht* zu entdecken. Dabei wußten wir, daß fanatische Angehörige des Wahhabi-Stammes Ende des 18. Jahrhunderts Tarim gestürmt und die Bücher zerrissen oder verbrannt hatten. Was sie übrigließen, wurde von den Bücherwürmern zerstört. Die Weisheit und Gelehrsamkeit war zu Schutt und Asche zerfallen.

Immerhin war das Alltagsleben im Tal von Bräuchen bestimmt, die an längst vergangene Zeiten gemahnten. Neubauten wurden mit Opferblut gesegnet, weiße Farbe rund um die Fenster gespritzt, um die Dschinns abzuwehren, und die Sozialstrukturen in den Städten, Klans und Familien hatten sich seit Hunderten, vielleicht auch Tausenden von Jahren nicht verändert. Alle kannten das Schicksal der Leute von 'Ad und der Vorname Abd al-Hud (»Diener des Hud«) war weitverbreitet.

Die führenden Familien der Region behaupteten, direkte Nachkommen des Propheten zu sein, und unternahmen jährlich eine dreitägige Pilgerfahrt zu Huds Grabmal, das etwa dreißig Kilometer weiter östlich liegt. Berichten zufolge pilgern jedesmal zehn- bis zwanzigtausend Menschen zum Grabmal, und viele unter ihnen gehen den ganzen Weg zu Fuß. Man erzählte uns, es gebe ältere Herrschaften, die Jahr für Jahr zwei bis vier Kilometer des Weges mühsam dahinhumpeln, um auf diese Weise ihre dreißig Kilometer »zusammenzukriegen«. Obwohl das Ereignis außerhalb Arabiens nicht sehr bekannt ist, ist es, was die Anzahl der Teilnehmenden wie auch ihren Eifer betrifft, fast mit der berühmten Pilgerreise nach Mekka zu vergleichen. Wir hätten einiges darum gegeben, dabeizusein, aber man gab uns zu verstehen, daß Nichtmoslems mehr als unerwünscht sind. Genaugenommen sind sogar nur jene Moslems willkommen, die aus Hadramut stammen.

Allerdings teilte man uns mit, wir könnten das geheiligte Grabmal zu jeder anderen Zeit besuchen. Also machten wir uns an einem Aprilmorgen, nachdem uns die hallenden Rufe der zahlreichen Muezzins aus dem Schlaf gerissen hatten, auf den Weg von Tarim zur Grabstätte Huds. Es war ein warmer, sonniger Tag, und wir waren alle bester Stimmung, besonders unser jemenitischer Fahrer Hussein, der seine neue Kassette mit Hadrami-Musik hörte, vergnügt mitsang und mit seiner heißgeliebten Kalaschnikow den Takt schlug. Östlich von Tarim ist das Tal der Hadramut eher breit und landwirtschaftlich wenig erschlossen. Wir fuhren durch einige winzige Dörfer, sahen aber die Bewohner nur aus der Ferne. Es war schwer, sich vorzustellen, daß auf dieser ungepflasterten Straße noch vor vier Wochen eine endlos lange Pilgerprozession vorübergezogen war, wie immer in der zweiten Woche des Mondmonats Shaban.

Zum Glück gibt es von dem auf Arabien spezialisierten

Anthropologen Robert Serjeant einen detaillierten, Ende der vierziger Jahre verfaßten Bericht über die Pilgerschaft zu Huds Grabmal. Er beschreibt die Prozession aus Tarim durch die Wüste als fröhliche, oft übermütige Veranstaltung, bei der die Pilger gerne einmal ein Lied anstimmen, beispielsweise ein Lied über eine Wolke, die Hud auf seinen Reisen begleitete und ihn vor der glühenden Sonne beschirmte, oder ein weiteres über eine Gazelle, die sich in einer Falle verfangen hat und Hud bittet, sie zu befreien, damit sie ihre Jungen füttern kann. Es gibt lustige Lieder und andere, die sich auf abwertende und oft unflätige Art und Weise über die auf der Strecke liegenden Dörfer auslassen. Eines dieser Liedchen thematisiert den steinharten Boden im Dorfe As-Sallala, der laut Liedtext nicht zum Schlafen geeignet ist, sondern bestenfalls für homosexuelle Handlungen:

> Kamelmänner, geht und treibt es mit der ganzen Schar,
> Trefft euch mit dem Geliebten in As-Sallala.

Wenn sie durch die winzige Stadt Khon zogen, sangen die Pilger:

> In Khon, wo verheiratete wie unverheiratete Frauen sich paaren,
> Dort kann kein Mädchen seine Unschuld sich bewahren.[155]

Nachdem wir durch As-Sallala und Khon gefahren waren, bogen wir ab in das Wadi 'Aidid, ein Nebental des Wadi Hadramut. Weit vor uns, auf einer Anhöhe vor einer hohen Rotsandstein-Klippe, sahen wir eine leuchtend weiße Kuppel – das Grabmal des Propheten Hud. Als wir näher herankamen, sahen wir, daß das Grabmal eine mittelgroße Stadt überblickte, die sich als makellos gepflegt und offenkundig wohlhabend erwies, aber vollkommen unbewohnt war. Es bellte kein Hund, kein Vogel zwitscherte, und es gab noch nicht einmal einen Aufpasser, der für Ordnung sorgte. Diese Stadt wurde nur drei Tage im Jahr bewohnt – während der Pilgerschaft.

Von der weißen, stillen Stadt führte eine breite Treppe in eine unüberdachte Gebetshalle, die man um einen riesigen Felsen gebaut hatte. Über eine weitere Treppe gelangte man zum Grabmal, einem zierlichen Gebäude mit einer Kuppel. Im Inneren befand sich ein geweißter, rechteckiger Stein mit einem breiten Spalt. Es war der Sarkophag des Propheten Hud, der zu Lebzeiten ein extrem hochgewachsener Mensch gewesen sein muß, denn sein Sarkophag ragte aus dem Gebäude fast dreißig Meter in die Landschaft hinein. Die Mauern des Grabmals waren mit bunten Flecken verziert, die sich als Zettel erwiesen, auf denen die Pilger ihre Wünsche und Fürbitten niedergeschrieben hatten.

Obwohl sie aufgrund der Busse und Kleinlaster umfangreicher war als zu Zeiten Serjeants, erfuhren wir, daß sich die diesjährige Prozession ansonsten kaum von jenen unterschieden hatte, die in den vierziger Jahren stattfanden. Als sie am Fels der Untreuen Frauen vorbeizogen, riefen die Pilger: »Seid verflucht, ihr untreuen Frauen!« und beschossen den Fels mit ihren Flinten. Ihre Ankunft in der Stadt wurde von weiteren Rufen, Gesängen und Gewehrsalven begleitet. Es herrschte eine festliche Stimmung, die an die großen Märkte im präislamischen Arabien erinnerte. Damals trafen sich Hirten und Bauern, Bewohner der Wüste und des fruchtbaren Landes, um ihre Ware zu verkaufen, Kamelrennen zu veranstalten und nicht nur den Propheten Hud, sondern auch, wie ein zeitgenössischer Hadrami schreibt, »alle wichtigen Propheten zu ehren sowie die vier makellosen Frauen, die Erzengel und den Gärtner des Paradieses«.[156]

Nicht weit von Huds geheiligter Stadt entspringt der Wüste eine Quelle unerklärlichen Ursprungs. (Möglicherweise machte dieses Phänomen die Stadt schon lange vor Huds Erscheinen zu einem Pilgerort.) Die Gläubigen begeben sich zur Quelle, die sie für einen Fluß halten, der dem Paradies entspringt, um rituelle Waschungen vorzunehmen, ehe sie sich der langen, langsam voranschreitenden Prozession anschließen, die Huds letzte Tage symbolisch nachvollzieht.

Hud, heißt es, sei von zwei wilden und gottlosen Reitern in das Wadi 'Aidid gejagt worden. Er ritt durch das Flußbett bis zu jener Stelle oberhalb der Stadt, wo sich heute die breite Treppe befindet, und stieg hinab von seiner treuen Kamelkuh – die Gott der Ewigkeit erhielt, indem er sie in einen großen Geröllblock verwandelte. In die Enge getrieben und am Ende seiner Weisheit, rief Hud den länglichen Felsen an, vor dem er stand: »Öffne dich im Namen Gottes!« Es tat sich eine breite Öffnung auf, Hud trat hindurch, und der Stein schloß sich hinter ihm, bis auf einen Spalt, durch den, wie man sagt, nur die Tugendhaften passieren können.

Wenn es auch so manchem Pilger gelungen ist, seine Tugend zu beweisen, indem er sich durch den Spalt quetschte, bleibt das, was sich in seinem Inneren befindet, heilig und verborgen. Im 10. Jahrhundert schrieb der jemenitische Historiker al-Hamdani den folgenden Bericht eines Informanten aus Hadramut nieder: »Als ich eintrat, sah ich auf einer Totenbahre liegend einen Mann mit dunkelbrauner Haut, einem länglichen Gesicht und einem dichten Bart. Der Leichnam war ausgetrocknet und fühlte sich hart an. Neben seinem Haupt las ich diese arabische Inschrift: ›Ich bin Hud, der an Gott glaubte. Ich hatte Mitleid mit den 'Ad und bedauerte ihren Unglauben. Wahrhaftig, nichts vermag den Willen Gottes aufzuhalten.‹«[157]

In dieser entlegenen Gegend Arabiens waren wir auf einen Bezirk gestoßen, der den Pilgern so heilig ist, daß sie glauben, »jeder Stock oder Stein, den man von hier entfernt, wird lebendig, springt umher und schreit, bis man ihn zurückbringt«.[158] Wir waren mitten in einer lebendigen mythologischen Landschaft, wo sich Glaube (Huds Grabmal) mit Unglaube (Fels der Untreuen Frauen) paarte und Himmel und Hölle aufeinandertrafen. Auf der anderen Seite des Wadi 'Aidid die Quellen, die einem paradiesischen Fluß entsprangen und nur drei Stunden zu Fuß von hier entfernt die Höhle und Quelle Bir Bahut, deren Eingang als die schwefelige Schwelle zur Unterwelt gilt.[159] Auf der Pilgerreise zum Grabmal Huds betritt der Gläubige die symbolträchtige Welt des Vergangenen, Übersinnlichen, des Lebens und des Todes. Eine mögliche Übersetzung des Begriffs »Hadramut« (der in der Genesis als Hazarmaveth auftaucht) ist »Tal des Todes«. Und doch diente diese Landschaft einst der Fruchtbarkeit. Robert Serjeant erzählt von dem Karat Mawla, einem konisch – oder, wie er selbst sagt, phallisch – geformten Hügel im Wadi 'Aidid. Ist eine Frau nach zwei bis drei Ehejahren noch nicht schwanger geworden, ist es üblich, daß sie diesen Hügel erklimmt, sich entkleidet und auf den Rücken legt, wie in Erwartung des Geschlechtsverkehrs. In einigen Fällen wird sie von ihrem Mann begleitet, was ihre Chancen, schwanger zu werden, um einiges erhöht. Wie ein Pilger Serjeant lakonisch mitteilte: »Ein paar Leute haben das ausprobiert und damit Erfolg gehabt.«

Wäre dem neugierigen und eifrigen Wissenschaftler heutzutage die uneingeschränkte Teilnahme an der Pilgerschaft zu Huds Grabmal gestattet, so würde er dort genügend Material über alte Bräuche und Glaubensgrundsätze sammeln, die aus der Zeit der Betyle an den zeitgenössischen Islam weitergegeben wurden, um eine umfangreiche Studie veröffentlichen zu können. Statt dessen gaben wir uns damit zufrieden, an diesem Ort zu verweilen, wo die Macht des Propheten Hud noch immer zu spüren ist. Als Initiator sozialer Reformen stellte er ein Volk zur Rede, das höchstwahrscheinlich nicht nur »überheblich und ungerecht« war, sondern in die Barbarei zurückgefallen war und sich des massenhaften Kindsmordes und weiß der Himmel welch anderer Verbrechen schuldig machte.

Was Huds Verurteilung des Polytheismus betrifft, so könnte man sich fragen, was überhaupt dagegen spricht, so viele Götter zu verehren, wie man will. (Schließlich war es früher gang und gäbe.) Richten wir aber unser Augenmerk auf die Attribute der arabischen Götter, so stellen wir fest, daß diese mit Himmelskörpern und Naturgewalten (sengende Sonne, tröstender Mond, lebenspendende oder auch todbringende Stürme) assoziert wurden, denen man Opfer darbot, um ihre

Gunst zu gewinnen, wobei es keine Rolle spielte, ob der Bittsteller habgierig war oder einem lasterhaften Lebenswandel frönte. Die Götter zeigten sich an moralischen Belangen wenig oder überhaupt nicht interessiert, wohingegen einem einzelnen Gott, insbesondere dem jüdischen, in erster Linie die Beurteilung des menschlichen Verhaltens oblag. Die moralische Ordnung und der elementare Anstand wurden somit zu den wichtigen Dingen des Lebens erhoben. Frömmigkeit blieb weiterhin ein bestimmender Faktor, aber der Anstand zählte noch um einiges mehr. Wie fromme arabische Propheten und freidenkende Beduinen immer wieder betont haben: Wenn die weltlichen Eitelkeiten dahinschwinden und vergehen, bleibt vom Individuum nur noch das eine übrig – sein guter Name.

Für Kay und mich markierte dieser Tag das Ende einer Spur, die wir seit fünfzehn Jahren verfolgt hatten, denn so lange war es inzwischen her, daß Virginia Blackburn, die barsche Buchhändlerin aus Los Angeles, mir ein Buch aufgedrängt hatte, das ich eigentlich nicht kaufen wollte. Ein paar Abende darauf entdeckte ich mit Kay die Geschichte der antiken verschollenen Stadt Ubar. Zwischen damals und heute hatten wir uns so manches Mal gefragt, ob es Ubar – geschweige denn Hud – wirklich gegeben hat. Beim Versuch, diese Frage zu beantworten, sind wir den Leuten von American Express und Visa mit ihrem »Sicherlich haben Sie übersehen … ist es Ihrer Aufmerksamkeit entgangen« oft gerade noch entwischt. Jetzt aber waren wir mit unserer Suche, wie man auf Arabisch sagt – und dabei in die Hände klatscht – »Khalas!« Fertig! Ein guter omanischer Freund informierte uns übrigens, daß »Khalas!« nicht nur »Fertig!« sondern auch »Errettung, Erlösung« bedeutet.

Während wir umherwanderten und die Umgebung von Huds Grabmal erkundeten, machte unser Fahrer Hussein im Schatten des versteinerten Kamels ein Nickerchen, wobei er seine Kalaschnikow als Kopfkissen verwendete. Als wir zurückkehrten, wachte er auf, blinzelte und fragte: »Wir gehen?« Wir fuhren über den unebenen Wüstenweg zurück nach Tarim, wo wir in einem verfallenen Palast übernachteten, der heute so etwas Ähnliches wie ein Hotel darstellen soll. Es trug den schwermütigen, aber passenden Namen Qasr al-Qubba, »Schloß des Grabes«. Auf einem Schild an der Rezeption stand geschrieben: »Alle Waffen sind bei der Geschäftsleitung zu hinterlegen.« Hussein meinte, wenn dem so sei, könne er ebensogut auf dem Dach seines Toyotas übernachten – was er auch tat. Unterwegs zu unseren Zimmern kamen wir vorbei an einem weiteren Schild, dessen Text in arabischer wie in englischer Sprache verfaßt war:

ALLE GAESTE
WERDEN GEBET-
EN, RUHE ZU HAL-
TEN.

Die Zimmer waren heiß und stickig und nichts für heikle Gemüter. Wir zögerten, die Fenster zu öffnen, aus Angst, die nachtaktive Tierwelt hineinzulocken. Draußen an der Fensterscheibe belauerte uns nämlich schon eine Echse mit Saugnäpfen an den Füßen. Vielleicht interessierte sie sich aber auch nur für die kleinen Köstlichkeiten, die unser Zimmer zu bieten hatte, etwa für die undefinierbare Gattung, die soeben über unser Kopfkissen schlenderte. Diese erinnerte uns wiederum an die Auskunft, die uns ein arabischer Hotelbediensteter bei einer anderen Gelegenheit erteilt hatte: »Die Insekten kriechen deswegen in die Betten«, erklärte er, »weil sie sich nicht hinunter auf den Fußboden trauen.«

Als hinter Hadramut – dem Tal des Todes – die Sonne unterging, trafen wir im Schloß des Grabes unsere Vorbereitungen für die Nacht. Wir haben nicht schlecht geschlafen. Eigentlich sogar recht gut.

Anhang 1:
Schlüsseldaten in der Geschichte Ubars

– 100000 v. Chr. Zeit des Homo erectus

– 20000 v. Chr. Der Homo sapiens migriert von Afrika nach Arabien und besiedelt die Umgebung der Quelle von Shisur, wo später Ubar erbaut wird. Zu jener Zeit war ganz Arabien eine riesige Savanne.

– 8000 v. Chr. Eine alles vernichtende Dürre verwandelt Arabien in unbewohnbares Ödland.

– 2500 v. Chr. Der Regen kehrt zurück nach Arabien; es erscheinen jene landwirtschaftlich ausgerichteten Nomaden, die bei Shisur die große Wildfalle bauen. Sie bauen Weihrauch an und unterhalten Handelsbeziehungen zum fernen Mesopotamien.

ca. 2000 v. Chr. Domestizierung des Kamels, wahrscheinlich im Süden Arabiens.

ca. 900 v. Chr. Erbauung der »Altstadt« Ubars.

ca. 350 v. Chr. Ubars »Neustadt« entsteht, das Spektrum der Handelsbeziehungen wird um Ägypten, Israel, Griechenland und Rom erweitert. Ubars ruhmreiche (und vielleicht unrühmliche) Tage beginnen.

ca. 300–500 n. Chr. Ubar wird zerstört und von den Bewohnern verlassen.

900–1500 Die Ruinen von Ubar werden notdürftig renoviert und neu bezogen. (Es gibt Hinweise, daß die Stadt um 940 angegriffen und in Brand gesteckt wurde.)

1930 Der Forschungsreisende Bertram Thomas entdeckt die Straße nach Ubar. Auf seinen Spuren folgen weitere Expeditionen in den Jahren 1932, 1945 (zweimal), 1953, 1956 und schließlich 1991–92, alle mit dem Ziel, die verlorene Stadt aufzuspüren.

Anhang 2:
Verzeichnis der Menschen und Orte

'Ad – In der Antike ernteten die Leute von 'Ad in den Hainen hoch oben in den Dofar-Bergen von 'Ad den hochwertigsten Weihrauch der Welt. Ubar war die Stadt der 'Aditen, mitten in der Wüste gelegen.
Ain Humran – Festung der 'Ad an der Küste des Arabischen Meeres, Stützpunkt des maritimen Weihrauchhandels. Die Architektur wie die Zweckbestimmung Ain Humrans entspricht der der Stadt Ubar.
Andhur – Ein kolonialer Außenposten des Königreichs Hadramut innerhalb des Territoriums der Leute von 'Ad. Wie Hanun war Andhur eine im Binnenland gelegene Sammelstelle für den geernteten Weihrauch.
Al-Ahqaf – Im Halbkreis angeordnete Dünenformation am südlichen Rand der Rub' al-Khali. Die Legende besagt, hier sei Ubar begraben.

Dofar (bzw. *Zufar*) – Südlicher Bereich des heutigen Oman, wo die Dofar-Berge, welche die Küste säumen, ein ideales Weihrauch-Anbaugebiet bilden.

Gerrha – Stadt am nördlichen Rand der Rub' al-Khali. Die Bewohner von Gerrha waren Handelspartner der 'Aditen.

Hagif – Die bedeutendste Siedlung der 'Ad in den Dofar-Bergen, wo man die größte Bronzezeitsiedlung Omans entdeckt hat.
Hadramut –: Mächtiges Königreich unmittelbar westlich von Ubar. Kurz nach Christi Geburt begannen sich die Hadrami am Weihrauchhandel zubeteiligen und das Territorium der 'Ad zu kolonialisieren.
Hanun – Ein kolonialer Außenposten der Hadrami im Land der 'Ad. Wie Andhur eine Sammelstelle für Weihrauch.
Hud – Legendärer Prophet, der die Leute von 'Ad vor dem schrecklichen Schicksal warnte, das sie ereilen würde, wenn sie nicht bereit wären, ihrer Überheblichkeit und Lasterhaftigkeit abzuschwören.

Iram – Mit diesem Namen wird Ubar im Koran, in *Tausendundeiner Nacht* sowie in zahlreichen Berichten bezeichnet.

Khor Suli – Hafen am Arabischen Meer, von dem aus die 'Aditen den Weihrauch verschifften. Im Falle eines Angriffs konnten sich die Bewohner in die nahegelegene Festung Ain Humran flüchten.
Khuljan – Laut Legende der mächtigste König der 'Ad.

Mahra – Ein heute noch existenter Wüstenstamm, dessen Angehörige in direkter Linie von den 'Aditen abstammen.

Omanum Emporium – Claudius Ptolomäus' Bezeichnung für Ubar auf seiner 150 n. Chr. erstellten Arabienkarte.

Petra (bzw. *Batra*): große Karawanserei im heutigen Jordanien

Rub' al-Khali (Das »Leere Viertel«) – Große Sandwüste in Zentralarabien; die flächendeckendste Wüste der Welt.

Saba (bzw. *Sheba*) – Berühmtes arabisches Königreich, in einiger Entfernung westlich von Ubar gelegen. Die Königin von Saba reiste nach Jerusalem zum Hofe des Königs Salomon.
Shaddad – Sagenkönig von Ubar, der sich durch besondere Arroganz und Eitelkeit auszeichnete.
Shahra – Kleiner Stamm, der heute in den Dofar-Bergen lebt und nach eigenen Angaben in direkter Linie von den 'Aditen abstammt.
Shisur – Quelle bei Ubar; heute auch der Ortsname.
Sumhuram – Bedeutsamste Kolonialsiedlung der Hadrami im Land der 'Ad. Aus dem Hafen von Sumhuram wurde der Weihrauch verschifft, den man in Andhur und Hanun zwischenlagerte.

Ubar – Das legendäre »Atlantis der Wüste«, das angeblich der Zerstörung zum Opfer fiel, weil sein Volk »die alten Sünden beging und neue ersann«. Historisch gesehen die Sammelstelle für die Karawanen, die den Weihrauch in den Norden nach Mesopotamien, Ägypten, Israel und Rom transportierten. Sowohl im Mythos als auch in der Realität wurde Ubar durch eine gewaltige Katastrophe vernichtet.

Wabar – Alternative Schreibweise des Wortes »Ubar.«

Anmerkungen

1 *Als ich das Buch zu Ende gelesen hatte ...* – Rev. Mr. J. Cooper (Übers.) *The Oriental Moralist or the Beauties of the Arabian Nights Entertainments*. Dover, N.H. Printed by Samuel Bragg Jr. for Wm. T. Clap. Boston, 1797. S.i.

2 *Gott wird dich ...* – Clarence Faust and Thomas H. Johnson (Hg.). *Jonathan Edwards*. New York: American Book Co., 1935. S. 164.

3 *Als wir lossegelten ...* – Cooper, »The Petrified City«, *Oriental Moralist*, S. 163–74.

4 *die Araber ein ungebildetes ...* – J. Olney, *A Practical System of Modern Geography*. New York: Robertson, Pratt, 1835. S. 201.

5 *Es trägt mitten ...* – T.H. White, *The Book of Beasts: Being a Translation from the Latin Bestiary of the Twelfth Century*. London: Jonathan Cape, 1954. S. 20–21.

6 *niederes Volk ...* – John Mandeville, *Mandeville's Travels*, vol. I. London: Hakluyt Society, 1953. S 47.
sich die Bewohner ... – William Lithgow, *The Totall discourse of the Rare Adventures and Painefull Peregrenations of a Long Nineteene Years Traveyles from Scottland to the Most Famous Kingdoms in Europe, Asia and Africa*. 1612, reprint, Glasgow: J. MacLenose, 1906. S. 262.

7 *raste den Berg hinunter ...* – John Lloyd Stephens, *Incidents of Travel in Egypt, Arabia Petraea and the Holy Land*, vol. II. New York: Harper & Brothers, 1837. S. 12.

8 *jüdischer Jesuit* – Gifford Palgrave war ziemlich durchtrieben. Während seiner Zeit bei den Jesuiten nannte er sich Michel Sohail, Michael X. Cohen und Seleem Abou Mahmud el Eys. In Arabien gab er sich als jüdischer Jesuit aus, behauptete aber zugleich, »für diese Mission mit den Rechten und Pflichten eines Imam betraut worden zu sein und als solcher den üblichen Gottesdienst zu leiten«. Palgrave, »The Mahometan Revival« in *Essays on Eastern Questions*. London: Macmillan, 1872. S. 126. Im Alter befaßte er sich übrigens intensiv mit dem Shintoismus.

9 *nur mit einem Luftschiff ...* – David Garnett (Hg.), *The Letters of T.E. Lawrence*. London: Jonathan Cape, 1964. S. 660.

10 *Warum seid ihr ...* – Bertram Thomas, *Alarms and Excursions in Arabia*. Indianapolis: Bobbs-Merrill, 1931, S. 119.

11 *Harry St. John Philby* – Sollte dem geneigten Leser dieser Name bekannt vorkommen, dann wahrscheinlich deswegen, weil Harrys Sohn Kim ein bekannter KGB-Agent war. Mit einer Raffinesse, die wahrscheinlich erblich bedingt ist, infiltrierte er in den fünfziger Jahren nicht nur den britischen Geheimdienst, sondern auch den CIA.

12 *die Wüste meiner Sehnsucht* – Bertram Thomas, *Arabia Felix: Across the »Empty Quarter« of Arabia*. New York: Charles Scribner's Sons, 1932. S. 149.
die Braut meiner ständigen Sehnsucht – Harry St. John Philby, *The Empty Quarter*. New York: Henry Holt, 1933. S. xxi.

13 *morgen die Kunde ...* – Dieses und weitere Zitate stammen aus Thomas, *Arabia Felix*, S. 1, 2, 42, 131, 136, 149.

14 *ein ausgeprägtes Gespür ...* – Jahrzehntelang sollte Bertram Thomas' Karte die einzige zuverlässige Orientierungshilfe für die omanische Dofar-Region bleiben. Als wir anfingen, Dofar aus dem Weltraum zu suchen, kopierte ich Thomas' Karte deckungsgleich über die Satellitenbilder und stellte dabei fest, daß er sich niemals um mehr als ein bis zwei Kilometer vertan hatte.

15 *Am Morgen kamen wir ...* – Thomas, *Arabia Felix*, S. 160 bis 61.

16 *Ich war's ...* – Zayn Bilkadi, »The Wabar Meterorite«, *Aramco World Magazine 37*, no. 6 (Nov.–Dec. 1986), S. 28.

17 *die großartigste Sache ...* – T.E. Lawrence, Vorwort zu Thomas, *Arabia Felix, S. xix, xvii.*

18 *Werde der Worte ...* – Dieses und die darauffolgenden Zitate stammen aus Philby, *The Empty Quarter*, S. 165–66.

19 *die trügerische Rolle ...* – T.E. Lawrence, *The Seven Pillars of Wisdom*. Garden City, New York: Doubleday, Doran, 1936. S. 503.

20 *Ich bin überzeugt ...* – Raymond O'Shea, *The Sand Kings of Oman*. London: Methuen, 1947. S. 180–81.

21 *Wenn sich eine Wolke bildet ...* und *von diesem grausamen Land ...* – Wilfred Thesiger, *Die Brunnen der Wüste. Mit den Beduinen durch das unbekannte Arabien*. Aus dem Englischen von Peter Stadelmeyer. München: Piper, 1991. Darin gibt Thesiger u.a. eine typische Diskusssion zum Thema Ubar wieder. »Laut Sadr ... lag die verlorene Stadt Ubar unter der Wüste von Jaihman begraben. Mohammad aber war der Überzeugung, diese Stadt, eine der zweien, von denen im Koran berichtet wird, sie seien ob ihres Hochmuts zerstört worden, sei im Sand nördlich von Habarut verschüttet. Er erinnerte mich an die zahlreichen deutlichen Spuren, die in jener Wüstenregion zusammentreffen und die, wie die Rashid sagen, einst zu jener Stadt führten.«

22 *Hatte er seine Suche nach Ubar abbrechen müssen …* – Jahre später war ich dabei, als Sultan Najran, einer von Thesigers Weggefährten, von dieser Reise berichtete. Es stellte sich heraus, daß Thesiger tatsächlich die Straße nach Ubar gesucht – und gefunden – hatte, aber umkehren mußte, weil sämtliche Wasserschläuche leer waren. Die Gruppe konnte froh sein, unversehrt zurückzukehren.

23 *Qidan, die verlorene Stadt …* – O'Shea, *Sand Kings of Oman*, S. 1.

24 *Mir wurde mit Schrecken …* – James Morris, *Sultan in Oman*. München: Süddeutscher Verlag, 1957. Morris zeichnet mit viel Witz und trockenem Humor ein außerordentlich unterhaltsames Porträt der Welt des Sa'id ibn Taimur, des Sultans, in dessen Diensten Bertram Thomas einst als Wesir tätig war.

25 *Es wäre durchaus denkbar …* – Dort, wo »Qidan« entdeckt wurde, könnte sich in Wirklichkeit Muscalet befunden haben, eine Siedlung, die auf Karten verzeichnet ist, die zwischen dem 17. und dem 19. Jahrhundert erstellt wurden. Möglicherweise handelt es sich aber auch um eine antike Stätte, und zwar um die »Rhabana Regio,« die auf Ptolemäus' berühmter Arabienkarte zu finden ist. Auf einem Radarbild der Raumfähre Challenger, das mit einer großformatigen Präzisionskamera gemacht wurde, sieht man O'Sheas »Ruine« dort, wo er sie beschrieb, und sie weist lineare Merkmale auf, die möglicherweise von Menschenhand geschaffen wurden.

26 *Mahram Bilqis* – Auf Arabisch heißt *Mahram* soviel wie Heiligtum. *Bilqis* ist der traditionelle Eigenname der Königin von Saba. Im heutigen Jemen muß man nur den Namen »Bilqis« rufen, um gut die Hälfte der kleinen Mädchen, die sich in Hörweite befinden, herbeizulocken.

27 *trampelte fast über uns drüber …* – Dieses und die folgenden drei Zitate stammen aus Wendell Phillips, *Kataba und Saba. Entdeckung der verschollenen Königreiche an den biblischen Gewürzstraßen Arabiens*. Deutsch von Peter de Mendelson. Berlin: Fischer, 1955.

28 *Als ich nachfragte …* – Dieses und die darauffolgenden Zitate sind aus Wendell Phillips, *Unknown Oman*. London: Longman, 1966. S. 222–23, 223–24, 229.

29 *… sondern Charlie aus Kalifornien …* – Charlie McCollum, der Bursche, der die Straße nach Ubar als erster sichtete, war ein Kumpel von Phillips. Es gelang mir, ihn in Kalifornien aufzuspüren. Er bestätigte mir, daß die Straße so breit war wie eine zehnspurige Autobahn.

30 *Hier ist Ubar!* – Phillips' nicht ganz ernstgemeinter Auftritt wird in seinem Buch *Unknown Oman* nicht erwähnt. Mohammad ibn Tuffel, einer seiner Führer, hat mir davon berichtet.

31 Als Höflichkeitsgeste boten die Wüstenscheichs Phillips ihre Zelte, ihren ganzen Besitz an, alles, was er wünschen möge. Nein, nein, zu gütig, erwiderte er. Alles, was er wolle, sei ihre Unterschrift, die ihm das Exklusivrecht sichere, in ihren Stammesgebieten Ölbohrungen vorzunehmen. Indem er diese Rechte anteilig veräußerte, avancierte er zum führenden privaten Konzessionsinhaber – und seine Freunde aus der Wüste kamen ebenfalls zu beachtlichem Wohlstand.

32 *Der Zauber des fernen Arabien …* – Aus: »Arabia,« Walter de la Mare, *Collected Poems*, vol. I. New York: Henry Holt, 1920. S. 135.

33 *… scheint keiner seine Hausaufgaben gemacht zu haben …* – Freya Stark, eine zähe Alleinreisende, durchkämmte in den dreißiger Jahren, offenbar als einzige, alte Überlieferungen. Aber auch sie glaubte nicht ernsthaft an die Existenz Ubars, obwohl der mit ihr befreundete Sultan von Qatn »mir aus der Unbeirrbarkeit seines Glaubens mitzuteilen wußte, daß alle in Hadramut Ubar zwischen Hadramut und Oman plazieren würden.« (wo Thomas, Thesiger und Phillips die Straße nach Ubar fanden). Freya Stark, *The Southern Gates of Arabia*. Los Angeles: J. P. Tarcher, 1983. S. 181.

34 *Also war … dieser Bereich noch nicht kartographisch erfaßt worden.* – Zuverlässige Arabienkarten ließen lange auf sich warten. Noch im Ersten Weltkrieg, als sich die Araber-Revolte zusammenbraute, war den britischen Kartographen die Lage Medinas, zu jener Zeit die größte Stadt Saudi-Arabiens, noch nicht bekannt. Bertram Thomas' Karte, die er für sein Buch *Arabia Felix* zeichnete, sollte noch weitere vierzig Jahre unübertroffen bleiben.

35 *… wo aber der Mazedonier …* – Alexander der Große hatte eigentlich vor, auch Arabien zu erobern, verstarb aber 323 v. Chr. in Babylon, ehe er seinen Plan in die Tat umsetzen konnte. Die Tatsache, daß er die Halbinsel besetzen und sogar seine königliche Residenz dorthin verlegen wollte, beweist jedoch, daß es in Arabien etwas Wertvolles gegeben haben muß.

36 *Die Bewohner dieser Region …* – Albert M. Wolohojian (Übers.), *The Romance of Alexander the Great by Pseudo-Callisthenes*. New York: Columbia University Press, 1969. S. 116.

37 *Warum durchstreifst du …* – Wolohojian, *Romances of Alexander the Great*. S. 116.

38 *71° x 23° …* – Ptolemäus' Längen- und Breitengrade sind zwar nach demselben Prinzip eingezeichnet wie auf unseren heutigen Karten, auf denen der Nullmeridian in Greenwich das British Royal Observatory durchquert, aber sie sind anders berechnet. Ptolemäus wählte für den Nullmeridian die Fortunate Islands im Atlantischen Ozean, da diese zu seiner Zeit als äußerste Grenze der »bewohnbaren Welt«

galten. Auch der Maßstab seines Systems weicht von dem unsrigen ab.

39 *... sie war bei weitem nicht akkurat genug ...* – Bei der Konzeption seiner Karten hatte Ptolemäus den Erdumfang falsch berechnet. Um den Fehler auszugleichen, verkleinerte er die leeren Flächen – so auch das arabische Hinterland.

40 *das Haus umdreht ...* – Charles Elachi, zitiert von Ronald Blom, Okt. 1984.

41 *Der Zeitverlust ...* – *Time*, 22. Oktober, 1984. S. 72.

42 *Hast du nicht gehört ...* – N.J. Dawood (Übers.), *The Koran*. New York: Penguin Books, 1981. S. 25.

43 *den man als Wüste al-Ahqaf kennt ...* – Im Koran wird dieses Gebiet kurz erwähnt; ein wertvoller geographischer Hinweis. Laut Berichten und Landkarten aus präislamischer Zeit befindet sich die al-Ahqaf (deren Name »windgeformte Dünen« bedeutet) etwa dort, wo Bertram Thomas die Straße nach Ubar entdeckte und wir mit dem Radar der Raumfähre unsere Spurensuche betrieben.

44 *... aus der Bedeutung der Namen ›Iram‹ und ›'Ad‹ ...* – Den ältesten Hinweis auf die Stadt Iram und die Leute von 'Ad finden wir wahrscheinlich in »Adramitae«, dem Namen eines südarabischen Stammes, der von griechischen Geographen erstmals erwähnt wurde. Der Name erscheint ebenso auf Ptolemäus' überaus nützlicher Arabienkarte. Der Wortstamm »Adrami-« könnte soviel bedeuten wie »Ad-i-Iram« und das Suffix »-tae« »Stamm«. Dann wäre »Adramitae« gleichbedeutend mit »Stamm der 'Ad aus Iram«.

45 *Gebratenes Fleisch ...* – Charles E. Lyall, *Ancient Arabian Poetry*. London: Williams & Norgate, 1930. S. 64.

46 *Übel geartet ...* – Lyall, *Ancient Arabian Poetry*. S. 113.
Sie gebar Verzweiflung ... – William A. Clouston (Hg.), *Arabian Poetry for English Readers*. Glasgow: McLaren & Son, 1881. S. 34.

47 *Überheblich ...* – Dieses und die darauffolgenden Zitate stammen aus Dawood, *The Koran*. S. 159–60, 129, 205.

48 *In der arabischen ...* – Johann Burckhardt, *Reisen in Arabien*. Weimar 1830; hier vom Autor zitiert nach der englischen Ausgabe und ins Deutsche rückübersetzt *Travels in Arabia*, vol. II. Beirut: Librairie du Liban, 1972. S. 274;
... sich weiterhin der Götzenverehrung ... – L. Du Couret, *Life in the Desert: Or, Recollections of Travel in Asia and Africa*. New York: Mason Brothers, 1860. S. 271.

49 *... in der es Flüsse und Seen gegeben hatte ...* – Die alten Seenbecken in der Rub' al-Khali wurden von dem Geologen Hal McClure eingehend untersucht. Seine Ergebnisse werden zusammengefaßt in: Ar-

thur Clark, »Lakes of the Rub' al-Khali,« *Aramco World* 40, no. 3 (Mai–Juni 1989).

50 *... von Ameisen ausgegraben ...* – Nabih Amin Faris (Übers.), *The Antiquities of Southern Arabia.* Princeton: University Press, 1936. S. 72. Diese Vorhersage ist nicht so kryptisch, wie sie auf Anhieb erscheinen mag. Es gibt aus dem Altertum mehrere Berichte über Ameisen, die in Indien Gold aus der Erde gruben. Herodot schreibt dazu: »In dieser Wüste lebt eine große Ameisenart, größer als ein Fuchs, aber nicht ganz so groß wie ein Hund ... Wenn diese Kreaturen in der Erde wühlen, bilden sie, wie die Ameisen, die wir kennen, Sandhaufen, deren Form der uns bekannten entspricht. Im Sand ist viel Gold enthalten, und das war es, was die Inder suchten, als sie ihre Expedition in die Wüste unternahmen.« de Selincourt (Übers.), *Herodotus: The Histories.* S. 246. (Könnte es sich bei jener Ameise um eine Echse oder einen kleinen Nager gehandelt haben?)

51 *Wer jemals ...* – David T. Rice, *The Illustrations of the »World History« of Rashid al-Din.* Edinburgh: University of Edinburgh Press, 1981. S. 42.

52 *Am Lagerfeuer ...* – Ranulph Fiennes, *Where Soldiers Fear to Tread.* London: Hodder & Stoughton, 1975. S. 195–96.

53 *... Weihrauch ... an die Küste geschafft ...* – Aus Dofar wurde der Weihrauch in Booten aus Tierhäuten die Küste entlang zum Hafen Qana (westlich der Stadt Al-Mukalla im heutigen Jemen) gebracht und den Kamelkarawanen übergeben, die sich damit quer durch Arabien in die große Karawanserie Petra (im heutigen Jordanien) begaben.

54 *... und trafen sich an der Shisur-Quelle ...* – Seltsamerweise ist die alte Weihrauchstraße vor und hinter Shisur auf einer Karte in der *Encyclopedia Britannica* von 1911 korrekt eingezeichnet. Wie man zu dieser Information gelangte, ist und bleibt ein Rätsel. Zu jener Zeit war, soweit wir wissen, noch niemand aus dem Okzident in dieses Gebiet vorgedrungen.

55 *Und wir jagten ...* – Rev. Charles Forster, *The Historical Geography of Arabia.* London: Duncan & Malcom, 1844. S. 90–93.

56 *... einige dieser Geschichten über Iram ...* – In den Jahrhunderten, die dem Erscheinen des Koran mit der Darstellung des Untergangs der Leute von 'Ad folgten, bildeten sich zwei einander widersprechende Legenden. Die erste erzählt, wie der mächtige König von Ubar aus der Ferne die Erbauung der ach so fabelhaften Stadt anordnete, nur, um im Moment seines Eintreffens zu erleben, wie Gott sie zu Schutt und Asche zerfallen läßt. In der zweiten Version existiert die Stadt schon länger und hat sich den Ruf der Verderbtheit und Götzenverehrung erworben. Der König von Ubar wird vom Propheten

Hud wiederholt darauf hingewiesen, daß ein schreckliches Unglück geschehen wird, wenn die Leute von 'Ad nicht bereit sind, ihrer üblen Lebensweise abzuschwören. Seine Warnung wird nicht beachtet, und die Stadt wird vernichtet. Obenstehendem Textauszug liegt die zweite Version zugrunde. W.M. Thackston, Jr. (Übers.), *Tales of the Prophets of al-Kisa'i*, Part 12. Boston: Twayne Publishers, 1978. S. 109–17.

57 Dies ist das Werk eines begnadeten Geschichtenerzählers. Das Drama der Stadt Ubar/Iram wird in drei Akten erzählt, die jeweils in kurze Szenen unterteilt sind. Diese in Etappen gegliederte Struktur ist auf die Tatsache zurückzuführen, daß der Rawi, der fahrende Geschichtenerzähler, seine Geschichten zum besten gab, um damit Geld zu verdienen. Daher pflegte er an den spannenden Stellen, gerade wenn die Zuhörer atemlos darauf warteten, was nun »als nächstes geschieht«, eine Kunstpause einzulegen, seinem *mukawwiz* (Sammler) ein Zeichen zu geben, woraufhin dieser mit seinem Becher durch die Reihen ging und Geld einsammelte. Erst dann fuhr der Erzähler mit seiner Geschichte fort.

58 *Wahb ibn Munabbih …* – siehe Anmerkung 64

59 *Sie hießen Sada …* – Diese Stelle gibt uns einen kurzen Einblick in den von Hud angeprangerten heidnischen Glauben der Araber. Die bedeutendsten Götter waren ein himmlisches Dreigestirn: Mond, Sonne und Morgenstern.

60 *Weil ich im Traum sah …* – Abgesehen von der recht deftigen sexuellen Anspielung symbolisierte die Kette im frühen Islam Macht und Kontrolle. Sie wurde oft mit der Manifestation göttlicher Macht in Verbindung gebracht, sowohl – wie an dieser Stelle – in Form eines positiven Ereignisses (die Empfängnis Huds) als auch einer Strafe (in der Hölle wurden die Sünder nicht nur in Ketten gelegt, sondern auch auf diesen über dem Feuer geröstet, »wie man Kebab in der Kasserolle brät«. (Ibn Kathir in: Khawaja Muhammad Islam, *The Spectacle of Death*. Des Plaines, Illinois: Kazi Publications, 1987. S. 301.)

61 *Am Ende …* – Passenderweise wurde Hud an jenem Tag geboren, der im Islam als heilig gilt. Mit seiner Geburt wurde der Kampf zwischen den Poly- und den Monotheisten eingeläutet.

62 Eines Tages sah ihn … – Siehe Anmerkung 65

63 *Mein Kind …* – Huds Mutter hat sechs wundersame Erscheinungen gesehen, die uns eine Auswahl altarabischer Volksweisheiten bieten. Der schwarze Stein, der durch Huds Berührung weiß wird, ist eine Umkehrung der Legende, daß der schwarze Stein (Kaaba) im heiligen Schrein Mekkas früher einmal strahlend weiß war und sich durch die Sünden der Menschheit verdunkelte. Symbolisch betrach-

tet kann Hud diesen Vorgang rückgängig machen, indem er sein Volk aus der Finsternis ins Licht führt.
Es gibt weitere Metaphern, die Helligkeit und die Farbe Weiß beinhalten. Die Bewohner des Himmels haben weiße Gesichter, helle Lichtstrahlen erscheinen, um den kindlichen Propheten zu segnen. Eine besonders sinnige Metapher ist die Perle (üblicherweise weiß), die Hud am Arm trägt: Hier ist sie ist grün, die Farbe des Islam.
Der hünenhafte Mann, der Hud in den Himmel hebt, ist eine Anspielung auf den Mythos, daß die 'Ad ein Volk von Riesen waren. Wir sehen hier ein gutes Beispiel für jene Übertreibungen, die in der arabischen Tradition eine so wichtige Rolle spielen und die Geschichten bunt und lebendig machen. Während unsereiner bei der Beschreibung einer Stadt eher phantasielose Begriffe wie »eindrucksvoll« oder »einmalig« verwenden würde, beschrieben die arabischen Geschichtenerzähler eine solche Stadt als mit Rubinen und Perlen bestückt, und wenn es um die Zahl der Einwohner ging, fügten sie der Zahl sorglos ein paar Nullen hinzu. Eine abstrakte Idee, die das menschliche Vorstellungsvermögen übersteigt, wurde durch ein Wesen symbolisiert, das sich – in gleichem Maße – jeglicher Definition entzieht. An dieser Stelle wird der unendliche Himmel zu einem »Mann, dessen Kopf in den Himmel ragte, während seine Füße die Weite des Erdbodens berührten«. Dabei ist jener Mann ein richtiger Zwerg, wenn man ihn mit der arabischen Version des Erzengels Gabriel vergleicht (der ebenfalls in dieser Geschichte Erwähnung findet). In arabischen Mythen hat er tausend Augen, Flügel, die die Erde umspannen, und ein Antlitz, das heller leuchtet als tausend Sonnen. Mit dieser Symbolik soll vermittelt werden, daß Gottes Helfer (ganz zu schweigen von Gott selbst) nicht mit menschlichen Maßstäben zu messen (und ungleich eindrucksvoller als gedrungene Steingötzen) sind.

64 *Kaab al-Ahbar …* – Um ihren Geschichten mehr Glaubwürdigkeit zu verleihen, beriefen sich die arabischen Geschichtenerzähler auf andere Chronisten ihrer Zunft. Manchmal wurden Dutzende zitiert; hier sind es nur zwei. Ihre Gemeinsamkeit besteht darin, daß sie beide zum Islam konvertierte Juden waren, denen viel daran lag, ihren neuen Glauben als den einzig wahren hervorzuheben. Dennoch blieben sie ihrer jüdischen Tradition verhaftet, und die Tatsache, daß es sich bei dem Propheten Hud wahrscheinlich um einen Juden handelte, mag ihnen viel bedeutet haben.

65 *Als Hud vier Jahre alt war …* – Die Beziehung Huds zu seinem Gott – und seinem Volk – ist anfangs nicht so intensiv. Als kleines Kind äußert er sich noch vergleichsweise mild zum Thema Götzenverehrung, wenn er zu seiner Mutter sagt: »Diese Götzen vermögen

weder zu nutzen noch zu schaden. Noch können sie sehen und hören.« Sie sind eben nichts als nutzlose Steinklötze. Erst später, als Hud Gottes Botschaft empfängt, kommt es zu einer Eskalation der Lage: Hud ermahnt sein Volk und dessen König, nur einen einzigen Gott anzubeten. Zwar gibt es unter den Zuhörern einige wenige, die sich einsichtig zeigen, aber von der überwiegenden Mehrheit wird er zurückgewiesen und beleidigt. Siebzig Jahre lang fährt Hud fort zu warnen und zu drohen, stößt aber weiterhin auf taube Ohren. Sogar als der Zorn Gottes über die Leute von 'Ad kommt, sind diese nicht bereit, Hud, seinem auserwählten Propheten, Gehör zu schenken.

Bedauerlicherweise haben weder die Ereignisse noch die Hauptfigur dieser ebenso detaillierten wie gefühlvollen Erzählung das geringste mit der realen Geschichte Ubars zu tun. Sie handelt vielmehr von einem anderen Menschen, der in einer anderen Epoche lebte, nämlich von einer frühen Etappe im Leben des Propheten Mohammad. Konfrontiert mit der Verworfenheit und materiellen Gier der Bewohner Mekkas, wurde Mohammad zunehmend wütend und frustriert im Angesicht ihres Unglaubens. Zudem mußte er erleben, wie sein eigener Stamm, die Quraish, den Koran zur Fälschung erklärte und ihn selbst als Hochstapler beschimpfte. Wenn er durch die Straßen Mekkas schritt, rief man ihm beleidigende Worte hinterher.

Daraufhin beschloß Mohammad, wie Hud die Rolle des »Rufers in der Wüste« auf sich zu nehmen. In seinen Predigten erwähnte er häufig das Schicksal der Stadt Iram/Ubar, um exemplarisch aufzuzeigen, wie Gott mit den Ungläubigen verfuhr. Zu diesem Zweck rezitierte er Verse aus dem Koran, die von den 'Ad handeln. Die außerordentlich eindringlichen Strophen werden gelegentlich als die »formidablen Suren« bezeichnet.

Es mag ein wenig verwirrend klingen, aber der chronologische Verlauf vollzieht sich hier auf drei verschiedenen Ebenen: Der Prophet Hud, der innerhalb dieser Handlung um 1100 lebte, ist eigentlich Mohammad, der um 600 lebte und der sich seinerseits auf den »echten« Hud bezog, welcher zwischen 150 und 500 gelebt und gewirkt hat!

Während er in Mekka weilte, scheute sich Hud keineswegs, sich mit einem jüdischen »Vorbild« zu identifizieren. Erst als er nach Medina auswanderte, wurde sein Verhältnis zu den Juden zwiespältig, aber immerhin bezeichnete er sie weiterhin respektvoll als »das Volk des Buches,« sprich des Alten Testaments.

66 *O mein Volk ...* – Um *Tales of the Prophets* authentisch erscheinen zu lassen und der Pietät Genüge zu tun, wurden al-Kisais Zitate aus

dem Koran in dem damaligen Äquivalent der Kursivschrift wiedergegeben.

67 *Ibn Abbas ... erzählt ...* – Von einer Abordnung aus Iram/Ubar, die nach Mekka pilgert, ist im Koran nirgendwo die Rede. Diese Episode wurde offenbar hinzugedichtet, um die 'Ad (die dem Propheten Hud das Leben schwermachten) nach Mekka zu »schicken« (wo man dem Propheten Mohammad das Leben schwermachte).

Wir lernen an dieser Stelle einige Bräuche der Pilger kennen, die sich in präislamischen Zeiten nach Mekka begaben. Der Geschichtenerzähler informiert uns, daß die siebzig Erwählten auf mit Juwelen geschmückten Kamelkühen zur heiligen Stätte reiten, und daß es zum Ritual gehört, dort die Roben auszubreiten.

68 *Ihre Namen waren ...* – Die Tatsache, daß in dieser Erzählung der Name »Luqaym« vorkommt, schafft eine Querverbindung zu unzähligen anderen arabischen Legenden. Luqaym, so wird an anderer Stelle berichtet, wurde von Gott eine Lebenszeit geschenkt, die der von sieben Generationen zahmer Geier entsprach. Er lebte zwischen 650 und 3500 Jahre (je nachdem, welche Quelle man konsultiert bzw. für wie langlebig der jeweilige Autor den durchschnittlichen Geier hielt) an verschiedenen Orten im Mittleren Osten. Im vorliegenden Bericht des Rawi tritt Luqaym erstmalig in Erscheinung. Zwar spielt er als Abgesandter keine wesentliche Rolle, aber in späteren Jahren und Legenden wird er um so aktiver. In arabischen und afrikanischen Legenden spielt er mal die Rolle des Vagabunden, dann des Schäfers, des mißgestalteten Sklaven, des Schneiders und des Zimmermanns. Er ist der Urheber zahlloser Sprichwörter und Fabeln, verfügt über den Intellekt von einhundert Männern und ist von riesenhaftem Wuchs. König David ernennt ihn zu seinem Wesir und preist sich glücklich, einen solchen Berater an seinem Hofe zu wissen. Er verkündet: »Sei gepriesen, denn dein ist die Weisheit und uns die Pein!« Luqaym wird selbst König, der zweite König der 'Ad, und sein Reich wird dem Stadtstaat Saba gleichgestzt. Dort errichtet er den Großen Marrib-Damm, der zu den »Weltwundern der Antike« zählt und dessen monumentale Ruinen noch heute zu besichtigen sind.

Als Luqayms letzter zahmer Geier schließlich von der Stange fällt, versucht dieser, ihn wiederzuerwecken, aber vergebens. Der Vogel stirbt, und somit ist auch Luqayms Zeit auf Erden vorbei. Der Name jenes Geiers ist Lubad, was soviel bedeutet wie »Dauerhaftigkeit.«

Welch ein Leben, welch eine unerschöpfliche Erfindungsgabe! Einmal losgelassen ist eine Schlüssel- und Identifikationsfigur nicht mehr zu bremsen; wie ein Dschinn will sie nicht in seine Flasche zurückkehren, und ihrem weiteren Werdegang sind keine Grenzen gesetzt. Ich will nicht behaupten, daß es Luqaym nie gegeben hat. Allerdings halte ich seine frühen Rollen – als Wüstenvagabund oder als Schäfer – für glaubhafter als den Rest und vermute, daß sein erster arabischer Wohnsitz – Ubar – zu jener Zeit noch eine eher bescheidene Siedlung war.

69 *Also rief er zwei Sklavinnen …* – Singende Mädchenduetts gehörten zur »Standardausrüstung« der präislamischen Freizeitgestaltung. Was mir an dieser Stelle interessant erscheint, ist die Tatsache, daß die »zwei Heuschrecken« als überaus freimütig charakterisiert werden – im Gegensatz zu den Frauen im heutigen Arabien, die öffentlich kaum in Erscheinung treten. Die beiden Sängerinnen zeigen jedenfalls wenig Hemmung, wenn es darum geht, sich über die Besucher aus der Fremde lustig zu machen.

70 *Gottes Engel Gabriel …* – Diese Zeile löst eine ganze Flut von Assoziationen aus. Stellen wir uns vor, wie im Mittelalter ein blinder Rawi auf der Treppe der Moschee in Kairo seine Geschichte zum besten gibt. Er ist gerade dabei, vom apokalyptischen Höhepunkt des Geschehens zu berichten. Es ist schon spät am Abend, die Kaufleute haben ihre Buden bereits geschlossen, aber es sind noch immer viele Menschen unterwegs. Sie suchen den Segen der frischen Brise, die auf den Flügeln der Nacht herbeischwebt. Nun lauschen sie dem Rawi, der seine Stimme dramatisch senkt, als er erzählt: *»Am ersten Tag kam ein kalter, grauer Wind auf, der alles, was das Gesicht der Erde bedeckte, in Trümmer verwandelte.«* Die Augen der kleinen Jungen, die ihm zu Füßen kauern, werden immer größer, die Menge drängt sich näher, um besser hören zu können. *»Am zweiten Tag folgte ein gelber Wind, der alles, was er berührte, mit sich riß und durch die Luft wirbelte.«* Der Rawi hält melodramatisch inne und entzündet eine Öllampe, in deren flackerndem Licht seine stumpfen Augen lebhaft aufzuleuchten scheinen – ein unheimlicher Effekt. *»Am dritten Tag kam der rote Wind, der alles zerstörte.«* Er spricht jetzt schneller, ahmt den Ruf der trotzigen 'Aditen nach: *»Wir sind mächtiger als Ihr, Herr des Hud!«* Nun erhebt der Rawi seine Stimme zu einem Brüllen, lauter, als man es sich überhaupt vorstellen kann, die Zuhörer fahren erschrocken zusammen. *»Daraufhin stob der Wind in die Menge, fuhr in die Kleidung der Menschen, hob sie in die Luft und stürzte sie kopfüber in den Tod.«* Der Rawi bedient sich zunehmend grausamer, imbrünstiger – und poetischer – Bilder, bis er mit einer Miene unerbittlicher Endgültigkeit feststellt: *»Söhne und Throne sind vernichtet worden!«*

Der Mukawwiz blickt zu Boden und meint kopfschüttelnd: »Iram, khalas« … vorbei mit Iram, und es geht ein erleichterter, zufriedender Seufzer durch die Menge. Über das Gesicht des blinden Rawi

huscht der Schatten eines Lächelns, als er hört, wie sich der Becher des Mukawwiz mit klingender Münze füllt.
In diesen dramatischen Zeilen wimmelt es von Anspielungen, Ableitungen und traditionellen Überlieferungen. Unser Rawi kennt zum Beispiel mit Sicherheit Mohammads Aversion gegen Pfeile, die darauf beruht, daß man diese im antiken Arabien zum Glücksspiel wie für die Wahrsagerei benutzte. Aus diesem Grunde läßt er die 'Aditen den von Gott gesandten Wind mit Pfeilen beschießen. Dieser rächt sich: »Er ergriff ihre Pfeile und stach ihnen die Spitze in den Hals.«
Nun folgt die bizarr anmutende Stelle: »Der Wind fuhr in seinen Mund und trat aus seinem Hinterteil wieder heraus.« Unter den Arabern ist es – bis zum heutigen Tage – ein weit verbreiteter Glaube, daß der Körper des Menschen hohl sei. Diesem Irrglauben begegnen wir bereits im babylonischen Schöpfungsmythos *Enuma elish*, als der Wind der Göttin Tiamut in den Mund fährt und sie somit auf grausame Weise tötet. Betrachtet man nun statt der Summe der Teile einmal das Ganze, so stellt man fest, daß es sich bei der fraglichen Textstelle um die Quintessenz des Mythos per se handelt. Der Mythologe Joseph Campbell definiert den Mythos als Versuch, den Menschen in Einklang mit dem Universum zu bringen. Indem er die 'Aditen warnt und ermahnt, will der Prophet Hud genau das bewirken. Diese aber sind so mit ihrem materiellen Streben beschäftigt, daß sie keinen Gedanken an höhere Werte verschwenden, höchstens insofern, als daß sie sich der kosmischen Ordnung überlegen wähnen. Selbst als das Ende unausweichlich naht, rufen sie noch: »Wir sind mächtiger als Ihr, Herr des Hud!«
Die Antwort lautet natürlich. »Gott ist mächtiger als ihr alle zusammen«, und er zögert nicht, dies zu beweisen, indem er die 'Aditen vom Antlitz der Erde entfernt.
Nicht alle, wohlgemerkt. Der Rawi betont, daß Hud und seine Getreuen die Katastrophe überleben, um, wie Joseph Campbell wahrscheinlich sagen würde, ungehindert auf ein neues den Einklang mit dem Universum anzustreben.
Von der anfänglichen Verbreitung des Islam bis zum Mittelalter wurde die Reihenfolge *Sünde – Warnung – noch mehr Sünde – Bestrafung* nicht nur in der Geschichte des Propheten Hud befolgt. In der Wahl seiner psychologischen Waffen griff auch Mohammad bevorzugt zu Drohungen, die Gottes Zorn zum Gegenstand hatten. Im Koran wird er wiederholt zitiert, wie er von mißachteten Propheten und einem erzürnten Gott berichtete, der Städte und ganze Kulturen in Schutt und Asche verwandelt. Das Muster läßt sich bis zu Adam zurückverfolgen, der übrigens im islamischen Glauben

nicht nur der Urvater der Menschheit, sondern auch ein Prophet war. Der islamische Adam bezieht sich auf seine eigene bittere Erfahrung, um der Menschheit die korrekten Regeln des Zusammenlebens zu lehren. Trotz des Untergangs von Sodom und Gomorrha, trotz der Katastrophen, die Noah, Joseph, Hud, Saleh und selbst Jesus (der im Islam Isa heißt) voraussagen, zeigt sich die Menschheit renitent und unbelehrbar.

71 *Kaab al-Ahbar berichtet* … – Auch wenn das Drama um Ubar/Iram nun endgültig abgeschlossen ist, geht die Geschichte noch weiter. Gemäß guter Erzähltradition folgt der Klimax nun eine Antiklimax, eine Art Epilog, der dem Leser (bzw. Zuhörer) die Rückkehr in die Gegenwart erleichtert. Darüber hinaus wird ihm versichert, daß es Ubar und den Propheten Hud tatsächlich gegeben hat. Der reale Beweis ist Huds Grabmal im Tal der Hadramut im Jemen.
Huds Grabmal ist noch heute die am häufigsten besuchte Pilgerstätte Südarabiens. Die Pilger strömen herbei, um Weihrauch zu opfern, dort, wo »nur ein sehr dünner Mann passieren konnte«. Und alle kennen sie die Geschichte von der verderbten Stadt, deren Bewohner die Warnungen des von Gott erwählten Propheten Hud mißachteten. Die Stadt Ubar mag zwar vom Gesicht der Erde verschwunden sein, aber man hat sie nicht vergessen.

72 *Plötzlich tat sich* … – Khairat al-Saleh, *Fabled Cities, Princes and Jinn*. London: Peter Stone, 1985. S. 45.

73 *Ubar ist* … – Zu den Autoren des Mittelalters, die sich über die geographische Lage Irams/Ubars einig sind, zählen Ibn Mujawir, Ibn Battuta, Ibn Ishaq und al-Bedawi. Al-Himyari, wird von Bertram Thomas in *Arabia Felix* zitiert (S. 161).

74 *Sie sind zu Staub geworden* … – al-Qadi Isma'il ibn Ali Al-Akoa, »Nashwan ibn Sa'id al-Himyari und die spirituellen, religiösen und politischen Konflikte seiner Epoche« in: Werner Daum (Hg.), *Jemen. 3000 Jahre Kunst und Kultur des glücklichen Arabien*. Innsbruck: Pinguin-Verlag, 1988, S. 212.

75 *Der Herr zerstörte* … – Ferdinand Wüstenfeld (Hg.), *Jacuts Geographisches Wörterbuch*. Leipzig: F. A. Brockhaus, 1869. S. 897.

76 *Wabar ist* … – Wüstenfeld, *Jacuts geographisches Wörterbuch*. S. 866–68.

77 *… ungesunde Literatur* … – aus: Joseph Campbell (Hg.), *The Portable Arabian Nights*. New York: Viking Press, 1952. S. 1;
… vulgär und geschmacklos … – aus: Reynold A. Nicholson, *A Literary History of the Arabs*. Cambridge: Cambridge University Press, 1930. S. 458;
Die ersten, die Geschichten erfanden … – aus: John Payne, *The Book of the Thousand Nights and One Night*, vol. 9. London, 1884. S. 280.

78 *Die Möglichkeit* ... – Frobenius stellte die These auf, daß es für die Geschichten aus *Tausendundeiner Nacht* und jene, die er im Sudan zusammentrug, eine gemeinsame Quelle gab. Angeblich wurden sie alle von einem Sklaven namens Far-li-mas erzählt, der aus dem arabischen Hadramut-Tal stammte. Frobenius berichtet, daß, als er im Jahre 1915 über das Rote Meer segelte, »die arabischen Seeleute steif und fest behaupteten, sämtliche Geschichten aus *Tausendundeiner Nacht* seien zuerst im Hadramut erzählt und von dort aus durch die ganze Welt getragen worden.« Vg. Joseph Campbell, *Die Masken Gottes* , Bd. I: *Mythologie der Urvölker*. München: Deutscher Taschenbuch-Verlag, 1996. Die Geschichten gelangten wahrscheinlich nach Persien, als die Perser Hadramut eroberten – ein wenig bekanntes Kapitel der arabischen Geschichte.

79 *Überdies löschte Allah* ... – Richard F. Burton (Übers.), *The Book of a Thousand Nights and a Night*, vol. 4. London, 1885. S. 116. Es ist durchaus möglich, daß der Autor dieser Geschichte den circa 1300 verfaßten Bericht des Ibn Mujawir, eines Kaufmanns aus Bagdad, gelesen hatte, in dem eine alte, verlassene Karawanenstraße zwischen Bagdad und dem Süden Arabiens beschrieben wird. Sie war der direkteste Weg durch die Rub' al-Khali und erstreckte sich mit Sicherheit auch durch unser Suchgebiet. Hat Ibn Mujawir am Ende unsere Straße nach Ubar beschrieben? Wenn ja, dann hielt er es nicht für ratsam, sie zu bereisen. Er befand sie für gefährlich und meinte, sie werde aus gutem Grunde gemieden. »Gott ist mein Zeuge«, schreibt er, »daß der Beduine, der sich heute auf jene Strecke begibt, selbst schuld ist.« Aus: G. Rex Smith, »Ibn al-Mujawir on Dhofar and Socotra« in *Proceedings of the Eighteenth Seminar for Arabian Studies*. London: Seminar for Arabian Studies, 1985. S. 84–85.

80 ... *in Steine verwandelt* ... – aus: »The Eldest Lady's Tale«, Burton, *Thousand Nights*, vol. I, S. 165. Unter dem Titel »The Petrified City« wurde dieselbe Geschichte 1797 in Wil Claps *Oriental Moralist* abgedruckt.

81 *Als sie auf dem Gipfel standen* ... – Dieses und die darauffolgenden Zitate stammen aus Burton, *Thousand Nights*, vol. 6. S. 102, 114–15, 93, 119.

82 *Die uralte Sprache* ... – Die Sprache der Bewohner der Dofar-Berge setzt sich eigentlich aus vier Sprachen zusammen, die als Hadara-Gruppe bezeichnet werden. Shahri, wahrscheinlich die älteste dieser Sprachen, wird in Kapitel 12 genauer beschrieben.

83 Josephine Tey, *Der singende Sand*. Köln: Dumont, 1988.

84 *Der Plan ist groß*; *das große Projekt*; *Asadum Tal'An*; *VERABSCHEUENSWERT!* – Jacqueline Pirenne, »The Incense Port of

Moscha (Khor Rori) in Dhofar«, *Journal of Oman Studies* 1. Ministry of Information and Culture, Sultanate of Oman, 1975. S. 82, 86, 89, 90.

85 *Ein Feuersteinbruch* … – Juri erklärte uns, daß man mit Hilfe chemischer Analysen die Reichweite des Feuerstein-Handels ermitteln könne. Feuerstein aus Andhur nördlich der Rub' al-Khali zu entdecken wäre ein Beweis für die Reichweite sowie die wirtschaftliche Bedeutung der Straße nach Ubar.

86 *Eine halbe Tagesreise* … – Ibn Battuta wird zitiert von Philip Ward, *Travels in Oman*. New York: Oleander Press, 1978. S. 503.

87 *der Brunnen des Orakels von 'Ad* – Wir waren nicht die ersten Forscher, die sich mit dieser Quelle befaßten. Das unerschrockene Ehepaar Theodore und Mabel Bent war 1895 hier, gefolgt von Bertram Thomas im Jahre 1929 und Wendell Phillips im Jahre 1953. Keiner von ihnen wußte so recht, was er davon halten sollte. Vgl. Bent and Bent, *Southern Arabia*. London: Smith Elder, 1900; Thomas, *Arabia Felix*; Frank P. Albright, *The American Archaeological Expedition in Dhofar, Oman*. Washington: American Foundation for the Study of Man, 1982.

88 *fliegenden Schlangen* – Selincourt, *Herodotus: The Histories*, S. 249; *In den Wäldern* … – C.H. Oldfather (Übers.), *Diodorus of Sicily*. Cambridge: Harvard University Press, 1979. S. 229.
sie sprangen bis … – Horace L. Jones (Übers.); *Strabo: Geography*, vol. 7. (Cambridge: Harvard University Press, 1995. S. 347.

89 *Vogelsprache* – Von dieser bemerkenswerten Sprache wurde erstmals durch Theodore und Mabel Bent (*South Arabia*) im Jahre 1900 berichtet. Bereits vor fünftausend Jahren lebte nicht weit vom Persischen Golf ein Stamm, der von den Sumerern »Lulubulu« genannt wurde, eine lautmalerische Beschreibung der vogelartigen Klänge. Daher ist es gut möglich, daß es sich um dieselbe Sprache handelt, wie sie von den Vorfahren der heutige Shahra gesprochen wurde.

90 *Es waren Weihrauchbäume* … – Exemplare des harzabsondernden Baumes *Boswellia sacra* sind überall in Arabien und auch in Afrika zu finden. Oft sind sie sehr hoch und kräftig gewachsen, spenden aber bei weitem nicht so reines, aromatisches Harz wie die kleinwüchsige, knorrige Gattung, die ausschließlich in den Dofar-Bergen wächst, ein Umstand, der möglicherweise auf die einzigartigen klimatischen Bedingungen jener Region zurückzuführen ist. Die Weihrauchhaine der Dofar-Berge befinden sich in 600 bis 700 Metern Höhe und sind abwechselnd – je nach Jahreszeit – der sengenden Sonne oder dem Monsunregen ausgesetzt.

91 *Kein römischer Schriftsteller* …; *Das Gebiet* … *ist unzugänglich*; *Es gibt nur ein Volk* … – John Bostock und H.T. Riley (Übers.), *The*

Natural History of Pliny, vol. 3. London: Henry G. Bohn, 1855. S. 124, 125.

92 *Sieh, dein Opfer* … – Die Formel, die von den Shara für ihre exorzistischen Riten verwendet wird, wurde erstmals von Bertram Thomas im Jahre 1930 niedergeschrieben. Sechzig Jahre später sollten wir feststellen, daß der Wortlaut unverändert geblieben ist.

93 *Offenbar gab es* … – Auch die Shahra kennen al-Ahqaf, wo sich laut Koran unsere verschollene Stadt befindet. Mit dem Begriff assoziieren sie allerdings nicht nur die Wüste hinter den Bergen (wie wir vermutet hatten), sondern auch die Berge selbst. Das ergibt Sinn; wer Ubar erbaute, kontrollierte mit Sicherheit auch die Weihrauchhaine in den Dofar-Bergen.

94 *Sein Volk … halte die Trilithen für antike Grabmale* … – Es ist eher unwahrscheinlich, daß die Steine im eigentlichen Sinne als Grabsteine dienten, denn sie befinden sich teilweise auf harten Felsen, aus denen man kein Grab hätte ausheben können. Es ist eher anzunehmen, daß sie zu Ehren der Toten aufgestellt wurden, die an anderen Stellen – vielleicht in der Höhle der Schädel, die wir besuchten – beigesetzt waren.

95 *wenn ein Reisender* … – Nabih Amin Faris (Übers.), *The Book of Idols*. Princeton: Princeton University Press, 1952. S. 28–29.

96 *das Geheimnis Gottes* … – Ali Al-Shari'At, *Hajj*. Teheran: Laleh-Baktiar, 1988. S. 48.

97 *soweit ging* … – George Sale (Übers. u. Hg.), »Preliminary Discourse,« *The Koran*. London: Thomas Tegg & Son, 1838. S. 15.

98 *Diese Wüstenei* … – S.B. Miles, *The Countries and Tribes of the Persian Gulf*. London: Frank Cass, 1919. S. 386.

99 *Ron war der Meinung* … – Später erfuhren wir, daß man das Satelliten-Navigations-System vorübergehend ausgeschaltet hatte, um es neu auszurichten, leider ausgerechnet, als wir es brauchten, um uns in der Rub' al-Khali zu orientieren.

100 Nur ein Narr … – O'Shea, *The Sand Kings of Oman*. S. 187.

101 … *wertlose AFRs* – »ARF« ist unter den Archäologen eine formlose Bezeichnung für »Another f… Rock«, sinngemäß: »Noch so ein besch… Stein«.

102 … *Wesen der Nacht* … – zitiert bei John Gray, *Mythologie des Nahen Ostens*. Wiesbaden: Vollmer, 1969.

103 *Überheblich und rechtlos* … – Dieses und die darauffolgenden Zitate stammen aus: Dawood, *The Koran*. S. 159, 25, 113, 129, 138

104 *Unser Weihnachtsbaum* … – Da wir uns in einem islamischen Land befanden, hatten wir uns geeinigt, Weihnachten eher zurückhaltend zu feiern, und entsprechend nur eine einzige Kassette mit Weihnachtsliedern mitgebracht. Wider Erwarten zeigten sich die Omani

von diesem christlichen Feiertag überaus begeistert. Als wir an die Küste fuhren, um Juris Studenten abzuholen, hörten wir überall (aus dem Radio, im Hotel) vertraute Weihnachtslieder. Wir schmetterten also fröhlich das Lied von den Heiligen Drei Königen aus dem Morgenland – befanden wir uns doch genau dort, im Land der Myrrhe und des Weihrauchs.

105 *Vielleicht hatte man ihn ja benutzt …* – Wir wissen noch immer nicht so recht, wie das Weihrauchharz verarbeitet wurde, ob die Kristalle für den Transport zerkleinert wurden oder ob das Harz raffiniert wurde, um das Aroma zu verbessern. Immerhin verrät uns Plinius d. Ä., daß die Verarbeitung ganz am Ende der Weihrauchstraße vonstatten ging. Er schreibt: »In Alexandria … wo der Weihrauch für den Verkauf verarbeitet wird, werden an den Arbeitsstellen, weiß der Himmel! alle nur denkbaren Vorkehrungen getroffen, um den Rohstoff zu schützen. Die Männer tragen Siegel an ihren Schürzen, auf den Köpfen müssen sie engmaschige Masken oder Netze überziehen, und ehe sie die Arbeit verlassen, müssen sie sich vollständig entkleiden.« Bostock und Riley, *The Natural History of Pliny*. 3:127.

106 *Wo aber waren die Säulen …?* – Nachdem die Expedition vorüber war, erfuhr ich, daß in jener Epoche der präislamischen Dichtung, die zeitlich am ehesten der Blütezeit Ubars entspricht, das Wort »Säule« nicht etwa mit عِمَاد, sondern mit دُوَّار umschrieben wird. Der Begriff *imad* wird im Koran nur ein einziges Mal erwähnt; das Wort scheint südbabylonischen Ursprungs zu sein, und der Wortstamm bedeutet soviel wie »errichten, standhaft machen«, was man sowohl auf Säulen und Türme als auch auf Zelte beziehen kann.

107 *… eine weitläufige Oase.* – Mabrook erinnerte sich, daß sein Großvater in den zwanziger Jahren von einem dichten »Wald« aus Büschen und kleinen Bäumen erzählt hatte, der sich in jenem nahegelegenen Bereich befand, den man als Hailat Shisur kennt. Und in den dreißiger Jahren schrieb Bertram Thomas: »Ich habe mir sagen lassen, daß der Boden der umliegenden Wüstenebene noch immer Furchen aufweist, als sei er einst gepflügt worden.« Thomas, *Arabia Felix*. S. 137.

108 *… durch einen sechszackigen Stern …* – Handelte es sich bei dem Stern unseres Schachkönigs etwa um einen Davidstern? Später erfuhr ich, daß man den sechszackigen Stern angeblich erst seit dem 16. Jahrhundert mit dem Judentum in Verbindung brachte und daß er davor im Mittleren Osten wahrscheinlich als rein dekoratives (weltliches) Motiv verwendet wurde. Allerdings hat man im palästinensischen Capernaum in einer alten Synagoge den Grabstein eines gewissen Leon ben (Sohn des) David entdeckt, der mit einem

sechszackigen Stern versehen ist. Das Stern-Motiv ist auch häufig in den jüdischen Katakomben bei Rom zu finden.

109 *Wenn die Karawanen ...* – Vielleicht wird man einmal im Tal der Erinnerung goldene Grabbeigaben finden, aber ich halte es für unwahrscheinlich. Das Ausmaß des Grabraubes in Südarabien wird deutlich, wenn man bedenkt, daß dem Gott des Morgensterns im wesentlichen die Aufgabe zufiel, Grabschänder zu bestrafen.

110 *... die den Namen* 𐩱𐩨𐩧 *...* – enthielt. Mehrere Experten versicherten uns, daß in den über zehntausend bis dato bekannten südarabischen Inschriften das Wort 𐩱𐩨𐩧 kein einziges Mal vorkomme. Dann aber entdeckte ich es zufällig auf einer Inschrift, die man in einer arabischen Kolonie des antiken Äthiopien gefunden hatte. Laut Jacqueline Pirenne bedeutet der Begriff *Abiru* (»hebräisch«), was auf eine weitere Verbindung zwischen Juden und 'Aditen hinweisen könnte. (Schließlich heißt auch Hud übersetzt »Er von den Juden«.) Möglicherweise handelt es sich bei dieser Auslegung des Begriffs 𐩱𐩨𐩧, wie auch Pater Jamme vermutet, um bloßes Wunschdenken. Das Wort *Ubar* könnte ebensogut ein semitischer Begriff sein, dessen Wortstamm »Ort des Durchgangs« oder auch »Zelt aus Kamelhaar« bedeutet.

111 *... der auf mesopotamisch-persische Einflüsse ...* – Daß es zwischen Ubar und Mesopotamien eine Verbindung gab, besagt schon das folgende Fragment der Legende um Ubar: »... die 'Aditen zerstritten sich mit den Bewohnern von Ham und verließen Babylon. Sie siedelten sich in jenem südarabischen Bereich an, der an 'Umman, Yaman und Hadramut grenzt. Dort bauten sie Paläste, errichteten Tempel und verehrten die Sterne als Götter.«

112 Mit Hilfe archäologischer Indizien läßt sich die Ost-West-Teilung Arabiens zwar rekonstruieren, aber das Resultat ist nicht ganz eindeutig. Inzwischen gibt es eine präzisere Methode: die genetische Kartographie. Den Daten der Karte auf S. 255 wurde die Berechnung der durchschnittlichen Häufigkeit des Auftretens der Gene ESD*1 und GC*1F zugrunde gelegt.

113 *Folglich schien es sich ...* – In seinem Buch *Ancient Yemen* (Oxford: Oxford University Press, 1995) befaßt sich Andrey Korotoyev mit einem städtebaulichen Konzept der Antike, indem das sogenannte *hagar* dem umliegenden Bereich (*sha'b*), welcher mehrere Dutzend Quadratkilometer umfaßte, als politisches und zugleich religiöses Zentrum diente. In diesem Fall wäre Ubar das *hagar*.

114 *So zeige er uns ...!*; *nach einem schrecklichen ...* – Sale, »Premilinary Discourse«, *The Koran*. S. 16.

115 *... Alltagsgebräuchen ...* – Der berühmte Arabist Robert Serjeant von der Cambridge-Universität fand in Südarabien die idealen Voraus-

setzungen für seine »Interpretation of the Antique by Reference to the Present« (»Interpretation der Antike mit Bezugnahme auf die Gegenwart«). Serjeant, *South Arabian Hunt*. London: Luzac, 1983. S. 80.

116 *In jenen Siedlungen* … – Die Siedlungen in der Nähe Shisurs stammen wie die Seenbecken der Rub' al-Khali aus dem Oberen Paläolithikum (40000–100000 Jahre vor unserer Zeit). Juri Zarins entdeckte vierzig weitere kleine Siedlungen, indem er den Flußläufen des späten Pleistozäns, die er auf den Radarbildern ermittelt hatte, folgte und ihre Ufer methodisch nach Spuren absuchte.

117 *Vor etwa zwanzigtausend Jahren* … – Die Periode der Dürre wurde durch das sogenannte Milankowitsch-Phänomen eingeleitet: Die Umlaufbahn der Erde um die Sonne verschob sich geringfügig, was weltweit zu einer klimatischen Veränderung führte und große Bereiche Arabiens, Afrikas, Indiens und Australiens in Wüste verwandelte.

118 … *in den Norden* … – Es wurde lange Zeit darüber diskutiert, ob die Besiedlung des Mittleren Ostens durch semitische Stämme im Rahmen einer Völkerwanderung in die arabische Wüste vor zwanzigtausend Jahren begann. Der Zeitpunkt ist zu früh für den Geschmack der Bibelforscher; ansonsten stößt die These in wissenschaftlichen Kreisen auf Resonanz und wurde von dem Geologen Hal McClure kürzlich erneut thematisiert.

119 … *näherten sich die Treiber* … – Ende der siebziger Jahre entstand bei einem Erkundungsflug der omanischen Luftwaffe zufällig eine Fotographie der Umrisse dieser neolithischen Falle bei Shisur. Ihre Spuren wurden 1990 durch die Neubauten ausgelöscht.

120 *den lieblichen Duft* … – Alexander Heidel, *The Gilgamesh Epic and Old Testament Parallels*. Chicago: University of Chicago Press, 1963. S. 87;
das Harz als Blut … – Walter W. Müller, »Notes on the Use of Frankincense in South Arabia«, in *Proceedings of the Ninth Seminar for Arabian Studies*. London: Seminar for Arabian Studies, 1976. S. 131.

121 … *mit dem Erscheinen* … – Bostock and Riley, Natural *History of Pliny*, vol. 3. S. 126–27.

122 *So oder so* … – In der Antike erstreckte sich die Oase, wie es scheint, entlang des unterirdischen Wasserlaufs, der von einer Quelle gespeist wurde, welche den Dofar-Bergen entsprang. Noch heute nennt man das Wadi, das diesen Wasserlauf überlagert, Umm al-Hait, Mutter des Lebens.

123 *Der Liebreiz schöner Mädchen* … – Thomas, *Alarms and Excursions*. S. 288.

124 *Du sollst im Namen …* – Master of Belhaven (A. Hamilton), *The Kingdom of Melchior*. London: John Murray, 1949. S. 21, 220; *Man hat mir …* – Raymond O. Faulkner, *The Ancient Egyptian Pyramid Texts*. Oxford: Oxford University Press, 1969. S. 76.

125 *als heilig gelten …* – Bostock and Riley, *Natural History of Pliny*, vol. 3. S. 125.

126 *Die gesamte Stadt …* – Joseph Campbell, »The Hieratic City State,« *Parabola* 18, no. 4 (Nov. 1993). S. 41–43

127 *Möglicherweise war die Sprache …* – Zwar wurde in Ubar nur ein Fragment zutage gefördert, das zwei Buchstaben des 'Aditischen Alphabets enthält, aber in den Dofar-Bergen wurden zahlreiche vergleichbare Inschriften gefunden. Aus ihnen geht hervor, daß die Sprache der 'Ad nicht nur älter war als alle anderen südarabischen Sprachen, sondern noch weiter zurückdatiert als Hebräisch (mit neun Lautzeichen weniger) und Arabisch (mit acht Lautzeichen weniger).

128 *Kopfwunden …* – Oldfather, *Diodorus of Sicily*. S. 45.

129 *Es ist die Genußsucht …* – Bostock and Riley, *Natural History of Pliny*, vol. 3. S. 127. Es gibt Berichte, aus denen hervorgeht, wieviele Denarii man auf dem römischen Markt für einen Scheffel Weihrauch zu bezahlen pflegte. Um die Kosten nach unseren heutigen Maßstäben berechnen zu können, hat Gus Van Beek vom Smithonian Institute eine Formel erarbeitet, die uns erschließt, daß die Kosten für ein Pfund Weihrauch 2,5 bis 5 Prozent des jährlichen Existenzminimums eines Stadtbewohners betrugen, also auf unsere heutige Zeit berechnet etwa eintausend Dollar pro Pfund.

130 *… des Jahres 350 v. Chr.* – Es könnte ebensogut 410 v. Chr. oder 290 v. Chr. gewesen sein. Der C-14-Test datiert die »Neustadt« Ubars auf ca. 350 v. Chr., plus/minus sechzig Jahre.

131 *Nachdem die Sonne …* – Thomas, *Arabia Felix*. S. 52, 290.

132 *aus verschlungenen Ästen …* – Die Shahra in den Dofar-Bergen bauen auch heute noch *duwwars*. Die *duwwars* in Ubar haben dafür gesorgt, daß sich die Lehmziegel im Laufe der Zeit nicht aufgelöst haben.

133 *Aus Babylon …* – Faris, *The Antiquities of South Arabia*. S. 30.

134 *zu dem großen verputzten Becken …* – Wasserspiele – darunter Fontänen und künstliche Wasserfälle, unter denen man hindurchgehen konnte, gehören zu den Hauptmerkmalen arabischer Tempel. Man hat wahrscheinlich die Frischwasserzufuhr in den Tempel geleitet, indem man durch den Fels eine Rinne zur Quelle schlug. Baheet, unser Freund aus Shisur, erinnerte sich daran, wie er sich als kleiner Junge durch eine solche Rinne quetschte. Inzwischen ist sie verschüttet.

135 *Auf Geheiß ...* – Auf Arabisch nennt man die Befragung des Schicksals mittels gezeichneter Pfeile *istqam*. Das Ritual erinnert an jene Bibelpassage, in der Jahwe durch seinen Wahrsager Gad zu David spricht: »Dreierlei bringe ich zu dir; erwähle dir deren eins, daß ich es dir tue« (Zweites Buch Samuel 24,12). Eine weitere Parallele finden wir in der Legende um Ubar. Das Schicksal der Stadt ist besiegelt, als die Gesandten unter drei Wolken ihre Wahl treffen.

136 *Einige Jahrhunderte zuvor ...* – Die Historikerin Karen Armstrong schreibt: »Die ursprüngliche symbolische Bedeutung der arabischen Götter ging während der Nomadenzeit unter. In der Religion der Araber gab es keine mythologische Tradition, die dem heidnischen Kult Substanz hätte verleihen können.« Karen Armstrong, *Mohammad, Religionsstifter und Staatsmann*. München: Diederichs, 1993.

137 *Es ist nur ...* – Frais, *Antiquities of Southern Arabia*. S. 29.

138 *Gebratenes Fleisch ...* – Lyall, *Ancient Arabian Poetry*. S. 64.

139 *zu seinem Herrschaftssitz Eriyot ...* – Möglicherweise war Eriyot identisch mit Ain Humran. Es gibt allerdings auch die Theorie, daß Eriyot zerstört wurde, als der Robat-Palast des Sultans von Oman in Salala errichtet wurde.

140 *Seltsam erscheint ...* – Bostock and Riley, *Natural History of Pliny*, vol. 2. S. 91. An einer anderen Stelle (vol. 3, S. 135) nennt Plinius eine interessante Ausnahme von der Regel »... ohne ihrerseits Ware einzukaufen.« Er verrät uns, daß »in Arabien ein wachsender Bedarf an importierten Duftstoffen zu verzeichnen ist. So schnell ist der Sterbliche dessen satt, was er selbst besitzt, und so begehrlich, was den Besitz der anderen betrifft.«

141 *... daß die Stadt Ubar weiterhin florierte.* – Daß die Hadrami die Küste besetzten, könnte den 'Aditen durchaus recht gewesen sein, da sie mehr und mehr dazu übergingen, den Weihrauch auf dem Landweg zu exportieren, statt ihn an die Hadrami in ihrer Garnisonsstadt Sumhuram zu liefern.

142 *ein jüdischer König ...* – Yusuf As'Ar Yath'Ar, der König von Dhu Nuwas, war zugleich »König aller Stämme«, unter anderem der Himyar, jenes Stammes, der die Stadtstaaten Ma'in, Qataban und Saba eroberte.

143 *den Shaddad ibn 'Ad erbaute ...* – Thackson (Übers.), *Tales of the Prophets*. S. 126.

144 *Der Wortschatz ...* – Das Glossar von Pater Jammes *Inscriptions at Mahram Bilqis* bietet einen faszinierenden Einblick in die Mentalität der Südaraber, die zwischen 750 v.Chr. und 450 n.Chr. lebten.

145 *Brüder werden ...* – Jones, *The Geography of Strabo*. S 365–66.

146 *Wurde einem Araber …* – Sale (Übers.), *The Koran*. S. 94.

147 *in die Erzähltradition …* – Der Historiker al-Tabari berichtet, daß die Juden Westarabiens in der Zeit vor Mohammad ihren Feinden ankündigten. »Wir werden euch vernichten, wie Iram und die Leute von 'Ad vernichtet wurden.« Edshan Yar-Shater, *The History of al-Tabari*. Albany, N. Y.: State University of New York Press, 1989. S. 124–25.

148 *Wir, die Bewohner …*; *Ich, Shaddad ben 'Ad …* – Louis Ginzberg, *The Legends of the Bible*. Philadelphia: Jewish Publication Society of America, 1913. S. 590, 571.

149 *Wer diese Worte liest …* – Angelo S. Rappoport, *Ancient Israel: Myths and Legends*. New York: Bonanza Books, 1987, vol. 3. S. 106.

150 *So alt wie die 'Ad* – Thomas P. Hughes, *A Dictionary of Islam*. Lahore: Premier Book House, 1986. S. 18;
Gebratenes Fleisch … – Lyall, *Ancient Arabian Poetry*. S. 64;
Erfüllten neunzig Konkubinen … – Philby, *The Empty Quarter*. S. 157;
O betrunkene Abordnung … – Thackston, *Tales of the Prophets*. S. 114, 116;
Ein reiches Volk … – Lyall, *Ancient Arabian Poetry*. S. 64;
Eine schändliche Strafe … – Dawood, *The Koran*. S. 128–29;
Söhne und Throne … – Thackston, *Tales of the Prophets*. S. 116;
Nun ist die Pracht vorbei … – Philby, *The Empty Quarter*. S. 157;
Schachmatt … Es war eine große Stadt … – Thomas, *Arabia Felix*. S. 161;
Wenn das Leben … – Edward Rice, *Captain Sir Francis Burton*. New York: Charles Scribner's Sons, 1990. S. 440.

151 *mit den Patriarchen …* – In dieser mythologischen Landschaft treten Schlüsselfiguren auf, die nicht nur im Islam, sondern auch im Judaismus und im Christentum eine bedeutende Rolle spielen. In der Küstenstadt Salala verehrt man beispielsweise das Grabmal des Vaters der Jungfrau Maria, Nebi Umran; im Gebirge oberhalb von Salala bringen die Pilger Blumen und Weihrauch an das Grab Hiobs, und in der Wüste gibt es eine Quelle namens Mudhai, wo, wie die Beduinen zu berichten wissen, Moses sieben Mal mit seinem Stab auf den Stein schlug und diesen in eine Quelle verwandelte. Sie sprudelt noch heute.

152 *Von den zwei …* – Im Mittelalter berichtete der Forschungsreisende Ibn Battuta, daß es in Dofar ein Gebäude gebe, in dessen Innerem sich ein Grabmal mit der folgenden Inschrift befand: »Dies ist das Grab des Hud ibn 'Abir. Gott segne ihn und rette seine Seele.« Einen besseren Hinweis auf eine bestehende Verbindung zwischen Hud und Ubar ('Abir) kann man wohl kaum finden.

153 *wenn auch wahrscheinlich weniger authentische Grabmal* ... – Das zweite Grabmal im Tal der Hadramut trat frühestens im 10. Jahrhundert in Erscheinung. Es wurde unter fragwürdigen Umständen von einem Paar entdeckt, das direkt aus *Tausendundeiner Nacht* stammen könnte: einem ehrwürdigen Nachkommen Mohammads und einem kameltreibenden Schurken. Im übrigen gibt es noch weitere Grabmale Huds. Das dritte befindet sich in Mekka nahe der Zamzam-Quelle, das vierte liegt vor den Toren der jordanischen Stadt Salt, und das fünfte finden wir in der Südmauer der Großen Moschee in Damaskus.

154 *In diesem Tal stehen* ... – Einige der Wolkenkratzer in Shibam stammen noch aus dem 10. Jahrhundert. Archäologische Ausgrabungen der jüngsten Zeit haben allerdings in Hadramut präislamische Bauwerke zutage gefördert, die bis zu sieben Etagen aufwiesen. Vgl. Jacques Seigne, »Le Château Royal de Shabwa: Architecture, Techniques de Constructiion et Restitutions,« Syria 68, 1991.

155 *Kamelmänner* ...; *In Khon* ... – R. B. Serjeant, »Hud and Other Pre-Islamic Prophets of Hadramawt«, *Le Museon* 57, 1954. S. 25.

156 *Seid verflucht* ...! – Serjeant, »Hud and Other Pre-Islamic Prophets.« S. 29;
alle wichtigen ... – Harold Ingrams, *Befriedete Wüste*. Innnsbruck, Wien: Rohrer, 1950.

157 *Als ich eintrat* ... – Faris, *Antiquities of South Arabia*. S. 79–80. Vgl. auch al-Kisais Geschichte des Propheten Hud, Kapitel 7.

158 *jeder Stock* ... – Ingrams, *Befriedete Wüste*.

159 *die schwefelige Schwelle* ... – Der Bericht eines gewissen al-Qazwini aus dem Jahre 1250 verrät uns folgendes: »Am meisten haßt Allah das Wadi Barhut, durch das übelriechendes, schwarzes Wasser fließt. Dorthin gehen die Seelen der Ungläubigen. Wann immer wir [die Hadrami] in der Umgebung von Barhut einen üblen Geruch bemerken, erfahren wir später, daß einer der prominenteren Ungläubigen verstorben ist.« Vgl. Ferdinand Wüstenfeld, (Hg.), *'Adjaib al-Makhluqat*, Bd. 1. Göttingen, 1849. S. 198.

Bibliographie

Albright, Frank P. *The American Archaeological Expedition in Dhofar*, Oman. Washington: American Foundation for the Study of Man, 1982.

Ali, S.M. *Arab Geography*. Aligarh, India: Institute of Islamic Studies, Muslim University, 1960.

Armstrong, Karen. *Muhammad: Religionsstifter und Staatsmann*. Aus dem Englischen von Hedda Pänke. München: Diederichs, 1993.

–. *Nah ist und schwer zu fassen der Gott: 3000 Jahre Glaubensgeschichte von Abraham bis Albert Einstein*. Aus dem Englischen von Doris Kornan. München: Droemer & Knaur, 1993.

Bagrow, Leo. *Die Geschichte der Kartographie*. Berlin: Safari-Verlag, 1951.

Beeston, A.F.L. »Functional Significance of the Old South Arabic Town«, in: *Proceedings of the Seminar for Arabian Studies*. London: Seminar for Arabian Studies, 1971.

–. »The Settlement at Khor Rori«, *Journal of Oman Studies* 2 (1976).

–. »The Religions of Pre-Islamic Yemen« und »Judaism and Christianity in Pre-Islamic Yemen«, in: Joseph Chelhod (Hg.). *L'Arabie du Sud, Histoire et Civilization*, Bd. 1: *Le Peuple Yemenite et Ses Racines*. Paris: Editions G.-P. Maisonneuve et Larose, 1984.

Beeston, A.F.L., T.M. Johnstone, R.B. Serjeant und G.R. Smith. *Arabic Literature to the End of the Umayyad Period*. Cambridge, UK: Cambridge University Press, 1983.

Bent, Peter. *Far Arabia: Explorers of the Myth*. London: Weidenfeld & Nicolson, 1977.

Bent, Theodore und Mrs. Theodore Bent. *Southern Arabia*. London: Smith, Elder, 1900.

Bidez, Joseph (Hg.). *Philostorgius' Kirchengeschichte*. Berlin: Akademie-Verlag, 1981.

Biella, Joan Copeland. *Dictionary of Old South Arabic*. Cambridge, Mass.: Scholars Press, 1982.

Bilkadie, Zayn. »The Wabar Meteorite«, *Aramco World Magazine* 37, Nr. 6 (Nov.–Dez. 1986).

Blom, Ronald. »Space Technology and the Discovery of Ubar«, *P.O.B.* 17, Nr. 6 (Aug.–Sept. 1992).

–. »The Discovery of Ubar: Use of Space-Based Image Data in the Search for Ubar«. Vortrag gehalten an der UCLA, Kurs X 401 (Oct. 1992).

Blom, Ronald und Charles Elachi. »Spaceborne and Airborne Imaging Radar of Sand Dunes«, *Journal of Geophysical Research* 86, Nr. B4 (10 Apr. 1981).
Bostock, John und H.T. Riley (Übers.). *The Natural History of Pliny*. London: Henry G. Bohn, 1885.
Bowen, Richard L., Jr. und Frank P. Albright (Hgg.). *Archaeological Discoveries in South Arabia.* Baltimore: John Hopkins University Press, 1958.
Bravmann, M.M. *The Spiritual Background of Early Islam*. Leiden: E. J. Brill, 1972.
Breton, J.-F. »Religious Architecture in Ancient Hadramawt«, in: *Proceedings of the Thirteenth Seminar for Arabian Studies*. London: Seminar for Arabian Studies, 1980.
Brice, William C. »The Construction of Ptolemy's Map of South Arabia«, in: *Proceedings of the Seminar for Arabian Studies*, Bd. 4. London: Seminar for Arabian Studies, 1974.
Budge, Ernest A. Wallis. *The Alexander Book in Ethiopia*. London: Oxford University Press, 1933.
Bulliet, Richard W. *The Camel and the Wheel*. Cambridge, Mass.: Harvard University Press,
Burton, Richard F. (Übers.). *The Book of a Thousand Nights and a Night*. London: Burton Club, for Private Subscribers Only, 1885.

Campbell, Joseph. *Die Masken Gottes*, Bd. 1: *Mythologie der Urvölker*; Bd. 2: *Mythologie des Ostens*. München: Deutscher Taschenbuch-Verlag, 1996.
–. »The Hieratic State«, *Parabola* 18, Nr. 4 (Nov. 1993).
– (Hg.). *The Portable Arabian Nights*. New York: Viking Press, 1952.
Casson, Lionel (Übers.). *The Periplus Maris Erythraei*. Princeton: Princeton University Press, 1989.
Caton-Thompson, G. und E.W. Gardner. »Climate, Irrigation and Early Man in the Hadhramaut«, *Geographical Journal 93*, Nr. 1 (Jan. 1939).
–. *The Tombs and Moon Temple at Hureidha (Hadhramaut)*. Oxford, UK: Oxford University Press, 1944.
Cavalli-Sforza, L. Luca, Paolo Menozzi und Alberto Piazzi. *The History and Biography of Human Genes*. Princeton: Princeton University Press, 1994.
Chatty, Dawn. »The Bedouin of Central Oman«, *Journal of Oman Studies* 6, Teil 1 (1993).
Clark, Anthony. *Seeing Beneath the Soil: Prospecting Methods in Archaeology*. London: B. Batsford, 1990.
Clark, Arthur. »Lakes of the Rub' al-Khali«, *Aramco World Magazine* 40, Nr. 3 (Mai-Juni 1989).

Cleuziou, Serge. »Oman Peninsula in the Early Second Millenium B.C.«, in: H. Härtel (Hg.). *South Asian Archaeology* 1979. Berlin: D. Reimer Verlag, 1981.
–. »Hili and the Beginning of Oasis Life in Eastern Arabia«, in: *Proceedings of the Fifteenth Seminar for Arabian Studies*. London: Seminar for Arabian Studies, 1982.
Cleveland, Ray L. »The 1960 American Archaeological Expedition to Dhofar«, *Bulletin of the American Schools of Oriental Research* 159 (Okt. 1960).
Cohen, Shaye J.D. und Ernest S. Frerichs (Hgg.). *Diasporas in Antiquity*. Atlanta: Scholars Press, 1981.
Coon, Carleton S. »Southern Arabia: A Problem for the Future«, in: *Smithsonian Report for 1944*. Washington: U.S. Government Printing Office, 1945.
Cooper, Rev. Mr. J. (Übers.). *The Oriental Moralist or the Beauties of the Arabian Nights Entertainments*. Dover, N.H.: Printed by Samuel Bragg, Jr., for Wm. T. Clap, Boston, 1797.
Crichton, Andrew. *History of Arabia, Ancient and Modern*. Edinburgh: Oliver & Boyd, 1834.
Crippen, Robert E., Ronald Blom und Jan R. Hayada. »Directed Band Rationing for the Retention of Perceptually Independent Topographic Expression in Chromaticity Enhanced Imagery«, *International Journal of Remote Sensing* 9, Nr. 4 (1988).

D'Anville, Jean Baptiste. *Handbuch der alten Erdbeschreibung zum Gebrauch der eilf grösseren Danvillschen Landcharten*. Nürnberg, 1785–86.
Daum, Werner (Hg.). *Jemen. 3000 Jahre Kunst und Kultur des glücklichen Arabien*. Innsbruck: Pinguin-Verlag, 1987.
Dawood, N.J. (Übers.). *The Koran*. New York: Penguin Books, 1981.
Debevoise, Neilson C. *A Political History of Parthia*. New York: Greenwood Press, 1968.
De Gaury, Gerald und H.V.F. Winstone. *Spirit of the East*. London: Quartet Books, 1979.
Dickson, H.R.P. *The Arab of the Desert*. London: George Allen & Unwin, 1959.
Doe, Brian. *Südarabien: Antike Reiche am Indischen Ozean*. Übersetzung und Bearbeitung der englischen Ausgabe von Joachim Rehork. Bergisch-Gladbach: Lübbe, 1970.
Dostal, Walter. *Die Beduinen in Südarabien. Eine ethnologische Studie zur Entwicklung der Kamelhirtenkultur in Arabien*. Wien: Verlag Berger und Söhne, 1967.
Du Couret, Colonel L. *Life in the Desert: Or, Recollections of Travels in Asia and Africa*. New York: Mason Brothers, 1860.

Easton, Gai. »Light from the Center«, *Parabola* 18, Nr. 4 (Nov. 1993).
Eberhart, Jonathan. »Radar from Space: The Sightseeing Plans of SIR-B«, *Science News* 126, Nr. 12 (22. Sept. 1984).
Edens, Christopher. »The Rub' al-Khali Neolithic Revisited: The View from Nadqan«, in: D. Potts (Hg.). *Araby the Blest: Studies in Arabian Archaeology*. Kopenhagen: Museum Tuscalanum Press, 1988.
Elachi, Charles und Ronald Blom. »Seeing through Sand«, *Planetary Report* 3, Nr. 5 (Sept.–Okt. 1983).
Elachi, Charles, G. Schaber und L. Roth. »Spaceborne Radar Subsurface Imaging in Hyperarid Regions«, *IEEE Transactions on Geoscience and Remote Sensing*, GE-22 (1984).
Eliade, Mircea. *Geschichte der religiösen Ideen*. Freiburg im Breisgau: Herder, 1978–79.

Faris, Nabih Amin. *The Antiquities of South Arabia*. Translations of Abu Muhammad al-Hamdani, *The Eighth Book of al-Iklil*. Princeton: Princeton University Press, 1936.
–. *The Book of Idols*. Translation of Hisham ibn al-Kalbi, Kitab al-Asnam. Princeton: Princeton University Press, 1952.
Fiennes, Ranulph. *Where Soldiers Fear to Tread*. London: Holder & Stoughton, 1975.
Forster, Rev. Charles. *The Historical Geography of Arabia*. London: Duncan & Malcom, 1844.
Freedman, David Noel (Hg.). *The Anchor Bible Dictionary*. New York: Doubleday, 1992 (Einträge zu »Incense«, »Frankincense«, »Gad«, »Prehistory of Arabia«, »Religion of South Arabia« und »Zoroastrianism«).

Gerhardt, Mia I. *The Art of Storytelling*. Leiden: E.J. Brill, 1963.
al-Ghazali, Abu Hamid. *The Remembrance of Death and the Afterlife*. Übersetzt von T.J. Winter. Cambridge, UK: Islamic Texts Society, 1989.
Gibb, H.A.R. (Übers.). *The Travels of Ibn Battuta*. Cambridge: Cambridge University Press, 1956.
Gibb, H.A.R. et al. (Hgg.). *The Encyclopaedia of Islam*. Leiden: E.J. Brill, 1979 (Einträge zu »Ad«, »Alf Layla wa-Layla«, »Badw«, »Barhut«, »djinn«, »al-Hamdani«, »Hud«, »Iram«, ,Lukman«, »Mahra«, »Nasara«, »Wabar«, »Yaqut« und »Zafar«).
Ginzberg, Louis. *The Legends of the Bible*. Philadelphia: Jewish Publication Society of America, 1913.
Gray, John. *Mythologie des Nahen Ostens*. Wiesbaden: Vollmer, 1969.
Grohmann, Adolf. *Arabien*. München: C.H. Beck, 1963.
Groom, Nigel. *Frankincense and Myrrh*. London: Longman, 1981.

–. »Oman and the Emirates in Ptolemy's Map«, *Arabian Archaeology and Epigraphy* 5 (1994).

Guest, Rhuvon. »Zufar in the Middle Ages«, *Islamic Culture: The Hyderabad Quarterly Review* 61, Nr. 3 (Juli 1992)

Gunther, Robert T. *The Greek Herbal of Dioscorides*. Oxford: Oxford University Press, 1934.

Haack, H. (Hg.). *Stielers Hand-Atlas*. Gotha: Perthes, 1926/27.

Hamarneh, Saleh. »The Iconography of Idols and Its Significance for the Arabs before Islam«, in: Fawzi Zayadine (Hg.), *Petra and the Caravan Cities*. Amman: Department of Antiquities, 1990.

Hamblin, Dora J. »Treasures of the Sands«, *Smithsonian* 14, Nr. 6 (Sept. 1983).

Harding, G. Lankester. *Archaeology in the Aden Protectorates*. London: Her Majesty's Stationery Office, 1964.

Hawley, Donald. *Oman and Its Renaissance*. London: Stacey International, 1990.

Hennig, Richard. *Terrae Incognitae*. Leiden: E.J. Brill, 1944.

Hettner, Alfred. *Geographische Zeitschrift*. Leipzig: B.G. Teubner, 1934.

Hitti, Philip. *History of the Arabs*. New York: St. Martin's Press, 1964.

Hogarth, David. *The Penetration of Arabia*. New York: Frederick A. Stokes, 1904.

Holt, P.M., Ann K.S. Lambton und Bernard Lewis (Hgg.), *The Cambridge History of Islam*. Cambridge, UK: Cambridge University Press, 1977.

Horovitz, Josef. *Koranische Untersuchungen*. Berlin: Walter De Gruyter, 1926.

Hughes, Thomas P.A., *A Dictionary of Islam*. Lahore, Pakistan: Premier Book House, 1986.

Ingrams, Harold. *Befriedete Wüste. Durch Wadis und Städte von Hadhramant*. Übersetzt aus dem Englischen von Heinrich Benedikt. Innsbruck, Wien: Rohrer, 1950.

Jamme, Albert. *Sabean Inscriptions from Mahram Bilqis*. Baltimore: John Hopkins University Press, 1962.

–. »Two Tham Inscriptions from Northern Dhofar, Oman, JaT 97 and 98«, *Miscellanées d'ancien Arabe* 17 (17. Okt. 1988).

Janzen, Jörg. *Die Nomaden Dhofars, Sultanat Oman. Traditionelle Lebensformen im Wandel*. Bamberg: Fach Geographie an der Universität Bamberg, 1980.

Johnstone, T.M., »Folk-tales and Folk-lore of Dhofar«, *Journal of Oman Studies* 6, 1 (1980).

Jones, Alexander (Hg.), *The Jerusalem Bible*. Garden City, N.Y.: Doubleday, 1966.
Jones, Horace L. (Übers.). *The Geography of Strabo*. Cambridge, Mass.: Harvard University Press, 1983.
Joukowsky, Martha. *A Complete Field Manual for Archaeology*. Englewood Cliffs, N.J.: Prentice-Hall, 1980.
Joyce, Christopher. »Archaeology Takes to the Skies«, *New Scientist*, 25. Jan. 1992.

Kangas, B. »Introduction to Ethnomedicine: Examples from Yemen«, *Bulletin of the American Institute of Yemeni Studies* 35 (Summer-Fall 1994).
Keane, A.H. *The Gold of Ophir*. London: Edward Stanford, 1901.
Khan, Muhammad Muhsin. *The Translation of the Meanings of Sahih Al-Bukhari*. Chicago: Kazi Publications, 1979.
Knappert, J. »The Qisasu'l-Anbiya'i as Moralistic Stories«, in: *Proceedings of the Ninth Seminar for Arabian Studies*, 1976.
Korotoyev, Andrey. *Ancient Yemen*. Oxford: Oxford University Press, 1995.
Kropp, Manfred. *Die Geschichte der »reinen Araber« vom Stamme Qahtan*. Frankfurt am Main: Verlag Peter Lang, 1982.

Lammens, Henri. *Le berceau de l'Islam*. Rom: Sumptibus Pontificii Instituti Biblici, 1914.
Landberg, Le comte de. *Etudes sur les Dialectes de l'Arabie Meridionale*. Leiden: E.J. Brill, 1901.
Lewcock, Ronald B. *Wadi Hadramawt and the Walled City of Shibam*. Paris: UNESCO, 1986.
Lightfood, Victoria and Dale Lightfood. »Revealing the Ancient World through High Technology«, *Technology Review*, Mai–Juni, 1989.
Lissner, Ivar. *The Silent Past*. New York: G.P. Putnam's Sons, 1962.
Lyall, Charles J. *Ancient Arabian Poetry*. London: Williams & Norgate, 1930.

Manguel, Alberto und Gianni Guadalupi. *Von Atlantis bis Utopia: Ein Führer zu den imaginären Schauplätzen der Weltliteratur*. 3 Bde. Frankfurt am Main: Ullstein 1984.
Margoliouth, D.S. *The Relations between Arabs and Israelites prior to the Rise of Islam*. London: British Academy, 1921.
Marshall, Brian. »Bertram Thomas and the Crossing of al-Rub' al-Khali«, in: *Arabian Studies* 7 (1985).
Master of Belhaven (A. Hamilton). *The Kingdom of Melchior*. London: John Murray, 1949.

Matheson, Sylvia. Persien. *Ein archaeologischer Führer*. Aus dem Englischen übersetzt und herausgegeben von Gerhard Fritz und Andreas Lippert. Stuttgart: Reclam, 1980.

Maududi, S. Abdul a'la. *The Meaning of the Quran*. Lahore, Pakistan: Islamic Publications, 1986.

McCauley, John F. et al. »Subsurface Valleys and Geoarchaeology of the Eastern Sahara Revealed by Shuttle Radar«, *Science* 218 (3. Dez. 1982).

McClure, Harold A. »Radiocarbon Chronology of Late Quaternary Lakes in the Arabian Desert«, *Nature* 263, Nr. 5580 (28. Okt. 1976).

Meulen, Daniel van der. *Hadhramaut das Wunderland. Eine abenteuerliche Forschungsreise durch das unbekannte Südarabien*. Aus dem Englischen übersetzt von Frank Lyn. Zürich: Orell Fuessli, 1948.

Meulen, Daniel van der und H. von Wissmann. *Hadhramaut: Some of Its Mysteries Unveiled*. Leyden: E.J. Brill, 1932.

Miller, Konrad. *Arabische Welt- und Länderkarten*. Stuttgart: Selbstverlag des Herausgebers, 1927.

Minorsky, V. (Ubers.). *Hudud al-Alam, »The Regions of the World«*. Karachi: Indus Publications, 1980.

Miquel, Andre. *La géographie humaine du monde musulman jusq'au milieu du 11e siecle*. Paris: La Haye, Mouton, 1967.

Morris, James. *Sultan in Oman*. München: Süddeutscher Verlag, 1957.

Moscati, Sabatino. *Die altsemitischen Kulturen*. Aus dem Italienischen. Stuttgart: Kohlhammer, 1961.

Moutsopoulos, N.C. »Observations sur les représentations du panthéon nabateen«, in: Fawzi Zayadine (Hg.). *Petra and the Caravan Cities*. Amman: Department of Antiquities, 1990.

Müller, Walter W. »Notes on the Use of Frankincense in South Arabia«, in: *Proceedings of the Ninth Seminar for Arabian Studies*. London: Seminar for Arabian Studies, 1976.

–. »Arabian Frankincense in Antiquity According to Classical Sources«, in: *Studies in the History of Arabia*, Bd. 1. Riyadh: University of Riyadh, 1977.

–. »Names of Aromata in Ancient South Arabia«. Vortrag gehalten beim Convergo I Profumi d'Arabia, Pisa, 1995.

Naval Intelligence Division. *Western Arabia and the Red Sea*. London: Naval Intelligence Division, 1946.

Newby, Gordon D.A. *A History of the Jews of Arabia*. Columbia, S.C.: University of South Carolina Press, 1988.

Nicholson, Reynold A. *A Literary History of the Arabs*. Cambridge, UK: Cambridge University Press, 1966.

Nielsen, D. et al. *Handbuch der altarabischen Altertumskunde*. Kopenhagen: Nyt Nordisk Forlag, 1927.

Noja, Sergio (Hg.). *L'Arabie avant L'Islam*. Aix-en-Provence: Edisud, 1994.

Norris, H.T. *An Illustrated Encyclopedia of Mythology*. New York: Crescent Books, 1980 (Eintrag zu »Islam«).

Oldfather, C.H. (Übers.), *Diodorus of Sicily*. Cambridge, Mass.: Harvard University Press, 1979.

O'Leary, De Lacy. *Arabia before Muhammad*. London: Kegan Paul, Trench, Trubner, 1927.

O'Shea, Raymond. *The Sand Kings of Oman*. London: Methuen, 1947.

Overstreet, William C., Maurice Grolier und M. Toplyn (Hgg.). *The Wadi Al-Jubah Project: Geological and Archaeological Reconnaissance in the Yemen Arab Republic*. Washington: American Foundation for the Study of Man, 1988.

Palgrave, William Gifford. *William Gifford Palgrave's Reise in Arabien*. 2 Bde. Aus dem Englischen. Leipzig: Dyk, 1867–68.

Philby, Harry St. John. *The Heart of Arabia*. London: Constable, 1922.

–. *The Empty Quarter*. New York: Henry Holt, 1933.

–. *Arabian Highlands*. Ithaca, N.Y.: Cornell University Press, 1952.

Phillips, Wendell. *Kataba und Saba. Entdeckung der verschollenen Königreiche an den biblischen Gewürzstrassen Arabiens*. Deutsch von Peter de Mendelsohn. Berlin: Fischer, 1955.

–. *Unknown Oman*. London: Longmans, 1966.

Pirenne, Jacqueline. »The Incense Port of Moscha (Khor Rori) in Dhofar«, *Journal of Oman Studies* 1 (1975; Ministry of Information and Culture, Sultanate of Oman).

–. »Les Grecs à l'aurore de la culture monumentale Sabéene«, in: T. Fahd (Hg.). *L'arabe préislamique et son environment historique et cultural*. Straßburg: Université des Sciences Humaines, 1989.

Potts, Daniel T. »Transarabian Routes of the Pre-Islamic Period«, in: J.-F. Salled (Hg.). *L'Arabie et ses Mers Bordières*. Paris: GS – Maison de l'Orient, 1988.

Price, David. *Essays toward the History of Arabia*. »Arranged from the Tarikh Tebry and other authentic sources«. London: printed by the author, 1824.

Rackham, H. (Übers.). *Pliny: Natural History*. Cambridge, Mass.: Harvard University Press, 1986.

Rapoport, Amos. *Environment and Culture*. New York: Plenum Press, 1980.

Rappoport, Angelo S. *Ancient Israel; Myths and Legends*. New York: Bonanza Books, 1987.

Reich, Rosalie (Hg.), *Tales of Alexander the Macedonian*. New York: Ktav, 1972.

Rice, David T. *The Illustrations to the » World History« of Rashid al-Din*. Edinburgh: University of Edinburgh Press.

Rice, Edward. *Captain Sir Richard Francis Burton*. New York: Charles Scribner's Sons, 1990.

Ripinsky, Michael M. »The Camel in Ancient Arabia«, *Antiquity* 49, Nr. 196 (Dez. 1975).

Robin, Christian. »The Rise and Fall of Ancient Kingdoms«, in: C. Desjuenes (Hg.). *Version Originale. Le Trimestriel Réflexion. The Arabian Peninsula*, Nr. 3. Paris: Version Originale, 1993.

Rosen, Arlene M. *Cities of Clay: The Geoarchaeology of Tells*. Chicago: University of Chicago Press, 1986.

Ryckmans, Jacques. »De l'or, de l'encens et de la myrrhe«, *Revue biblique* 58 (1951).

–. »An Ancient Stone Structure for the Capture of Ibex in Western Saudi Arabia«, in: *Proceedings of the Ninth Seminar for Arabian Studies*. London: Seminar for Arabian Studies, 1976.

–. »Religion of South Arabia«, in: David N. Freedman (Hg.). *The Anchor Bible Dictionary*, Bd. 6. New York: Doubleday, 1992.

–. »Inscribed Old South Arabian Sticks and Palm-leaf Stalks: An Introduction and a Palaeographical Approach« in: *Proceedings of the Twenty-Sixth Seminar for Arabian Studies*. London: Seminar for Arabian Studies, 1993.

Sale, George (Hg.), *The Koran*. London: Thomas Tegg and Son, 1838.

al-Saleh, Khairat. *Faibled Cities, Princes and Jinns*. London: Peter Stone, 1985.

al-Sayari, Saad S. und Josef G. Zötl. *Quaternary Period in Saudi Arabia*. Wien: Springer Verlag, 1984.

Sedov, Alexander V. und Ahmad Batayi. »Temples of Ancient Hadramawt«, in: *Proceedings of the Twenty-Seventh Seminar for Arabian Studies*: London: Seminar for Arabian Studies, 1994.

Selincourt, Aubrey de (Übers.). *Herodotus: The Histories*. New York: Penguin Books, 1985.

Serjeant, Robert B. »Hud and other Pre-Islamic Prophets of Hadramawt«, *Le Museon* 57 (1954).

–. *South Arabian Hunt*. London: Luzac, 1993.

–. »Zina: Some Forms of Marriage and Allied Topics in Western Arabia«, in: Andre Gingrich et al. (Hgg.). *Studies in Oriental Culture and History*. Frankfurt am Main: Verlag Peter Lang, 1993.

Serjeant, Robert B. und Ronald Lewcock. *San'a. An Arabic Islamic City*. London: World of Islam Festival Trust, 1983.

Shad, Abdul Rehman. *From Adam to Muhammad*. Lahore, Pakistan: Kazi, 1987.

al-Shahari, Ali Achmed Mahash. »Grave Types and ›Trilith‹ in Dhofar«, *Arabian Archaeology and Epigraphy* 2 (1991).

Shahid, Irfan. *Byzantium and the Arabs in the Fourth Century*. Washington: Dumbarton Oaks Research Library and Collections, 1984.

Smith, G. Rex. »Ibn al-Mujawir on Dhofar and Socotra«, in: *Proceedings of the Eighteenth Seminar for Arabian Studies*. London: Seminar for Arabian Studies, 1985.

–. »Some ›Anthropological‹ Passages from Ibn al-Mujawir's Guide to Arabia and Their Proposed Interpretations«, in: Andre Gingrich et al. (Hgg.). *Studies in Oriental Culture and History*. Frankfurt am Main: Verlag Peter Lang, 1993.

Smith, Watson. »One Man's Archaeology«, *Kiva* 57, Nr. 2 (1992)

Smith, William. *An Atlas of Ancient Geography*. London: John Murray, 1874.

Sprenger, A. *Die alte Geographie Arabiens*. Amsterdam: Meridian, 1966.

Stark, Freya. *Seen in the Hadhramaut*. New York: E.P. Dutton, 1939.

–. *Die Südtore Arabiens. Abenteuerliche Reise einer Europäerin auf den Spuren der Weihrauchstraße*. Stuttgart: Weitbrecht, 1992.

Stevenson, Edward L. (Übers.). *Claudias Ptolemy: The Geography*. New York: Dover, 1991.

al-Taee, Nasser. »Oman: An Architecture«, in: *Pride*. Muscat, Oman: Alroyz Publishing, 1994.

Tey, Josephine. *Der singende Sand*. Aus dem Englischen übersetzt und herausgegeben von Volker Neuhaus. Köln: Du Mont, 1992.

Thackston, W.M., Jr. (Übers.). *The Tales of the Prophets of al-Kisa'i*. Boston: Twayne, 1978.

Thesiger, Wilfred. »A New Journey in Southern Arabia«, *Geographical Journal* 100, Nr. 4–6 (Okt.–Dez. 1946).

–. »Across the Empty Quarter«, *Geographical Journal* 111, Nr. 1–3 (Jan. bis März 1948).

–. *Die Brunnen der Wüste. Mit den Beduinen durch das unbekannte Arabien*. Aus dem Englischen von Peter Stadelmeyer. München: Piper, 1991.

Thomas, Bertram. *Alarms and Excursions in Arabia*. Indianapolis: Bobbs-Merrill, 1931.

–. »A Journey into Rub' al Khali – the Southern Arabian Desert«, *Geographical Journal* 77, Nr. l (Jan. 1931).

–. »A Camel Journey across the Rub' al Khali«, *Geographical Journal* 78, Nr. 3 (Sept. 1931).

–. *Arabia Felix. Across the »Empty Quarter« of Arabia*. New York: Charles Scribner's Sons, 1932.

–. *Die Araber*. Übertragen aus dem Englischen von Fritz von Bothmer. Berlin: Wegweiser-Verlag, 1939.
–. »Four Strange Tongues from Central South Arabia – the Hadara Group«, in: *Proceedings of the British Academy*, 1937. London: British Academy, 1938.
Thurman, Sybil. »Rivers of Sand«, *Aramco World Magazine* 34, Nr. 6 (Nov.–Dez. 1983)
Tibbetts, G.R. *Arabia in Early Maps*. Cambridge, UK: Falcon-Oleander, 1978.
Tidrick, Kathryn. *Heart-Beguiling Araby*. Carnbridge, UK: Cambridge University Press, 1981.
Trench, Richard. *Arabian Travellers*. Topsfield, Mass.: Salem House, 1986.
Trimingham, J. Spencer. *Christianity among the Arabs in Pre-lslamic Times*. London: Longman, 1979.
Turnquist, Gary M. »The Pillars of Hercules Revisited«, *Bulletin of the American Schools of Oriental Research*, Nr. 216 (Dez. 1974).

Van Beek, Gus W. »Frankincense and Myrrh«, *Biblical Archaeologist* 23, Nr. 3 (Sept. 1960).
–. *Hajar bin Humeid*. Baltimore: John Hopkins University Press, 1969.
–. »The Rise and Fall of Arabia Felix«, *Scientific American* 221, Nr. 6 (Dez. 1969).
–. »South Arabian History and Archaeology«, in: *The Bible and the Ancient Near East: Essays in Honor of William Foxwell Albright*. Winona Lake, Ind.: Eisenbrauns, 1979.
Vycichl, Werner. »Studies in Nabataean Archaeology and Religion«, in: Fawzi Zayadine (Hg.), *Petra and the Caravan Cities*. Amman: Department of Antiquities, 1990.

Ward, Philip. *Travels in Oman: On the Track of Early Explorers*. Cambridge, UK: Oleander Press, 1978.
Whalen, Norman M. und David W. Pease. »Early Mankind in Arabia«, *Aramco World* 43, Nr. 4 (Juli–Aug. 1992).
Wherry, E.M.A. *Comprehensive Commentary on the Quran*. London: Kegan Panl, Trench, Trubner, 1896.
Williams, Robin J. »In Search of a Legend – the Lost City of Ubar«, *P.O.B.* 17, Nr. 6 (Aug.–Sept. 1992).
Wissowa, G. (Hg.). *Paulys Real-Encyclopädie der classischen Altertumswissenschaft*. Eintrag zu »Iobartai« von J. Tkach. Stuttgart: J.B. Metzler, 1916.
Wolohojian, Albert M. (Übers.). *The Romance of Alexander the Great by Pseudo-Callisthenes*. New York: Columbia University Press, 1969.

Wrede, Adolph von. *Reise in Hadhramaut*. Braunschweig: Friedrich Bieweg und Sohn, 1870.
Wright, John K. *The Geographical Lore at the Time of the Crusades*. New York: American Geographical Society, 1925.
Wüstenfeld, Ferdinand. *Jacut's Geographisches Wörterbuch*. Leipzig: F. A. Brockhaus, 1869.

Yar-Shater, Edshan (Hg.). *The History of al-Tabari*. Albany: State University of New York Press, 1989.

Zarins, Juris. »The Camel in Ancient Arabia: A Further Note«, *Antiquity* 52 (1978).
–. »The Transarabia Expedition: Archaeological and Historical Perspectives«. Manuskript, 1990.
–. »Pastoral Nomadism in Arabia: Ethnoarchaeology and the Archaeological Record – a Case Study«, in: O. Bar-Yosef und A. Kahznov (Hgg.). *Pastoralism in the Levant*. Madison, Wis.: Prehistory Press, 1992.
–. »Prehistory of Arabia«, in: David N. Freedman (Hg.). *The Anchor Bible Dictionary*, Bd. 1. New York: Doubleday, 1992.
–. »Dhofar – Land of Incense: Archaeological Work in the Sultanate of Oman, 1990–1995«. Manuskript, 1996.
Zarins, Juris, M. Ibrahim, D. Potts und C. Edens. »Saudi Arabian Archaeological Reconaissence 1978: The Preliminary Report on the Third Phase of the Comprehensive Archaeological Survey Program – the Central Province«, *Atlal* 3 (1979).
Zarins, Juris, N. Whalen, M. Ibrahim, A. Mirsi und M. Khan. »Preliminary Report on the Central and Southwestern Provinces Survey: 1979«, *Atlal* 4 (1980).
Zarins, Juris, A. Murad und K. Al-Yish. »The Second Preliminary Report on the Southwestern Province«, *Atlal* 5 (1981).
Zarins, Juris, A. S. Mughannum und M. Kamal. »Excavations at Dhahran South – the Tumuli Field«, *Atlal* 8 (1984).
Zohar, M. »Pastoralism and the Spread of the Semitic Languages«, in: O. Bar-Yosef und A. Kahznov (Hg.). *Pastoralism in the Levant*. Madison, Wis.: Prehistory Press, 1992.

Danksagung

Neben denjenigen, die im Text namentlich erwähnt werden, gibt es noch eine große Anzahl an Freunden, die das Ubar-Abenteuer erst möglich gemacht haben.

Ich möchte dem Archäologen Watson Smith, einem Freund meiner Familie, dafür danken, daß er in jungen Jahren ein Interesse an Archäologie in mir wachgerufen hat. Als ich noch ein kleines Kind war, nahm er sich die Zeit, mir von seinen Entdeckungen im Land der Zuni und der Hopi zu erzählen und von jenem Tag, als er ein Klavier zu seiner Ausgrabungsstätte in Awatovi schleppte, damit sein Team in der Wüste im Mondlicht tanzen konnte.

Ganz von Herzen möchte ich meiner Frau (und Verwaltungschefin unserer Expedition) sowie unseren Töchtern Cristina und Jennifer dafür danken, daß sie es auf sich nahmen, ständig über die Landkarten und Bücher zu stolpern, die ich auf dem Boden des Wohnzimmers auszubreiten pflegte. Sie und meine Mutter, Helen Clapp, haben unerschütterlich an mich geglaubt und mich ermutigt fortzufahren.

Während meiner Recherchen profitierte ich immer wieder von der fachlichen Beratung der Archäologen Giorgio und Marilyn Buccelati von der UCLA und des Bibliothekars Dunning Wilson von der University Research Library. An der Huntington Library hießen mich Allan Jutzi, zuständig für die Sammlung seltener Bücher, sowie Bibliotheksdirektor Bill Moffat herzlich willkommen. Mein Dank gilt ebenso den freundlichen Mitarbeitern der Oriental Collection der New York Public Library, der British Library, der University of Edinburgh Library und des Cambridge Institute of Oriental Studies.

Als es darum ging, Originaltexte zu übersetzen, führen

mich Bill Moritz sowie Klaus und Gabi Brill sicher durch den Dschungel der auf Deutsch verfaßten wissenschaftlichen Abhandlungen des neunzehnten Jahrhunderts. Paul Boorstin aktivierte mir zuliebe seine Kenntnisse des Französischen, die er seit dem College vernachlässigt hatte, Nasser al-Taee half mir bei zeitgenössischen arabischen Texten, während Mohammed Shikrila von der UCLA und Anthony Aebi arabische Texte des Mittelalters für mich übersetzten.

Als es so aussah, als könnte die Expedition tatsächlich zustande kommen, waren es Judy Miller sowie Len Berlin und Bill und Beth Overstreet (Veterane des U.S. Geological Survey, Bereich Arabien), die mir enorm weitergeholfen haben. Mein besonderer Dank gilt auch Gordon und Merilyn Hodgeson von der American Foundation for the Study of Man. Für ihre einmalige moralische Unterstützung in dieser Phase des Projekts danke ich Harold und Judy Hayes sowie John und Louise Brinsley.

Unsere ersten Sponsoren im Sultanat Oman waren die Oman National Bank mit ihren Direktoren Seine Eminenz Dr. Omar Zawawi und John Wright, das al-Bustan Palace Hotel, geleitet von Chris Cowdray, sowie die Firmen Gulf Air und Occidental Petroleum, deren Mitarbeiter Gene Grogan, Derek Hart und Dr. Armand Hammer ein großes persönliches Interesse an unserem Projekt an den Tag legten.

Zu den weiteren Sponsoren der Expedition zählen Airwork GmbH (und John Fulford), American Airlines, Avis Autovermietung, British Petroleum Oman, Desert Line / Scheich Ahmed Farid, DHL Oman, Telecom Oman, Genetco, IBM / Gulf Business Machines, Land Rover / Mohsid Haider Darwish, Matrah Cold Stores, das omanische Presse- und Informationsamt, das omanische Ministerium für nationales Erbe und Kultur, Nortech, Oman Aviation Services, Oman National Insurance, Oman United Agencies, Petroleum Development Oman, Rowntree Mackintosh, Royal Insurance of Oman, Polizeibehörde des Omanischen Sultanats, Salalah Holiday Inn, Smith Kline Beecham, Suhail und Saud Bahwan,

Thomson CSF, United Media Services sowie W.J. Towell (und Kamal Sultan).

Nach der Expedition unterstützten mich meine Filmemacher-Kollegen Rob Bogdanoff, Jennifer Dolce, Harrison Engle, Irwin Rosten, David Saxon, Terry Sanders und Mel Stuart, indem sie mir ihre wertvolle Zeit und ihr unschätzbares Fachwissen zur Verfügung stellten. Weitere Unterweisungen in archäologischen Belangen verdanke ich Artemis und Martha Jouskowsky, jeweils Mitarbeiter des American Center of Oriental Research und Brown University's Center for Old World Art and Archaelogy.

Unsere Freunde Ed und Cynthia Lasker waren von unserem Ubar-Projekt so begeistert, daß sie uns in Oman besuchten, um mit eigenen Augen die einst so verderbte Stadt zu sehen.

Unsere engen Freunde Bob Ivey und Jill Bowman waren die ersten, die mir schon vor Jahren rieten, über die Expedition nach Ubar, sollte sie jemals zustande kommen, ein Buch zu schreiben. Seines Standes Anwalt, fungierte Bob als mein Agent, indem er Harry Foster vom Houghton Mifflin Verlag mein Buch ans Herz legte. Dieser übernahm zusammen mit Peg Anderson das Lektorat und betreute das Buch bis zu seiner Veröffentlichung. Ich bin ihnen allen dankbar für ihre große Sorgfalt und ihr sicheres Gespür. Außerdem möchte ich mich bei Kristen Mellen und Anne Chalmers für die Karten und Grafiken, die sie für dieses Buch angefertigt haben, bedanken.

Literarische Spaziergänge mit Büchern und Autoren

Das Kundenmagazin der Aufbau-Verlage.
Kostenlos in Ihrer Buchhandlung

Aufbau-Verlag · Rütten & Loening · Aufbau Taschenbuch Verlag · Gustav Kiepenheuer · Der >Audio< Verlag

Oder direkt: Aufbau-Verlag, Postfach 193, 10105 Berlin
e-Mail: marketing@aufbau-verlag.de
www.aufbau-taschenbuch.de

Frederik Berger
Die Geliebte des Papstes
Roman

Originalausgabe
ca. 430 Seiten
Band 1690
ISBN 3-7466-1690-5

Italien im ausgehenden 15. Jahrhundert.

Der römische Adlige Alessandro Farnese, dem seine Familie eine kirchliche Laufbahn zugedacht hat, befreit in einem blutigen Kampf die junge Silvia Ruffini aus der Hand von Wegelagerern. Doch die Liebe, die zwischen beiden aufkeimt, wird jäh unterbrochen. Alessandro wird wegen einer Unbotmäßigkeit vom Papst in den Kerker geworfen. Erst drei Jahre später trifft er Silvia wieder. Sie liebt Alessandro noch immer, muß aber zusehen, wie er sich um Kardinal zu werden auf ein Ränkespiel einläßt, das nicht nur sein eigenes, sondern auch ihr Leben in Gefahr bringt.

Nach seinem Bestseller »Die Provençalin« erzählt Frederik Berger die aufregende Geschichte der Silvia Ruffini, die dem Papst Paul III. vier Kinder gebar und zu einer der schillerndsten Frauengestalten der Renaissance wurde.

AtV
Aufbau Taschenbuch Verlag

Hanjo Lehmann

Die Truhen
des Arcimboldo

Nach den Tagebüchern des
Heinrich Wilhelm Lehmann
Roman

699 Seiten
Band 1542
ISBN 3-7466-1542-9

In den untersten, allergeheimsten Kellergewöben des Vatikans wird im Jahre 1848 der junge Schlosser Luigi Calandrelli verschüttet. Als er die Mauern seines Verlieses abklopft, stößt er auf eine mysteriöse Truhe mit siebenhundert Jahre alten Pergamenten – sorgsam verborgene Dokumente gegen Intoleranz und Fundamentalismus, die den Machtanspruch der römischen Kirche untergraben.

Zwanzig Jahre später vertraut er einem befreundeten preußischen Eisenbahningenieur seine Auszeichnungen über die damaligen Ereignisse an. Von nun an gerät dieser in ein Netz von Intrigen, Machtkämpfen und lebensbedrohlichen Situationen, denn der Vatikan fürchtet im Jahr des Konzils, auf dem die Unfehlbarkeit des Papstes verkündet werden soll, nichts so sehr wie die Veröffentlichung dieser aufrührerischen Dokumente.

AtV

Aufbau Taschenbuch Verlag

Eva Thies

Der Normanne und das Mädchen

Roman

Originalausgabe
544 Seiten
Band 1702
ISBN 3-7466-1702-2

Anna Phokaina ist noch ein Kind, als sie dem jungen Boemund von Tarent zum ersten Mal begegnet. Jahre später stehen die leidenschaftlich Liebenden sich als Feinde gegenüber, die byzantinische Prinzessin und der sagenumwobene normannische Feldherr, der aufgebrochen ist, ihre Heimat zu erobern. Eine Geschichte über Liebe und Haß, Stolz und Verrat, Machtgier und Entsagung vor dem Hintergrund des goldglänzenden Byzanz und der blutigen Schlachten des ersten Kreuzzugs im 12. Jahrhundert.

AtV
Aufbau Taschenbuch Verlag

mtb

Zum Buch:

Eine Münze in den Brunnen werfen und sich dabei etwas wünschen – eigentlich glaubt Pru nicht an diesen sentimentalen Quatsch. Trotzdem kann sie nicht widerstehen. Schließlich könnte sie bei dem, was sie vorhat, etwas Hilfe gebrauchen. Ihre Mission: Sie will, dass Finn O'Riley endlich glücklich wird und nach dem Tod seines Vaters wieder beginnen kann zu leben. Nur deswegen ist sie in die Wohnung über dem Pub gezogen, den Finn gemeinsam mit seinem Bruder führt. Doch Pru hat nicht mit der Anziehungskraft gerechnet, die Finn auf sie ausübt. Auf keinen Fall gehört es zu ihrem Plan, sich in ihn zu verlieben, denn sie kann niemals die Richtige für ihn sein.

„Herzerwärmend und sexy … unwiderstehliche Anziehungskraft, schwelende Romantik und urkomische Momente."

Publishers Weekly

Zur Autorin:

New York Times-Bestsellerautorin Jill Shalvis lebt in einer Kleinstadt in Sierras, voller verschrobener Mitmenschen. Jegliche Ähnlichkeit mit den schrägen Charakteren in ihren Büchern ist, na ja, meistens zufällig. Besuchen Sie sie auf ihrer Website www.jillshalvis.com, um mehr über Jills Bücher und ihre Abenteuer als Berge erklimmendes Stadtkind zu lesen.